식욕만족 다이어트

식욕만족
다이어트

ⓒ 김성훈, 2020

초판 1쇄 발행 2020년 11월 30일

지은이   김성훈
펴낸이   이기봉
편집   좋은땅 편집팀
펴낸곳   도서출판 좋은땅
주소   서울 마포구 성지길 25 보광빌딩 2층
전화   02)374-8616~7
팩스   02)374-8614
이메일   gworldbook@naver.com
홈페이지 www.g-world.co.kr

ISBN   979-11-6649-044-6 (03190)

이 도서의 국립중앙도서관 출판예정도서목록(CIP)은 서지정보유통지원시스템 홈페이지(http://seoji.nl.go.kr)와 국가자료공동목록시스템(http://www.nl.go.kr/kolisnet)에서 이용하실 수 있습니다. (CIP제어번호 : CIP2020049363)

식욕만족
다이어트

고정 관념을 뛰어넘는 유쾌한 발상

김성훈 지음

좋은땅

지식은 내 행동에 영향을 주지만 종전까지 인지되지 못했고, 따라서
통제되지도 않았던 힘의 존재를 밝혀냄으로써 그 힘의 전횡으로부터
나를 해방한다.[1]

- 이사야 벌린,《자유론》-

---

1) 이사야 벌린,《자유론》, 492쪽 참고.

목차

제1편 시작하는 이야기_7

제2편 바른 다이어트_47

제3편 비만의 기원_125
제1부 비만의 능력
제2부 비만의 조건
제3부 비만의 역사

제4편 비만의 구조_215

제5편 비만 구조에서 벗어남_291

제6편 다이어트 방법_367

제7편 끝마치는 이야기_407

제1편

시작하는 이야기
- 비만의 비밀이 풀렸다 -

우리를 구할 수 있는 계시가, 모든 걸 잃은 듯싶은 순간에 이따금 온
다. 온갖 문을 다 두드려 보았지만 열리지 않다가, 들어갈 수 있는 단
하나의 문, 100년 동안 찾아봐도 허탕 쳤을 것 같은 문에, 그런지 모
르고 부딪치고, 그러자 문은 스르르 열린다.[2]

- 마르셀 프루스트, 《잃어버린 시간을 찾아서》-

---

2)   마르셀 프루스트, 《잃어버린 시간을 찾아서 11》, 250쪽 참고.

내가 이 책을 쓰면서 친구들에게 "식욕을 만족시키는 방법으로 살을 뺀다."라거나 "먹고 싶은 음식을 마음껏 먹으면서 다이어트를 한다."라고 하면, 친구들이 대번에 "그게 말이 되냐?", "오히려 살이 찌는 거 아냐?", "논리모순 아냐?"라고 반문하는 경우가 많았다. 아마 당신도 이렇게 생각할 거다.

"초콜릿, 아이스크림, 케이크, 과자, 스테이크, 치킨, 피자 등등
세상의 온갖 맛있는 음식들을 마음껏 먹는데 어떻게 살이 빠지
냐? 그런 건 불가능해."

"식욕을 만족시키면서도 효과적으로 살을 뺀다는 것은 거짓말
이거나 뭔가 다른 꿍꿍이가 있을 거야."

충분히 그렇게 의심할 수 있다. 얼마 전까지 나도 그렇게 생각했다. 하지만, 그렇지 않다. 우리는 식욕을 충분히 만족시키면서도 효과적으로 체중을 감량하고 날씬한 몸매를 가질 수 있다.

그렇다면 식욕을 만족시키면서 살을 빼는 경우에 "식욕을 만족시킨다는 것은 무엇을 의미할까?", "식욕을 만족시킨다는 것은 얼마나 먹는 것을 말할까?" 우리는 이때까지 마음껏 먹고도 살이 빠진다는 수많은 다이어트 방법들에 속아 왔다. 그래서 식욕만족 다이어트라는 것도 처음에는 "식욕을 만족시킬 만큼 마음껏 먹으면서 살을 뺀다."라고 말해 놓고 나중에 이런 저런 이유를 대면서 결국에는 "음식을 먹고 싶어도 식욕을 참아라."라고 말하는 것이 아닐까라는 의심이 든다. 하지만, 이 책에서 식욕을 만족(滿足)시킨다는 것은 말 그대로 식욕을 완전히(滿) 충족(足)시키는 거다. 식욕이 완전히 충족되는

것은 "이제 배불러서 더 이상 못 먹겠다.", "더는 먹고 싶지 않다.", "더 먹으면 기분이 좋아지는 게 아니라 기분이 나빠지겠다."라고 느끼는 순간까지 먹는 거다. 이 책을 통틀어서 어떤 이유이건 간에 "먹고 싶은 순간에 먹지 말고 참아라."라는 이야기는 단 한 번도 나오지 않는다. 우리의 의지는 식욕을 억제해서 살을 뺄 만큼 강하지 않다. 사실은 정반대다. 우리의 식욕은 우리의 의지를 완전히 꺾어 버릴 만큼 강하다. 그런데도 살을 빼겠다는 의지로 "먹고 싶어도 참겠다."라고 결심하는 것 자체가 어리석은 짓이다. 정말로 살을 빼고 싶다면 먹고 싶은 만큼 충분히 먹고 식욕을 충분히 만족시키고도 살이 빠질 수밖에 없는 기계적인 원리(메커니즘)를 찾아내야 한다. 그 기계적인 원리를 적용하는 것이 바로 '식욕만족 다이어트'다.

먹고 싶은 만큼 충분히 먹으면서 살을 뺀다면…

"도대체 어떤 음식을 먹어야 할까?"

먹어야 할 음식은 따로 정해져 있지 않다. 순간순간 자신이 먹고 싶은 음식, 입맛이 당기는 음식을 충분히 먹으면 된다. 초콜릿을 먹고 싶으면 초콜릿을 먹고, 스테이크를 먹고 싶으면 스테이크를 먹고, 피자를 먹고 싶으면 피자를 먹으면 된다. 아이스크림, 케이크, 과자, 치킨 등등 어떤 음식이든 마찬가지다.

"그러면 하나의 음식만 먹어야 한다는 말인가?"

물론 아니다. 스테이크를 먹다가 피자가 먹고 싶어지면 피자를 먹으면 되고, 그렇게 먹다가 초콜릿이 먹고 싶어지면 초콜릿을 먹으면 된다. 순간순간에 뭘 먹고 싶은지는 자신이 제일 잘 안다. '먹고 싶은 그 음식'을 먹고 싶은 만큼 충분히 먹으면 된다. 살을 빼기 위해 양배추나 오이처럼 포만감을 주지만 열량은 낮은 음식을 먹어야 한다거나, 두부, 사과, 바나나, 쇠고기 등 한 가지 음식만을 먹어야 한다는 다이어트 방법들이 있다. 그런 방법들은 겉보기에 그럴듯하지만 실제로 해 보면 고생스럽기만 하고 살이 빠지지 않는다. 이 책에는 '어떤 음식을 먹어라'는 식단이 나오지 않는다. 그냥 그때그때 자기가 먹고 싶은 음식을 충분히 먹으면 된다. 그 음식이 얼마나 열량이 높은 음식인지, 어떤 종류의 음식인지는 그다지 중요하지 않다. 오히려 중요한 것은 '충분히' 먹고, '골고루' 먹어서 부족하지 않도록 해야 한다는 거다.

먹고 싶은 음식을 먹고 싶은 만큼 다 먹으면 "얼마나 살이 빠질까?" 이때까지의 경험상 당신은 먹고 싶은 것을 다 먹는데 살이 빠져 날씬하게 된다는 나의 말을 좀처럼 믿기 어려울 거다. 혹시 정말로 살이 빠지는 게 아니라, "뚱뚱한 몸매가 아름다운 몸매"라거나, "뚱뚱한 몸매를 날씬하다고 생각하라."라는 식으로 말하는 것 아닐까 하는 의심이 들 수 있다. 하지만, 나는 지금 그런 말장난 같은 주장을 하려는 게 아니다. 먹고 싶은 만큼 다 먹으면서 바르게 다이어트하면 우리는 자연 상태의 인간에게 적합한 몸매가 될 때까지 살이 빠진다.

"자연 상태의 인간에게 적합한 몸매는 어떤 몸매일까?"

자연 상태의 인간에게 적합한 몸매는 원시인들이 가지고 있던 몸매다. 현대문명의 손길이 닿지 않은 원시부족의 모습을 촬영한 사진을 봐라. 그 사진 속의 사람들이 가진 몸매다.[3] 아니면 고대 그리스나

---

3) 문화인류학자인 다이아몬드는 파푸아뉴기니에서 연구를 시작한 1964년에 전통적 방식으로 살아가는 뉴기니인들이 호리호리하면서도 근육질이고, 신체적으로 기운이 넘쳐서 모두가 서구의 날씬한 보디빌더처럼 보이는 데 깊은 인상을 받았다고 한다(재레드 다이아몬드, 《어제까지의 세계》, 601쪽 참고). 이렇게 문명세계에 노출되지 않은 인간이 가진 몸매가 바로 '자연 상태의 인간에게 적합한 몸매'이고, 식욕만족 다이어트를 통해 우리가 가지게 될 몸매다.

로마의 조각상, 르네상스 시대의 조각상들을 봐라. 그 조각상들에 나오는 인간의 몸매가 바로 자연 상태의 인간에게 적합한 몸매고, 식욕만족 다이어트를 통해 우리가 가지게 될 몸매다.

"이런 다이어트 방법이 정말로 가능할까?"

"가능하다."

"어떻게 가능한가?"

그 메커니즘을 설명하는 것이 바로 이 책의 목적이고, 내용이다. 이 책은 어떻게 이런 다이어트 방법이 가능한지를 설명한다. 하지만, 여기서 중요한 것은 원리를 이해하는 것이지, 방법이 어떠한지가 아니다. 살이 빠지는 원리를 이해하게 되면 살을 빼는 방법은 매우 간단하다. 구체적으로 식욕만족 다이어트를 어떻게 하는지에 대해서는 제6편에서 설명하지만, 기본적인 방법만 가지고 말하자면 우리는 하루에 세끼를 다 챙겨 먹고, 종종 회식도 하고, 친구들을 만나 술도 마시고, 살을 빼기 위해 따로 신경 쓸 필요도 없고, 운동도 하지 않고 그러면서도 효과적으로 살을 빼고 날씬한 몸매를 가질 수 있다.

"간단한가?"

간단하다. 그것도 너무 간단하다. 우리는 식욕과 먹는 것에 대하여 고정 관념에 빠져 있기 때문에 바르게 다이어트하는 방법을 알지 못하고, 제대로 알지 못하기 때문에 그렇게 하지 못하는 것뿐이다. 우리가 고정 관념을 극복하게 되면 바르게 다이어트하는 방법이 보인다. 그 원리를 제대로 이해하면 살을 뺀다는 것은 어려울 것이 없다. 원리만 이해하면 살을 빼는 구체적인 방법은 누구나 쉽게 만들 수 있다.[4] 각자의 생활 환경은 자기 자신이 제일 잘 안다. 그러니 각자가

---

4)   이는 쇠로 만든 배를 물에 띄우는 것과 같다. 쇠는 물에 놓으면 가라앉는다. 바늘같이 작은 쇠

알아서 자기의 사정에 맞추어 적절한 방법을 만들어 사용하면 된다.

아마 당신 마음속에서는 아직도…

"이렇게 간단한 방법으로 살을 뺀다는 것은 뭐라고 설명하든 불가능해."

"이런 방법이 정말로 가능하면, 세상에 뚱뚱한 사람이 한 명도 없어야지, 왜 그렇게 많은 사람들이 뚱뚱해서 고생하겠냐?"

이런 생각이 들 거다. 맞는 말이다. 일본의 스모선수들처럼 일부러 살을 찌우지 않는 이상, 원래 사람은 뚱뚱해지지 않는다. 사람은 원래 뚱뚱한 동물이 아니다. 동물 중에는 하마나 코끼리처럼 원래 뚱뚱한 동물들이 있지만 인간은 원래부터 뚱뚱한 동물이 아니다. 자연 상태 그대로 두면 날씬한 몸매를 가져야 한다. 그런데도 우리는 점점 뚱뚱해지고 있다. 우리만 뚱뚱해지는 것이 아니라 우리가 키우는 개와 고양이들도 뚱뚱해지고 있다. 개의 친척은 늑대, 여우같은 동물들이고, 고양이의 친척은 호랑이, 표범 같은 동물들인데, 이들 역시 자연 상태대로 두면 뚱뚱해지지 않는다.

"왜 인간과 인간이 키우는 애완동물만 뚱뚱해지는 것일까?"

최근 100년 정도의 기간 동안 인간을 둘러싼 생활 환경의 변화는 점점 뚱뚱해질 수밖에 없도록 우리를 몰아가고 있다.[5] 사실 비만은

도 가라앉는다. 쇠로 만든 배를 본 적이 없는 사람은 크고 무거운 쇳덩어리로 배를 만들어 물에 띄울 수 있다는 사실이 이해되지 않는다. 마술처럼 보인다. 하지만, 부력의 원리를 이해하고 보면 불가능한 것도 아니고, 마술도 아니다. 누구나 쉽게 할 수 있는 기술이 된다. 그 원리만 알게 되면 어떤 모양의 배를 만들 것인가는 각자 알아서 할 수 있다. 지금 우리에게 중요한 것은 어떤 모양으로 배를 만들 것인지가 아니라, 쇳덩어리를 어떻게 물에 띄울 수 있는가 하는 그 원리를 이해하는 거다.

5) 야생 돼지가 집돼지로 길들여져 가는 과정에서 야생 돼지는 털을 잃어버리고, 몸은 비만해지고, 성격은 느긋해지고 사교적이 된다. 동일한 과정 속에서 인간도 털을 잃어버리고, 몸은 비만해지고, 성격은 느긋해지고 사교적이 된다. 콘라트 로렌츠는 이를 인간의 '집돼지화'라고 불렀다(하인

자연재해처럼 피할 수 없는 재앙이 아니라, 우리의 고정 관념이 만들어 낸 행동 방식이 변해 버린 생활 환경에 제대로 적응하지 못해 생긴 부작용의 산물이다. 그러니 우리가 그 고정 관념을 제대로 인식하고 행동 방식을 수정하기만 하면 바로 사라져야 할 일시적인 현상이다.

하지만, 우리가 생활 환경의 변화를 제대로 인식하고 대처하지 못하는 사이에 이미 사라졌어야 할 현상이 사라지기는커녕 오히려 확산되고 있다. 점점 많은 사람들이 비만과 비만으로 인한 질병으로 고통받고, 비만은 점점 세계적인 재앙으로 변해 가고 있다. 이제 우리는 원래 우리에게 적합한 몸매, 날씬한 몸매로 돌아갈 필요가 있다. 그런데, 원래 우리에게 적합하고 날씬한 몸매로 어떻게 돌아갈 수 있을까? 마음껏 먹고도 날씬하게 살이 빠지는 다이어트가 정말 가능할까?

지금 당신은 이런 방법이 불가능하다고 느낄 것이고, 누군가가 그런 방법이 가능하다고 말하면 "그건 말이 되지 않는다.", "그런 것은 논리모순이다."라고 반박할 거다. 그럼 내가 당신에게 한번 질문해 보겠다.

"아무것도 없는 손수건 위에서 비둘기가 갑자기 생겨날 수 있는가?"

"큰 상자 안에 사람이 들어간 후에 상자를 닫고 자물쇠까지 채웠는데 그 사람이 어디론가 사라져 버릴 수 있는가?"

"사람이 아무런 지지대 없이 공중부양할 수 있는가?"

아마 당신은 '불가능하다'고 대답할 거다. 맞다. 불가능하다. 이런

리히 롭바츠, 《살아있는 구조》, 96쪽 참고). 주어진 환경의 변화에 적응하면서 야생 돼지가 십돼지가 되는 것처럼 우리에게 주어진 환경의 변화는 자연 상태의 인간을 비만한 현대인으로 몰아간다.

현상이 분명히 불가능한데 우리 주위에서는 자주 일어나고 있다. 적어도 우리 눈에는 자주 일어나는 것처럼 보인다. 마술쇼에 나오는 마술사들은 우리가 도저히 불가능하다고 생각하는 일들을 척척 해낸다. 아무것도 없는 손수건 위에서 비둘기가 튀어나온다. 상자 안에 사람이 들어간 후 상자를 닫고 자물쇠를 채웠는데 조금 뒤에 확인해 보면 그 사람은 감쪽같이 사라졌다. 누워 있는 사람이 공중부양을 한다. 마술사는 이 사람이 아무런 지지대 없이 공중 부양한다는 사실을 보여 주기 위해 그 사람 주위의 빈 공간을 지팡이로 여러 차례 휘젓기까지 한다. 이런 것들은 현실 세계에서 불가능한 것들이다. 불가능한 것이 너무 명백하다. 그런데도 마술사들은 해 낸다.

"어떻게 할 수 있을까?"

"어디선가 초자연적인 힘을 빌려 와 불가능한 일을 해내는 것인가?"

아니다. 마술사는 자신의 기술과 눈속임으로 우리에게 '비둘기가 없다'는 고정 관념, '상자 안에 사람이 있다'는 고정 관념, '지지대가 없다'는 고정 관념을 심어 준다. 우리는 마술사의 현란한 기술과 눈속임에 속아 실체를 보지 못하는 것뿐이다. 실제로 마술사가 비둘기를 만들어 내거나 사람을 사라지게 하거나 공중부양시키는 게 아니다. 요즘은 마술을 보여 준 다음 마술의 기법을 소개하면서 어떤 트릭을 썼는지 알려 주는 TV프로그램이 있다. 그런 프로그램을 보면 이런 마술이 사실은 마술사의 속임수라는 사실을 금방 알 수 있다.

다시 다이어트의 문제로 돌아가 보자. 현실의 우리는 어떤가? 다이어트에 대한 우리의 생각은 어떤가? 우리는 이런저런 고정 관념을 가진 채로 살아간다. 그중에서도 식욕과 먹는 것에 대해 아주 오래전부터, 아주 강렬한 고정 관념을 가지고 있다. 고정 관념을 가진 사람은 굳이 누가 속이지 않아도 실체를 제대로 보지 못하고 고정 관념에 따라 세상을 본다. 그래서 식욕을 만족시키면서 즐겁고 건강하게 다이어트하는 방법을 찾지 못하고 매일 안타까운 행동을 반복하고 있다. 나는 우리의 조상들이 가졌던 환경이 먹는 것에 대한 고정 관념을 만들었고, 그 고정 관념을 물려받은 결과 우리가 식욕의 실체를 제대로 보지 못하고 있다는 사실을 우연한 기회에 알게 되었다. 그리고 이 책을 통해 그 실체를 공개하려고 한다.

마술사가 마술의 기법을 소개하면서 마술쇼가 우리의 착각에 불과했다는 사실을 보여 주듯이, 이 책은 식욕에 대한 고정 관념을 설명하고 이를 극복하게 할 것이다. '식욕을 만족시키며 살을 빼는 것은 불가능하다'는 생각, '즐겁고 건강한 다이어트는 불가능하다'는 생각, '다이어트는 원래 고통스러운 과정'이라는 생각이 우리의 오해에 불과하다는 사실을 보여 주려고 한다.

당신이 의심하는 것처럼 크림이 듬뿍 든 빵, 달콤한 비스킷, 초콜릿, 아이스크림, 스테이크, 치킨, 피자, 갖가지 요리들을 식욕이 만족될 만큼 마음껏 먹으면 살이 빠지지 않는다. 살이 빠지기는커녕 도리어 살이 찌는 것이 당연하다. 적어도 지금 우리가 가지고 있는 고정 관념을 그대로 유지한다면 말이다. 하지만, 우리의 목표는 즐겁고 건강하게 살을 빼는 것이지 우리가 가지고 있는 고정 관념을 지키는 것이 아니다.

"다이어트를 하면서 식욕을 억제하는 고통을 참고, 건강을 해쳐가면서까지 고정 관념을 유지해야 할 이유가 무엇인가?"

"우리는 그렇게까지 고정 관념을 지켜야 할 이유가 있을까?"

우리 조상들은 굶어 죽지 않기 위해 과식을 가능하게 하는 고정 관념을 지켜야 했다. 하지만, 21세기를 살고 있는 우리에게 그것은 구시대의 유물에 불과하다. 현재의 생활 환경에 맞지 않다. 만약 우리가 아직도 기근을 두려워하고, 식량이 없어서 굶어 죽는 것을 두려워하는 사회에 살고 있다면 우리도 그 고정 관념을 유지해야 한다. 그래야 기근 상황에서도 살아남을 수 있다.

"하지만, 지금 우리는 어떤가?"

우리는 더 이상 굶어 죽는 것을 걱정하지 않는다. 굶어 죽지 않기 위해 노력하기보다는 오히려 너무 뚱뚱해지지 않기 위해 노력하고 있다. 굶어 죽지 않기 위해 만들어진 행동 방식은 지금 우리의 생활 환경에는 맞지 않다. 이제 우리의 생활 환경에도 맞지 않고, 비만이라는 심각한 부작용을 일으키고 있는 고정 관념을 뛰어넘어 보자. 그러면 이제껏 생각하지 못한 새로운 세계가 열리고, 새로운 길이 당신 앞에 펼쳐질 거다. 더 이상 우리가 먹고 있는 음식의 칼로리를 고민할 필요가 없다. 음식에 포함된 칼로리양이 얼마나 되는지를 암기할 필요는 더더욱 없다. 맛있는 음식을 눈앞에 두고도 "이런 음식은 칼로리가 높으니 먹으면 안 돼!"라고 스스로 자제할 필요도 없다. 음식을 먹으면서 "혹시 내가 너무 많이 먹는 것 아닐까?"라고 마음에 부담을 가질 필요도 없다. 그냥 원하는 음식을 원하는 만큼 먹게 되고, 식욕을 충분히 만족시킬 만큼 먹게 된다. 그 결과 "배불러서 더 이상은 못 먹겠다.", "여기서 더 먹으면 즐겁기 보다는 불쾌해지겠다."라고 느끼게 될 때 자연스럽게 음식먹기를 그만두게 된다. 배부를 때까지 먹고 나면 더 먹으려고 해도 배가 불러서 더 이상 먹을 수 없고, 더 먹으면 불쾌해질 것을 알고 있으니 더 먹고 싶지도 않다. 그래서 그만 먹는다. 이 얼마나 간편한 방법인가. 그러면서도 자연 상태로 존재하는 인간에게 적합한 체형이 될 때까지 살이 빠진다. 그렇게 빠진 살은 다이어트를 그만두더라도 예전의 뚱뚱한 몸매로 돌아가지 않는다.

자, 어떤가? 우리의 고정 관념을 바꾸기만 하면, 다시 말해 우리의 생각을 한번 고쳐먹기만 하면 앞으로 우리는 다이어트 때문에 고민할 필요도 없고, 원하는 음식을 배불리 먹을 수 있게 되고, 우리의 몸은 더욱 건강해지고, 그러면서도 조각상처럼 날씬한 몸매를 가지게 된다.

"정말 쉽고 매력적인 다이어트 방법 아닌가?"

이제껏 다이어트라는 말을 들을 때 떠오르는 '인내'와 '고통'의 이미지가 아니라, 달콤한 초코과자를 먹을 때 느끼는 그 즐겁고 행복한 느낌의 다이어트. 이 얼마나 유쾌한 방법인가? 이렇게 유쾌한 다이어트만이 성공할 수 있고, 또 오래 지속될 수 있다.

참을 수 없는 존재의 무거움

나는 의사도 아니고, 다이어트 전문가도 아니다. 다이어트에 대한 특별한 지식도 없고, 다이어트에 대한 데이터도 없다. 그래서 나의 이야기로 이 책을 시작하려고 한다. 대학 1학년 때 나는 학교 기숙사에서 살았다. 그때 옆방에 있던 친구와 친하게 지냈는데, 하루는 그 친구가 나에게 인생의 고민이 무엇인지 물었다. 1학년 때는 참 쓸데없는 질문도 많이 하고, 그런 질문에 대답하기 위해 고민도 많이 했던 것 같다. 그런 무수한 이야기들 중의 하나가 "인생의 고민이 무엇이냐?"라는 질문이었다. 나는 조금 생각하다가 이렇게 대답했다.

"참을 수 없는 존재의 무거움."

당시에는 그냥 친구를 웃겨 주려고 한 말이었는데, 지금 생각해 보면 참 적절한 대답이었다. 그때 내 인생의 고민은 '참을 수 없는 존재의 무거움'이었다. 아마도 그때쯤 다이어트를 처음 시작했던 것 같다. 그리고 실제로 다이어트를 하고 있건 하지 않고 있건 간에 20여 년 동안 늘 체중과 다이어트를 고민하면서 살아왔다. 현재 나는 매일 스트레스를 받으면서 살아가는 직장인이다. 어릴 때부터 살이 쪄서 고민을 많이 했고 살을 빼기 위해 여러 가지 다이어트를 해 보았다. 두부 다이어트, 사과 다이어트, 바나나 다이어트, 황제 다이어트 등등… 하지만, 모두 실패했다. 그리고, 얼마 전에는 건강검진을 받았는데 결과는 '고도비만'. 정상 체중보다 많이 오버되었다는 통보를 받았다. 의사가 요구하는 주문은 즉시 17kg을 빼라는 것이었다. 계속 이 상태대로 체중을 유지하면 당뇨나 고혈압 같은 성인병이 걸릴 위험성이 높아진다고 했다.

"즉시 살을 빼라? 말은 쉽지만, 어떻게 살을 빼란 말인가? 내가
시도한 다이어트는 모두 실패했는데…"

살을 빼라고 하면 두 가지 방법이 떠오른다. 하나는 먹는 것을 적게 먹는 거고, 다른 하나는 운동을 많이 하는 거다. 먼저, 적게 먹는다는 것이 말이 쉽지 실제로 해 보면 잘 안 된다. 하루 이틀이야 적게 먹을 수 있지만 몇 년, 길게는 몇십 년을 계속 적게 먹는다는 것은 쉽지 않다. 앞으로 죽을 때까지 먹고 싶은 것을 먹지 않고 참아야 된다고 생각하니 삶이 무미건조해지는 것 같다. 정말 쉽지 않다. 그래서 주위 사람들의 권유에 귀가 솔깃해진다.

"무슨… 살을 빼려고 밥을 굶냐?"

"먹고 싶은 대로 먹고 운동을 더 열심히 해라."

좋은 말이다. 하지만 이것도 말이 쉽지, 살이 빠질 정도로 운동을 한다는 건 정말 어렵다. 시간 여유가 많은 사람들이야 할 수 있겠지만, 나 같은 직장인이 시간을 내어 운동하는 것은 쉽지 않다. 직장을 다니면서 운동을 하려면 아침에 일찍 일어나야 하는데, 평소보다 한두 시간 일찍 일어나는 게 쉽지 않다. 운동을 해야 한다는 마음은 굴뚝같지만 아침에 눈이 잘 떠지지 않는다. 그러다가 비라도 오면 마음속에서 금방 이런 생각이 떠오른다.

"오늘만 쉬고 내일부터 하자."

"운동은 일주일에 5일만 하면 매일 하는 것과 효과가 똑같다더라."

"너무 매일매일 운동하는 것은 오히려 건강에 좋지 않다더라."

그래서 하루를 쉬면 그걸로 끝이다. 저녁에 운동하는 것도 마찬가지다. 직장생활을 하다 보면 야근하기 일쑤고, 회식하는 경우도 많다. 야근도 회식도 없는 날은 피곤해서 집에서 쉬고 싶다. 지속적으로 운동하기가 쉽지 않다. 가끔씩 운동을 해서는 살이 빠진다는 느낌도 들지 않는다. 힘들여 운동을 해도 살이 빠진다는 느낌이 들지 않으니 운동을 할 마음도 금방 사라져 버린다. 운동해서 살을 빼겠다고 직장을 그만둘 수는 없지 않은가? 결국 "먹고 싶은 대로 먹고 운동을 열심히 해라."라는 충고는 먹고 싶은 대로 먹고 운동은 하지 않아 체중이 더 늘어나는 결과가 돼 버렸다. 살을 빼는 것은 쉽지 않고, 기존의 수많은 다이어트 방법은 다 만족스럽지 못하다.

"이런 방법으로는 도저히 살을 뺄 수 없다."

정말 효과적으로 살을 빼려면 뭔가 다른 대책이 필요했다. 내가 실행할 수 있는 다이어트 방법을 만들어야 했다. 아무리 그럴듯한 방법이라도 나에게 맞지 않는 방법은 무의미하다. 내가 원하는 다이어트란 이런 방법이다.

"다이어트 하느라 굶거나 음식을 가려 먹는 것은 이제 지겨워서 못하겠다. 내가 할 수 있는 방법은 적어도 밥을 제대로 챙겨 먹는 방법이어야 한다."

"운동을 열심히 한다는 것도 하루 이틀이지 꾸준히 운동할 자신도 없다. 운동을 하지 않아도 살이 빠지는 방법이어야 한다."

"회사 일은 늘 바쁘고, 스트레스의 연속이다. 다이어트를 위해 따로 신경 쓸 여유가 없다. 따로 신경 쓰지 않아도 꾸준히 살이 빠지는 방법이어야 한다."

"무리한 다이어트로 건강을 해치는 사람들이 있는데, 그런 방법은 절대 안 된다. 다이어트 결과 건강은 더욱 좋아져야 한다."

"다이어트로 살이 빠졌다가 요요현상이 생겨 버리면 아무 의미가 없다. 살이 빠진 다음에는 요요현상이 일어나지 않는 다이어트 방법이 되어야 한다."

어떻게 해야 이런 다이어트 방법을 만들 수 있을지 생각해 보았다. 생각할 수 있는 모든 방법을 다 생각해 보았다. 하지만, 이내 머릿속에선 이런 생각들이 맴돌았다.

"하루에 삼시 세끼를 꼬박꼬박 다 먹고, 살을 빼기 위해 먹는 것에 신경 쓸 필요도 없고, 운동을 따로 할 필요도 없고, 직장생활을 하면서 지속적으로 스트레스를 받아도 꾸준히 살이 빠지고, 그러면서도 건강은 더욱 좋아지고, 한 번 빠진 체중은 그대로 유지되는 다이어트. 그렇게 좋은 다이어트 방법이 가능할까?"

"그렇게 기막히게 좋은 방법이 있었다면 벌써 누군가가 개발
했겠지. 아직까지 그런 방법이 세상에 없다는 것은 그런 방법이
불가능하기 때문일 거야."

세상에 그렇게 좋은 방법은 없을 것 같았다. 아무리 고민하고 고민
하더라도 결국은 끝이 정해져 있는 길을 가는 것 같았다.

"끝이 정해져 있고, 그 끝이 뻔한데, 쓸데없는 잡생각하느라 시
간 낭비하는 게 아닐까?"

"하지만…."

"하지만…."

하지만, 그 끝을 한번 보고 싶었다. 설령 그것이 타고난 나의 한계
를 다시 한번 확인하는 일이 되더라도, 그래도 끝까지 한번 가 보고
싶었다.

"내가 지금처럼 살 수밖에 없는 것이 정말 나에게 주어진 운명
이고, 정말 어쩔 수 없는 것일까?"

만약 확인해 보았는데 어쩔 수 없는 것이라면 할 수 없다. 내가 어
쩔 수 없는 상태에 있다는 것을 확인해 보는 것만으로도 속이 후련할
것 같다. 태어날 때부터 요 모양, 요 꼴로 살도록 태어난 것을 어찌 하
겠는가?

"그런데 만약에, 정말 만에 하나라도 나의 삶을 바꾸는 것이 가
능한데 내가 알지 못해서 지금처럼 살고 있는 것이라면?"

"그냥 알지 못해서 요 모양 요 꼴로 살고 있고, 그냥 알지 못해
서 매일매일 어리석은 행동을 반복하고 있는 것이라면?"

그렇다면 이건 얼마나 억울한 일인가? 그래서 만약 그런 것이 있다

면 찾아서 바꾸어 보자고 마음먹었다. 물론 다이어트에 대해서 생각한다고 해서 어떤 사고의 흐름을 잡아 놓고 계획에 따라 생각을 하는 것이 아니었다. 그냥 이것저것 머리에 떠오르는 대로 잡다한 생각들을 해 보았다. 한마디로 잡생각을 한 것이다. 그렇게 오랫동안 다이어트에 대한 잡생각을 하면서 시간을 보냈는데, 그 내용을 정리해 보면 대충 이렇다.

"살을 효과적으로 빼려면 어떻게 해야 할까?"

"살이 찌는 것은 나의 몸이 활동에너지로 쓰는 에너지양보다 내가 음식으로 섭취하는 에너지양이 더 많기 때문이야. 그러니 살을 빼려면 음식을 적게 먹고 운동을 많이 해야 해."

"그런데, 운동을 더 많이 하는 것은 현실적으로 쉽지 않아."

"그러니, 살을 빼려면 음식을 지금보다 더 적게 먹어야 해."

"그런데, 나는 왜 살이 찔 정도로 많이 먹을까?"

"음식을 먹고 싶다는 식욕을 느끼기 때문이지."

"식욕은 왜 느낄까?"

"배가 고프기 때문이지."

"배는 왜 고플까?"

"우리 몸은 활동에너지를 얻기 위해 음식을 먹어야 하는데, 에너지가 부족해지면 몸이 의식에게 알려 주는 거야. 지금 에너지가 부족하니 에너지를 보충하라는 신호를 보내는 거야."

"활동에너지가 필요해서 음식을 먹었으면 활동에너지로 다 쓸 텐데, 왜 살이 찔까?"

"그건 필요한 에너지보다 더 많이 먹기 때문이지."

"왜 필요한 에너지보다 더 많이 먹을까?"

"그건 활동에너지가 부족하지 않아도 음식을 먹기 때문이지."

"활동에너지가 부족하지 않는데도 음식을 먹는 이유는 무엇일까?"

"그건 활동에너지가 부족하지 않아도 식욕을 느끼기 때문이지."

"그러면, 결국 활동에너지가 부족해도 식욕을 느끼고, 활동에너지가 부족하지 않는데도 식욕을 느끼는 것이네. 그런데 활동에너지가 부족해서 느끼는 식욕과 활동에너지가 부족하지 않는데도 느끼는 식욕은 같은 것일까? 아니면 다른 것일까?"

"……."

"……."

"……."

이렇게 잡생각을 하다가 어느 날 문득 깨달았다.

"우리가 가지고 있는 식욕이라는 것이 어쩌면… 하나가 아닐 수도 있겠구나."

당시에는 나도 제대로 인식하지 못하고 있었지만, 지금 생각해 보면 그때가 처음으로 식욕에 대한 고정 관념이 깨어지는 순간이었고, 식욕만족 다이어트라는 새로운 다이어트 방법이 만들어지는 순간이었고, 비만이라는 현상으로부터 완전히 자유로워지는 첫걸음을 떼는 순간이었다.

눈앞에 보이는 두 개의 길, 그리고 흰색의 장벽

우리는 보통 '식욕을 만족시킨다'는 것을 '음식을 먹는다'는 것과 같은 의미로 이해하고 있고, 식욕이 충분히 만족될 정도로 음식을 많이 먹으면 살이 빠지기는커녕 도리어 살이 더 찐다고 알고 있다. 이것이 우리의 상식이다. 그러니 "식욕을 만족시키면서 살을 뺀다는 것은 불가능한 것 아닐까?"

맞는 말이다. 지금 우리가 알고 있는 상식대로 식욕을 충분히 만족시키면 절대로 살이 빠지지 않는다. 도리어 살이 찌는 것이 당연하다. 그러나, 여기에서 핵심은 '지금 우리가 알고 있는 상식대로' 식욕을 만족시키면 그렇다는 거다. 우리가 알고 있는 '상식'을 달리 표현하면 우리가 가지고 있는 '고정 관념'이다. 우리가 고정 관념에 갇힌 채로 세상을 보면, 우리는 고정 관념이 보여 주는 것만 볼 수 있다. 그것만이 우리가 선택할 수 있는 길이 된다.

지금 우리 앞에는 두 개의 길이 있다. 하나는 음식을 적게 먹어 식욕은 만족되지 않지만 날씬하게 살아가는 길이고, 다른 하나는 음식을 많이 먹고 식욕을 충분히 만족시키지만 뚱뚱하게 살아가는 길이다. 나머지는 모두 흰색의 벽으로 막혀 있다. 두 개의 길 외에는 선택의 여지가 없어 보인다.

오랜 세월 동안 인류는 원하지 않더라도 첫 번째 길을 갈 수밖에 없었다. 식량이 부족했기 때문에 음식을 많이 먹고 싶어도 먹을 음식이 없었다. 자신의 선택이 아니라 주어진 환경의 조건에 따라 이 길을 선택해야 했다. 그런데 최근 백 년 정도의 기간 동안 상황이 바뀌었다. 지금 우리는 음식이 풍부한 환경에서 살고 있다. 이제 두 개의 길중 어디로 갈 것인지는 우리의 선택에 달려 있는 것처럼 보인다. 우리는 다이어트를 통해 음식 섭취를 제한하면서 날씬하게 살 수도 있고, 음식을 마음껏 먹고 뚱뚱하게 살 수도 있다. 첫 번째 길을 선택하게 되면 우리 조상들의 고민과 비슷한 고민을 하게 된다. 먹고 싶어도 먹지 못하는 고통을 경험해야 한다. 그 고통은 기한도 없다. 살아 있는 내내 먹는 음식의 양에 신경 써야 하고, 섭취하는 음식을 조절해야 한다. 세상에 먹고 싶은 것을 참는 것만큼 고통스러운 일도 없다. 그렇다고 두 번째 길을 선택하게 되면 다른 고통을 경험해야 한다. 마음껏 먹을 수 있으니 당장이야 즐겁지만 그 결과 몸이 뚱뚱해진다. 당뇨, 고혈압, 혈관질환 등 각종 성인병에 시달리며 고통받게 된다. 또 많은 사람들에게 뚱뚱한 외모가 고통을 주는데 이것 또한 무시할 수 없다.

결국 우리의 운명은 날씬하고 건강하게 살면서 먹고 싶은 음식을 제대로 먹지 못하는 고통을 받고 살 것인가, 아니면 음식을 마음껏 먹어서 즐겁지만 질병으로 고통받고 뚱뚱한 외모로 스트레스를 받으면서 살 것인가 하는 두 가지의 길 중 하나를 선택해야만 하는 것이다. 어느 쪽을 선택하더라도 고통이 따른다.

"그런데 정말 우리에게는 두 개의 길밖에 없을까?"

"새로운 제3의 길은 없을까?"

"식욕을 충분히 만족시켜 유쾌하면서도 살이 빠져 날씬하게 되고 건강하게 되는 그런 방식은 없을까?"

9번 플랫폼, 10번 플랫폼, 그리고 '9와 3/4' 플랫폼

영화 〈해리 포터와 마법사의 돌〉에서 주인공 해리는 마법사지만, 원래 자기의 모습, 마법사의 모습을 잃어버리고 살아간다. 그에게 삶의 방식이 만족스럽지 않다. 하지만 그는 이미 원래의 모습을 잃어버렸고, 자신이 속한 원래의 세계를 볼 수 없다. 그에게 세상은 변하지 않는 것이고 움직일 수 없는 운명이다. 그에게 빗자루는 빗자루일 뿐이고, 벽은 벽일 뿐이다. 빗자루는 타고 하늘을 날아다니는 물건이 아니고, 벽은 가로질러 갈 수 있는 공간이 아니다. 누구도 벽을 가로질러 그 너머로 갈 수 없고, 해리도 마찬가지다.

그러던 어느 날 해리는 마법학교로 찾아오라는 연락을 받고 역으로 간다. 마법학교는 기차를 타고 가야 하는데, 마법학교로 가는 기차는 '9와 3/4' 플랫폼에서 타야 한다. 해리가 역에 가 보니 9번 플랫폼도 있고, 10번 플랫폼도 있다. 하지만 '9와 3/4' 플랫폼은 없다. 9번 플랫폼과 10번 플랫폼 사이에는 그냥 '벽'이 있을 뿐이다. 길은 거기서 끝난다. 거기서 멈추어야 한다. 멈추지 않으면 벽에 부딪힌다. '9와 3/4' 플랫폼은 벽 너머에 있다. 그곳으로 가려면 벽을 향해 돌진해야 한다. 벽으로 달려가 부딪히는 것은 무모한 짓으로 보인다. 하지만, 그 벽을 가로질러야만 새로운 세상으로 갈 수 있다. 해리는 벽을 향해 달려간다. 벽에 부딪혔다고 생각하는 순간 새로운 공간이 열리고, 새로운 세계가 펼쳐진다. 마법학교로 가는 기차는 거기에 있다.

혹시 우리도 해리처럼 마술의 벽에 갇혀 있는 것은 아닐까? 벽으로 보이는 것에 한번 부딪혀 보면 그것이 실체를 가리는 장막(베일), 허상을 비추는 장막(스크린)에 불과하다는 사실을 알 수 있는데도, 부딪혀 볼 엄두를 내지 못하는 것은 아닐까?

그렇다. 지금 우리의 고정 관념은 흰색 벽으로 우리의 시선을 가두고 있다. 두 가지 길밖에 없으니 그중에서 하나를 선택하라고 강요한다. 우리는 너무 오랫동안 벽으로 보이는 흰색의 무언가를 당연히 벽이라고 생각했다. 그 벽을 뚫고 나가 볼 생각조차 하지 못했다. 그래서 두 개의 길밖에 없고, 그중 어느 쪽을 선택해도 고통스럽다. 하지만 이제 흰색 벽으로 보이는 그 벽이 진짜로 뚫을 수 없는 벽인지, 아니면 우리의 시선을 가두고 있는 흰색 천에 불과한지 확인해 볼 거다. 벽에 다가가서 자세히 들여다본다. 혹시 바람에 흔들리지 않는지. 돌이라면 세찬 바람에도 흔들리지 않겠지만, 천이라면 바람이 불때마다 조금씩 조금씩 흔들릴 거다. 손으로 만져 보고 밀어 보고 두드려 본다. 돌이라면 꿈쩍도 않겠지만, 천이라면 감촉이 돌과 다를 것이고 밀어 보면 쑥 들어갈 거다. 두드려 보아도 돌과 천은 소리가 다르다. 그래서 깨닫게 된다.

"이건 돌이 아니라 천이다."

"우리가 이때까지 속았구나."

이렇게 본질을 깨달으면 이때까지 돌로 보였던 장벽이 한갓 천 조각에 불과하다는 사실이 드러난다. 누가 우리를 속이지는 않았지만 우리가 스스로 속아 왔다는 사실, 우리가 생각하고 있던 것이 고정 관념에 불과하다는 사실을 깨닫게 되면 고정 관념이 사라진다. 그 순간 우리 앞에 놓여 있던 장벽은 사라지고, 천 조각들만 바람에 나부끼고 있다. 그것을 헤치고 나아가면 거기에 제3의 길이 있다.

흰색의 장벽 뒤에 가려진 제3의 길

우리가 찾고 있는 제3의 길은 바르게 다이어트 하는 방법이다. 바르게 다이어트한다는 것은 우리가 가언적으로 부여받은 몸의 구조와 작동 방식에 맞게 음식을 섭취하는 것이다. 그렇기 때문에 식욕을 충분히 만족시켜 유쾌하면서도 효과적으로 체중을 줄이게 되고, 그 과정과 결과가 몸을 더욱 건강하게 만들어 주며, 한 번 빠진 체중이 다시 회복되지 않게 된다.

제3의 길을 찾으려면 이제껏 우리가 가지고 있던 고정 관념을 뛰어넘어야 한다. 새로운 세계와 낡은 세계의 관계는 낡은 사고의 틀 안에서는 표현될 수 없다. 거기서는 모든 것이 변하고 갑자기 새로운 세계가 시작되는 결정적인 지점 역시 나타날 수 없다. 새로운 세계는 낡은 사고의 틀 안으로 들어오지 않는다. 보이지 않는다. 두 세계 사이의 경계는 그것을 넘어서야 비로소 드러난다.[6] 우물 밖을 나가 본 적 없는 개구리는 우물 속의 좁은 세상을 온 세상의 전부라고 생각한다. 불편하다거나 좁다고 느끼지 못한다. 그 공간이 자신의 시선을 제한하고, 생각을 제한하고, 행동을 제한하는 것을 깨닫지 못한다. 마찬가지로 우리도 주어진 고정 관념 속에 머물러 있으면 그 고정 관념이 우리에게 보여 주는 모습 이상의 것을 보지 못한다. 고정 관념이 보여 주는 환경이 우리에게 주어진 세계의 전부라고 느끼게 되고 그 환경에 사고방식과 행동 방식을 맞추어 버린다.[7] 그리고 그것을 당연한 운명으로 받아들인다.

고정 관념이 보여 주는 세상에서 우리가 행복하게 사는 동안은 아무 문제도 없다. 그냥 그렇게 살면 된다. 그런데 어떤 이유이건 그 세상이 좁고 답답하게 느껴질 때, 그래서 고통을 주게 될 때가 문제다. 지금 우리는 고정 관념이 보여 주는 틀 속에서 이렇게 선택해도, 저렇

---

6) 하인리히 롬바흐, 《아폴론적 세계와 헤르메스적 세계》, 77쪽 참고.
7) 데이비드 봄, 《전체와 접힌 질서》, 32~34쪽 참고.

게 선택해도 고통받는다. 이 틀 속에 머물러 있으면 우리는 어떤 선택을 해도 고통받고, 어떤 선택을 해도 만족스럽지 못하다.

우물 속이 좁다는 것을 알려면 우물 밖으로 뛰어나와 봐야 한다. 고정 관념이 우리의 사고와 행동을 제한하고 있다는 사실을 알고 싶다면, 그리고 그 너머에 있는 새로운 가능성을 찾고 싶다면 고정 관념을 뛰어넘어야 한다. 고정 관념은 우리가 그 속에 있을 때는 세상의 모든 것처럼 느껴지고, 뛰어넘을 수 없는 장벽처럼 느껴지고, 바뀔 수 없는 운명처럼 느껴지지만, 일단 그 틀을 벗어나서 보면 그저 우물 속처럼 좁은 세상에 불과하고, 그저 천 조각에 불과하고, 그저 어리석은 생각의 방식에 불과하다.

그런데, 지금 당신은 아마도 '두 개의 길'이니, '흰색의 벽'이니, '제3의 길'이니 하는 것들이 어떤 의미인지 선뜻 와닿지 않을 거다. 그리고 '고정 관념이 보여 주는 세계가 어떻다는 것인지', '고정 관념을 뛰어넘지 못하면 왜 우리가 두 개의 길 속에 갇히게 되는지', '고정 관념을 뛰어넘어서 도대체 어디로 가겠다는 것인지'도 잘 이해되지 않을 거다. 그래서 좀 더 쉽게 이해하기 위해 단순화시켜 보자. 우리가 음식을 먹을 때 우리의 식욕이 어떻게 만족되는지를 그래프로 살펴본다. 다음의 그림은 우리가 음식을 먹을 때 식욕이 만족되는 정도를 그래프로 그린 거다.

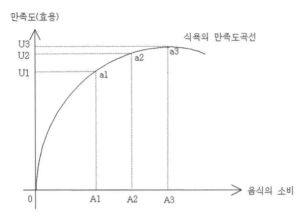

X축은 우리가 음식을 먹는 양을 나타내고 있다. 원점(0)으로부터 X축을 따라 오른쪽으로 갈수록 더 많은 양을 소비하는 것이고, 왼쪽으로 갈수록 더 적은 양을 소비하는 것이다. Y축은 음식을 먹을 때 식욕이 만족되는 정도를 나타낸다. 식욕의 만족도는 원점(0)으로부터 Y축을 따라 위로 갈수록 더 많은 만족감을 주는 것이고, 아래로 갈수록 더 적은 만족감을 주는 것이다.

음식을 먹을 때 만족도는 '식욕의 만족도곡선'을 따라서 오른쪽 위로 올라간다. 음식 소비량이 A3지점에 이르렀을 때 최고점인 U3지점에 이르게 되고, 음식을 먹는 것을 멈춘다. A3지점에서 우리는 "배불러서 더 이상 먹지 못하겠다."라고 느끼게 되고, 이 지점을 넘어서 계속 음식을 먹으면 쾌감이 아니라 불쾌감을 주기 때문이다. A3지점을 지나면 만족도곡선이 최고점(U3)을 지나 더 올라가지 못하고 오히려 아래쪽으로 떨어진다. 이런 상황은 핫도그 먹기 대회에 출전한 사람이 배부를 때까지 핫도그를 먹고도 대회에서 우승하기 위해 억지로 핫도그를 더 먹는 경우를 생각해 보면 알 수 있다. 배가 부른데도 계속 핫도그를 먹으면 핫도그를 먹는 것이 쾌감이 아니라 불쾌감을 준다. 이렇게 억지로 먹는 경우를 제외하면 우리는 원점(0)과 A3지점 사이의 어느 한 지점까지 음식을 먹는다.

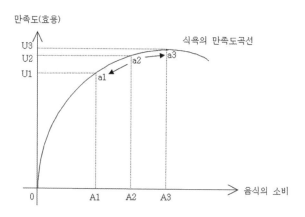

지금 우리가 A2지점까지 음식을 먹는다고 생각해 보자. 이때 우리는 식욕의 만족도곡선에서 a2지점에 있고, U2의 만족감을 느낀다. a2지점에서 우리가 선택할 수 있는 길은 둘 중 하나다. '식욕의 만족도 곡선'을 따라서 왼쪽 아래로 내려가서 a1지점으로 가거나, 오른쪽 위로 올라가서 a3지점으로 가는 거다. 먼저 a1지점으로 가면 음식의 소비가 A2에서 A1으로 줄어든다. 적게 먹으니 살이 빠진다. 하지만, 동시에 식욕의 만족도가 U2에서 U1으로 줄어든다. 식욕의 만족도가 줄어든다는 것은 음식을 먹고 싶어도 먹지 못한다는 거다. 적게 먹어 살은 빠지지만 먹고 싶은 음식을 먹지 못하는 고통을 피할 길이 없다.

반대로 a3지점으로 가면 식욕의 만족도가 U2에서 U3로 늘어난다.

식욕의 만족도가 늘어난다는 것은 먹고 싶은 음식을 마음껏 먹게 되어 유쾌하다는 것을 의미한다. 하지만, 음식의 소비가 A2에서 A3로 늘어나 살이 찌게 된다. 먹고 싶은 음식을 마음껏 먹어 당장이야 즐겁겠지만, 살이 찌게 되고 질병과 비만으로 인한 고통을 피할 수 없다.

이것이 우리 앞에 놓여 있는 '두 개의 길'이다. 이 두 개의 길 이외에 다른 선택이 없다. 다른 곳으로 갈 길이 없다. 그래프에서 보는 것처럼 다른 곳은 흰색의 평면이 있을 뿐 그래프가 없다. 그래프가 없다는 것은 우리가 선택해서 갈 수 없다는 의미다. 우리가 선택할 수 없으니, 그래프에도 나타나지 않는다. 그래서 우리에게 주어진 두 개의 길 이외에는 모두 흰색의 장벽으로 막혀 있다고 말한다. 그 흰색의 장벽은 도저히 뚫을 수 없을 것처럼 보인다.

이것은 우리의 고정 관념이 우리에게 보여 주는 세계의 전부다. 우리는 고정 관념이 보여 주는 세상에서 a1으로 가는 길을 선택해도 고통을 피할 수 없고, a3로 가는 길을 선택해도 고통을 피할 수 없다. 이렇게 선택해도 저렇게 선택해도 결국 고통받게 되고, 그것이 우리의 운명인 것처럼 보인다. 다이어트에 대한 전문가들도 마찬가지다. 전문가라고 하면 뭔가 대단한 것을 알고 있을 것 같지만, 고정 관념을 받아들여 그 안에서만 사고하는 이상, 그들은 우리에게 필요한 것에 대해 알지 못한다. 한마디로 완전히 무지하다.

다이어트에 대한 전문가라고 알려진 사람은 많지만, 다이어트에 대해서 제대로 알고 있는 사람은 없다. 과학이 발전하는 과정에서 과학은 세분화되고 전문화되면서 전문가들의 연구와 활동의 영역을 줄어들게 만들었다. 그 결과 현대의 전문가들은 '유식하지만 무지한 자'

가 되어 버렸다. 인간에게 필요한 지식들 중에서 아주 조그마한 부분인 자기의 전문 분야에 대해서만 잘 알고, 다른 분야는 전혀 모른다.[8] 그래서 비만과 같이 얼핏 보기에는 간단하지만, 우리 삶의 더 많은 부분들을 이해해야 하는 문제를 해결하기에는 그들의 시선이 너무 좁다. 그들은 현대 사회의 식품이 가지는 이중적 소비 구조나 그 작동 메커니즘에 대해 관심이 없다. 식품을 매개로 이루어지는 식품 생산자와 소비자 사이의 의사소통 구조에 대해 관심이 없다. 식품 생산자가 소비자의 욕구를 생산하는 현대 시장의 역전된 구조에 대해 관심이 없다. 인간행동을 조정하는 유전적 구조와 사회적 구조에 대해서 관심이 없다. 현대의 소비 시장에 소비자로 참가해야 하고, 그래서 주어진 소비 방식에 따라 행동할 수밖에 없는 소비자의 사회경제적 위치에 대해 관심이 없다. 그러다 보니 현대의 소비 시장이 새롭게 달성한 에너지 유출입의 균형을 보지 못한다. 과거를 보던 눈으로 현대를 바라보고, 현대의 소비 시장도 과거와 같은 방식으로 작동한다고 믿고 있다. 그래서 현대의 소비 시장이라는 맥락 속에서 소비자인 우리가 바꿀 수 있는 것이 무엇이고, 바꿀 수 없는 것이 무엇인지 알지 못한다. 그걸 모르니 자기가 잘 아는 영역 밖으로 나갈 엄두를 내지 못한다. 보이지 않으면 손으로 더듬어서라도 새로운 길을 찾아보겠다는 시도를 하지 않는다. 어둠 속에서 스포트라이트가 비춰진 좁은 영역, 그저 자기에게 보이는 영역 내에서만 움직이려고 한다.

하지만, 텔레비전을 켜고 끄거나, 컴퓨터를 사용할 수 있거나, 자동차를 운전할 수 있다는 것처럼 주어진 프로그램 내에서 대상을 조작할 수 있는 지식만으로는 고장난 텔레비전, 고장난 컴퓨터, 고장난 자

---

8) 호세 오르테가 이 가세트, 《대중의 반란》, 114~121쪽 참고.

동차를 고치기에 부족하다. 프로그래밍된 대로만 사고하는 그들의
지식은 고장난 우리의 식욕과 음식먹기에 대해 만족스런 치유책을
내놓기에 부족하다.

그래서 다이어트 방법이라는 것이 기껏해야 어떻게 하면 그래프
위에서 좀 더 왼쪽으로 갈 것인지 그 방법을 짜내느라 몰두하는 데 그
친다. 그런데 생각해 보자. 그렇게 해서 왼쪽으로 가면 그만인가? 왼
쪽으로는 가지만 아래로 내려가는 것을 어떻게 피할 것인가? 그래프
에서 아래로 내려간다는 것은 만족도가 떨어진다는 것이고 먹고 싶
은 것을 먹지 못한다는 것인데 여기서 오는 고통을 어떻게 할 것인
가? 필요한 음식을 제대로 먹지 못해서 생기는 건강 문제를 어떻게
할 것인가? 다이어트가 끝난 후 다시 원래 체중으로 회복되어 버리는
것을 어떻게 할 것인가?

이렇게 고정 관념이 보여 주는 세계에 머물러 있고, 기존의 만족도
곡선 위에 머물러 있는 이상 왼쪽 아래로 좀 더 가든지, 오른쪽 위로
좀 더 가든지 다 거기서 거기고, 오십보백보다. 그런 방법들은 바른
다이어트 방법이라고 할 수 없다. 우리가 진정으로 원하는 다이어트
방법도 아니고, 만족스럽지도 않다.

마차를 아무리 잘 만들어도 자동차가 되지는 않는다

마차를 잘 만드는 명장(名匠)이 있다고 생각해 보자. 그는 마차를 만드는 데는 전문가이고, 말과 마차에 대해서라면 무엇이든 알고 있다. 하지만, 자동차가 필요해서 그 사람에게 자동차를 만들어 달라고 하면 어떨까? 과연 자동차를 잘 만들 수 있을까? 자동차를 만드는 데 필요한 지식과 기술을 알고 있을까? 자동차가 필요한 사람에게 마차를 잘 만드는 기술은 의미가 없다. 마차를 잘 만들기 위해 그 사람이 아무리 고민하고, 아무리 노력한다 하더라도, 그래서 최고의 마차를 만들었다 하더라도 만족스럽지 못하다.

다이어트도 마찬가지다. 지금 우리에게 필요한 다이어트 방법은 식욕을 충분히 만족시켜 그 과정이 유쾌하고, 그 결과 우리 몸이 더욱 건강해지고, 감량된 체중이 다시 회복되지 않는 그런 새로운 다이어트 방법이다. 그런데 이런 방법은 그래프에서 보는 것처럼 고정 관념이 보여 주는 세계 위에 머물러서는 만들어지지 않는다. 그런데도 기존의 다이어트 방법들은 그래프를 벗어날 생각을 하지 못하고 있다. 저 그래프 위에서 이리저리 움직일 궁리만 하고 있다. 말하자면 세상은 이미 마차를 쓰는 것에 만족하지 못하고 자동차가 필요한 시대로 와 버렸는데, 아직도 마차를 만드는 전문가는 우리에게 계속 마차를 쓰라고 고집한다. 답답하기만 하다. 시대가 바뀌고 환경이 바뀌면 그에 따라 사고하는 방식도 바뀌고, 행동하는 방식도 바뀌어야 한다. 마차를 만드는 기술이 아무리 훌륭하다 하더라도, 축적된 기술을 버리기에 아깝다 하더라도 마차가 시대에 맞지 않으면 과감히 포기하는 용기가 필요하다. 처음으로 돌아가 다시 시작하는 용기가 있어야 비로소 새로운 발전이 시작된다. 이제껏 손에 쥐고 있던 것을 놓아 버릴 용기가 없는 사람은 이미 쥐고 있는 그 손으로 다른 새로운 것을 잡을 수 없다.

"그래프에 나오지 않는 제3의 길은 도대체 어디에 있는가?"

대답은 간단하다. 제3의 길은 a2지점에서 왼쪽 아래로 가거나 오른쪽 위로 가는 게 아니라, 왼쪽 위로 가는 거다.

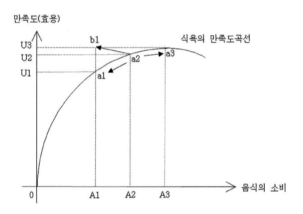

왼쪽 위로 가게 되면 왼쪽으로 가는 것이기 때문에 음식의 소비는 A2에서 A1으로 줄어든다. 적게 먹게 되니 살이 빠진다. 또 위로 가니 식욕의 만족도는 U2에서 U3로 늘어난다. 배부르게 먹어 만족스럽다. U3는 식욕만족의 최고점이기 때문에 더 먹고 싶어도 '배불러서 더 먹을 수 없다.' 더 먹으면 핫도그 먹기 대회처럼 고통을 느끼게 되고 만족도가 떨어진다. 그러니까 결과적으로 배부르게 먹고도 살이 빠지는 거다. 더 먹으려 해도 배불러 더 먹을 수 없고, 배부르게 먹어도 현재의 체중을 유지할 만큼 많이 먹지 못하니 살이 빠질 수밖에 없다. 그런데 여기서 의문이 생긴다.

"그래프에 없는데 어떻게 왼쪽 위에 있는 b1을 선택할 수 있는 가?"

a2에서 a1으로 가려면 음식을 적게 먹으면 된다. a2에서 a3로 가려면 음식을 많이 먹으면 된다. 그런데 a2에서 b1으로 가려면 도대체 어떻게 가야 할까? 이것이 우리가 알아야 할 문제의 핵심이다. 그래프에서 보는 것처럼 a2에서 b1으로 가는 길은 없다. a2에서 b1으로 가려면 우리 앞에 놓인 흰색의 장벽을 가로질러야 한다. 길이 보이지 않는 흰 평면 위에 길을 만들어야 한다. 그렇게 하려면 '고정 관념을 뛰어넘어야 한다.' 이 그래프는 고정 관념이 우리에게 보여 주는 세계다. 그런데 고정 관념이라는 것이 그 안에 있을 때는 세상의 모든 것처럼 보이지만, 일단 그 틀을 벗어나서 보면 아무것도 아니다. 그저 편협한 생각의 방식에 불과하다.

"고정 관념을 벗어나면 a2에서 b1으로 어떻게 갈 수 있는가?"

그것은 식욕의 만족도곡선을 이동시키는 방법으로 가능하다.

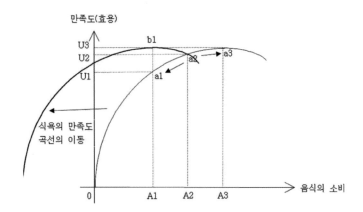

이렇게 식욕의 만족도곡선이 이동하게 되면 b1지점은 현실적으로 우리가 선택 가능한 지점이 된다. 우리는 식욕이 완전히 충족될 때까지 음식을 먹음으로써 A1까지 음식을 먹게 되고, A1까지 음식을 먹음으로써 U3까지 만족을 얻게 된다. 그것이 바로 우리가 b1지점을 선택하는 거다.

그런데, 여기서 또 다시 의문이 생긴다.

"식욕의 만족도곡선이 어떻게 이동할 수가 있는가?"

누구나 '식욕의 만족도곡선이 이동한다는 것은 말이 안 된다', '저런 것은 불가능하다'는 느낌이 들 거다. 그러면 내가 당신에게 질문해보겠다.

"식욕의 만족도곡선이 이동한다는 것이 정말로 불가능한가?"

"정말로 불가능한지 진지하게 고민해 본 사람이 있는가?"

이 질문에 대하여 누구나 '불가능할 것 같다'는 느낌을 가질 거다. 왜냐하면 누구도 그렇게 해 본 적이 없기 때문이다. 하지만, "불가능하다."라고 자신 있게 대답할 수 있는 사람은 세상에 단 한명도 없다. 왜냐하면 이 역시 누구도 그렇게 해 본 적이 없기 때문이다. 식욕의 만족도곡선을 이런 방식으로 이동시킬 수 있는지 진지하게 고민해 보면 가능하다는 사실을 알게 된다. 내가 진지하게 고민해 봤고, 실제로 이동시켜 보았다. 해 보니 가능했다. 그것도 아주 간단한 방법으로 가능하다. 그러나 우리 모두는 이제까지 '식욕은 하나다'는 고정관념을 너무도 당연히 받아들였기 때문에 "식욕의 만족도곡선을 이동시킬 수 있을까?" 하는 의문을 가지지 않았다. 의문을 가지지 않았기 때문에 진지하게 고민하지 않게 되고, 진지하게 고민하지 않기 때문에 막연하게 안 될 것 같은 느낌이 들고, 안 될 것 같은 느낌이 들기 때문에 "안 되겠지."라고 믿어 버린 것뿐이다. 누구도 그렇게 믿으라고 말한 적은 없지만, 우리 스스로가 그렇게 믿어 버렸다. 고정 관념이라는 것이 원래 그렇다. 고정 관념은 늘 쓰고 있는 색안경 같은 거다. 우리가 세상을 볼 때는 언제나 그것을 통해서 보고, 그렇게 보는 것에 익숙해져 있기 때문에 그것이 이상하다고 느끼지 못한다. 하지만 고정 관념은 어떤 현상에 대해서 "이것은 맞다.", "이것은 틀리다."라고 이유를 따져서 명확하게 아는 게 아니다. 그냥 현재 있는 관념을 그대로 받아들인다. 정말로 맞는지, 틀렸는지 알아보려면 스스로 생각해 보고, 스스로 체험해 보는 수밖에 없다. 그래서 실제로 따져 보면 맞는 경우가 많지만, 틀린 경우도 많다. 과거에는 모든 사람이 진리라고 믿었던 생각들도 세월이 지난 후에 보면 완전히 틀린 생각인 경우가 있다.

예를 들어 옛날 사람들은 지구가 평평한 판처럼 생겼다고 생각했다. 그래서 배를 타고 바다 끝까지 가면 떨어져 죽는다고 생각했고, 아무도 그것을 의심하지 않았다. 하지만 그건 당시에 있는 생각을 그냥 받아들인 것이지, 아무도 지구의 끝까지 가서 그 끝을 본 것이 아니다. 사람들이 그렇다고 하니 다들 그렇게 믿은 거다. 그래서 배를 타고 멀리 나가지 않았다. 그런데 어떤 사람이 그 생각에 의심을 가지고 바다 끝까지 가 봤더니 떨어져 죽지 않았고 오히려 거기에는 새로운 땅, 신세계가 있었다. 알고 보니 지구는 판처럼 평평한 것이 아니라 공처럼 둥글둥글하게 생긴 것이었다. 지금 우리는 지구가 판처럼 평평하다고 생각하지 않는다. 다들 지구는 공처럼 둥글다고 생각한다. 이전의 고정 관념이 깨지고 새로운 관념이 그 자리를 대신한 거다. 과학에서는 이런 것을 '패러다임의 변화'라고 한다.

지금 우리는 다이어트에 대해 하나의 패러다임을 가지고 있다. 그것은 다이어트를 하려면 '식욕을 억제해야 한다'는 패러다임이다. 여러 가지 다이어트 방법들이 있지만, 기존의 다이어트 방법들은 지엽적인 부분에 차이가 있을 뿐이다. '식욕을 억제해야 한다'는 패러다임에 뿌리를 두고 있다는 점에서는 모두 같다. 하지만 이제 그 낡은 패러다임이 바뀌어야 할 때가 왔다. 우리는 무수히 많은 체험을 통해 '식욕을 억제하는 다이어트 방법'은 고통스럽고, 건강을 해치게 되고, 효과가 금세 사라져 버린다는 사실을 이미 알고 있다. 우리는 그 낡은 사고의 틀이 우리에게 만족스러운 비전을 제시하지 못한다는 사실을 알고 있지만, 그 틀을 깨 버리고 난 후에 그 자리를 대신할 새로운 비전이 없기 때문에 우리 시대에 맞지 않는 생각의 틀을 억지로 붙잡고 있는 것이다.[9]

유쾌하고, 건강하고, 지속 가능한 다이어트 방법, 우리가 진정으로 원하는 다이어트 방법은 기존의 틀 속에 머물러서는 불가능하다. 이제 우리는 우리에게 맞지 않는 생각의 틀을 놓아 버리고, 생각의 틀 자체를 바꾸는 용기가 필요하다. 다이어트에 성공하려면 '식욕을 억제해야 한다'는 생각에서 다이어트에 성공하려면 '식욕을 만족시켜야 한다'는 생각으로 사고의 패러다임이 바뀌게 될 때 우리 앞을 가로막고 있던 흰색의 장벽이 사라지고 새로운 길이 열리게 된다.

아직 발견해야 할 많은 세계가 있다 승선하라!

영화 〈매트릭스(The Matrix)〉에서 모피어스라는 남자가 주인공 네

---

9) 토마스 S. 쿤, 《과학혁명의 구조》, 121쪽 참고.

오(Neo)에게 양손을 펴 보인다. 한 손에는 파란 알약이, 다른 손에는 빨간 알약이 있다. 그리고 이야기한다.

> "이게 마지막 기회다. 이후로는 돌아갈 수 없다. 파란 알약을 먹으면 이야기는 여기서 끝난다. 너의 침대에서 일어나 믿고 싶은 것을 믿으면서 살아갈 거다. 빨간 알약을 먹으면 이상한 나라에 계속 있게 되고, 토끼굴이 얼마나 깊은지 보여 주겠다."

네오는 빨간 알약을 먹는다. 그리고 다른 세계에서 깨어난다. 누에고치 같은 기계에서 깨어나는데, 깨어나 보니 수많은 사람들이 비슷한 기계에 들어가 있다. 그 작은 기계들은 매트릭스라는 거대한 기계에 연결되어 있다. 매트릭스는 인간의 몸이 필요하다. 매트릭스는 스스로 에너지를 만들어 낼 수 없기 때문에 인간의 몸에서 나오는 생체 에너지를 이용한다. 생체 에너지를 흡수하여 자신의 동력으로 삼고, 그 에너지로 살아가는 거다.

지금 우리도 이런 매트릭스 안에 있다. 네오가 가상 현실을 현실이라고 느끼며 매트릭스를 인식하지 못하는 것처럼 우리도 현대의 매트릭스를 인식하지 못할 뿐이다. 현대의 매트릭스 역시 인간의 몸이 필요하다. 그런데 이 매트릭스는 영화 속의 매트릭스와는 반대의 방식으로 인간의 몸을 이용한다. 스스로 에너지를 생산한다. 현실의 매트릭스에게 인간의 생체 에너지 따위는 필요 없다. 현실의 매트릭스는 이윤을 먹고 산다.[10] 이윤을 얻기 위해 에너지를 생산하는데, 매트릭스가 생산한 에너지를 누군가가 소비해 주어야 한다. 그 소비를 위

---

10) "은행이나 회사가 땅을 갖고 있을 순 없어. 그것들은 공기를 마시지도 않고 갈빗살을 먹지도 않거든. 그것들은 이익이라는 걸 마시고 사는 거야. 금리를 먹고 사는 거야. 그것을 먹지 못하면 놈들은 죽어 비끼고 말아. 마치 당신들이 공기나 갈빗살이 없으면 죽어 버리듯이 말이야."(존 스타인벡, 《분노의 포도 1》, 42쪽 참고).

해 인간의 몸이 필요하다. 매트릭스가 점점 더 많은 에너지를 생산하고, 더 많은 에너지를 공급한다. 필요한 에너지를 충분히 생산할 뿐 아니라 필요를 넘어서까지 생산한다. 에너지가 남는다. 그런데 이 남는 에너지가 소비되지 않으면 더 이상 이윤을 얻을 수 없고, 이윤을 얻을 수 없으면 매트릭스가 살아남지 못한다. 매트릭스는 생산된 에너지를 모두 소비시켜야 한다. 그것이 인간의 몸에 필요한지 불필요한지는 중요하지 않다. 어떻게든 소비시켜야 한다. 그래서 인간의 정신세계에 접속하여 매력적인 이미지들을 보여 주고, 매력적인 이미지들을 에너지와 뒤섞어서 인간들에게 공급한다. 그 매력에 빠진 인간은 자신도 모르는 사이에 에너지를 과소비하게 된다. 이 매트릭스 안에서 인간의 몸은 에너지를 과소비하는 기계로 배치되고, 과잉 생산된 에너지를 소비하는 방식으로 작동한다. 결과적으로 농부들이 동식물을 개량하는 것과 유사한 과정이 인간에게 일어난다. 자연은 인간을 '생존과 번식에 더 나은' 모델로 만들었지만, 매트릭스는 인간을 자신의 목적에 더 나은 것, 즉 과식하는 기계로 만든다.[11] 하지만 지금 우리는 이런 사실을 인식하지 못하고 있다.

플라톤의 '국가론'을 보면 '동굴의 비유'라고 알려진 이야기가 나온다.[12] 동굴 속에 갇혀 있는 사람들의 이야기다. 그 사람들은 태어날 때부터 앞의 벽면만을 볼 수 있도록 온몸이 사슬로 묶여 있어 벽면에 비추어진 그림자가 실재 세계라고 착각하며 살아간다. 우연히 한 사

---

11)　자연 선택의 경우에는 자연이 생존과 후손의 생산에 '더 나은(better)' 것을 선택했다. 인위적 선택의 경우에는 농부가 자신의 목적에 '더 나은' 것, 즉 더 많은 젖을 생산하는 암소, 가슴살이 더 많고 더 많은 알을 낳는 암탉, 더 아름답고 향기로운 장미를 선택했다(존 무어, 《지식탐구를 위한 과학 1》, 253~254쪽 참고).

12)　플라톤, 《플라톤의 국가(정체)》, 서광사, 448~453쪽 참고.

람의 사슬이 풀려 동굴 밖으로 나와 보게 되면서, 이때까지 실재 세계라고 믿었던 것이 실제로는 그림자에 불과하다는 사실을 알게 된다. 한 번 동굴 밖으로 나와 본 사람은 다시 동굴로 들어가도 더 이상 벽면에 보이는 그림자를 실재 세계라고 생각할 수 없다. 이미 실재 세계를 보아 버렸기 때문에 더 이상 그림자를 실재 세계라고 믿고 싶어도 믿어지지 않는다. 마술쇼의 마술사가 트릭을 알려 주고 나면 "비둘기가 없다.", "사람이 상자 속에 있다.", "지지대가 없다."라고 믿고 싶어도 믿어지지 않는 것과 같다. 우리가 가지고 있는 고정 관념도 마찬가지다. 지금은 우리의 삶에 너무 익숙해서 그것이 고정 관념이라는 사실조차 느끼지 못하지만, 고정 관념을 깨닫는 순간, 그것은 더 이상 우리의 사고방식을 묶어 놓지 못한다. 다이어트도 몰랐을 때는 그냥 모르고 하지만, 일단 한 번 알아 버리고 나면 다시는 이전의 어리석은 방식으로 할 수 없다. 그렇게 하고 싶어도 그렇게 해서는 유쾌하지 않고, 건강을 유지할 수 없고, 살이 빠지더라도 그 상태를 지속할 수 없다는 것이 너무 분명히 보이기 때문이다. 누가 쓸데없이 고생만 하고, 건강을 해치고, 살도 제대로 빠지지 않는 그런 어리석은 행동을 하겠는가? 세상 누구도 하지 않을 것 같은 어리석은 일들이 계속 반복되는 이유는 우리가 제대로 알지 못하기 때문이다.

이제 우리는 고정 관념을 극복해야 한다. 하지만, 고정 관념은 우리의 정신세계에서 사고의 대상이 되는 것이 아니라, 사고의 환경을 이루고 있기 때문에 우리는 그것이 이상하다고 느끼지 못한다. 마치 꿈을 꾸는 사람이 꿈속에서는 그 꿈이 이상하다고 느끼지 못하는 것과 같다. 이런 고정 관념을 바꾸는 방법은 두 가지다. 하나는 현실 세계의 환경이 변해서 고정 관념과 충돌하게 되고 그 고정 관념이 이상하다고 현실적으로 느껴지는 거다. 하지만, 현실 세계의 환경 변화는 언제 일어날지 알 수 없다. 수십 년이나 수백 년이 걸릴 수도 있다. 그걸 기다리고 있기에는 우리의 인생이 너무 짧다. 다른 하나는 우리가 우리의 정신세계로 들어가는 거다. 그래서 사고의 환경을 이루고 있는 요소를 다른 환경들로부터 뜯어내서 사고의 대상으로 만든다. 그 관념이 과연 현실의 사물들과 사건들, 그 관계들을 제대로 반영하고 있는지 하나씩 하나씩 검토하여 수정하는 방법이다. 나의 정신세계 속에서 벽으로 존재하고 있고, 내게도 벽으로 보이는 것이 정말 벽이 맞는지 만져 보고 두드려 보고 하면서 하나하나 살펴본다. 그래서 행동을 만들어 내는 의식의 흐름을 바꾼다.

영화 〈인셉션(Inception)〉에는 다른 사람의 행동을 바꾸기 위해 그 사람의 꿈속으로 들어가는 이야기가 나온다. 꿈속에 들어가서 의식의 흐름을 바꾸어 놓고 다시 현실 세계로 돌아오면 현실 세계에서 그 사람의 행동 방식이 바뀌어 있다. 우리도 우리의 행동 방식을 바꾸려면 정신세계로 들어가야 한다.

그런데…

아쉽게도 아직 우리는 영화에서처럼 정신세계를 눈으로 볼 수 있는 기술이 없다. 비 오는 어느 도시나 눈 덮인 산 속에서 쫓고 쫓기는 스펙터클한 과정을 거쳐 의식의 흐름을 바꿀 수는 없다. 그렇게 흥미진진하고, 매력적인 장면은 이 책에 나오지 않는다. 모든 것은 활자화된 이야기를 통해서만 전해지고, 그 이야기에 따른 사고의 흐름도 당신 머릿속에서만 이루어진다. 멋진 영상이 아니라 관념과 논리들이 만들어 낸 흔적들, 우리의 의식에 들어오지 않았지만 무의식적으로 느꼈던 감각의 흔적들을 지루하게 추적하는 방법으로 진행될 거다.

"하지만 어떤가?"

복잡하고 지루하기는 하지만, 정신세계에서 고정 관념을 바꾸는 데 성공하고 나면 영화에서처럼 현실 세계의 우리 삶이 바뀌어 있다.

"한번 해 볼만 하지 않은가?"

자, 이제 선택을 해야 한다. 여기 파란 알약과 빨간 알약이 있다. 이게 마지막 기회다. 이후로는 돌아갈 수 없다.

"당신은 어떻게 할 것인가?"

파란 알약을 원한다면 이 책을 덮고 지금까지 살던 대로 살면 된다. 다이어트를 하고 싶으면 지금까지 하던 대로 하면 된다. 빨간 알약을 원한다면 고정 관념을 뛰어넘겠다고 굳게 마음먹고 이 책을 끝까지 읽어 봐라. 이 책은 당신을 이상한 나라로 데려갈 거다. 그곳은 보이는 세계 안에 있지만 보이지 않는 세계, 펼쳐진 세계 안에 접혀 있는 세계, 우리 안에 있지만 잃어버린 세계다. 그건 벽 너머에 있고, 우린 그걸 잃어버렸지만, 무얼 어디다 잃어버렸는지도 모른다. 보이는 세계에서는 그저 돌과 돌이 끝없이 이어진 벽이 있을 뿐이고, 그 벽을 따라 길도 끝없이 이어진다. 벽 너머의 세계는 볼 수 없고, 그곳으로 갈 수도 없다. 사물 속에 갇혀 있는 정령들처럼 그 세계는 자신을 발견해 달라고 우리에게 소리치고 있다. 우리가 그 목소리를 알아들으면 마술은 풀리고, 그 세계는 우리에게 다가와 우리가 살아갈 현실 세계가 된다. 하지만, 우리는 알아차리지 못할 가능성이 다분하다. 그러면 그 세계는 끝내 발견되지 않은 채로 잠재적인 가능성으로만 남게 된다.[13]

---

13) 마르셀 프루스트, 《잃어버린 시간을 찾아서 1》, 65쪽; 《같은 책 11》, 289~290쪽; 윤동주, 〈

그곳에서는 이제껏 너무나 익숙했고, 그래서 한 번도 의심해 본 적 없던 관념들이 우리가 알지 못하는 새로운 모습을 하고 당신 앞에 나타날 거다. 정장조끼를 입고 회중시계를 보며 뛰어 다니는 토끼를 만나는 것처럼 그 과정이 당황스럽지만, 그래도 끝까지 읽어 봐라. 토끼굴의 끝까지 가서 직접 그 끝을 한번 보기 바란다.

"무릇 이미지를 가진다는 것은 모두 허망하다. 만약 여러 이미지들이 실체가 아닌 이미지임을 보게 되면 그 즉시 보게 된다. 다가오는 그대로…."[14] 이제껏 보아 왔던 검은 물체의 움직임들이 실체가 아니라 모두 그림자라는 사실이 보이는 순간 진짜 실체가 드러난다. 보이는 대로 보고, 느껴지는 대로 느낀다. 바른 다이어트는 그림자가 아닌 실체를 마주하는 그곳에서 시작된다.

하지만 명심해라. 다시 돌아갈 수는 없다. 무엇을 안다는 것은 새로운 관념이 생기는 것이고, 한 번 생겨 버린 관념은 다시는 사라지지 않는다.

길) 참고.

14) 凡所有相皆是虛妄 若見諸相非相 卽見如來.《금강경(金剛經)》

제2편

바른 다이어트
- 실재하지만 현존하지 않는 세계로의 여행 -

인간이 망각에서 깨어나 자신이 진정으로 누구인지를, 그리고 자신을 노예로 만들어 붙잡아 두고 있는 오류와 거짓투성이의 정신에게 자기 존재의 고삐를 넘겨줘 버렸다는 사실을 알게 되는 날이 마침내 올 것이다. 인간에게는 한계가 없다. 어느 날 그것을 깨닫게 될 때 그는 자유로워질 것이다. 여기, 이 세상에서도.[15]

- 죠르다노 브루노(Giordano Bruno) -

---

15) 쥴리아나 콘포르또, 《죠르다노 브루노의 미래과학과 새로운 인간의 탄생》, 13쪽 참고.

바른 다이어트는 무엇인가?
유쾌하고, 건강하고, 지속 가능한 다이어트다

지금 우리는 비만으로 고통받고 있다. 그래서 살을 빼고 비만에서 벗어나려고 하지만, 우리가 하고 있는 다이어트는 고통스럽기만 하고, 자칫하면 건강을 해치게 되고, 여간해서는 살을 빼기 어렵다. 또 살을 빼는 데 성공한다 해도 다이어트를 그만두면 다시 살이 쪄 버린다. 기존의 다이어트 방법들은 이렇게 만족스럽지 못하다. 제대로 살을 뺄 수 있는 바른 다이어트 방법이 아니다.

"그럼 바른 다이어트 방법은 어떤 방법일까?"

물론 바른 다이어트 방법이라는 것도 다이어트 방법의 일종이다. 당연히 효과적으로 살이 빠지는 방법이어야 한다. 문제는 효과적으로 살이 빠진다는 외에 어떤 조건이 갖추어져야 바른 다이어트 방법이 될 수 있을까? 나는 바른 다이어트 방법이 되기 위해서는 반드시 3가지 조건을 갖추어야 한다고 생각한다.

(1) 첫째, 다이어트 과정이 유쾌해야 한다. 즉, 다이어트가 기쁘고 즐거운 과정이어야 한다. 고통스러운 다이어트 방법은 성공할 수 없고, 성공해도 그 결과가 만족스럽지 못하다.

(2) 둘째, 다이어트 결과 우리는 이전보다 더 건강해져야 한다. 우리는 건강해지기 위해서 다이어트를 하는 것이지 건강을 해치기 위해서 다이어트를 하는 것이 아니다.

(3) 셋째, 지속 가능한 다이어트여야 한다. 다이어트 과정이 지속 가능해야 하고, 다이어트 결과도 지속 가능해야 한다. 감량된 체중은

이전의 체중으로 회복되지 않아야 한다. 우리는 앞으로 계속적으로 날씬하게 살려고 다이어트를 하는 것이지, 며칠이나 몇 주 정도만 잠깐 날씬해 보이다가 다시 뚱뚱한 몸매로 살겠다고 다이어트를 하는 것이 아니다.

그래서 지금 당신이 하고 있는 다이어트 방법이 바른 다이어트 방법인지 아닌지를 알고 싶다면 이 3가지 조건을 충족하는지 따져 보면 된다.

[바른 다이어트의 3가지 조건]
1. 유쾌한 다이어트
2. 건강한 다이어트
3. 지속 가능한 다이어트

---

1. 유쾌한 다이어트

첫째, 바른 다이어트가 되기 위해서는 다이어트 과정 자체가 유쾌해야 한다. 유쾌하다는 것은 기쁘고 즐거운 쾌감(쾌락), 즉 만족감을 준다는 의미다. 쉽게 말해 '기분이 좋아진다'는 말이다. 다이어트 과정이 유쾌하다는 것은 두 가지 의미가 있다. 하나는 음식을 먹지 못할 때 생기는 고통을 피한다는 '소극적인 의미'다. 먹고 싶은 것을 먹을 때는 기쁘고 즐겁다. 유쾌한 다이어트는 기쁘고 즐거운 다이어트가 되어야 한다. 다른 하나는 다이어트를 함으로써 우리의 삶 자체가 한층 더 즐거워진다는 '적극적인 의미'이다. 그러니 유쾌한 다이어트는 즐거움을 주는 다이어트여야 한다.

먼저, 소극적인 의미에서 다이어트 과정이 유쾌하려면 먹고 싶은 식욕이 느껴질 때 '언제든지', '먹고 싶은 그 음식'을 먹을 수 있어야 한다. 초콜릿이 먹고 싶다고 느껴지면 그 순간에 바로 초콜릿을 먹을 수 있어야 유쾌하다. 먹고 싶은 순간에 먹지 못하면 고통스럽다. 초콜릿뿐만 아니라 아이스크림, 케이크, 과자, 스테이크, 치킨, 피자 등등 어떤 음식이라도 마찬가지다. 먹고 싶은 순간에 먹지 못하면 고통스럽다. 그러니 바른 다이어트, 유쾌한 다이어트가 되기 위해서는 다이어트 전 과정을 통해서 언제든지 먹고 싶은 음식을 먹고 싶은 만큼 먹을 수 있어야 한다.

만약 다이어트를 하다가 어느 한순간이라도 살을 빼기 위해 식욕을 참고 있는 자기 자신을 발견하게 된다면 그 다이어트는 뭔가 잘못된 방향으로 가고 있는 거다. 먹고 싶은 순간에 "먹지 말고 참아라."라고 하는 방법은 바른 방법이 아니다. 고통스러운 방법으로는 다이어트에 성공할 수 없다. 그 이유는 고통을 참는다는 것이 자연적인 인간의 본성에 맞지 않기 때문이다.

이때까지 우리는 다이어트를 '의지'로 하는 것이라고 생각했고, 그래서 고통을 참아 가면서 살을 빼는 것을 당연하게 받아들였다. 그렇게 고생하면서 다이어트를 해 온 사람들에게는 미안한 말이지만, 그런 생각은 오해다. 그냥 혼자 착각하고 있는 거다. 먹고 싶은 고통을 참아 가면서 다이어트를 하면 스스로 뭔가 대단한 일을 하는 것 같아 기분은 뿌듯하겠지만, 그건 그냥 기분만 좋은 것이지 살이 빠지는 것과는 별 관계없다.

다이어트는 살을 빼겠다는 '의지'로 하는 것이 아니다. 우리 몸에 에너지가 유입되고, 유출되는 기계적인 원리(메커니즘)를 이용해야 한다. 신체에 에너지가 유입되고 유출되는 원리를 이해하고, 살이 빠지는 방향으로 행동하도록 의식의 흐름을 조정하기만 하면 아무리 살이 빠지지 않게 하려고 발버둥 쳐도 어쩔 수 없이 살이 빠진다. 그것은 마치 한 달에 100만 원을 버는 사람이 110만 원을 생활비로 써 버리면 현금 잔고를 유지하려고 아무리 발버둥 쳐도 금고 속의 현금이 줄어드는 것과 같은 이치다.

바른 다이어트는 이렇게 우리 몸과 마음을 기계와 같이 이용하는 것이고, 기계적인 원리에 따라 조절하는 거다. 고통스럽게 식욕을 참아 가면서 억지로 버티는 게 아니다. 우리가 고통을 참아 가면서 억지로 음식을 먹지 않았건, 식욕을 충분히 만족시키고 더 이상 먹고 싶지 않아 음식을 먹지 않았건 섭취하는 에너지양이 사용하는 에너지양보다 적으면 살이 빠진다. 반대로 음식을 먹고 싶은 간절한 식욕에 따라서 음식을 먹었건, 먹기 싫은 음식을 억지로 먹었건 섭취한 에너지양이 사용한 에너지양보다 많으면 살이 찐다. 그러니 '살을 빼겠다는 의지'로 먹고 싶은 음식을 먹지 않고 참는 것은 자신에게 고통을 줄 뿐 살이 빠지는 것과는 별 관계없다.

다음으로, 적극적인 의미의 유쾌한 다이어트는 다이어트 과정 자체가 즐겁기 때문에 다이어트를 함으로써 우리의 삶이 평소보다 더 즐거워져야 한다는 거다. 우리는 가정에서, 학교에서, 직장에서 일상적으로 스트레스를 받으면서 살고 있다. 우리의 삶은 그 자체가 스트레스의 연속이다. 그래서 스트레스를 해소하는 방법이 필요하다. 친구들과 커피를 마시면서 수다를 떨거나, 담배를 한 대 피거나, 과자를 먹거나, 영화를 보거나, 좋아하는 음악을 듣는다. 그 방법은 사람마다 다르지만, 누구나 스트레스를 푸는 방법을 가지고 있다. 다이어트 과정이 즐겁다는 것은 다이어트가 이런 식으로 스트레스를 푸는 활동이 되어야 한다는 거다. 짜증날 때 다이어트를 하면 기분이 좋아지고 화가 풀리는 그런 작업이 되어야 한다. 스트레스를 받았을 때 커피를 한잔 마시거나 담배를 한 대 피면서 마음의 안정을 되찾는 것처럼, 식품의 맛이 주는 즐거움으로 마음의 안정을 찾는 작업이 되어야 한다.

그런데, 지금 우리는 다이어트를 반대로 하고 있다. 다이어트를 하면 기분이 좋아지고, 스트레스가 풀리는 게 아니라, 기분이 나빠지고 짜증이 난다. 즐거움을 주는 방식으로 다이어트를 하는 게 아니라 고통을 주는 방식으로 다이어트를 하기 때문이다. 다이어트를 하는 것 자체가 스트레스다. 스트레스를 받으면 누구나 짜증이 난다. 이런 식으로 다이어트를 하면 다이어트에 성공할 수 없다.

바른 다이어트는 생활의 작은 즐거움을 주는 행동이 되어야 한다. 머릿속이 복잡하고 가슴이 답답할 때 커피 한잔 마시거나 담배 한 대 피는 것처럼, 그래서 조금이나마 더 상쾌해진 기분 상태로 돌아갈 수 있는 것처럼, 그렇게 기분 좋아지는 다이어트가 되어야 한다. 이것이 유쾌한 다이어트다.

2. 건강한 다이어트

둘째, 바른 다이어트가 되기 위해서는 다이어트 결과 더욱 건강해져야 한다. 건강해진다는 것은 3가지의 의미가 있다.

(1) 첫 번째는 신체적인 건강이다. 음식 섭취를 통해서 우리 몸이 건강해지려면 우리는 매일 세끼의 '건강한 식사'를 해야 한다. '건강한 식사'라고 하면 이른바 '건강식'이라 불리는 저칼로리 식단을 생각하는 사람들이 있을 텐데, 여기서는 그런 의미가 아니다. 내가 말하는 건강한 식사는 '충분하고 균형 잡힌 식사'를 말한다. '충분한 식사'란 우리의 생명 유지와 신체 활동에 필요한 에너지를 공급하는 데 부족하지 않을 정도로 충분한 식사를 의미한다. 그러니 많이 먹을 수 있으면 많이 먹을수록 더욱 충분한 식사가 된다. '균형 잡힌 식사'라는 것은 음식을 골고루 먹어서 필수적인 영양소가 결핍되지 않도록 하는 거다.

"어떻게 하면 충분하고 균형 잡힌 식사를 할 수 있을까?"

어렵지 않다. "몸이 원하는 대로 해 주는 게 건강 비결이다." 몸은 야구 감독처럼 우리에게 각종 신호를 보내 생존이라는 경기를 컨트롤한다.[16] 그래서 우리는 몸이 원하는 대로, 몸이 시키는 대로 하면 된다. 필요한 에너지가 부족하거나 필수적인 영양소가 부족하면 우리 몸에서 신호를 보내 준다. 에너지가 부족해지면 "배가 고프다." 배고프기 때문에 몸에 에너지가 부족한 상태를 모를 수 없다. 배고플 때 배부르게 음식을 먹으면 충분한 영양 섭취가 된다. 그리고 필수적인 영양소가 부족해지면 그걸 많이 포함하고 있는 음식에 '입맛이 당긴다'. 그러니 몸이 원하는 음식, 입맛이 당기는 음식, 먹고 싶은 음식을 먹는 것이 바로 균형 잡힌 식사를 하는 거다.

현대인들은 음식물이 부족해서 굶는 경우가 거의 없다. 현대인들

---

16) 윤희경, 〈사람다움이 나를 멸시한다〉, 문학과사회 제19권 제2호, 문학과지성사, 2006., 163쪽 참고.

은 일상적으로 충분하고 균형 잡힌 식사를 하기 때문에 건강하게 식사하기 위해 별다른 노력을 할 필요가 없다. 그냥 평소에 하던 대로 식사하면 된다. 그래도 잘 모르겠으면 식당에 가서 메뉴판에 있는 음식 중에 제일 먹고 싶은 음식을 주문해서 그걸 먹으면 된다. 그게 건강한 식사다. 그것으로 충분하다. 요컨대, 건강한 식사를 하라는 것은 뭐 특별한 식사를 하라는 것이 아니라, 살을 빼기 위해 식사를 거르거나 한 가지 음식만 편식하는 행동을 하지 말라는 거다. 식사를 거르다 보면 자신도 모르는 사이에 충분한 식사를 하지 못하게 되는 경우가 생기고, 한 가지 음식만 편식하다 보면 자신도 모르는 사이에 균형 잡힌 식사를 하지 못하게 되는 경우가 생긴다. 다이어트를 하느라 우리 몸이 생명을 유지하고, 신체 활동을 하기 위해 최소한으로 요구되는 열량에도 미치지 못하는 음식을 섭취하는 경우가 생기고, 우리 몸이 건강하게 유지되기 위해 필수적으로 요구되는 영양소를 섭취하지 못하는 경우가 생긴다는 말이다.

'최소한으로 요구된다'거나 '필수적으로 요구된다'는 말이 그냥 생긴 말이 아니다. 최소한으로 요구되는 열량이나 필수적으로 요구되는 영양소를 섭취하지 못할 정도로 음식 섭취를 마구잡이로 줄이게 되면 우리의 몸이 망가지고, 그렇게 해서는 건강을 유지할 수 없다. 살을 빼기 위해 식사를 제대로 하지 않는 다이어트 방법은 잘못된 거다. 바르게 살을 빼겠다고 마음먹었다면 무엇보다도 먼저 "삼시 세끼를 제때에 제대로 챙겨 먹어야 한다." 또한 식사를 거르면 배가 고파지고, 편식을 하면 다른 음식이 먹고 싶어진다. 이를 억지로 참고 다이어트를 하면 고통스럽다. 그래서 유쾌한 다이어트도 안 된다. 이렇게 밥을 굶거나 편식을 해서 살을 빼겠다는 것은 근본적으로 잘못된 방법이다. 하지만, 안타깝게도 지금 많은 사람들이 식사를 제대로 하지 않거나 무작정 먹지 않는 것을 다이어트로 오해하고 있다. 그래서 스스로 고통스럽고, 건강을 해치는 어리석은 행동을 반복하고 있다.[17)

(2) 다음으로, 우리가 다이어트와 관련해서 간과하고 있는 '정신적 건강'의 문제를 생각해 보아야 한다. 우리는 이제껏 '식욕이 하나'라고 생각했기 때문에 '2차 식욕'이라는 것이 존재한다는 사실을 몰랐다. 존재 자체를 모르니 그것이 존재하는 이유나 작동하는 원리도 몰랐다. 그런데 살을 빼려고 다이어트를 해도 살이 빠지지 않으니, 그 이유가 '식욕' 때문이라고 생각하고, 다이어트를 하려면 식욕과 싸워야 한다고 생각한다. 흔히 다이어트를 '식욕과의 전쟁'이라고 표현한다. 이 말에서 드러나듯이 이제 '식욕'은 다이어트를 위해서 싸워야 할 적이 되어 버렸다. 싸워 없애야 할 적이라고 생각하니 '식욕의 실체가 무엇인지', '식욕이 생기는 이유가 무엇인지', '식욕이 어떻게 충족되는지'에 대해서는 관심이 없다. 관심이 없으니 알려고 하지 않았고, 그러다 보니 점점 더 무지해졌다.

하지만, 식욕은 다이어트를 위해 싸워야 할 적이 아니다. 오히려 식욕의 도움을 받아야 한다. 다이어트라는 전쟁에서 우리가 쓸 수 있는 유일한 무기가 바로 '식욕'이다. 식욕의 도움을 받지 않고는 다이어트라는 전쟁에서 절대로 승리할 수 없다. 우리의 관심도 "식욕과 어떻

---

17) 심지어는 배에서 "꼬르륵" 소리가 나는 것이 건강해지는 증거라고 말하는 사람도 있다. 그 말이 정말로 사실이라면 세상에서 가장 건강한 사람은 '기근에 굶어 죽는 사람'일 거다. 기근으로 굶는 사람은 매일 뱃속에서 "꼬르륵" 소리를 듣는다. 오늘도 듣고, 내일도 듣고, 그 다음날도 듣고, 그렇게 계속 "꼬르륵", "꼬르륵" 소리만 듣다가 결국에는 죽어 버리는데 어떻게 배에서 "꼬르륵" 소리가 나는 것이 건강해지는 증거가 될 수 있는가?

게 싸울 것인가?"에서 "식욕의 본질이 무엇인가?", "식욕은 왜 존재하는가?", "식욕이 어떻게 충족되는가?"로 옮겨 가야 한다. 식욕에 대해서 관심을 가지고 보게 되면 우리가 이제껏 '식탐'이라고 부르면서 비난해 왔던 2차 식욕이 실제로는 우리의 심리적 안정, 정신적인 건강을 유지해 준다는 사실을 알게 된다. 우울하거나, 슬프거나, 짜증나거나, 심심하거나 여하튼 이런저런 이유로 정신적인 스트레스를 받을 때 음식을 먹는다. 이렇게 음식을 먹는 것은 지금 우리가 생각하는 것처럼 '먹지 않아도 될 것'을 '식탐을 부려서 먹는 것'이 아니다. 맛있는 음식을 먹으면서 느끼는 즐거움, 그 긍정적인 감정으로 스트레스가 유발하는 부정적인 감정 상태를 해소시키는 거다. 그렇게 함으로써 다시 안정된 심리 상태로 돌아가게 되고, 우리가 알지 못하는 사이에 우리의 정신적인 건강이 유지된다.

'배고프지 않으면 음식을 먹지 않아도 된다'는 생각은 '오로지 배고픔을 면하기 위해서 음식을 먹는다'는 생각을 전제로 한다. '오로지 물질적인 필요에 의해서만 음식을 먹는다'는 생각이고, '오로지 하나의 식욕만 있다'는 생각이다. 이렇게 생각하면 스트레스를 받는다고 음식을 먹는 것은 먹지 않아도 될 음식을 먹는 거다. 살이 찌면 고통받을 것을 알면서도 먹는 것이고, 고통을 받지 않기 위해 당연히 먹지 말아야 할 음식을 먹는 거다. 비합리적인 행동이고, 무절제하거나 자제력이 없는 행동이다. 쾌락의 노예가 된 것이고 비난받을 행동이 된다. 뚱뚱한 사람도 이렇게 생각한다. 뚱뚱한 사람도 자신이 왜 음식을 먹는지 알지 못한다. 먹지 말아야 할 음식을 먹는다고 생각하고, 식탐을 참지 못하고 먹는다고 생각한다. 그래서 자신을 '식탐이 강한 사람', '탐욕스러운 사람', '의지가 부족한 사람'이라고 생각한다. 음식 섭취를 적절히 조절하지 못하는 자신의 행동에 대해 수치심과 죄책감을 느낀다. 자존감이 떨어지고, 그 자체가 스트레스가 된다.

오늘날 우리가 비만 현상을 대하는 태도는 마녀재판과 비슷하다. 하지만, 뚱뚱하다는 것은 죄가 아니다. 뚱뚱한 사람의 잘못이 아니라는 말이다. 중세시대에 마녀를 재판했던 재판관은 물론이고, 마녀 자신들조차 마법의 죄를 굳게 믿었다 할지라도, 사실 그런 죄는 존재하지 않는다.[18] 비만이라는 이름의 죄는 존재하지 않는다. 다만, 우리에게 희생양이 필요했을 뿐이다. 뚱뚱한 사람들은 그 희생양으로 걸려든 자들, 현대판 마녀재판에 끌려 나온 죄 없는 마녀들이다. 우리가 잘 모르기 때문에 그들을 희생양으로 삼은 것이다. 누가 나쁜 의도를 가져서가 아니라 우리 모두가 무지했기 때문이다. '식욕이 하나'라는 생각이 고정 관념이라는 사실을 깨닫고 보면 뚱뚱한 사람이 '식탐을 부린다'거나, '탐욕스럽다'거나, '의지가 부족하다'는 식의 생각은 터무니없는 오해다. 지구가 평평한 판처럼 생겼다고 생각했던 것처럼 모든 사람들이 그렇게 생각하지만 사실은 잘못된 생각이다.

스트레스를 받을 때 맛있는 음식을 먹으며 스트레스를 해소한다. 불안정한 심리 상태를 안정된 상태로 회복시킨다. 정신적인 상처를 치유하고 있는 거다. 병이 났을 때 병을 낫게 하기 위해 약을 먹는 것이나, 육체적으로 힘든 노동을 한 후에 쉬면서 몸에 쌓인 피로를 푸는 것과 같은 행동이다. 다이어트를 한다고 음식 섭취를 무절제하게 줄이면 심리 상태를 안정시키는 시스템이 사라져 버린다. 그래서 다이어트를 하는 것 자체가 스트레스가 되고, 스트레스가 해소되지 않는 상태로 살게 된다. 다이어트 그 자체만으로도 짜증나 있는 상태가 된

---

18) 프리드리히 니체, 《즐거운 지식》, 311쪽 참고.

다. 그런데 우리의 일상이라는 것이 늘 평온하고 즐거운 것이 될 수는 없다. 누구나 가정에서, 학교에서, 직장에서 스트레스에 노출되어 있고, 언제 어디에서 스트레스를 줄 사건이 터질지 모른다. 다이어트 때문에 짜증난 상태로 살다가 다른 문제가 생기면 스트레스의 합계치가 참을 수 있는 한계치를 넘어서 버린다. 심리적 안정 상태가 깨지고, 불안정해진 심리 상태를 급격히 안정시키려는 심리적 메커니즘이 작동한다. 순간적으로 자제력을 잃고 폭식을 하게 된다. 이런 폭식은 참고 싶다고 참을 수 있는 게 아니다. 한꺼번에 많은 음식을 먹으면서 심리 상태가 빠르게 안정되기는 하지만, 이것은 다이어트가 실패하게 되는 중요한 계기가 된다. 폭식을 한 사람은 자신이 왜 폭식을 하게 되었는지 알지 못하기 때문에 또다시 자신이 탐욕스럽다거나 의지가 부족하다고 자책하는 악순환을 반복한다. 바른 다이어트가 되기 위해서는 심리적 안정 상태를 유지할 수 있어야 한다. 음식을 먹는 즐거움이 우리에게 주는 심리적인 안정, 그 정신적인 역할을 고려해야 한다. 음식을 먹는 것을 에너지 공급의 목적으로만 파악하게 되면 우리는 다이어트를 하는 동안 지속적으로 불안정한 심리 상태가 된다. 고생만 하고, 결국은 폭식으로 다이어트를 실패한다. 또 자기 행동의 원인을 알지 못하고 자신에 대한 불필요한 오해를 한다. 자책감을 가지게 되고, 스트레스를 받게 된다.

(3) 세 번째로 기능상의 건강 문제를 생각해 보아야 한다. 우리가 원하는 건강한 다이어트는 무조건 살만 빠진다고 되는 게 아니다. 건강을 기능적인 측면에서 보면 건강이란 우리 몸이 정상적으로 작동하는 상태라고 할 수 있다. 건강한 다이어트가 되기 위해서는 다이어트가 우리 몸의 정상적인 작동을 방해해서는 안 된다. 살이 빠진다고

하더라도 우리 몸을 구성하고 있는 근육이 빠져서는 안 된다. 지방만 빠져야 한다. 지방이라고 하더라도 다 같은 지방이 아니다. 지방이라는 것이 오로지 에너지 저장을 위해서만 우리 몸에 있는 것이 아니다. 지방은 에너지 저장의 역할도 하지만 그 이외에 세포 생성, 호르몬 생성, 체온 유지, 충격 완화 등 여러 가지 기능에 관여한다. 지방은 우리 몸에서 그 나름의 기능을 하고 있는 것이고, 그 지방의 도움으로 우리 몸은 정상적으로 작동하고 있다. 그러니 다이어트는 뱃살처럼 기근 상황을 대비해서 몸에 저장해 둔 여분의 지방만을 선별적으로 빼야 한다. 신체에 필요한 기능을 하고 있는 지방이 빠져서는 안 된다.

기능상의 건강 문제가 다이어트에서 특히 중요한 이유는 신체에서 기능하고 있는 근육과 지방의 감소가 외모의 변화와 직접적으로 관계되기 때문이다. 오로지 건강 문제만으로 다이어트를 하는 사람도 있다. 하지만, 대부분의 사람들은 건강뿐만 아니라 미용상의 문제에도 관심을 가지고 있다. 자신의 외모를 더 멋있고 더 아름답게 만들기 위해서 살을 빼려고 하는 거다. 이런 사람들에게는 다이어트로 살을 빼는 것도 중요하지만, 다이어트 결과 늙어 보이거나, 아픈 사람처럼 여위어 보이는 부작용을 피하는 것도 중요하다. 날씬해지는 것뿐만 아니라 젊고 건강하게 보이는 외관을 가지는 것도 중요한 관심거리다. 그러니, 다이어트 결과로 뱃살이 빠져야지 얼굴 살이 빠지면 곤란하다. 얼굴 살이 빠져 주름이 생기고, 늙어 보이거나 여위어 보이는 부작용은 무작정 식욕을 억제하고 무분별하게 음식 섭취를 줄인 결과다. 기근을 대비해서 저장한 지방 외에 우리 몸에 필요한 근육과 지방도 함께 빠져 발생하는 부작용이다. 바른 다이어트가 되기 위해서는 근육이나 필요한 지방이 빠져서는 안 된다. 오로지 과도하게 저장된 지방만을 선별적으로 뺄 수 있는 방법이 되어야 한다. 그래서 실제로 더 건강해질 뿐 아니라 외관상으로도 더 젊고 건강하게 보이는 다이어트 방법이 되어야 한다.

3. 지속 가능한 다이어트

셋째, 바른 다이어트는 지속 가능한 다이어트가 되어야 한다. 다이어트가 지속 가능하다는 것은 두 가지 의미가 있다. 방법이 지속 가능해야 하고, 결과가 지속 가능해야 한다. 먼저 다이어트 방법이 지속 가능하려면 유쾌하고 간편한 방식이 되어야 한다. 다이어트건 다른 일이건 불편함을 참고 하는 일은 장기간 계속할 수 없다. 방법의 지속 가능성은 유쾌한 다이어트와도 관련되어 있다. 유쾌한 다이어트는 기쁘고 즐겁기 때문에 지속 가능하고, 불쾌한 다이어트는 고통스럽기 때문에 지속하기 어렵다. 의지로 고통을 참는 다이어트는 일시적으로는 가능해도 지속할 수 없다.

다이어트 방법이 지속 가능하려면 그 방법이 너무 불편해서도 안 된다. 예를 들어 기존의 다이어트 방법들은 어떤 음식을 어떻게 조리해서 어떻게 먹어라는 식단을 제시해 준다. 하지만, 나 같은 직장인은 그 식단을 지키는 것이 어렵고, 사실은 거의 불가능하다. 나는 아침은 보통 집에서 먹지만, 점심은 식당에서 직장 동료들과 함께 하는 경우가 많다. 저녁 회식이나 친구들과의 모임에서 저녁 식사를 먹는 경우도 자주 있다. 그런데 다이어트 식단대로 식사를 하려면 어떻게 해야 하는가? 아침은 식단을 지킬 수 있겠지만, 점심, 저녁은 어떻게 하는가? 다이어트 하려고 매일 도시락을 싸 들고 다녀야 하나? 회식 때는 어떻게 하고, 친구들과 모임에서는 어떻게 할 것인가?

이렇게 생활 습관을 바꾸어야 하는 다이어트 방법은 쉽지 않다. 직접 해 보면 여간 번거로운 게 아니다. 그래서 오래 지속하기 어렵다. 혼자서 식사하는 습관을 가진 사람이 아니라면 거의 불가능하다. 일반인들이 실제로 할 수 있는 다이어트 방법이 되기 위해서는 간편한 다이어트 방법이 되어야 한다.

다음으로 다이어트의 효과도 지속 가능해야 한다. 다이어트를 열심히 해서 살이 빠졌는데 며칠 과식했다고 살이 다시 쪄 버린다면 그 방법은 만족스럽지 못하다. 직장에서 회식자리도 생기고, 친구들과 술 마실 일도 생기고, 연말이나 명절 때처럼 음식을 많이 먹게 되는 경우도 있다. 열심히 다이어트를 해서 살이 빠졌는데, 며칠 연달아 회식을 했다고 살이 쪄 버리고, 며칠 친구들과 술 좀 마셨다고 살이 쪄 버리고, 명절 때 며칠 많이 먹었다고 살이 쪄 버린다면 굳이 노력해서 다이어트를 할 필요가 없다. 이렇게 며칠 과식했다고 감량된 결과가 사라지게 된다면 그 다이어트 방법은 만족스럽지 못하다.

바른 다이어트 방법이 되기 위해서는 한 번 감량된 체중이 다시는 회복되지 않고 감량된 체중이 그대로 유지되어야 한다. 물론 바른 다이어트를 하더라도 과식을 하면 체중이 일시적으로 늘어나게 되지만, 그렇게 늘어난 체중은 과식을 멈추고 일상적인 식사를 하면 다시 감량된 체중으로 돌아간다. 다이어트를 하다가 그만두면 요요현상이 생기는 것과 정반대의 메커니즘이 작동하기 때문이다. '반대 방향의 요요현상'이 생긴다. 왜냐하면 바른 다이어트 방법은 현재의 높은 체중으로 안정되어 있는 체중을 더 낮은 상태의 안정된 체중으로 조절하는 것이기 때문이다. 기존의 방법들처럼 억지로 살을 빼면서 일시적으로 불안정한 체중 상태를 유지하는 게 아니다. 며칠 과식을 해서 일시적으로 체중이 늘어날 수는 있지만, 그렇게 늘어난 체중은 그 높은 체중을 계속 유지해 줄 지속적인 에너지 공급이 없다. 불안정한 상태에 있게 된다. 공중에 던져진 공이 자연히 땅으로 떨어지는 것처럼 일시적으로 높아진 체중은 가만히 놔두면 다시 낮은 상태의 안정된 체중으로 돌아가 버린다. 그래서 한 번 빠진 체중은 며칠 과식을 하더라도 다시 원래의 높은 체중으로 회복되지 못한다.

이 세 가지 조건만 충족하면 그 방법은 바른 다이어트 방법이다. 구체적인 방법은 어떻게 해도 상관없다. 식욕만족 다이어트도 이런 조건을 충족시키는 방법의 예시일 뿐이다. 참고하라는 것이지, 반드시 그 방법을 따라야 한다는 것이 아니다. 살이 찌는 원리와 살이 빠지는 원리를 이해하면 누구나 자신에게 맞는 다이어트 방법을 만들 수 있다. 세 가지 조건만 충족하면 각자가 개발한 방법으로 다이어트를 하면 된다. 하지만, 이 조건 중에서 하나라도 충족시키지 못한다면 그 방법은 바른 다이어트 방법이 아니다. 그러니 자신이 바르게 다이어트를 하고 있는지 한번 점검해 볼 필요가 있다.

[바른 다이어트 점검리스트]

1. (1) 먹고 싶은 음식을 먹지 않고 참는 경우가 있는가?

   (2) 스트레스가 해소되지 않고 더 쌓이는가?

2. (1) 식사를 거르거나 편식을 하는 경우가 있는가?

   (2) 다이어트 과정이 힘들거나 짜증스러운가?

   (3) 뱃살보다 먼저 얼굴 살이 빠지는가?

3. (1) 불편하다고 느껴지는가?

   (2) 며칠 과식하면 이전 체중으로 회복되는가?

바른 다이어트는 어떻게 하는 것인가?

1. 바른 다이어트는 자연적인 힘에 의지한다

사람이 하늘을 이길 수도 있지만, 하늘이 제자리를 잡으면 능히 사람을 이긴다

"유쾌하고, 건강하고, 지속 가능한 다이어트가 과연 가능할까?"

"가능하다면 도대체 어떻게 가능할 수 있을까?"

바른 다이어트가 가능한 이유는 더 이상 '인간의 의지'에 기대지 않는 데 있다. 바른 다이어트는 원래 존재하는 '자연적인 힘'에 의지한다. 스프링 달린 판 위에 공을 하나 가지고 있다고 생각해 보자.

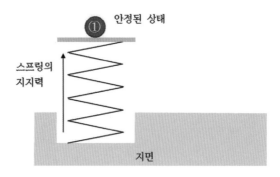

이렇게 스프링 달린 판이 있고 그 위에 공이 놓여 있으면, 공은 지면보다 높은 곳에 위치하고 있더라도 안정된 상태를 유지한다(①상

태). 이 공에도 중력이 작용하지만, 스프링의 지지력이 공을 떠받쳐 주고 있기 때문에 공은 아래로 떨어지지 않는다.

"공의 높이를 지면의 높이까지 낮추려면 어떻게 해야 할까?"

제일 간단한 방법은 손으로 공을 위에서 누르는 거다. 공을 누르면 압력 때문에 스프링의 지지력이 억압되고, 공은 아래로 내려간다. 원래 ①의 높이에 있던 공은 ②의 높이가 된다. 그런데 ①상태는 지면보다 높은 위치에 있지만 스프링의 지지력에 의해 안정된 상태에 있다. 반면, ②상태는 지면과 같은 높이에 있지만 억압된 스프링의 지지력에 의해 불안정한 상태다. 스프링은 현실적으로는 억압되어 있지만, 잠재적으로 튀어 오르려는 힘을 비축하고 있다. 위에서 누르는 압력이 사라지면 바로 튀어 올라서 다시 ①상태로 돌아간다.

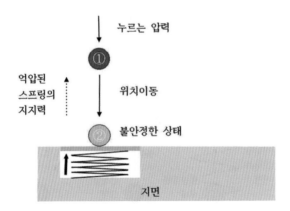

기존의 다이어트 방법들이 다 이런 방식이다. 공의 높이값을 체중값으로, 스프링을 식욕이라고 생각해 보자. 우리는 다이어트라는 압력으로 눌러 일시적으로 높은 체중을 낮은 체중으로 만들 수 있다.

하지만 그렇게 만들어진 체중은 일시적으로만 유지되는 불안정한 상태다. 인위적인 압력이 사라지면 억압된 지지력에 의해 원래의 안정된 위치(①상태)로 돌아간다. '요요현상'은 이렇게 일시적으로 만들어진 불안정한 상태에서 원래의 안정된 상태로 돌아가려는 현상이다. 아무리 반복해서 눌러도 다시 올라온다. 억지로 살을 빼느라 고생만하고 늘 다이어트는 실패한다. 그리고 자칫하면 그 과정에서 우리 몸이 망가지고 건강을 해치게 된다.

바른 다이어트는 높은 산 위에서 둥근 돌을 굴리는 것과 같다

"그러면 바른 다이어트는 어떻게 하는 것일까?"
"바르게 다이어트 하는 것은 자연의 힘을 이용한다."
공을 위에서 누르는 것이 아니라 옆으로 굴려 보면 어떻게 될까?

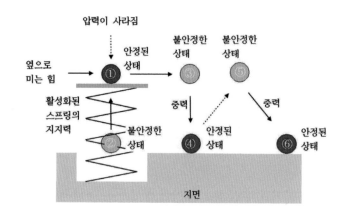

판 위에 있던 공(①상태)을 굴려 판 밖으로 보내면, 그 공은 이제 지

면보다 더 높은 위치를 유지해 주던 지지력을 잃어버린다(③상태). 지지력을 상실한 물체는 낙하한다. 압력이 아니라 중력의 지배를 받아 떨어진다. 지지력을 상실한 공은 높은 위치를 유지하고 싶어도 유지할 수가 없다. 왜냐하면 높은 위치를 유지해 줄 지지력이 없기 때문이다. 이 상태(③상태)는 불안정한 상태이고, 인위적인 노력을 하지 않더라도 안정된 상태(④상태)로 떨어지게 되어 있다. 지면은 안정된 상태(④상태)이기 때문에 더 이상 불안정한 상태(③상태)로 돌아가지 않는다. 바른 다이어트도 이와 같다. 한 번 빠진 살이 다시 찌지 않는다.

"그런데 이 공을 잡아서 하늘로 던지거나 발로 차면 어떻게 될까?"

공이 하늘로 날아간다. 높은 위치(⑤상태)로 가는 거다. 하지만 이렇게 인위적인 힘이 가해져서 일시적인 지지력을 얻은 공은 영원히 공중에 떠 있을 수 없다. 아무리 힘센 사람이 공을 던지거나 차더라도 그 힘은 인위적이고 일시적인 힘이어서 공이 중력을 거슬러 하늘로 올라가면 올라갈수록 점점 그 세기가 약해지다가 결국에는 완전히 사라져 영(0)이 된다. 그 힘이 사라지면 더 이상 공을 높은 위치에 머무르게 해 줄 지지력이 없다. 그래서 높은 위치는 불안정한 상태(⑤상태)이고, 공은 다시 자연적이고 영속적인 중력에 따라 지면으로 떨어져 안정된 상태(⑥상태)로 돌아간다. 바른 다이어트를 하면 '반대 방향의 요요현상'이 생기는 원리다. 며칠간 과식을 하게 되면 일시적으로는 체중이 올라갈 수 있지만, 과식을 멈추면 다시 안정된 위치로 돌아간다.

여기에서 우리가 주목해야 할 점은 공이 판 위에 있건(①, ②상태),

공중에 떠 있건(③, ⑤상태), 지면 위에 있건(④, ⑥상태), 공중에 있다가 지면으로 떨어지건, 지면에 있다가 공중으로 올라가건 모두 공 자신의 의지와는 관계가 없다는 사실이다. 안정된 공의 높이는 외부에서 주어지는 지지력과 중력에 따라 결정되고, 불안정한 공의 높이는 일시적으로 가해지는 인위적인 힘에 따라 결정된다. 공의 높이를 낮추기 위해 억지로 공을 내리누르는 것은 힘만 들고 일시적으로만 효과가 있을 뿐, 장기적인 변화를 줄 수 없다.

요약하자면 기존의 다이어트는 높은 체중으로 안정된 상태(①상태)를 일시적으로 낮은 체중의 불안정한 상태(②상태)로 만드는 것이었다. 반면 바른 다이어트는 높은 체중으로 안정된 상태를 낮은 체중의 다른 안정된 상태(④상태)로 만드는 거다. 인위적인 힘은 일시적일 뿐이고 영속할 수 없다. 그래서 인위적인 힘에 의해 유지되는 불안정한 상태는 그 인위적인 힘이 사라지면 다시 안정된 상태로 돌아간다. 지속 가능한 결과, 영속적인 결과를 얻고 싶다면 인위적인 힘이 아니라 자연적인 힘에 의지해야 하고, 중력과 같은 자연적인 힘에 의하여 낮은 위치가 유지되도록 조정해 주어야 한다. 여기서 의문이 생긴다. 공이 아래로 떨어지는 것은 자연적인 중력이 있기 때문이다.

"그런데 체중을 아래로 떨어지게 하는 자연적인 힘이 존재하는 가?"

존재한다. 그 자연적인 힘은 우리를 날씬한 몸매로 잡아당기는 진화의 힘이다. 나는 이것을 '날씬한 몸매의 사슬(또는 밧줄)'이라고 부른다. 중력이 지구 위의 모든 사물을 지표면으로 끌어당기는 것처럼, 날씬한 몸매의 사슬은 모든 인간을 날씬한 몸매로 끌어당긴다. 그래서 인간은 자연적인 상태로 두면 날씬한 몸매로 살 수밖에 없다. 이것은 마치 자연 상태의 인간이 하늘을 날지 못하고 지표면에 붙어서 살 수밖에 없는 것과 같다. 인간은 펄쩍펄쩍 뛸 수 있지만, 그런 것은 일시적이다. 새처럼 공중을 날아다니며 살 수 없다. 하지만, 지금 우리는 현실적으로 이 힘의 존재를 느끼지 못한다. 뚱뚱하게 살아가는 것이 자연스럽게 느껴진다. 인간은 끊임없는 기술개발을 통해 인공적인 비만 능력을 갖추게 되었고, 진화의 힘은 잠재적으로만 존재할 뿐 현실적으로 작동하지 못하기 때문이다. 지금 우리의 몸은 높은 체중에서 안정된 상태를 유지하고 있지만, 높은 체중을 유지하는 인위적인 힘(비만의 사슬)만 사라지면 진화의 힘이 드러난다. 하늘에 떠 있는 공이 땅으로 떨어지듯이 우리의 몸은 날씬한 몸매로 끌려간다. 그러니 다이어트를 하고 싶다면 억지로 음식을 적게 먹을 것이 아니라 우리를 비만으로 끌고 가고 있는 비만의 사슬을 끊어야 한다.

바른 다이어트는 안정된 상태에서 다른 안정된 상태로 간다

"안정된 높은 체중을 어떻게 안정된 낮은 체중으로 만들 수 있을까?"

지금 우리가 하고 있는 여러 가지 다이어트 방법은 근본적으로는 하나인데, 그건 판 위의 공을 누르는 거다. 이렇게 억지로 체중을 감량하려는 방법으로는 유쾌하고, 건강하고, 지속 가능한 다이어트가 불가능하다. 안정된 상태의 낮은 체중으로 가는 방법이 어려운 문제인 것 같지만, 사실 방법은 간단하다. 공을 위에서 누르지 않고 옆으로 굴린다. 이렇게 다이어트 방법을 바꾸면 된다. 하지만, 방법이 간단하다는 것과 방법을 쉽게 바꿀 수 있다는 것은 다르다,

'아래로 누르는 것'과 '옆으로 미는 것'

얼핏 생각해 보면 간단히 바뀔 것 같지만, 그렇지 않다. 각각의 행동은 행동 방식을 규정하는 사고방식에서 나오기 때문에, 사고의 구조만 바뀌면 간단히 바뀔 수 있는 사소한 변화도 구조가 바뀌지 않으면 수백 년이 지나도 바뀌지 않는다. 행동을 바꾸려면 행동 방식을 규정하는 사고방식을 바꾸어야 하고, 사고방식을 바꾸려면 고정 관념을 뛰어넘어야 한다. 그런데… 고정 관념을 뛰어넘어야 한다는데, 뛰어넘어야 할 그 고정 관념은 무엇일까? 도대체 그게 무엇인지 알아야 뛰어넘든지 말든지 할 것 아닌가.

"그 고정 관념은 '식욕이 하나'라는 고정 관념이다."

"식욕이 하나라는 것이 고정 관념이면, 식욕은 둘인가?"

"그렇다. 식욕은 하나가 아니고, 둘이다"[19]

"어떻게 둘인가?"

그 대답을 하기 전에 먼저 '식욕'과 비슷하지만, 식욕보다는 좀 더 간단한 '갈증'에 대해서 살펴볼 필요가 있다. 식욕이 '음식을 먹고 싶은 욕구'라면, 갈증은 '물을 마시고 싶은 욕구'다. 이 두 가지 욕구는 매우 유사한 성격을 가지고 있다. 그런데, 심리학자들이 연구한 결과 인간이 물을 마시는 행동은 '1차적 물마시기'와 '2차적 물마시기'의 2

---

19) 아프로디테 여신과 에로스가 서로 불가분의 관계를 유지함은 모든 사람들이 다 알고 있는 사실이네. 따라서 만약에 아프로디테 여신이 하나라면, 에로스도 하나일 수밖에 없게 되는 셈이지. 그런데 아프로디테 여신은 둘이므로, 에로스도 필연적으로 둘일 수밖에 없지 않겠나? 우리는 그 둘 중 하나를 천상의 아프로디테(우라니아)라 부르고, 또 다른 아프로디테는 세속적 아프로디테(판데모스)라 부른다네. 따라서 에로스에 관하여도 우리는 세속적 여신과 함께 일하는 에로스는 세속적 에로스, 천상의 여신과 함께 일하는 에로스는 천상의 에로스라 구별하여 부르는 것이 옳은 것이네 (플라톤, 《향연》, 59~60쪽 참고).

가지의 경우가 있다고 한다.[20] 갈증에도 1차적 물마시기를 유발하는 1차 갈증이 있고, 2차적 물마시기를 유발하는 2차 갈증이 있다.

그런데, 2차 갈증은 '물을 마시고 싶다'는 의미의 갈증이 아니라는 사실이 이미 알려져 있다. 뇌의 어떤 영역을 전기적으로 자극하여 일어나는 물마시기 반응이나, 건조한 음식을 먹을 때 음식을 삼키기 위해 물을 마시거나 음식을 먹을 때 갈증과는 관계없이 습관적으로 물을 마시는 것 등이 그 예이다.[21] 그래서 2차 갈증은 물을 마시더라도 2차 갈증을 해소하는 조건이 갖추어지지 않으면 해소되지 않고, 물을 마시지 않더라도 2차 갈증을 해소하는 조건이 갖추어지면 해소된다.

다시 음식먹기로 돌아가 보자. 물마시기를 '수분보충과 체액균형의 유지'라는 목적에 따라 구분하는 것처럼, 음식먹기도 '생명 유지와 신체 활동을 위한 에너지 섭취'라는 목적을 기준으로 구분할 수 있다. 우리는 생명 유지와 신체 활동에 필요한 에너지를 섭취하기 위해 음식을 먹기도 하지만, 이와 무관하게 음식을 먹기도 한다. 앞의 것을 '1차적 음식먹기', 뒤의 것을 '2차적 음식먹기'로 부르겠다. 그리고 1차적 음식먹기를 원하는 식욕'을 '1차 식욕', 2차적 음식먹기를 원하는 식욕을 '2차 식욕'이라고 부르겠다.

이제 식욕만족 다이어트에 대해서 이야기해 보자.

"식욕만족 다이어트는 어떻게 다이어트를 한다는 것일까?"

"어떻게 즐겁고, 건강하고, 지속 가능한 다이어트가 가능할까?"

---

20) 생물심리학에서는 인간이 물을 마시는 행동을 '1차적 물마시기'와 '2차적 물마시기'로 구분하여 설명한다. '1차적 물마시기'는 우리 몸에 수분이 부족하거나 염분 섭취 시 체액균형을 유지하기 위하여 물을 마시는 것이고, '2차적 물마시기'는 수분고갈이나 체액균형과 관련 없이 다른 조건에 의하여 물을 마시는 것을 말한다(장현갑, 《생물심리학》, 199쪽).

21) 장현갑, 《생물심리학》, 199쪽 참고.

"어떻게 마음껏 먹고도 살을 빼는 것이 가능할까?"

그 비밀은 '2차 식욕'에 있다. '2차 갈증'은 '물을 마시고 싶다'고 느껴질 뿐, 그 본질이 '물을 마시고 싶은 갈증'이 아니다. '2차 식욕' 역시 우리에게 '음식을 먹고 싶다'고 느껴질 뿐, 그 본질이 '음식을 먹고 싶은 식욕'이 아니다. 2차 갈증의 본질이 '물을 마시고 싶은 갈증'이 아니기 때문에 2차 갈증은 물을 마시더라도 2차 갈증을 해소하는 조건이 갖추어지지 않으면 해소되지 않고, 물을 마시지 않더라도 2차 갈증을 해소하는 조건이 갖추어지면 해소된다. 예를 들어 뇌의 특정 영역을 전기적으로 자극하여 물을 마시게 되는 경우에 아무리 물을 마시더라도 전기 자극이 계속되는 한 2차 갈증이 해소되지 않는다. 반면 물을 마시지 않더라도 전기 자극이 중단되면 2차 갈증이 해소된다. 마찬가지로 2차 식욕은 그 본질이 '음식을 먹고 싶은 식욕'이 아니기 때문에 음식을 먹더라도 2차 식욕을 충족시키는 조건이 갖추어지지 않으면 충족되지 않고, 음식을 먹지 않더라도 2차 식욕을 충족시키는 조건이 갖추어지면 충족된다.

그런데, 우리가 살찌는 것은 1차 식욕이나 1차적 음식먹기와는 관계없다. 1차적 음식먹기는 생명 유지와 신체 활동에 필요한 에너지 섭취를 위해서 음식을 먹는 것이다. 1차적 음식먹기로 섭취한 에너지는 우리의 생명 유지와 신체 활동에 다 써 버린다. 남는 에너지가 없다. 남는 에너지가 없으니 살을 찌우고 싶어도 살을 찌울 방법이 없다. 오로지 2차적 음식먹기에 의해서만 살을 찌울 수 있다. 2차적 음식먹기는 생명 유지나 신체 활동과 관계없이 음식을 먹는 것이다. 이렇게 먹은 음식은 잉여 에너지가 된다. 잉여 에너지를 지방으로 바꾸어 우리 몸 여기저기에 쌓아 두는 것이 바로 살찌는 거다.

"그러면, 바르게 살을 빼는 방법은 무엇일까?"

2차 식욕은 음식을 먹지 않더라도 2차 식욕을 충족시키는 조건만 갖추어지면 충족된다. 현재 우리가 가지고 있는 전체 식욕은 1차 식욕과 2차 식욕의 합계치인데, 음식을 먹지 않고 2차 식욕을 충족시키는 방법으로 2차 식욕을 충족시켜 버리면 1차 식욕만 남게 된다. 1차 식욕만 남게 되면 1차 식욕이 전체 식욕이 되기 때문에 1차 식욕이 만족되는 이상으로 음식을 먹을 수 없다. 그 이상으로 음식을 먹게 되면 핫도그 먹기 대회에 출전하여 억지로 핫도그를 먹는 사람처럼 고통을 느끼게 된다. 고통스럽기 때문에 1차 식욕이 만족되는 지점에서 자연적으로 음식먹기를 멈춘다.

그런데 1차 식욕이 만족되는 지점까지 음식을 먹는 것만으로는 현재의 체중을 유지할 수 없다. 현재 우리의 체중은 1차적 음식먹기와 2차적 음식먹기로 섭취한 전체 에너지의 합계치로 유지되는 체중이다. 2차적 음식먹기를 하지 않고 1차적 음식먹기만 하면 섭취한 에너지양이 현재의 체중을 유지하기에 턱없이 부족하다. 현재의 체중은 1차적 음식먹기만으로 유지하기에는 너무 무겁다. 그래서 현재의 체중을 유지하려고 아무리 발버둥 쳐도 지지력을 잃어버린 공처럼 떨어질 수밖에 없다. 살을 빼고 싶어서가 아니라 현재의 체중을 유지할 수 있는 에너지양에 턱없이 부족한 에너지만 섭취하기 때문이다. 좋건 싫건 살이 빠진다. 1차적 음식먹기만으로도 유지할 수 있는 정도의 체중이 될 때까지 빠진다.[22] 1차적 음식먹기만으로 유지되는 정도

---

22) 이것은 어느 부부가 맞벌이를 하면서 두 명이 버는 수입을 모두 생활비로 소비하다가 부부 중 한 명이 실직하게 되는 것과 같다. 그러면 두 명의 수입으로 유지되던 소비 수준을 그대로 유지하기가 어렵다. 저축해 둔 돈으로 부족한 생활비를 메워 가면서 생활하게 되고, 그렇게 생활하면서 저축해 둔 돈을 다 쓰고 나면 한 사람의 수입에 소비 수준이 맞추어지는 것과 같은 이치다.

의 체중이 바로 '자연 상태의 인간에게 적합한 체중'이다. 결과적으로 더 먹으려 해도 배불러서 더 먹을 수 없고, 배부르게 먹어도 현재의 체중을 유지할 만큼 많이 먹을 수 없으니 살이 빠진다. 이런 방법으로 우리 몸에 유입되는 에너지와 유출되는 에너지의 양을 조절해서 자연 상태의 인간에게 적합한 체중으로 만드는 것이 '식욕만족 다이어트'의 기본 원리다.

요약해서 말하면 2차 식욕은 음식을 먹지 않고 2차 식욕을 충족시키는 방법으로 충족시키고, 1차 식욕은 음식을 먹는 방법으로 충족시키기 때문에 결국 우리는 1차 식욕과 2차 식욕을 모두 만족시키게 된다. 그래서 먹고 싶은 음식을 언제든지 먹을 수 있게 되고, 전체 식욕이 완전히 만족되기 때문에 그 과정이 유쾌하다. 음식의 종류도 제한이 없다. 먹고 싶은 음식을 먹으면 된다. 우리 몸은 음식의 총량과 함께 에너지의 총량도 감지한다. 그래서 그 음식이 고열량의 음식이라면 조금만 먹어도 1차 식욕이 충족되기 때문에 더 이상 먹을 수 없다. 저열량의 음식이라면 많이 먹어야 비로소 1차 식욕이 충족되기 때문에 많이 먹는다.[23] 결국 어느 음식을 먹으나 몸에 섭취되는 열량은 동일하다. 그때그때 먹고 싶은 음식을 먹으면 된다.[24]

---

[23] 박덕은, 《비만원인》, 48~49쪽 참고.

[24] 동물의 위(胃)는 섭취한 음식의 열량을 감지하는 능력이 있다. 이는 쥐를 실험한 결과 밝혀졌는데, 과학자들이 쥐에게 고열량의 유동식을 배부르게 먹게 한 다음 위에 삽입한 관을 통해 위 내용물을 5㎖ 정도 뽑아내고, 같은 양의 식염수를 주입하였다. 식염수가 주입되었기 때문에 위 내용물의 부피는 동일하지만 쥐는 정확히 빠져나간 열량만큼 더 먹었다. 이 결과는 동물이 위에 들어온 음식의 열량을 감지하는 능력이 있음을 보여 준다(닐 칼슨, 《생리심리학의 기초》, 507~508쪽 참고). 인간도 섭취된 음식의 열량을 감지할 수 있다. 초콜릿 같은 고열량의 음식이면 적은 양으로도 1차 식욕이 충족되는 반면, 양배추 같은 저열량의 음식이면 많은 양을 먹어야 1차 식욕이 충족된다. 결과적으로 고열량의 음식을 먹으나 저열량의 음식을 먹으나 섭취하는 열량은 동일하게 되니, 어떤 음식이건 그때그때 먹고 싶은 음식을 먹으면 된다.

1차 식욕을 충족시키기 때문에 몸에 필요한 열량과 영양소를 충분히 섭취한다. 그 결과 우리의 몸이 더욱 건강해진다. 2차 식욕도 충족시키기 때문에 우리의 정신적 안정도 유지되고, 스트레스에 대한 저항력도 높아진다. 정신적으로도 더 건강해진다. 1차 식욕을 충족시키는 이상 근육이나 필요한 기능을 하고 있는 지방은 빠지지 않고 원래의 기능을 수행한다. 다이어트를 하더라도 주름살이 생겨 늙어 보이거나 병든 사람처럼 여위어 보이는 부작용이 생기지 않는다. 실제로 건강해질 뿐만 아니라 외관상으로도 더욱 젊고 건강한 모습이 된다.

　1차적 음식먹기만으로 유지할 수 있는 체중은 '자연 상태의 인간에게 적합한 체중'이기 때문에, 뚱뚱한 사람은 원하건 원하지 않건 현재의 체중을 유지하지 못한다. 살이 빠지게 된다. 그렇게 빠진 살은 높은 체중을 유지해 줄 지속적인 에너지의 공급이 없기 때문에 다시 현재의 높은 체중으로 돌아가지 못한다. 마른 체형의 사람들이 살을 찌우기 위해 노력해도 살찌우기 어려운 것과 같은 이치다. 그래서 한번 빠진 살은 다시 회복되지 못하고 낮은 체중으로 유지된다. 식욕만족 다이어트는 이렇게 우리 몸에 에너지가 유입되고 유출되는 과정을 조정하여 현재 높은 체중의 안정된 상태로 유지되는 에너지 유출입의 시스템을 낮은 체중의 안정된 상태로 바꾸는 거다. 다만, 이를 다이어트라는 관점에서 보면 결과적으로 살이 빠지게 되니 다이어트가 되는 것이고, 그 과정이 유쾌하고, 그 결과 우리 몸이 더 건강해지고, 감량된 체중이 다시 회복되지 않게 되니 결과적으로 바른 다이어트가 되는 것이다.

2. 바른 다이어트는 의지가 아니라 자신감으로 한다

마음마다 식욕을 끊지만, 끊을 수 있다는 그 마음이 바로 도적이다

"바른 다이어트를 하려면 어떻게 해야 할까?"

바른 다이어트를 하려면 우선 바르게 알아야 한다. 우리 몸에 에너지가 어떻게 유입되고 유출되는지 이해하고, 이를 조정하는 방법을 찾아야 한다. 하지만 지금 우리는 여기에 관심이 없다. 지금 우리는 다이어트를 의지로 한다. 다이어트를 하는 사람의 마음 상태가 흡사 전장에 나가는 장수와 같다. 그는 오직 하나의 생각만 한다. '어떤 희생을 치르더라도 반드시 이기겠다'는 생각이다. 비장한 각오다. 그렇게 단단히 마음먹고 다이어트를 시작한다.

하지만, 이렇게 하면 안 된다. 전쟁도 다이어트도 이런 식으로 하면 그 결과는 보지 않아도 실패다. 전쟁은 이기고 싶다고 이기는 게 아니다. 다이어트도 성공하고 싶다고 성공하는 게 아니다. 전쟁에 비유하자면 지금의 다이어트는 이길 수 없는 전쟁이다. 다이어트에서 성공하기 어렵기 때문에 그만큼 더 비장한 각오를 하지만, 이건 비장한 각오로 해결될 문제가 아니다. 우리는 다이어트의 성공과 실패가 개인의 의지에 달려 있다고 생각하기 때문에 다이어트를 할 때마다 비장한 각오를 한다. 그런데, 이 각오는 정작 우리에게 필요한 것을 보이지 않게 가려 버린다. 우리에게 정말로 필요한 것은 의지나 각오같은 주관적 요소가 아니라, 다이어트를 성공하도록 만드는 객관적 조건과 그것이 작동하도록 만들어 내는 방법이다.

《손자병법》에서 "전쟁을 잘하는 사람은 승리를 기세에서 구하고,

사람을 탓하지 않는다."라고 했다. 그래서 사람으로 하여금 기세(승리하게 만드는 객관적 조건)를 타게 한다. 누가 하더라도 승리하게 만든다는 말이다. 다이어트도 마찬가지다. 바르게 다이어트 하는 것은 고통을 참고서라도 살을 빼겠다는 의지에 기대는 것이 아니다. 살이 빠지는 객관적 조건을 만들어 내고, 그 조건에 따라 누가 하더라도 살이 빠지게 만든다. 반면, 지금 우리는 사람만 탓하고 있다.

100명이 다이어트를 하면 99명이 실패한다. 성공할 확률이 1%가 안 된다. 100명 중에 1명이 성공하는 방법이라면 그건 제대로 된 다이어트 방법이 아니다. 그런 방법으로 살을 뺀다는 것은 사실상 불가능하다. 구조적으로 불가능한 방법이라는 말이다. 문제는 기존의 다이어트 방법이 구조적인 문제의 책임을 개인에게 떠넘긴다는 사실이다. 개인을 비난하는 방법으로 책임을 회피한다. 기본적으로 불가능한 일을 개인에게 요구하고 그것을 제대로 하지 못한다고 비난한다.

"너의 의지가 강했다면 성공했을 텐데…"

"네가 실패한 것은 너의 의지가 부족하기 때문이야."

늘 이런 식이다. 기존의 다이어트 방법에서 인간의 '의지'는 다이어트를 성공하게 하는 요소가 아니다. 구조적인 문제를 은폐하고, 다이어트가 실패했을 때 그 책임을 떠넘기는 변명거리일 뿐이다.[25] 이런 식으로 하면 안 된다. 의지가 부족해서 다이어트에 실패했다고 하

---

25) 대다수의 사고체계는 자기 확신이라는 특징을 갖는다. 최초 가정이 받아들여지기만 하면, 이후에 다른 뭔가가 발견된다고 해도 믿는 자의 신조를 흔들지 못한다. 믿는 자는 새로운 발견을 기존체계에 맞추어 설명할 수 있기 때문이다. 무속인이나 점성술사는 시술이 명백한 실패로 끝나도, 계산상의 실수가 있었음이 분명하다든지 의례용 준비물에서 중요한 뭔가를 빠트렸다고 주장함으로써 실패를 설명할 수 있었다. 환자들이 치료되지 않으면 무속인은 그들이 제때에 오지 못했다느니 자신이 처방한 수난을 바르게 사용하지 못했다느니 그들에게 신념이 부족했다는 식으로 환자들을 비난한다(키스 토마스, 《종교와 마술, 그리고 마술의 쇠퇴 3》, 391~392쪽 참고).

려면 100명 중에 적어도 50명은 성공하는 방법이 먼저 만들어져 있어야 한다. 100명이 시도해서 1명이 성공하는 방법이라면 의지의 문제가 아니다.[26] 지금 우리에게 필요한 것은 실패한 사람에게 실패의 이유를 지적하는 것이 아니라, 성공하는 조건과 방법을 알려 주는 거다.

"그러면 어떻게 해야 할까?"

"어떻게 해야 다이어트라는 전쟁에서 승리할 수 있을까?"

《손자병법》 제1편의 제목은 '시계(始計)'다. 시(始)는 시작한다는 말이고, 계(計)는 계획한다는 말이다. 시계(始計)는 '전쟁을 시작하려면 계획부터 세워라'는 의미다. 전쟁의 시작은 결연한 의지를 가지는 것이 아니다. 칼을 만지작거리며 노려보다가 "나를 감당할 수 있겠느냐?" 소리치며 덤벼드는 것은 무모한 자가 칼부림할 때나 하는 행동이다. 전쟁은 그렇게 하는 게 아니다.

전쟁의 시작은 계획을 세우는 거다. 전쟁에서 이기려면 이길 수 있는 계획을 세우고 그 계획에 따라 진행해야 한다. 계획에 따른 계산의 결과가 '승리'라고 나올 때, 그때 시작한다. 옛날에 전쟁을 잘한다는 장군들의 싸움이 늘 이랬다. 계산해 본 결과 이기는 상대와만 싸운다. 이기는 상대와 싸우니 의지 같은 것은 필요 없다. 그래서 전쟁에서 이기면 지혜롭다는 명예도 없고, 용맹하다는 전공도 없다. 하지만 지혜로움이나 용맹함이나 의지 같은 개인의 자질에 기대지 않기 때문에 이기는 데 어긋남이 없다.[27] 머릿속에서 먼저 이겨 놓은 상대와만 싸우고, 그렇기 때문에 싸웠다 하면 반드시 이긴다. 미리 이겨 놓은 상대와 싸우기 때문에 싸움에 나갈 때의 마음가짐은 언제나 '자

---

26) 찰스 라이트 밀즈, 《사회학적 상상력》, 16~18쪽 참고.

27) 《손자병법(孫子兵法)》, 〈군형편(軍形篇)〉 참고.

신감'이다. 전쟁도 다이어트도 이기는 자의 마음가짐은 '자신감'이다. 의지가 아니다. 마음속에 아직 자신감이 생기지 않았다면, 이기기 위해서 반드시 의지가 필요하다고 느껴진다면 아직 싸울 때가 아니다.

삼각함수는 왜 삼각함수일까?

나는 재수를 해서 대학에 갔는데, 사실은 재수 때도 대학에 가지 못할 형편이었다. 우리 때는 이른바 '선지원, 후시험'이라고 해서 먼저 어느 대학 어느 학과에 갈 것인지 원서를 넣은 다음에 대입시험을 보았다.

원서는 시험보기 한 달 정도 전에 넣는다. 내 모의고사 성적은 내가 가고 싶은 학과의 커트라인보다 항상 5점 정도 낮았다. 원서를 쓸 때는 의지가 가득했다. 시험 날까지 열심히 공부하면 5점 정도는 올릴 수 있을 것 같았다. 그래서 가고 싶은 학과에 원서를 냈다. 매일 밤새워 공부해서라도 점수를 올리겠다고 마음먹었다. 정말 의지로 충만했다. 하지만 시험 날이 다가올수록 5점이라는 것이 점점 크게 느껴졌다. 모의고사를 볼 때마다 매번 부족한 5점이 넘어설 수 없는 장벽처럼 느껴졌다. 의지는 사라지고, 그 자리에는 두려움과 포기하는 마음이 가득 찼다.

당시 내 인생의 고민은 '수학'이었다. 수학 만점이 55점이었는데, 나는 비슷한 성적의 친구들보다 수학 점수가 10점 정도 부족했다. 재수를 하게 된 것도 수학 때문이었다. "도대체 어떤 놈이 수학이라는 걸 만들어서 사람을 이렇게 괴롭히는 걸까?" 수학을 만든 사람이 원망스러웠다. 수학이라는 과목 자체가 마음에 들지 않았다. 문제를 풀면서도 머릿속에서는 삼수를 어떻게 해야 할 것인지 그 고민만 하고 있었다. 그러다가… 이상한 일이 생겼다. 시험을 열흘 정도 남겨 둔 어느 날 밤이었다. 그때 삼각함수 문제를 풀고 있었는데 문득 엉뚱한 생각이 들었다.

"이 놈의 삼각함수는 왜 삼각함수지?"

우리는 삼각형이라는 말을 자주 쓴다. 하지만, 삼각함수라는 말은 거의 쓰지 않는다. 수학시간에만 쓴다. 그러니 수학책에서도 '삼각형'이라고 하면 될 텐데 왜 굳이 '삼각함수'라고 이름 붙였을까? 정말 이상한 일이다. 그런데 이상한 게 그것만이 아니다. 수학책을 찾아보면 삼각함수 외에도 지수함수, 로그함수, 그래프와 함수라는 챕터가 있다. "그냥 지수, 로그, 그래프라고 하면 될 텐데 왜 끝에다가 굳이 함수를 붙일까?" 그리고 그냥 '함수'라는 챕터도 있다. 함수, 삼각함수, 지수함수, 로그함수, 그래프와 함수가 다 같이 '함수'라는 이름을 쓰는 걸 보면 뭔가 서로 관계가 있을 것 같다. 그런데 그 관계가 뭔지 모르겠다. 그래서 그 관계가 무엇인지 한번 찾아보기로 마음먹었다.

다른 사람은 시험이 열흘 남았지만, 나는 1년 하고도 열흘이 남았으니 시간도 많았다. 이번 기회에 함수가 무엇인지 알아 두면 내년에 시험 볼 때 도움이 될 것 같았다.

함수가 무엇일까 생각하면서 내가 제일 먼저 안 것은 '내가 함수가 무엇인지 모르고 있다'는 사실이었다. 고등학교 3년 동안, 재수까지 포함해서 4년 내내 함수 문제를 풀었는데, 정작 함수가 무엇인지는 모르고 있었다. 영어사전을 찾아보면 함수는 'Function'이다. 의미는 '기능'이다. 그러면 삼각함수는 '삼각기능'이다. "삼각기능? 이게 도대체 무슨 말이야?" 삼각기능이라는 말은 삼각함수보다 더 모르겠다. 국어사전을 찾아보니 함수(函數)의 함(函)은 상자라는 의미다. 그러면 삼각함수는 '삼각 상자 수'다. 이것도 무슨 말인지 모르겠다. "수학하고 상자하고 무슨 관계가 있단 말인가?" 그렇게 한참 동안 잡생각을 하다가 초등학교 다닐 때 상자에 수를 집어넣는 걸 배운 기억이 났다. 겉에 '+3'이라고 쓰인 상자에 5를 집어넣으면 8이 나온다는 식이다.

"설마 그 상자 수는 아니겠지?" 설마 아닐 거라고 생각했는데, 생각하면 할수록 함수가 상자 수와 비슷하다는 생각이 들었다. 그리고 그 이상한 일이 일어났다. 매직아이(Magic Eye)에서 숨은 그림이 드러나듯이 함수라는 놈이 모습을 드러내기 시작했다. 보이지 않을 때는 도통 보지 못했지만, 일단 한 번 모습이 드러나자 그 모습이 점점 분명해졌다.

'+3'이라고 쓰인 상자를 함수로 표현하면 'f(x)=x+3'이다. 간단한 상자 수를 어려운 함수로 표현 방법만 바꾼 거다. 더 복잡한 함수도 마찬가지다. 그러니 반대로 고등학생이 푸는 복잡한 함수문제를 초등학생용 상자 수 문제로 바꾸어서 풀면 초등학생들도 쉽게 풀 수 있는 문제가 된다. 그래서 이제껏 틀린 문제들을 풀어 보았더니 모두 쉽게 풀려 버렸다. 한심한 일이지만 나는 그때서야 처음으로 함수의 의미를 알았다. 함수라는 것이 삼각함수, 지수함수, 로그함수, 그래프와 함수를 모두 하나로 꿰고 있는 모습을 그때 처음 보았다.

그때부터 시험 보는 날까지 줄곧 수학 문제만 풀었다. 물론 수학 문제를 이렇게 산수 문제로 만들어서 풀면 안 된다. 더 추상적으로 사고할 수 있도록 만든다는 교과 과정의 목표에 어긋난다. 하지만 그때 나는 되고 안 되고를 따지고 있을 한가한 입장이 아니었다. 수학책에 나오는 문제들을 모두 초등학생용 문제로 바꾸어서 풀었고 그러면서 점점 수학에 대한 자신감이 생겼다. 시험 당일에는 붙을 거라는 확실한 자신감을 가지고 시험장에 들어갔고, 시험에 합격할 수 있었다.

"자신감은 언제 생길까?"

자신감은 자신 있을 때 생긴다. 이를 악물고 마음을 다잡거나 타고난 의지가 강하다는 것만으로는 절대 생기지 않는다. 자신감은 오로지 자신 있을 때만 생긴다. 뭔가 '믿는 구석'이 있어야 생기는 거다. 싸워야 할 상대가 저 정도라면 '한번 해 볼만 하다'는 생각이 들고, 상대가 두렵기는 하지만 도저히 이기지 못할 상대는 아니라는 생각이 들어야 비로소 자신감이 생긴다.

예를 들어 우리 편의 1/10 규모인 적과 싸운다고 생각해 보자. 그냥 자신감이 생긴다. 적과 어떻게 싸워도 두렵지 않기 때문이다. 우리

편과 대등한 상대를 만났다면 어떨까? 어찌하면 싸워서 이길 수도 있겠지만, 자신만만하지는 않다. 우리 편의 10배가 되는 상대와 대결한다면? 자신감이 생기는가? 아무리 '자신감을 가지자'고 마음을 다잡더라도, 아무리 의지가 강한 사람이라 하더라도 자신감은 생기지 않는다. 머릿속은 온통 두려움만 가득해진다.

하지만, 믿는 구석이 있는 경우는 다르다. 예를 들어 더 우월한 도구(무기)를 가진 경우다. 우수한 총으로 무장된 부대는 창과 칼로 무장된 적과 싸워 이길 수 있다. 설령 적군의 규모가 10배가 되더라도 총으로 제압할 수 있다고 생각하기 때문에 자신감이 생긴다. 총을 가지고 있더라도 10배나 되는 적과 싸우는 것은 위험하고 두렵지만 이길 수 있다고 생각하니 공포가 사라지고 자신감이 생긴다.[28]

자신감이 있기 때문에 적에게 무모하게 도전하거나 허둥거리며 도망치는 어리석은 행동을 하지 않는다. 언제 어디에서 적과 만날 것인지 계획하고, 이길 수 있는 최적의 조건을 찾고, 그런 조건으로 상대를 끌어들인다. 용기나 의지가 필요한 건 이때다. 이렇게 이길 수도 있지만, 져서 죽을 수도 있는 싸움에 당당하게 나아가는 용기를 가지는 것, 그 마음가짐이 의지다. 맨손으로 이길 수 없는 적과 싸우겠다고 설쳐대는 것은 용기나 의지가 아니라 상황을 제대로 파악하지 못하는 어리석음이다.

그런데… 총같이 우월한 도구가 없어도 자신감이 생기는 경우가

---

28) 그래, 그건 좋은 일이지, 더럽게 좋은 일이야. 이놈은 아마 평생 두려워하며 살았을 거야. 하지만 이제는 끝났어. 이제 정말 기세등등해. 그는 전쟁에서도 똑같은 효과가 나타나는 것을 보았다. 이런 상황은 동정을 잃는 것보다도 큰 변화를 가져왔다. 마치 수술을 해서 잘라낸 것처럼 공포가 사라졌다. 대신 그 자리에 다른 어떤 것이 들어섰다. 남자들이 가지고 있는 중요한 것이. 그것이 그들을 남자로 만들어 주었다. 여자들도 그것을 알았다. 빌어먹을 공포가 그들에게서 사라졌다는 것을(어니스트 헤밍웨이, 《킬리만자로의 눈》, 114쪽 참고).

있다. 보이지 않는 도구를 가진 경우다. 역사에는 도저히 불가능해 보이는 전쟁을 승리로 이끈 명장들이 있는데, 그들은 모두 이 보이지 않는 도구를 가지고 싸웠다. '총'이라는 도구는 눈에 보이기 때문에 자신감 있게 행동하는 것을 이해할 수 있다. 반면 보이지 않는 도구는 보이지 않기 때문에 그 사람의 행동을 이해할 수 없다. 다른 사람들은 도저히 불가능한 싸움이라고 생각할 수밖에 없고 그러니 맨손으로 싸우는 것처럼 무모해 보인다.

그 보이지 않는 도구는 승리를 계산해 내는 능력, 승리의 시나리오를 만들어 내는 능력이다. 일단 승산(勝算)이 나오면 적은 더 이상 극복할 수 없이 두렵기만 한 상대가 아니다. 설령 아군보다 적의 수가 압도적으로 많다 하더라도, 단 한 번도 이겨 본 적 없는 적이라 할지라도 이제 그건 해 볼 만한 싸움이 된다. 승산이 나오면 눈앞에 있는 적군의 머리수를 보는 게 아니라 자기 머릿속의 시나리오를 본다. 마치 조각가가 대리석 안에 들어 있는 조각상을 보고 그것을 캐내듯이 전장 안에 이미 들어와 있는 승리의 모습을 보고, 전장으로 나아가고, 시나리오(대본)에 따라 움직이고, 승리를 캐낸다.

아마 당신은 다이어트 책에서 왜 전쟁 이야기를 계속하고 있는지 궁금할 거다. 그래서 이쯤에서 당신에게 한번 물어보고 싶다. 당신은 이제껏 많은 다이어트를 해 봤을 거다. 그렇게 많은 다이어트를 하면서,

"성공할 것이라는 자신감을 가지고 다이어트를 해 본 적이 있는가?"

"성공할 것이라고 믿고 다이어트를 해 본 적이 단 한 번이라도 있는가?"

부끄럽지만 내 이야기를 하자면… 이전의 나 역시 다이어트라는

전쟁을 무수히 치렀다. 그리고 그 모든 전쟁에서 패배했다. 한 번도 완전한 승리를 해 본 적이 없었다. 그래서, 나 스스로 인정할 수는 없었지만… 새로운 다이어트를 시작할 때마다 언제나 그 마지막은 패배가 될 것이라 예감했었다. 결국은 질 수밖에 없는 전쟁이라는 것을 알면서도 전장으로 나가기 위해 무구를 갖추는 장수처럼… 그렇게 마음을 가다듬고 그렇게 다이어트라는 전장에 뛰어들었다. 그리고는 어김없이 패배했다.

"나에게 다이어트라는 전쟁은 이길 수 없는 전쟁이었다."

나는 언제나 맨손이었고, 상대는 언제나 골리앗처럼 느껴졌다. 하지만, 이래서는 안 된다. 더 이상 인간의 의지에 기대어 다이어트를 하려고 해서는 안 된다. 조각가가 대리석 앞에 섰을 때 그 대리석 안에 아름다운 조각상의 모습이 보이지 않는다면, 아직 정과 망치를 들 때가 아니다. 정과 망치를 가지고 무작정 대리석을 쪼아 댄다고 조각상이 나오는 게 아니다. 그가 아름다운 조각상을 아무리 간절히 원한다 해도, 아름다운 조각상을 만들겠다고 아무리 굳게 마음먹었다 해도 그에게 대리석은 그냥 대리석일 뿐이다. 아무것도 들어 있지 않은 대리석에서 아름다운 조각상이 튀어나오는 기적은 일어나지 않는다. 다이어트도 마찬가지다. 다이어트라는 전쟁에서 승리의 계산이 나오지 않는다면, 그 전장에 이미 들어와 있는 승리의 여신이 보이지 않는다면 아직은 다이어트를 할 때가 아니다.

자신감을 얻으려면 세계의 보이지 않는 모습을 보아야 한다

"다이어트에서 승리하는 시나리오를 만들려면 어떻게 해야 할까?"

"어떻게 해야 유쾌하고, 건강하고, 지속 가능한 다이어트가 가능할까?"

자연적인 힘을 이용해야 한다. 바른 다이어트는 높은 산 위에서 둥근 돌을 굴리는 것과 같다. 높은 위치로 안정된 상태에서 낮은 위치의 다른 안정된 상태로 보내는 것이다. 그런데 지금 우리에게는 이런 방법이 불가능해 보인다. 현실 세계에서 우리는 평지에 있는 것 같고, 바꿀 수 없는 상태에 있는 것 같다. 이미 평지에 있는 돌을 아래로 더 내려 보낼 수는 없지 않은가. 높은 산 위에 있는 돌은 평지보다 높은 곳에 있다. 그 돌을 굴리면 중력이 낮은 곳으로 끌어당긴다. 그러니 아래로 굴려 보낼 수 있다. 하지만, 지금 우리의 체중은 높은 곳에 있는 것 같지 않다. 우리의 체중을 아래로 끌어당기는 중력 같은 것도 없는 것 같다. 이것이 우리의 상식이다.

그러면, 하나 물어보자.

"당신은 지금 어디에 있는가?"

"당신은 땅 위에 있는가? 아니면 공중에 떠 있는가?"

아마 자신이 공중에 떠 있다고 생각하는 사람은 거의 없을 거다. 하지만, 실제로는 땅 위에 있는 사람보다 공중에 떠 있는 사람이 더 많다. 만약 당신이 아파트에 살고 있다면 당신은 지상에서 수십 미터나 높은 곳에서 살고 있는 것이고, 당신의 사무실이 고층 건물이라면 지상에서 수십 미터나 높은 곳에서 일하고 있는 거다. 현대의 도시인들은 대부분의 시간을 땅에서 수십 미터 높은 곳에서 보내고 있고 오히려 땅에 발을 붙이고 사는 시간이 더 짧다. 새처럼 날 수 없는 인간이 이렇게 높은 곳에서 일상생활을 한다는 것은 자연적이지 않다. 하지만, 인간은 인공적인 노력으로 자신에게 주어진 한계를 극복했고, 자연적이지 않는 상태가 일상적이고 자연스러운 것이 되었다. 높은 곳에 있어도 '떠 있다'는 불안감이 느껴지지 않는다. 창밖을 보지 않으면 마치 1층에 있는 것 같다. 하지만, 사실은 땅으로부터 아주 높은 곳에 있다. 다만 건물이라는 지지력이 당신의 몸을 떠받치고 있기 때문에 높은 곳에 있어도 떨어지지 않는다. 건물이 늘 몸을 떠받치고 있기 때문에 그게 자연스럽게 느껴진다.[29] 우리는 태어날 때부터 이런 시스템이 갖추어진 사회 속에서 태어난다. 이런 상태가 익숙하고, 자연스럽고, 당연하게 느껴진다. 이것이 우리의 상식이다.

하지만, 상식에 머물러 있으면 출구가 없다. 다이어트는 이길 수 없는 전쟁이 된다. 여기서 벗어나야 한다. 이길 수 없는 전쟁에서 승리하는 시나리오는 상식(고정 관념)이 보여 주는 세계에 머물러서는 만들어지지 않는다. 사고의 틀 자체를 바꾸는 관점의 전환이 필요하다. 현재의 틀을 경계 짓는 고정 관념의 장벽을 뚫어야 한다. 현실적으로 존재하지는 않지만 잠재적으로 가능한 세계를 보아야 한다. 상식은 우리에게 자연스럽게 느껴진다. 상식에 따른 행동은 당연하게 느껴진다. 하지만, 명심해라.

"자연스러운 것이 자연적인 것은 아니다."

"당연해 보이는 것이 당연한 것은 아니다."

고정 관념은 자연적이지 않은 것을 자연스럽게 만든다. 당연하지 않은 것을 당연하게 만든다. 우연적인 것을 필연적인 것으로 만들고, 바꿀 수 있는 것을 바꿀 수 없는 것처럼 만든다. 우리는 현재 우리의

---

29) 만약 큰 지진이 나서 건물이 무너지고, 건물의 지지력이 사라져 버린다면 그 순간에 우리는 우리가 땅보다 훨씬 높은 곳에 떠 있다는 사실을 현실적으로 느낄 수 있게 되고, 아무리 떨어지지 않으려고 발버둥 쳐도 땅을 향해 떨어질 수밖에 없게 된다.

상태가 자연적이라고 느끼지만, 그렇지 않다. 현재 우리의 상태는 인공적이다. 자연스럽지만 인공적인 상태다. 우리의 체중도 자연스럽지만, 자연적이지 않다. 인공적으로 만들어진 체중이다. 우리의 체중은 자연적인 상태보다 높게 유지되고 있다. 자연스럽지만 인공적으로 높게 유지되고 있다. 그리고 그 높은 상태는 자연적이지 않지만 안정적이다. 공중에 던져진 공처럼 자연적이지 않은 상태는 불안정하다. 하지만 체중은 높은 상태로 안정적이다. 체중은 인공적인 구조에 의해 지지되기 때문이다. 고층 건물 안에 있는 사람은 지면보다 높이 떠 있어도 건물의 힘에 의해 지지되기 때문에 안정적이다. 인공적인 힘에 의해 지지되는 잠정적 안정 상태(준안정 상태)다. 우리 체중도 인공적인 힘에 의해 지지되어 잠정적으로 안정된 상태에 있다.

생각의 틀이 바뀌면 비만이나 다이어트를 보는 관점도 달라진다. 상식이 보여 주는 세계에 머물러 있을 때 (1) 비만은 자연적인 상태고, 날씬함은 인공적인 상태다. (2) 다이어트는 자연적으로 높은 체중을 인공적으로 낮게 만든다. (3) 다이어트는 안정적인 상태를 불안정한 상태로 만든다. 상식에서 벗어나면 (1) 비만은 인공적인 상태고, 날씬함은 자연적인 상태다. (2) 다이어트는 인공적으로 높은 체중을 자연적으로 낮은 체중으로 만든다. (3) 다이어트는 잠정적인 안정 상태를 자연적인 안정 상태로 만든다.

밑 빠진 독에 물 비우기

지금 우리가 하고 있는 다이어트는 깨진 물독에서 물을 퍼내는 것과 같다. 그 독은 밑이 깨져 있다. 깨진 독은 깨진 틈으로 물이 빠져나간다. 물을 퍼내지 않아도 시간이 지나면 '자연히' 비게 된다. 깨진 독은 가만히 놔두면 비어 있는 게 정상이다. 하지만 이 독에는 물이 차 있다. 깨진 독에 물이 차 있다면 그럴 만한 이유가 있다. 그 독은 연못 속에 있다. 비록 깨져 있지만 연못 속에 있기 때문에 깨진 틈으로 물이 흘러들어와 연못의 수위만큼 물이 차 있다. 그런데도 지금 우리는 독을 비우기 위해 열심히 물을 퍼내고 있다.

연못 속에 깨진 독이 있는데, 그 독을 비우기 위해 물을 퍼내고 있다면 이건 어리석은 일이다. 아무리 열심히 퍼내도 다시 차오르고 또 퍼내면 또 차오른다. 물을 계속 퍼내는데도 독이 비지 않는 것은 우리가 게을러서도 아니고, 의지가 약해서도 아니다. 독의 깨진 틈과 연못이라는 조건이 만들어 내는 구조가 그렇게 만들기 때문이다. 그 구조 속에서는 아무리 열심히 노력해도 물독이 비는 결과를 얻지 못한다. 깨진 독에서 물을 비우려면 더 강한 의지를 가지고, 더 열심히 퍼낼 것이 아니라, 그 독을 연못에서 꺼내 마른 땅 위에 올려놓아야 한다. 구조를 바꾸어야 한다.

깨진 독을 연못 속에 놓아둔 채로 열심히 물을 퍼내는 어리석은 일을 아무도 하지 않을 것 같다. 하지만, 우리는 매일 이런 일을 반복하고 있다. 우리가 어리석은 일을 반복하는 이유는 우리 자신에 대해 잘 모르고, 우리가 처해 있는 환경에 대해서도 잘 모르기 때문이다. 독만 바라보며 거기서 물을 퍼낼 생각만 하고 있어서는 물을 비우는 결과를 얻지 못한다. 마찬가지로 우리도 바르게 다이어트하려면 주어진 관점에서 벗어나야 한다.

지금 우리는 인공적으로 높게 체중을 유지하는 구조(비만 구조) 속에 있다. 하지만, 우물 안 개구리처럼 우리는 현재의 상태를 세상의 모든 것이라고 생각한다. 그래서 여기서 벗어나지 못한다. 여기에서 벗어나려면 고정 관념이 보여 주는 세계에서 벗어나야 한다. 그래서 지금의 체중이 인공적으로 높게 유지되는 상태라는 사실을 보아야 한다. 우리의 체중을 낮게 끌어당기는 자연의 힘을 이해하고, 이용할 수 있어야 한다. 그것이 완전히 이해되었을 때 자신감이 생긴다. 우리가 속해 있는 구조를 온전히 당신 머리로 이해하게 되었을 때, '아… 이런 구조였구나!' 하고 당신 머릿속에서 그려지게 될 때, 그래서 당신의 언어로 설명할 수 있게 되었을 때, 그때 생긴다. 그때야 비로소 '이 정도라면 한번 해 볼 만하다'는 생각이 든다. 자신감은 당신 머리로 이해했을 때만 생긴다. 그러기 위해서는 고정 관념이 보여 주는 세계에서 벗어나 세계의 새로운 모습을 보아야 한다.[30]

---

30) 새로운 세계를 본다는 것은 안과 치료를 받는 것과 비슷하다. 치료는 늘 쾌적하지 않다. 그러나 치료 후에 우리 눈에 보이는 세계는 이전 세계와 다르다. 그리고 더 밝게 보인다. 여인들이 거리를 지나가는데, 지난날의 여인들과 다르다. 마차도 물도 하늘도 마찬가지다. 세계는 한 번만 창조되는 것이 아니라 독창적인 사고가 나타나는 만큼 자주 창조된다. 새롭게 창조된 세계는 다른 독창적인 사고가 다음 번 천지 이벽을 익으킬 때까지 존속할 거이다(마르셀 프루스트, 《잃어버린 시간을 찾아서 6》, 24~25쪽을 참고하여 일부 수정).

바른 다이어트 방법은 어떻게 만드는가?
잠재 세계를 실현시킨다

밖으로 가려 하지 말고 네 안으로 돌아가라 해답은 네 안에 있다

두 개의 밧줄에 묶인 오딧세우스

   트로이 전쟁이 끝나고 고향으로 돌아가는 길에 오딧세우스는 사이렌이라는 요정들이 사는 바다를 지나간다. 이 요정들은 아름다운 노랫소리로 지나가는 선원들을 유혹해 물에 빠뜨려 죽인다. 그 유혹이 치명적이어서 노랫소리를 들은 사람은 빠져나갈 수 없다. 사이렌의 노랫소리는 선원들을 묶어 파멸로 끌고 가는 보이지 않는 밧줄(사슬)이다. 물론 귀를 막고 듣지 않을 수 있지만, 그 소리가 너무나 아름다워 듣지 않는 것은 고통스럽다. 사이렌의 소리에 유혹된 사람은 사이렌을 쫓아 바다에 뛰어들어 죽게 된다. 그래서 사이렌의 신화는 항해자에게 두 가지 행동 방식 중 하나를 선택하라고 강요한다. 하나는 "사이렌의 노랫소리를 즐기고, 유혹되며, 파멸하는 거다." 다른 하나는 "다른 항로로 피해가거나 귀를 막고 아예 사이렌의 노랫소리를 듣지 않는 거다." 다른 선택의 여지(餘地)가 없는 것처럼 보인다. 하지만, 거기에는 빈틈이 있다. 잘 가려져 보이지 않고, 신화 자체도 예정하지 못한 빈틈이다.

   오딧세우스는 신화의 그 빈틈을 노린다. 그는 사이렌을 피할 수 있는 다른 항로를 택하지 않는다. 기꺼이 그 노랫소리를 듣기로 결심한다. 또한 사이렌의 노랫소리를 듣고도 유혹에 굴복하지 않을 것이라고 자만하지도 않는다. 아무리 눈을 똑바로 뜨고 거리를 유지하려 해도 사이렌의 소리를 들으면 거기에 유혹될 것이라는 사실을 알고 있다. 그는 사이렌의 마술에 대해서는 자신이 노예의 처지에 있다는 사실을 받아들인다. 사이렌의 소리를 들으면 유혹될 수밖에 없다는 구조를 수용한다.

하지만, 신화에는 항해자가 꽁꽁 묶인 채로 노래를 듣는가, 묶여 있지 않은 상태에서 노래를 듣는가에 대해 정해져 있지 않다.[31] 오딧세우스는 신화의 빈 틈을 이용하여 그 구조에서 벗어날 수 있는 행동 방식의 공간을 만들어 낸다. 그렇게 함으로써 자신의 행동 방식을 규정하는 구조 속에 머무르고 그 구조를 수용하면서도 동시에 거기에서 벗어난다. 사이렌의 노랫소리를 들으면 유혹될 수밖에 없지만, 유혹되더라도 몸이 묶여 있으면 바다에 뛰어들 수 없다. 그래서 죽지 않는다. 오딧세우스는 선원들에게 모두 귀를 막게 한다. 선원들은 노랫소리를 들을 수 없다. 유혹에 빠지고 싶어도 빠질 수 없다. 반면 자신은 밧줄(사슬)로 몸을 돛대에 묶어 버린다. 그는 '이중으로 밧줄에 묶인 자'가 된다. 한편으로는 바다로 끌고 가는 사이렌의 밧줄에 묶여 있고, 다른 한편으로는 돛대에서 벗어나지 못하게 하는 밧줄에 묶여 있다. 사이렌의 노랫소리를 듣고 유혹되지만, 다른 밧줄에 묶여 있어 사이렌의 밧줄에 끌려가지 못한다. 그래서 그는 사이렌의 아름다운 노랫소리를 듣지만 그 매력 속에 있는 위험을 사라지게 한다. 자신의 행동 방식을 규정하는 구조를 무너뜨린다.

지금 우리는 오딧세우스와 비슷한 처지에 놓여 있다. 우리도 두 개의 사슬(밧줄)에 매여 있다. 맛있고 매력적인 식품들이 우리 주위를 가득 채우고 있다. 그 유혹을 쫓아 마음껏 먹으면 비만이라는 고통을 피할 수 없다. 맛있는 식품의 매력은 우리를 비만으로 끌고 가는 보이지 않는 사슬이다. 그렇다고 먹지 않고 외면하기에는 식품들이 너무 매력적이다. 먹고 싶은 음식을 먹지 못하고 참는 것은 너무 고통스럽다.

"어떻게 해야 비만의 사슬에 끌려가지 않을까?"

---

31) 테오도르 아도르노, 막스 호르크하이머, 《계몽의 변증법》, 101~102쪽.

"끌려가지 않도록 우리를 돛대에 묶어 줄 다른 사슬이 필요하다."

"그런 사슬이 있을까?"

"있다." 그 사슬은 우리 몸 안에 있다. 우리는 사슬에 묶여서 태어난다. 날씬한 몸매의 사슬이다. 우리는 진화를 통해 유전적으로 날씬한 몸매의 돛대에 묶인 채로 태어난다. 하지만, 이제껏 우리는 이런 사슬이 있는지 몰랐다. 있는지 모르니 그런 걸 사용할 생각을 하지 못했고, 관심도 없었다. 하지만, 우리가 알든 모르든 우리는 이미 날씬한 몸매의 돛대에 묶여 있다. 비만의 사슬이 끊어지면 우리의 몸은 원하건 원하지 않건 날씬한 몸매 쪽으로 끌려간다.

"그런데, 비만의 사슬은 뭐고, 또 날씬한 몸매의 사슬은 뭘까?"

비만의 사슬은 식품(상품인 음식물)이 가진 과식유발능력이다. 우리가 식품을 먹을 때 필요 이상으로 식품을 과식하게 만드는 힘이다. 현대 시장에서 유통되는 식품들은 생산 과정에서 이런 힘을 부여받는다. 날씬한 몸매의 사슬은 우리 몸이 가진 과식억제능력이다. 우리가 음식을 먹을 때 필요 이상으로 과식할 수 없도록 만드는 힘이다. 우리는 유전적으로 이런 힘을 가지고 태어난다. 그런 속성이 생존 경쟁에 유리했기 때문이다. 그런 유전자를 가진 개체가 생존 경쟁에서 살아남았다. 우리는 그렇게 살아남은 개체들의 후손이기 때문에 유전적으로 이런 능력을 부여받고 태어난다.

현대인은 대부분의 음식을 식품의 형태로 구입해서 먹기 때문에 음식을 먹을 때 두 힘이 충돌한다. 한편으로는 과식이 유발되고, 다른 한편으로는 과식이 억제된다. 그런데 여기에 오딧세우스와 다른 점이 있다. 오딧세우스는 몸을 돛대에 묶는 밧줄이 사이렌의 유혹의 밧줄보다 더 강했다. 오딧세우스는 유혹되더라도 끌려가지 않는다. 하지만, 우리는 그 반대다. 인간이 개발한 인공적 기술은 자연이 부여한 유전적 능력보다 더 효율적이다. 사자의 강력한 힘이 인간의 총을 이기지 못하고, 표범의 빠른 발이 자동차를 이기지 못하고, 새의 나는 능력이 비행기를 이기지 못하는 것처럼 자연적으로 부여받은 과식억제능력은 인공적으로 개발된 과식유발능력을 이기지 못한다. 과식억제능력은 과식유발능력 앞에서 무력하다. 이 충돌은 과식유발능력이 실현되어 우리가 과식하는 행동으로 나타난다. 과식억제능력은 실재하지만 실현되지 못하고 잠재적인 상태로 남게 된다. 그게 잠재적인 상태로만 남아 있기 때문에 우리에게 현실적으로 느껴지지 않고, 그래서 우리는 그런 게 있다는 사실조차 잊어버린다.

바른 다이어트를 하려면 과식억제능력을 실현시켜야 한다. 이 능력은 우리 몸 안에 있지만 잠재적인 상태로만 있다. 이를 실현시키려면 비만의 사슬을 끊어야 한다. 실현되어 작동하는 과식유발능력을 잠재적인 상태로 묶어 두어야 한다. 비만의 사슬이 끊어지면, 달리 말해 식품의 과식유발능력이 실현되지 못하면 과식억제능력이 자연적으로 실현된다. 이는 사람을 공중부양시키는 마술에서 보이지 않는 줄을 끊는 것과 같다. 공중부양 되는 사람도 중력을 받고 있다. 다만 그를 끌어올리는 힘이 중력보다 더 강하기 때문에 현실적으로는 끌어올리는 힘만 실현되고, 중력의 작동은 잠재적인 상태로 남는다. 이때 줄을 끊으면 중력이 자연적으로 실현되어 땅으로 떨어지게 된다. 다이어트의 요체는 비만의 사슬을 끊는 것이다. "어떻게 비만의 사슬을 끊을 수 있을까?"[32]

---

32) 두목, 당신은 긴 줄 끝에 있어요. 당신은 오고 가고, 그리고 그걸 자유라고 생각하겠지요. 그

우리는 흔히 현실 세계가 실재 세계라고 생각하지만, 그렇지 않다. 이렇게 오해하는 이유는 실재 세계가 실현된 하나의 모습만을 가진 다고 생각하기 때문이다. 실현되어 있는 현실 세계는 실재 세계의 실 현가능한 여러 모습 중 하나다. 실재 세계는 실현되어 있는 현실 세 계 외에도 잠재적으로 가능한 다른 세계들을 담고 있다.[33] 물론 실현 되지 않은 잠재 세계를 현실적으로 볼 수는 없다. 우리는 실현된 세 계 속에 살고 있기 때문이다. 우리의 머릿속에서도 현실 세계와 잠재 세계 사이에는 관념의 벽이 가로 막고 있어 현실 세계를 살고 있는 우 리에게 잠재 세계는 보이지 않는다.

우리가 살고 있는 현실 세계는 과식유발능력이 현실적인 상태로, 과식억제능력이 잠재적인 상태로 존재하는 세계다. 이 세계에서는 과식억제능력이 실현될 수 없다. 과식유발능력의 실현과 과식억제능 력의 실현은 서로 모순되지는 않지만, 함께 공존할 수는 없는 관계이 기 때문이다.[34] 하나가 실현되면 다른 하나는 실현되지 못한다. 과식 억제능력을 실현시키려면 과식억제능력이 실현되는 세계로 가야 한 다. 거기에서는 과식유발능력이 실현될 수 없다. 비만의 사슬을 끊

러나 당신은 그 줄을 잘라 버리지 못해요. 그런 줄은 자르려면 바보가 되어야 합니다. 바보, 아시겠 어요?(니코스 카잔차키스, 《그리스인 조르바》, 511~512쪽 참고).

33)　언젠가 왜 영화를 만드느냐는 질문을 받았을 때 브뉘엘은 이렇게 대답했다. "지금의 세계가 가능한 모든 세계 중 최고는 아니라는 것을 보여 주려고." 아버스는 이보다 더 단순한 것을 보여 주 려고 사진을 찍었다. 즉, 다른 세계도 있다는 것을 보여 주려고. 흔히 다른 세계는 이 세계 안에서 발견되기 마련이다. 사실, 일상생활 자체가 신기한 일의 연속이다. 물론 그것을 간파할 만한 눈을 가진 사람에게만 그렇게 보이겠지만(수전 손택, 《사진에 관하여》, 63쪽 참고).

34)　공존 불가능성에 대해서는 질 들뢰즈, 《주름》, 110~111쪽 참고.

는다는 것은 과식유발능력이 잠재적인 상태로, 과식억제능력이 현실적인 상태로 존재하는 세계를 만드는 거다. 달리 말하면 현실 세계를 잠재 세계로 만들고, 잠재 세계로 존재하는 여러 세계들 중의 하나를 현실 세계로 만든다는 말이다.[35] 이렇게 하기 위해 우리는 지금의 현실 세계에서 벗어나 잠재 세계로 들어가야 한다. 그리고 보아야 한다. 내가 그곳으로 들어감으로써, 그 모습을 보고, 그 모습에 맞추어 행동을 조정함으로써 지금의 잠재 세계였던 그곳이 미래의 현실 세계가 된다.[36] 그런데, 이게 말처럼 쉽지 않다. 우리는 지금 현실 세계 속에 있다. 우리가 가야할 잠재 세계도 지금은 잠재적으로만 존재한다. 잠재적으로 존재한다는 것은 현실 세계에 현실적으로 존재하지 않는다는 말이다.

"현실적으로 존재하지 않는 세계에 어떻게 갈 수 있다는 말인가?"

현실 세계 어디에도 잠재 세계란 것은 없다. 아무리 찾아봐도, 어디에서도 찾을 수 없다.[37] 손오공이 부처님의 손바닥을 벗어날 수 없는 것처럼 어디를 가더라도 우리는 현실 세계 안에 갇혀 있기 때문이다. 잠재 세계로 가는 길 같은 건 없다. 하지만, 현실 세계 안에만 머물러서는 비만의 사슬을 끊을 수 없다. 비만 구조에서 벗어나는 것도 불가능하다. 그래서 우리는 벽 앞에 서 있다. 길은 끝없이 이어진 장벽을 따라 가고, 문이란 문은 모두 굳게 잠겨 아무리 둘러봐도 꽉 막힌

---

35) 불가능을 가능하게 하는 것은 새로운 가능성을 덧붙이는 게 아니라, 새로운 배치와 새로운 연결을 통해 현재 상태 속에 이미 존재하고 있는 잠재적 가능성을 끌어내는 과정이다. 진정으로 새로운 모든 것은 오로지 이런 방식으로만 가능하다(브라이언 마수미, 《가상계》, 171쪽 참고).

36) 하인리히 롬바흐, 《아폴론적 세계와 헤르메스적 세계》, 183~184쪽 참고.

37) 거기에는 아직 '이름'이 붙지 않았기 때문에 우리 눈에 보이지 않는 것뿐이다. 거기에는 이름이 없고, 거기에는 이름이 없는 것은 없는 것이 되는 선(未熟) 땜이다. 거기에는 이름이 아직 없기 때문에 나는 그리로 갈 수 없는 것이다(장용학, 《비인탄생》, 319쪽 참고).

벽이다. 그 너머로 갈 수 없다. 현실 세계에서는 여기서 벗어날 수 없다. 하지만, 벗어나야 한다.

"어떻게 해야 할까?"

현실 세계를 벗어나 잠재 세계로 들어가기 위해 우리의 머릿속에서 현실 세계와 잠재 세계를 나누는 벽을 가로질러야 한다. 벽에 있지만, 우리에게는 보이지 않는 빈틈을 찾아야 한다. 그 비어 있는 공간을 통해 보이지 않지만 보이는 세계 안에 접혀 있는 세계, 현실화된 세계 속에 잠재적으로만 존재하는 세계, 우리 안에 있지만 잃어버린 세계로 들어간다. 고정된 현실 세계, 형체를 이루지 않은 잠재 세계, 그 경계인 벽… "만약 어떤 사람이 세 가지 세계 일체를 깨닫는다는 것을 알고 싶다면, 그는 마땅히 보아야 한다. 실재 세계의 본성은 일체를 오로지 마음이 지어내는 것임을."[38]

'만약에…' 라는 쇼윈도를 통해 바라보는 존재하지 않는 삶

예전에 〈패밀리맨〉이라는 영화를 본 적이 있었다. 주인공 잭(Jack Campbell)은 성공한 사업가다. 좋은 집에 살고, 좋은 차를 타고, 사업도 잘되고, 행복한지는 모르겠지만, 여하튼 즐거운 삶을 산다. 크리스마스 전날 밤에 잭은 복권을 환전하지 못해 문제가 생긴 사람을 도와주는데, 그로 인해 이상한 일이 일어난다. 다음날 아침 깼을 때 잭은 전혀 다른 삶을 살고 있는 자신을 발견하게 된다. 헤어진 옛 애인이 아내가 되어 있고, 낳은 적 없는 딸과 아들이 있다. 그 가족들과 함께 하는 평범한 남자의 삶이 있다. 삶의 방식이 바뀌어 있다. 당연히 행동

---

38) 若人慾了知 三世一切佛 應觀法界性 一切唯心造 《화엄경(華嚴經)》

방식도 다르다. 그 삶에 익숙해지면서 책의 사고방식도 점점 바뀌어 간다.

이 영화를 소개하는 포스터에는 책이 길을 가다가 벽에 있는 쇼윈도를 보는 모습이 그려져 있다. 쇼윈도를 통해 자신과 가족의 모습을 바라보고 있다. 거기에는 웃고 있는 책과 아내가 아들과 딸을 안고 있다. 따뜻한 집안이고, 평범하지만 행복해 보이는 모습이다. 하지만, 현실 세계에 이 가족은 존재하지 않는다. 포스터에도 "What if…"(만약에…)라고 쓰여 있다. 이 모습은 과거의 어느 시점에 책이 다른 선택을 했다면… 현실이 되었을 수도 있지만, 끝내 현실이 되지 못하고 잠재적으로만 남게 된 잠재 세계의 한 모습이다.

그의 시선은 잠재 세계를 향해 있지만, 그의 몸은 현실 세계에 있다. 현실 세계는 눈 내린 겨울의 어느 거리. 현실 세계에서 그는 혼자이고, 쇼윈도 안의 모습과 대비되는 뒷모습은 왠지 행복해 보이지 않는다. 퇴근하는 길인지 옆에는 잠시 내려놓은 가방이 보인다.

우리의 미래는 여러 개의 갈림길을 가진 길과 같다. 각각의 갈림길에는 각각의 잠재 세계가 있다. 그중 하나를 선택하면 그것은 현실 세계가 되지만, 나머지는 잠재 세계로만 남는다. 선택하는 것은 고르는 것이지만, 어떤 의미에서는 고르지 않은 걸 버리는 것이기도 하다.[39] 선택은 내가 하는 것이지만, 어떤 의미에서는 다른 누군가가 해놓은 선택을 따르는 것이기도 하다. 현실 세계는 상식이라는 이름으로 우리의 행동 방식을 규정한다. 상식이 보여 주는 세계에는 하나의 문, 하나의 길만 열려 있다. 상식은 말한다. "닫힌 문을 열지 마라!", "열려 있는 길을 따라 가라!" 우리는 상식에 따라 행동한다. 그 행동이 현실 세계를 만드는 힘이 된다. 현실 세계가 우리의 행동 방식을

---

39) 앙드레 지드, 《지상의 양식》, 76쪽; 호르헤 루이스 보르헤스, 《픽션들》, 160쪽 참고.

만들고, 그 행동 방식에 따른 행동이 다시 현실 세계를 만드는 되먹임 (feedback) 구조다. 자기 꼬리를 물고 있는 뱀의 형상(Ouroboros)처럼 안정적인 순환이 계속 이어진다. [40]

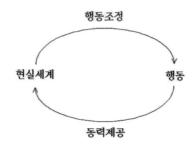

'다른 세계로 가는 문.' 우리는 살아가는 동안 가끔씩 벽에서 그런 문을 발견한다. 하지만 이런 저런 이유로 다음에 가 보겠다고 미루고 문을 열어 보지는 않는다. 그것 역시 하나의 선택이다. 문을 열어 보지 않는 그 선택이 현실 세계를 지금의 모습으로 유지하는 힘이다. 어쨌건 한 번 해 버린 선택은 되돌릴 수 없다. 그래서 과거는 하나의 경로만 가진다. 지금으로부터 많은 세월이 지난 어느 날, 인생의 선택들이 다 결정되고 주어진 시간을 다 써 버리고 난 후에 문득 이런 생각이 들 수 있다.

"만약에… 그때 다른 선택을 했다면 어떻게 되었을까?"

우리에게 열린 문은 현실 세계를 보여 준다. 다른 세계로 가는 문도

---

40)   사회화된 구조는 구조의 이중성을 가진다. 구조는 반복적으로 조직하는 행동의 매개체이자 그 결과물이다. 사회 체계의 구조적 속성은 행위 바깥에 존재하는 것이 아니라 행위의 생산과 재생산에 지속적으로 연루되어 있다(안소니 기든스, 《사회구성론》, 74~78쪽, 476쪽; 《사회이론의 주요 쟁점》, 98~103쪽; 데이비드 봄, 《전체와 접힌 질서》, 92~93쪽 참고).

있지만, 그 문은 늘 닫혀 있다. 한 번도 열어 본 적이 없다. 이제 그 문을 열어 본다. 가던 길을 멈추고 다른 행동 방식, 다른 삶의 방식을 보여 주는 문을 잠시 열어 볼 거다. 현실적으로 존재하지는 않지만, 잠재적으로 존재 가능한 세계를 보여 주는 문이다. 잠시 다른 세계를 엿볼 거다. 그렇다고 세상이 바뀌는 건 아니다. 갑자기 당신이 이 세계에서 사라지고 어느 멋진 신세계에서 다시 나타나는 걸 기대한다면… 미안하지만 그런 건 없다. 그런 일은 일어나지 않는다. 다른 선택을 하더라도 여전히 당신은 이 세계 속에 머물러 있다. 사물이나 현상 그 자체가 달라지는 것은 아니라는 말이다. 다만, 배치가 달라진다. 당신의 삶을 규정하는 대본의 내용이 바뀐다. 지금 우리가 알고 있는 것과는 다른 흐름 속에 들어가고, 다른 정보에 접속하고, 다른 의미를 만든다. 인식 방식이 달라지고, 행동 방식이 달라지고, 달라진 행동 방식이 삶의 방식, 존재 방식을 바꾼다.

"매순간은 언제라도 메시아가 들어올 수 있는 문"이라는 말이 있다.[41]

잘 느끼지 못하지만, 알고 보면 지금도 우리는 매순간 두 개의 문 가운데 하나를 선택한다. 과거와 미래를 나누는 현재의 공간 속에서 하루에도 몇 번씩 이 선택의 상황에 마주친다. 물론 그때마다 열린 문을 따라 열려 있는 길을 간다. 그 어느 순간, 가던 길을 멈추고 닫힌 문을 열면 그곳이 분기점이 된다. 정신세계에서 공간의 경첩이 빠지고, 새로운 길이 열린다. 주어진 길에서 벗어나 잠재 세계로 발을 들여놓게 된다.

---

41) 발터 벤야민, 《발터 벤야민의 문예이론》 중 '역사철학테제', 356쪽 참고.

"벽을 가로지른다고? 그것도 현실 세계와 잠재 세계를 나누는
벽을?"

"열린 문을 닫고, 닫힌 문을 열라고?"

도대체 어떤 의미인지 막연하다.

"어떻게 문을 찾고, 어떻게 벽을 가로지를 수 있을까?"[42]

보통 벽에는 문이 있다. 문을 통해 벽을 가로지른다. 문은 벽을 가
로지르는 길이다. 그러니 문이 있으면 그 문을 통과하면 된다. 그것
이 벽을 가로지르는 거다. 그런데 고정 관념의 벽에는 문이 없다. 있
다 하더라도 보이지 않는다. 문이 없으니 가로지를 방법도 없다. 하
지만 가로질러야 한다.

"문이 없는데 어떻게 가로지른다는 말인가?"

옛말에 '대도무문(大道無門)'이라는 말이 있다. [43] '큰 길에는 문이
없다'라는 의미다. 여기서 '문이 없다'는 것은 세 가지 의미로 해석이
가능하다. (1) 문이 없고 벽만 있다는 의미, (2) 벽이 있지만 거기에
'없음(無)이라는 문'이 있다는 의미, (3) 벽이 없으니 따로 문도 없다

---

42) 이 문은 주어진 구조의 미궁에서 벗어나는 출구다. 신화와 전설에서 무시무시한 문지기들이
서 있는 곳, 사이렌들이 노래하는 곳, 부딪치는 바위들이 모여드는 곳으로 표현되는 위험한 곳이다.
또한 돌아오지 못하는 땅, 파도 아래 땅, 영원한 젊음의 땅으로 향하는 나룻배의 출발점 등 한 번 가
면 다시 돌아올 수 없는 곳이다. 그곳은 면도날처럼 좁은 통로, 어두운 입구, 식별하기 어려운 문으
로 찾기도 어렵고, 찾아도 지나기 어려운 곳으로 묘사된다. 일상의 표면에 있는 단단한 껍질을 가로
지르는 가는 균열, 현실적인 것과 잠재적인 것을 가르는 구멍, 틈새, 간극이 바로 그것이다(조지프
캠벨, 《신화의 이미지》, 434쪽; 하인리히 롬바흐, 《아폴론적 세계와 헤르메스적 세계》, 254쪽; 자크
라캉, 《자크 라캉 세미나 11》, 41쪽 참고).

43) 큰 길에는 문이 없고, 천 갈래로 길이 나뉘어 있으니, 이 관문을 뚫으면, 하늘과 땅을 홀로 걸
어간다(大道無門 千差有路 透得此關 乾坤獨步《無門關》).

는 의미다.[44]

(1) 먼저 벽만 있고 문이 없다면, 어느 쪽으로 가든 장벽이 있다. 이리로 가도 벽에 막히고, 저리로 가도 벽에 막힌다. 우리의 관념에서 현실 세계는 매끄럽게 통일되어 있어 빈틈이 없다. 빈틈이 없으니 빈틈을 가로지르는 도약이라는 것도 없다.[45] 그래서 벽에 갇힌 세계, 벽이 보여 주는 세계, 현실 세계만 보고 있으면 벽을 가로지를 방법이 없다. 현실 세계와 잠재 세계를 나누는 벽에는 문이 없다. 우리는 우리에게 이미 열려 있는 문을 통해서만 다닐 수 있고, 장벽이 보여 주는 길만 따라 갈 수 있다. 실현되어 있는 현실 세계에 갇혀 있고, 그것이 우리에게 보이는 세상의 전부다. 잠재 세계가 있다 해도 그건 우리의 시야에서 사라져 버린 세계다. 잃어버린 공간이다.

(2) 다음으로 벽이 있고, 없음(無)이라는 문도 있다면, 문이 있다. '없음'이라는 이름의 문이다. 문 이름이 '없음'이니 길을 막는 것도 '없음'이다. 벽에 빈 공간이 있다는 말이다. 가로 막는 게 없다.

"막는 게 없는데 뭐가 문제야?"

"여기로 벽을 가로지르면 되는 것 아닐까?"

맞는 말이다. 여기로 벽을 가로지르면 된다. 하지만, 그게 그렇게 간단하지 않다. 카프카의 단편 중에 이런 이야기가 있다. 어느 시골 사람이 문지기에게 열린 문 안으로 들어갈 수 있게 해 달라고 요청했다. 문지기는 들어갈 수 없다고 말한다. "나중에는 가능하지만, 지금은 안 된다." 시골 사람은 문 안을 들여다보았다. 그러자 문지기가 말

---

44) 박정근, 〈'선종무문관' 연구〉, 중국학연구 제46집, 중국학연구회, 2008. 12., 247쪽 중 무문관(無門關)의 의미에 대한 해설 부분 참고.

45) 하인리히 롬바흐, 《아폴론적 세계와 헤르메스적 세계》, 206~207쪽 참고.

한다. "가고 싶으면 들어가 봐. 하지만 문 안에는 나보다 더 무섭고 더 힘센 문지기가 있어." 시골 사람은 문지기의 무서운 생김새를 보고 허가가 날 때까지 기다리는 편이 낫겠다고 생각하고 기다린다. 아무리 기다려도 들어갈 수 없었고, 결국 죽을 때가 되었다. 그때서야 문지기가 말한다. "이곳은 너 이외에는 아무도 들어갈 수 없어. 왜냐하면 이 문은 오직 너만을 위한 곳이기 때문이지. 나는 이제 문을 닫아야겠네."[46] 이야기는 여기서 끝난다. 이 이야기를 들으면 문지기가 시골 사람을 속였다는 생각이 든다.

"과연 그 사람은 문지기에게 속은 것일까?"

그렇게 쉽게 단정해서는 안 된다. 이야기에는 문지기가 시골 사람을 속였는지 속이지 않았는지 나와 있지 않다.[47] 오히려 문지기는 가고 싶으면 들어가 보라고 말한다. 다만, 문 안에는 더 무섭고 더 힘센 문지기가 있다고 경고할 뿐이다. 시골 사람은 무섭게 생긴 문지기 보다 더 무서운 다른 문지기를 상상해 스스로 기다리겠다고 결심한다. 굳이 말하자면 문지기가 속인 것이 아니라, 시골 사람이 스스로 속은 거다. 문은 열려 있고, 문지기는 적어도 입장 자체에 대해서는 금지하지 않는다. 다만 들어가 봐야 결국 다른 문지기에 의해 제지당할 것이라는 암시를 줄 뿐이다. 그럼에도 문 안으로 들어가서 직접 부딪혀 볼 엄두를 내지 못한다. 이것이 '없음이라는 문'이다.

우리는 지금 벽 앞에 서 있다. 눈으로 보기에 벽은 잘 이어져 있어 빈틈이 없어 보인다. 돌로 튼튼하게 만들어져 있다. 부딪혀 봐야 뚫

---

46) 프란츠 카프카, 《광대야, 오늘도 왜 밥을 굶느냐?》 중 '법 앞에서', 11~14쪽 참고하여 일부 수정.
47) 프란츠 카프카, 《변신》 중 '심판', 317쪽 참고.

릴 것 같지 않다. 그렇게 벽의 외관에 시선이 끌려 기다리는 편이 낫겠다고 결심한다. 그 결정이 우리의 인식 방식을, 행동 방식을, 삶의 방식을 규정한다. 하지만 벽을 가로지르는 것이 거부된 적은 없었다. 단지 돌로 된 벽이라는 사실 그 자체만으로도 거부되는 것처럼 보였을 뿐이다. 사실을 알고 보면 벽은 언제나 열린 상태로 있고 천으로 된 장막이 드리워져 있다. 그것은 견고하고 두텁고 넘어설 수 없는 장벽이 아니다. 우리는 천의 장막을 가로지를 능력이 있다. 하지만, 우리 스스로 금지한다. 벽이 우리에게 강요하는 선택에 복종하고, 장벽을 가로지를 시도를 하지 말아야 한다고 스스로에게 명령을 내리고, 스스로에게 강요하는 것이다.[48] 멀리서 바라보기만 하고 그렇게 믿어 버린 거다. 손으로 만져 확인하거나 몸으로 부딪혀 볼 엄두를 내지 못했다. 고정 관념이라는 게 원래 그렇다. 누가 우리를 속이는 게 아니라 우리 스스로 포기하는 거다.

분명히 벽이 있지만, 동시에 빈 공간이 있다

나는 얼마 전에 사무실 건물의 화재대응시설을 점검한 적이 있었다. 최근에 지은 건물들은 불이 나면 자동으로 방화 셔터가 내려와 화재 확산을 차단한다. 그런데, 방화 셔터가 내려오기 전에 미처 대피하지 못한 사람들은 어떻게 할까? '방화 셔터에 갇혀 죽으라는 말인가?' 이런 의문이 있었는데 설명을 들어 보니 방화 셔터에는 출입 가능한 문이 있다고 한다. 방화 셔터가 내려오

---

48) 자크 데리다, 《문학의 행위》, 267~268쪽 참고.

더라도 그 문을 열면 되기 때문에 대피에는 지장을 주지 않는다고 한다. 방화 셔터가 평소에는 천장 위에 들어가 있어 볼 일이 없다. 시설점검을 위해서 방화 셔터를 내려 보았다. 그런데, 방화 셔터가 내려오는 걸 보니 방화 셔터에 있어야 할 문이 없다.

"문이 없는데? 불량품인가?"

이상해서 시설을 관리하는 직원에게 물어보니 그 직원이 웃으면서 거기에 문이 있다고 한다. 아무리 봐도 없는데, 있다고 한다. 어디 있냐고 물어보니 다 내려오고 나면 보여 주겠다고 한다. 방화 셔터가 다 내려왔다. 아무리 봐도 문 같은 건 없다. 그냥 쇠로 된 셔터만 보인다. "철벽(鐵壁)을 뚫고 나가란 말인가?" 그렇게 생각하고 있는데 직원이 셔터의 연결 부위를 잡아 뜯어서 사람이 들락거릴 수 있는 틈을 만들어 낸다. 눈으로 보아서는 셔터이지만, 손으로 잡아 뜯으면 문이 된다. 눈으로 식별되지 않으니 만져 보지 않으면 문이 있다는 사실을 알 수 없다. 문이 있다는 사실을 모르는 사람에게 이 셔터는 통로가 아니라 철벽이다. 부딪혀 볼 엄두가 나지 않는 철벽이다.

예전에 아파트 경량 칸막이에 대한 기사를 본 적이 있었다. 화재가 났을 때 경량 칸막이 앞에서 일가족이 참사를 당한 안타까운 경우도 있었고, 경량 칸막이를 뚫고 나가 살아남은 경우도 있었다. 경량 칸막이는 콘크리트가 아니라 석고로 만들어 놓은 벽이다. 발로 차면 뚫린다. 보기에는 돌로 된 벽이지만, 사실은 석고로 된 장막이다.

우리는 철판도 콘크리트 벽도 뚫을 수 없다. 눈앞에 보이는 것이 철판 셔터고, 콘크리트 벽이면 거기서 벗어날 방법이 없다. 부딪혀 볼 엄두를 내지 못한다. 불에 타 죽거나 창문 밖으로 떨어져 죽거나 어느 쪽으로 가도 죽음이다. 철판이 철판으로, 콘크리트 벽이 콘크리트 벽으로 남아 있으면 우리 눈앞에서 출구가 사라진다.

두 세계 사이에는 장벽이 있지만, 그 장벽에는 빈틈이 있다. 그 빈틈이 우리가 이 구조에서 벗어날 수 있는 '없음의 문'이다. 그런데 여기에 허상의 벽이 있다. 고정 관념의 벽이다. 실제로는 존재하지 않지만 우리의 관념 세계에는 벽이 있다. 그 벽에 가려 '없음의 문'은 보이지 않는다. 카프카 이야기의 문지기처럼 허상의 벽은 우리가 '없음의 문'을 통과하는 것을 막고 있지는 않다. 하지만 동시에 막고 있다.

(3) 마지막으로, 벽이 없고 따로 문도 없다면 가는 곳마다 문이 되고, 발을 딛는 곳이 모두 길이 된다. 고정 관념은 우리의 관념 세계에서 의식의 대상으로 존재하는 것이 아니라 의식의 배경 요소가 되어 있기 때문에 다른 배경 요소들과 자연스럽게 이어져 관념 세계의 배경을 이루고 있다. 우리가 현실 세계에서 벽이나 천장이나 바닥이 이상하다고 느끼지 못하는 것처럼 관념 세계에서 허상의 벽이 이상하다고 느끼지 못한다. 그래서 고정 관념을 바꾸려면 배경이 된 벽이나 천장이나 바닥이 실재 세계를 제대로 반영하고 있는지 하나씩 만져서 살펴보는 수밖에 없다. 하나씩 살펴보다 보면 맞지 않는 곳이 생긴다. 그곳을 열어젖히고 뜯어 내 우리의 행동 방식을 바꿀 수 있는 틈을 만든다. 고정 관념 때문에 매끄럽게 이어져 틈새가 없어 보이던 벽에 균열이 생기게 하고, 공간을 만든다. 그 공간을 이용해 기존의 세계에서 벗어나 새로운 세계로 들어간다. 관념 세계의 경계를 이루는 장벽은 여전히 있지만, 그 장벽은 더 이상 우리의 행동 방식을 규정하지 못한다. 우리에게는 장벽이 사라진다.

벽이 사라지면 문도 사라진다

영화 〈매트릭스〉의 마지막 장면에 보면 주인공 네오가 날아오는 총알들을 멈추게 하고 총알 하나를 떼어 내서 자세히 살펴보는 장면이 나온다. 이제껏 당연히 총알이라고 생각한 그것을 사고의 배경으로부터 떼어 내서 사고의 대상으로 만든다. 눈으로 살펴보고, 만지면서 촉감을 느껴 보고 하면서….

"이 총알이 진짜 총알인가? 총알처럼 보이는 관념에 불과한가?"

그것이 실체가 아니라 관념에 불과하다는 사실을 깨닫는 순간, 날아오던 총알들이 더 이상 그를 해치지 못한다. 총알뿐 아니라 벽도, 복도도, 요원들도 모두 실체가 아닌 초록색 숫자들의 나열이라는 사실이 보인다. 숫자가 만들어 내는 장벽의 이미지는 사람의 사고에 영향을 미쳐 그 벽에 부딪칠 엄두를 내지 못하게 만든다. 하지만 그것뿐이다. 실체가 아니어서 실체인 사람을 막는, 실체적인 장벽이 될 수는 없다. 고정 관념에서 벗어나면 그를 둘러싼 벽이 다 사라진다. 복도도 천정도 바닥도 모두 초록색 숫자들의 나열일 뿐 사방 팔방, 위아래 어디를 둘러보아도 그를 막는 벽이 없다. 벽이 사라지니 문도 사라진다. 사방 어디에도 따로 문이 없다. 가는 곳이 문이 되고, 발 딛는 곳이 길이 된다. 이것이 주어진 구조 속에 머무르면서 그 작용에서 벗어나 자유롭게 되는 거다. 고정 관념이 고정 관념이라는 사실을 깨닫는 순간 그는 지각방식, 행동 방식, 존재 방식을 규정하는 매트릭스로부터 자유로워진다. 그는 여전히 현실 세계 속에 머물러 있고 우리는 그를 볼 수 있지만, 그는 이미 다른 곳에 있다.

장벽이 사라질 때 어떤 일이 일어나는지는 현실 세계의 사물이 사물의 언어로 말하는 것을 듣게 될 때만 알 수 있다. 그것은 서투르게 서서히 터득되는 것이지만 사태를 파악하고 나면 훨씬 빠른 속도로 이루어진다. 그것이 말하는 바는 해독되지 않는 말이다. 그럼에도 우리는 더 이상 서 있을 수조차 없을 때까지 열심히 귀를 기울이다가 그 순간을 넘기면 '아!' 하는 탄식과 함께 경기를 일으킨다.[49] 돌연 우리는 더 이상 예전과 같이 갇혀 있는 사람이 아님을 느낀다. 거기에는 아무것도 없다. 끝이 보이지 않던 문제, 출구 없는 문제, 세상 전체가 부딪혔던 문제는 갑자기 더 이상 존재하지 않게 되고, 사람들은 자신들이 지껄여 대던 것에 대해 자문하고 있다. 이는 어떤 평범한 해답, 통상 발견되는 해답을 받아들이는 대신 이 문제의 해소점을 막 통과했기 때문이다.[50] '문이 없다'는 말의 세 가지 의미는 여기서 하나로 이어진다. 문 없이 장벽으로만 막혀 있는 길 위에서, 없음이라는 장벽을 가로질러 가면 결국 문도 장벽도 없는 곳으로 간다. 지금 우리는 문 없이 장벽으로만 이어진 길 위에 있다. 그래서 벽 앞에 멈추어서 있다. 여기에서 벗어나려면 벽으로 가려진 '없음의 문'을 찾아야 하고, 장벽을 가로질러야 한다. 그런데… "그 '없음의 문'은 어디에 있을까?"

깨어나라, 주인공… 매트릭스가 널 가지고 있다…

지금 우리는 마술에 걸려 있다. 그 마술이 만들어 내는 사슬에 묶여 있고, 감옥에 갇혀 있다. 마음의 감옥이다. 하지만, 우리는 영화 속의 네오처럼 그 사실을 인식하지 못하고 있다. 그 사실을 깨달아야 한다. 이런 이야기를 들으면 아마 믿기 어려울 거다. 주변 어디를 둘러봐도 도무지 매트릭스 속의 세계라는 느낌이 들지 않을 거다.

---

49) 자크 라캉, 《자크 라캉 세미나》 11권, 421~422쪽을 참고하여 일부 수정.
50) 질 들뢰즈, 《차이와 반복》, 411쪽을 참고하여 일부 수정.

"도대체 무슨 마술에 걸려 있다는 말인가?"

아마도 당신은 자신이 스스로 판단하여 자유롭게 행동하고, 당신의 행동을 컨트롤하는 마술 따위에는 걸려 있지 않다고 생각할 거다. 하지만, 그렇지 않다. 당신은 마술에 걸려 있고, 사슬에 묶여 있고, 닫힌 공간 속에 갇혀 있다. 다만, 그것을 느끼지 못할 뿐이다. 음식을 먹을 때도 그렇다. 지금 당신이 식탁에 앉아 맛있는 음식을 먹고 있다고 해 보자. "거기에 음식 말고 뭐가 보이는가?" 아무것도 안 보일 거다.

"여기에 무슨 사슬이 있고, 무슨 감옥이 있고, 무슨 장벽이 있는가?"

그러면 다시 봐라.

"거기에서 다이어트라는 전장과 승리의 시나리오와 승리의 여신이 보이는가?"

그것도 안 보일 거다. 지금 우리는 마술에 빠져 있어 식품의 실체를 보지 못하고 있기 때문이다. 우리가 관객이 되어 마술사가 보여 주는 대로 보고 있으면, 우리가 먹고 있는 식품의 실체는 사라져 버린다. 사람을 상자에 넣은 후 사라지게 하는 마술처럼, 감쪽같이 사라진다. 우리 눈앞에는 맛있게 요리된 음식만 남아 있다. 그 음식은 우리에게 익숙한 음식으로 보인다. 마술 같은 것과는 관계없는 그저 사물 중의 하나인 음식물, 주체인 인간이 우리의 필요에 따라 마음대로 이용할 수 있는 객체인 것처럼 보인다.

관객의 눈과 마술사의 눈

예전에 '매직아이(Magic Eye)'라는 것이 유행했었다. 매직아이는 말 그대로 '마술의 눈'이다. 겉보기에는 반복적인 문양이 있는 그냥 그림이다. 그런데 시선을 잘 집중해 사시(斜視)처럼 해서 보면 마술처럼 전혀 다른 이미지가 그 안에서 나타난다. 내가 알 수 없는 어떤 마술에 의해서 숨겨진 세계가 보인다. 어떤 경우에는 글자가 나타나는 경우도 있고, 그 글자를 읽을 수도 있다. 그렇게 해서 겉으로 보이는 그림을 넘어서 그 그림을 만든 사람이 숨겨 놓은 정보를 읽을 수 있게 된다. 매직아이 그림은 겉으로 보이는 이미지와 숨겨진 이미지의 이중적 구조를 가진 매체이고, 우리는 시선을 잘 집중하는 방식으로 숨겨진 이미지로 만들어진 세계로 들어갈 수 있다.

겉으로 보이는 그림만 보아서는 숨겨진 메시지를 찾을 수 없다. 숨겨진 메시지를 찾으려면 표면에만 머물러서는 안 된다. 깊은 곳에 숨겨진 세계로 들어가야 한다. 그 세계로 들어가야 그 그림이 이중적인 구조를 가진 그림이라는 사실을 알 수 있고, 비로소 그림의 실체를 제대로 파악할 수 있다.

다시 식탁으로 돌아와 보자. 당신이 먹고 있는 식품의 이중적 구조가 보이는가? 아마 당신은 아직 식품의 이중적 구조를 보지 못할 거다. 그러니 겉모습 뒤에 숨겨져 있는 실체를 보지 못하고 있다. 매직아이의 숨은 그림을 보기 위해 제일 먼저 해야 할 일은 그 그림이 '매직아이'의 그림이라는 사실, 다시 말해 숨겨진 다른 메시지를 가지고 있다는 사실을 아는 거다. 실체를 숨기는 이중적 구조를 인식해야 한다. 마찬가지로 식품의 실체를 보기 위해서는 그 식품이 이중적 구조를 가진 매체라는 사실을 볼 수 있어야 한다. 하지만, 우리는 그 구조를 보지 못한다. 우리는 마술에 걸려 있는데, 마술에 걸린 사람은 자신이 마술에 걸려 있다는 것을 인식하기 어렵다. 마치 꿈꾸는 사람이 꿈속에 있다는 사실을 인식하기 어려운 것과 같다. 이중적 구조를 보기 위해 먼저 우리가 마술에 걸려 있다는 사실을 인식해야 한다. 우리는 지금 마술에 걸려 있다. 최면 마술에 걸린 사람처럼 마술사가 시키는 대로 행동하고, 그 결과 점점 뚱뚱해지고 있다. 하지만, 우리 눈에는 아직 그 마술의 실체가 보이지 않는다.

"느낄 수 없는 마술에 걸려 있다고? 그런 게 가능할까?"

가능하다. 믿지 못하겠는가? 만약 이렇게 말한다면 어떨까?

"당신은 지금 식탁에 가만히 앉아 있다고 생각하지만, 사실은 움직이고 있다. 당신 눈앞의 음식도 식탁도 벽도 천장도 바닥도 모두 움직이고 있다. 그것도 아주 빠르게 움직이고 있다."

어떤가? 이 말에는 동의할 수 있는가? 동의하기는커녕 아마 그런 말을 하는 사람이 미쳤다고 생각할 거다. 하지만, 사실이 그렇다. 지구는 한순간도 쉬지 않고 자전하고 있고, 또 태양 주위를 빠른 속도로 공전하고 있다. 지구 위의 모든 사물들은 지구의 움직임에 맞추어 움직이고 있다. 당신이 보고 있는 음식이나 식탁 같은 사물들, 벽, 천장, 바닥 같은 주변 환경들도 예외 없이 움직이고 있다. 하지만 이 움직임은 우리의 감각으로 느껴지지 않는다. 그래서 우리는 이 움직임을 현실 세계의 감각으로는 인식하지 못한다. 관념 세계에서 의식적으로 이해할 수 있을 뿐이다. 느껴지지 않는 것을 이해하기 위해서는 관념 세계 속에서 고정 관념의 장벽을 가로질러야 한다. 우주가 지구를 중심으로 움직이고 있다는 고정 관념이 보여 주는 세계를 벗어나야 한다. 마찬가지로 지금 우리는 현대 사회라는 환경 속에 살고 있어 이 사회 전체에 걸려 있는 마술을 감각적으로는 느낄 수 없다. 마술을 인식하려면 의식적으로 우리 사고의 관찰점을 이 환경의 바깥으로 옮겨야 한다. 우리가 살고 있는 사회를 사고의 환경이 아니라 대상으로 만들어야 한다. 그래야 현대 사회의 바깥에서 그것을 바라볼 수 있게 되고, 비로소 인간 사회가 마술에 걸려 변해 가는 모습을 인식하게 된다. 마술에 걸려 지금 우리는 필요 이상으로 식품을 과식하면서도 그것이 우리의 자연적인 식욕의 결과라고 느끼고 있다. 매트릭스가 보여 주는 이 세계에서 벗어나야 한다. 매트릭스의 세계는 지금 당신에게 너무 자연스럽고, 그래서 너무 당연한 것처럼 보이지만, 사실을 알고 보면 자연적이지도 당연하지도 않다. 여기에서 벗어나야 한다. 그래서 여기가 인공적으로 만들어진 세계라는 것, 가능한 여러 가지 세계 중 실현 조건을 만나 실현된 우연한 세계라는 것을 보아야 한다.

하얀 토끼를 따라가라!

앨리스는 말하는 토끼를 따라 토끼굴로 들어간다. 토끼굴에 들어온 앨리스는 토끼를 잡으려고 쫓아가다가 여러 개의 문이 있는 방에 갇힌다. 열쇠를 찾았지만, 그 열쇠는 모든 문에 맞지 않는다. 하나하나 열어 보지만 어느 문도 열리지 않는다. 나갈 수 있는 단 하나의 문은 보이지 않는다. 이곳에서 나갈 수 있을지 고민하며 걷다가 눈여겨보지 않았던 커튼을 발견한다. 그 커튼을 들추니 작은 문이 있고, 열쇠를 넣고 돌리자 문이 열린다. 그 문 뒤에는 아름다운 정원이 있다. 다른 세계로 가는 문은 장막 뒤에 숨겨져 있다. 오로지 그 문만 열리는 문이고, 그 문을 통해서만 아름다운 정원으로 갈 수 있다. 장막 뒤에는 당연히 벽이 있을 것 같다. 그렇게 생각하고 들추어 보지 않는다면 영원히 그 문은 발견되지 않은 채로 남게 된다.

헤겔은 어디선가 이렇게 말했다고 한다. "커튼 뒤에는 아무것도 볼 것이 없다." 우리가 커튼을 들추어 보지 않는다면 그럴 거다. 뭐가 있는지를 알기 위해서는 그 뒤를 봐야 하기 때문이다. 우리가 살고 있는 현실 세계 안에 알려지지 않은 실체라고는 아무것도 없는 것 같다. 수수께끼 같은 것도 전혀 없어 보인다. 이렇게 현실 세계는 투명해 보인다. 하지만 이런 투명성은 우리를 속이고 있다. 모든 것을 보여 주는 것 같지만, 사실은 무언가를 숨기고 있다. 커튼 뒤에는 '당연히' 벽이 있을 거라는 생각과 달리 거기에 무언가가 있다. 앨리스가 그랬던 것처럼 커튼을 들어 올리고 그 공간 안으로 직접 들어가 보면,

우리도 거기에서 새로운 세계로 가는 문을 발견할 수 있다.[51] 그 문을 지나면 새로운 세계가 있다.

그곳은 현실 세계로 실현되지 못한 잠재 세계다. 현실 세계를 실현시키는 조건이 부여되지 않은 상태, 현실 세계의 구조가 아직 만들어지지 않은 곳이다. 현실 세계를 만드는 질서가 사라진다. 이제껏 우리가 자연스럽고 당연하다고 생각하던 것들이 자연스럽지 않고 당연하지도 않다. 현실 세계의 질서에 익숙한 우리에게는 이상한 나라다.

별자리가 사라지고 무질서하게 흩어진 수많은 별들만 남는다

나는 어릴 때 매년 방학이 되면 창녕에 있는 할아버지 댁에 가 있었다. 요즘 도시에서는 밤에도 별을 보기가 쉽지 않지만, 예전 시골에서는 밤하늘에 많은 별을 볼 수 있었다. 한번은 별자리를 찾는 숙제가 있었다. 먼저 북극성과 북두칠성을 찾아야 한다. 그 다음에 주변에서 다른 별자리를 찾아내는 것이다. 북두칠성은 7개의 별이 국자 모양으로 생겼다고 한다. 그런데 하늘에 별이 너무 많다. 무수하게 흩어진 별들 가운데 어느 7개가 북두칠성의 7개 별인지 모르겠다. 그냥 아무 별이나 국자 모양으로 연결하면 수백 개는 만들 수 있을 것 같다. 그중에 어느 국자가 그 국자인지 알 수 없었다. 이렇게도 그어 보고 저렇게도 그어 보고 하다가 결국 포기해 버린 기억이 난다.

밤하늘에는 많은 별들이 있다. 하지만 거기에 별자리는 없다. 그저 무수하게 흩어져 있는 별들이 있을 뿐이다. 우리가 거기에서 별자리를 읽어 내고, 신화 속의 신들과 영웅들을 찾아내고, 그 사이에 의미 있는 관계를 지어 주기 위해서는 눈에 보이는 별들 너머에서 그것들을 하나로 이어주는 질서를 보아야 한다. 우리 머릿속에서 무슨 일이 일어나건 밤하늘의 별들은 그대로다.

---

51) 앙리 르페브르, 《공간의 생산》, 418~419쪽을 참고하여 일부 수정.

하지만 신화가 만들어지면 그 별들을 보는 우리의 관념 세계가 달라진다. 현실 세계의 별들은 그대로지만 우리의 관념 세계 속의 별들은 별자리를 중심으로 다시 배열되고, 제자리를 잡는다. 그 속에서 매직아이의 그림처럼 새로운 의미가 생겨난다.

새로운 세계를 본다는 건 다른 질서를 본다는 거다. 새로운 관점에서 새로운 이야기를 만든다. 신화가 사라진 이후 사람들은 과학이라는 새로운 이야기를 통해 밤하늘의 별을 본다. 과학적 질서에 따라 별들을 다시 배열하고, 새로운 의미를 부여한다. 이제 별들은 신이나 영웅의 모습이 아니라 질량을 가진 암석덩어리가 된다. 던져진 돌처럼 중력의 지배를 받는 사물이다. 각자 질량을 가지고 우주의 공간 속에서 중력에 따라 운동하는 사물들이다. 중력이 만드는 질서가 우주에 흩어진 별들을 하나로 관통한다.[52] 별들이 신이나 영웅의 모습으로 계속 남아 있어서는 새로운 세계를 볼 수 없다. 새로운 세계를 보기 위해서는 머릿속에서 신화의 질서가 사라져야 한다. 무질서하게 흩어진 별들을 먼저 보아야 한다.

현실 세계의 질서가 사라진다고 해서 현실 세계의 사람들, 사물들, 행위와 사건들이 사라지는 건 아니다. 그런 것들은 그대로 있다. 다만, 현실 세계를 현실 세계로 만들어 주는 이야기가 사라진다. 우리의 머릿속에서 사람들, 사물들, 현상들을 질서 있게 배치하고 하나로 이어 주던 기준이 사라진다. 각각의 대상들은 무질서하게 흩어져 질서 있는 의미를 부여받지 못한다. 목걸이를 연결하는 줄이 끊어져 구슬들이 알알이 흩어지는 것처럼, 요새와 장벽이 허물어져 다시 벽돌 조각으로 돌아가는 것처럼, 인간은 생산자, 상인, 노동자, 소비자 등

---

52) 베르너 하이젠베르크, 《부분과 전체》, 57~60쪽 참고.

등 사회적으로 주어진 배치에서 벗어나 인간으로 돌아간다. 비유하자면 영화 〈인셉션〉에서 구조화되지 않은 꿈의 공간, 림보(Limbo)에 들어가는 상황이다. 모든 건물들이 다 무너져 벽돌이 된다. 모든 길이 다 사라져 아무도 발을 디디지 않은 벌판이 된다. 막는 것이 아무것도 없다. 이렇게 현실 세계에서 벗어난다. 하지만 이때 아이러니하게도 우리는 다시 벽 앞에 선다. 막막한 벽이다. 거대한 바다나 사막처럼 아무것도 없는 고른 판 위에 선다. 아무것도 없는 것이니 벽이라고 표현하기도 어색하지만, 길이 없다는 의미에서 이것 역시 우리가 가야할 길을 막고 있는 장벽이다. 이 벽은 여기에 아무것도 없으니 원래의 길로 다시 돌아가라고 한다.

하지만, 여기서 멈출 순 없다. 밤하늘의 수많은 별들 사이에서 길 잃은 아이처럼 무엇을 할지 모른 채 손 놓고 있을 순 없다. 우리가 이 벽을 뚫지 못하면 비만 구조의 출구를 찾을 수 없다. 우리 앞에 놓인 흰색의 장벽을 가로질러야 한다. 길이 보이지 않는 흰 평면 위에 길을 만들어야 한다. 어떻게든 길을 만들어야 한다. 신화가 사라졌다면 새로운 신화를 써서라도 길을 만들어야 한다. 무질서한 별들 사이를 이렇게도 이어 보고, 저렇게도 이어 보고 하면서 관계를 지어 줘야 한다. 관계를 만들려면 하나의 질서를 만들어 내는 힘이 필요하다. "그 힘이 무엇일까?", "어디에서 그 힘을 찾을 수 있을까?"

밤하늘의 별들처럼 무질서하게 흩어진 현상들 사이를 이었다가 지웠다가 다시 잇기를 반복한다. 이렇게도 이어보고 저렇게도 이어보고… 무수히 그렸다 지웠다를 반복하다가 어느 순간 현상들 사이를 하나로 연결하는 질서가 보인다. 매직아이의 숨은 그림이 드러나는 것처럼 전체를 하나로 꿰뚫고 있는 구조의 모습이 점점 드러난다. 그러다가 깨닫는다.

"아… 거대한 변화의 물결이 시작되었구나! 에너지의 잉여라는
새로운 물결이…."

나는 뚱뚱하다 고로 나는 잉여 속에 존재한다

비만에서 벗어나려면 우선 우리를 뚱뚱하게 만드는 힘이 무엇인지
정확히 보아야 한다. 하지만, 지금 우리는 고정 관념에 가려 그걸 제
대로 보지 못하고 있다. 우리를 비만하게 만드는 힘은 에너지의 잉여
다. 그 힘이 비만 구조를 만들고, 그 구조가 현실적으로 작동하는 결
과 우리는 비만해지고 있다. 우리는 여기서 벗어나야 한다. 벗어나기
위해 먼저 비만 구조를 파악해야 한다. 하지만 비만 구조는 아직 우
리의 정신세계에 존재하지 않는다. 아직 그런 구조는 없다. 그걸 보
려면 먼저 머릿속에서 비만 구조라는 관념의 틀을 만들어 현실 세계
의 현상들을 담아내야 한다. [53] 무의미하게 흩어진 현상들을 하나로
연결하는 새로운 배열의 망을 만들어야 한다. 집을 지을 때 먼저 흔
들리지 않는 주춧돌을 놓아야 하는 것처럼, 다이어트를 위해서도 생
각의 흔들리지 않는 주춧돌이 필요하다. 생각의 기준점이다. 철학자
데카르트는 진리를 발견하기 위한 사유의 방법으로 모든 것을 의심
했다. 모든 것을 의심한 끝에 도저히 의심할 수 없는 자기존재의 확
실성을 발견하게 되고, 이를 방법적 회의의 주춧돌로 삼았다.

---

53) 어떤 사람이 주어져 있는 체계를 그의 세계로 만드는 것은 가능하다. 하지만 그것은 주어져
있는 체계를 오로지 그의 세계형성원리인 망(網), 즉 새로운 연관관계의 망으로 덮어씌울 때만 가
능하다(하인리히 롬바흐, 《아폴론적 세계와 헤르메스적 세계》, 252쪽 참고).

"나는 생각한다. 고로 나는 존재한다."

이 유명한 말은 데카르트가 채택한 방법적 회의에서 흔들리지 않는 주춧돌이다. 비만에 대하여 사유하는 우리에게도 의심할 수 없는 주춧돌이 필요하다. 생각이 미궁에 빠진 듯이 혼란스러워지고, 의심이 생겨나고, 가야할 길이 보이지 않을 때 언제나 생각의 바른 위치를 알려 주는 나침반이다. 우리의 생각이 현실에서 벗어나 완전히 엉뚱한 방향으로 흘러가 버리지 않도록 단단히 잡아 주는 닻줄이다.

나는 그 주춧돌을 내 배에서 찾는다. 아침에 샤워를 한 후 거울에 내 몸을 비춰 보면 뭔가 마음에 들지 않는다. 배에 멋진 복근이 있으면 좋겠는데… 불룩 튀어나와 늘어진 비곗살이 보인다. 이 비곗살이 나를 기분 나쁘게 만든다. 나는 현재의 상태에 만족할 수 없고 이 상태를 벗어나 날씬한 몸매가 되기 원한다. 하지만 내 몸에는 분명 내가 원하지 않는 군살이 붙어 있다. 이것이 나의 현실이다. 그 원인이 무엇이건 간에 여하튼 나는 군살이 붙어 있는 현실 속에 있다. 당신도 당신 배를 한번 만져 봐라. 배에 군살이 없고 복근이 팽팽한 사람이라면 다이어트가 필요 없다. 그런 사람에게는 다이어트에 대해서 할 말이 없다. 다이어트가 필요한 사람은 그런 사람이 아니다. 다이어트가 필요한 사람의 배를 만져 보면 뱃살이 출렁출렁한다. 몸의 여기저기에서 군살이 두껍게 잡힌다. 우리 손에 현실적으로 잡히는 군살이 바로 우리가 의심할 수 없는 생각의 주춧돌이다. 나와 당신이 이야기할 모든 것의 확실한 출발점이다. 다른 모든 것을 의심해도 내 배에 군살이 쌓여 있다는 사실만은 의심할 수 없다. 내 손에 분명히 두꺼운 뱃살이 잡히는데도 부정한다면 그건 억지다. 내 배에 군살이 쌓여 있다는 사실만은 확실히 인정해야 한다. 여기서 시작한다

"배에 군살이 쌓여 있다는 것이 어떤 의미일까?"

군살은 군더더기 살이다. 다시 말해 쓸데없이 덧붙어 있는 살이고, 필요 이상으로 '남아도는 살', '잉여의 살'이다. 섭취한 에너지 중에 쓰고 남은 에너지를 저장한 거다. 내 배에 군살이 있다는 것은 내가 섭취한 에너지 중에 쓰고 남은 에너지가 있어 그것을 저장했다는 거다. 더 나아가 그 저장된 에너지를 쓸 데가 별로 없다는 의미이기도 하다. 한마디로 군살은 남아도는 '잉여 에너지'다. 우리는 이런 군살을 원하지 않는다. 없애 버리고 싶다. 다이어트는 우리 몸에서 이 군살들을 사라지게 하려는 것이다.

간단히 말하면 다이어트는 우리 몸에서 '군살'을 사라지게 하는 것이고, 군살은 '잉여 에너지'다. 그러니, 다이어트는 '우리 몸에 비축된 '잉여 에너지'를 사라지게 하는 것'이다.

"그러면, 잉여 에너지는 어떻게 우리 몸에 쌓이게 되었을까?"

"음식물을 필요 이상으로 많이 먹어 쓰고 남은 에너지가 쌓인 거다."

"그러면, 왜 우리는 음식물을 필요 이상으로 많이 먹을까?"

"그건 음식물이 너무 맛있기 때문이다."

"그러면, 왜 음식물은 너무 맛있을까?"

"그건, 식품 생산자가 음식물을 너무 맛있게 만들기 때문이다."

"그러면, 왜 식품 생산자는 음식물을 너무 맛있게 만들까?"

"그건 음식물이 맛있어야 잘 팔리기 때문이다."

우리는 음식물을 식품으로 사 먹는데, 우리 사회는 식품이 풍부해서 식품을 많이 팔려면 더 맛있게 만들어야 한다. 식품 생산자는 식품을 많이 팔아야 이윤을 많이 얻을 수 있다. 그래서 식품을 더 많이 팔려고 더 맛있게 만드는 거다.

그러면, 생각해 보자.

"음식물을 필요 이상으로 많이 먹게 되어 음식물이 풍부해지게
되었을까? 아니면 음식물이 풍부해져 음식물을 필요 이상으로
많이 먹게 되었을까?"

여기서 비만의 사슬이 그 모습을 드러내기 시작한다. 비만의 진짜
원인은 식욕이 아니라, '에너지의 잉여'다. 우리가 음식물을 필요 이
상으로 많이 먹는다고 해서 음식물이 풍부해지지는 않는다. 음식물
이 풍부하기 때문에 우리가 음식물을 필요 이상으로 먹게 되는 거다.
다만 에너지의 잉여가 과식하는 행동으로 이어지는 과정이 복잡하
고, 고정 관념에 가려져 있기 때문에 제대로 보지 못한 것뿐이다. 그
결과 눈에 보이는 식욕과 과식이라는 행위만을 연결해서 생각했다.
이때까지 착각하고 있었다. 비만해서 에너지의 잉여가 생긴 게 아니
라, 에너지의 잉여 속에 살고 있으니 비만해진다. 내 몸 밖의 잉여 에
너지가 있고, 그것이 내 몸으로 밀려들어 온 것이다. 연못 속에 있는
깨진 독과 같다. 독 안의 물은 원래 독 밖에 있던 물이 독 안으로 밀려
들어온 거다. 독이 깨져서 독 안에 물이 차 있는 것이 아니다. 깨진 독
이라도 마른 땅 위에서는 비어 있다. 독이 연못 속에 있기 때문에 물
이 차는 거다. 우리를 비만으로 끌고 가 비만의 감옥 속에 가두어 버
리는 그 힘의 실체는 식욕이 아니라 '에너지의 잉여'다.

만약 인류 역사의 시간을 X축으로, 인간의 체중을 Y축으로 하는 평
면 위에 인간의 체중값을 점으로 표시한다면 무수한 점들로 표시될
거다. 시간의 흐름에 따라 상승하는 경향을 볼 수는 있지만, 그 점들
자체는 무질서하게 흩어져 있는 상태로 보인다. 하지만, '에너지 잉

여'라는 환경 변화와 그에 대한 적응이라는 특이성이 기준점으로 정해지면 모든 점들이 기준점을 중심으로 다시 자리를 잡는다. 마치 밤하늘에 흩어진 별들이 신화 속의 별자리로 자리를 잡는 것과 같다. 체중을 나타내는 점들은 그 자리에 그대로 머물러 있지만, 그 점들을 연결하는 의미가 달라진다. 매직아이 그림 속에서 숨은 메시지가 드러나듯이 우리의 체중 속에 존재하고 있었지만 이제껏 보지 못했던 질서가 그 속에서 드러난다. 무질서하게 흩어져 의미를 부여받지 못한 채 그저 사실적인 현상으로만 존재했던 인간의 체중 변화가 관념의 틀 속으로 들어오고, 새롭게 의미를 부여받게 된다. 우리의 의식이 비로소 비만이라는 현상을 파악할 수 있게 된다.

이렇게 하면 비만과 관련하여 인류 역사상 세 가지 중요한 변화가 눈에 들어온다. 세 번의 기준점 이동을 볼 수 있다. (1) 동물에서 인간으로의 진화, (2) 예술의 발생, (3) 사회차원에서 비만 현상의 발생이다. 이 세 가지 변화는 하나하나를 따로 떼어 놓고 보면 그 메커니즘이 제각각이다. 수학에서 지수, 삼각형, 그래프가 얼핏 보면 제각각인 것처럼, 진화, 예술, 비만도 서로 무관한 것처럼 보인다. 하지만, 이 세 가지는 에너지 잉여라는 환경 변화에 대하여 인간이 적응해 온 과정이라는 공통점을 가진다. (1) 잉여로 인한 진화, (2) 잉여로 인한 예술 발생, (3) 잉여로 인한 비만이다. 인간, 예술, 비만은 모두 그 결과물이다. 환경의 도전에 인간이 응전한 것이다. 에너지의 잉여는 이 모두를 하나로 꿰뚫고 있는 환경의 변화이고, 근본적인 원인이다.

인류의 역사에는 거대한 에너지 잉여의 물결이 세 번 지나간다. 그 물결은 (1) 인간의 몸을 바꾸고, (2) 인간의 마음을 바꾸고, (3) 인간의 사회를 바꾼다. 지금 우리는 그 세 번째 물결 속을 떠다니고 있다.

우리 배에 두껍게 쌓여 있는 뱃살은 우리가 에너지 잉여 속에 존재한다는 사실을 보여 주는 증거다. 깨진 독 안에 있는 물이 연못 속에 독이 있음을 보여 주는 증거인 것과 같다. 하지만, 바다 속에 사는 물고기가 바닷물을 의식하지 못하는 것처럼, 우리는 에너지 잉여의 물결 속에 살면서도 에너지 잉여를 의식하지 못한다. 그래서 그것을 자연적인 것, 당연한 것으로 여기지만 그 계보를 따져 보면 인간이 만든 것, 인위적인 것이다. 깨진 물독을 비우려면 연못에서 꺼내 마른 땅위에 올려놓아야 한다. 마찬가지로 우리 몸에서 군살을 사라지게 하려면 우리를 잉여의 물결 속에서 꺼내 자연적인 에너지 유출입의 흐름 속에 놓아야 한다.

세상에 보석을 알아보는 사람이 있은 후에야 보석이 있는 것이니, 보석은 늘 있지만 보석을 알아보는 사람은 늘 있지 않다

옛날 어떤 사람이 좋은 보석의 원석을 발견하고 이를 왕에게 바쳤다. 그런데, 왕은 그 원석 안에 들어 있는 보석을 알아보지 못하고 돌멩이로 자신을 속인다고 생각했다. 그래서 그 사람의 왼쪽 발꿈치를 잘라 버렸다. 세월이 흘러 왕이 바뀌었다. 그는 새로운 왕에게 다시 그 원석을 바쳤다. 새로운 왕 역시 자신을 속인다고 생각하여 이번에는 그의 오른쪽 발꿈치를 잘라 버렸다. 다시 세월이 흘러 왕이 바뀌었다. 새로운 왕은 어느 날 돌멩이를 끌어안고 밤낮으로 울고 있는 사람의 이야기를 들었다. 그래서 그 돌멩이를 가져다가 다듬어 보게 하였다. 그랬더니 그 속에서 훌륭한 보석이 나왔다.[54]

우리 안에는 반짝이는 보석이 있다. 다이어트의 원리를 알고 보면,

---

54) 《한비자(韓非子)》, '화씨편(和氏篇)' 참고.

우리의 식욕은 매일 우리에게 소중한 정보들을 보내 주고 있다. 하지만, 지금 우리는 그 정보들이 어떤 의미인지 알아차리지 못한다. 의미를 알지 못하니 관심도 없다. 보석처럼 소중한 정보를 발길에 차이는 돌멩이처럼 하찮게 여긴다. 보석 가게의 진열장을 한번 봐라. 모든 보석들이 아름답게 반짝이고 있다. 하지만, 처음부터 아름답게 빛나는 보석은 없다. 아무리 아름다운 보석을 품고 있는 원석이라도 자연 상태에서는 여느 돌멩이와 다를 바 없다. 돌멩이처럼 보이는 원석을 찾아내서 자르고 갈고 닦아야 비로소 아름다운 빛이 그 속에서 드러나는 거다.

지금부터 당신은 마술을 보게 될 거다. 아무짝에도 쓸모없어 보이는 돌멩이가 아름답게 빛나는 보석으로 바뀌게 된다. 하지만, 마술은 마술로 남아 있을 때만 재미있다. 우리가 신기한 마술을 보고 즐거워하는 것은 관객으로서 마술을 보고 있을 때뿐이다. 만약 마술사가 되어서 마술을 직접 해야 한다면 그 마술은 더 이상 재미있지 않다. 마술사에게 마술은 기술일 뿐이다. 더 신기하고 더 재미있는 마술은 더 복잡하고, 더 어려운 기술이다. 당신이 바른 다이어트로 살을 빼겠다고 굳게 마음먹었다면, 더 이상 마술사가 보여 주는 마술의 허상을 보고 있어서는 안 된다. 허상의 이면에 존재하는 실체를 볼 수 있어야 하고, 실체를 보는 기술을 지금부터 익혀야 한다. 아무리 어려워도 실체와 마주하고, 그것을 놓치지 않으려는 노력을 해야 한다.

미리 이야기하지만 지금부터 우리는 복잡하고 지루하고 재미없는 분석 과정을 진행한다. 그 과정이 쉽지 않을 거다. 새로운 개념들을 만들어 내고, 기존의 개념들을 수정하고, 그렇게 수정된 개념들을 이용해서 현상으로 드러나지 않는 이면의 구조를 분석한다. 낯선 개념들에 익숙해져야 하고, 복잡한 구조들을 이해해야 한다. 머리가 지끈지끈 아플 수도 있다. 나도 이렇게 복잡하고 재미없는 이야기를 하고 싶지 않다. 하지만, 어쩔 수 없다. 사람이 하고 싶은 일만 하고 살 수는 없다. 때로는 하기 싫어도 해야만 하는 일이 있다. 아무리 하기 싫어도 지금의 고통스러운 상황에서 벗어나고, 바른 다이어트에 성공하기 위해서는 피해갈 수 없는 과정이다.

만약 당신이 자신의 문제를 해결하기 위해 스스로 노력한다면, 소크라테스의 말처럼 당신 몸에 좋은 것을 당신보다 더 잘 아는 전문가를 찾기 어렵게 될 것이다.[55] 적어도 당신 몸에 대해서는 당신이 최고의 전문가가 된다. 하지만, 당신 스스로 노력하지 않는다면 아무도 대신해 주지 않는다. 당신 몸에 대해, 당신 건강에 대해 당신 자신보다 더 관심 있는 사람은 세상에 아무도 없다는 사실을 잊지 마라.

"내 머리로 이해되지 않는 모든 기술은 마술과 같다."

복잡하고 지루하고 하기 싫다는 이유로 이 과정을 이해하지 않고 그냥 넘어가 버리면, 이 작업이 당신에게는 여전히 돌멩이가 보석으로 바뀌는 마술로 남게 된다. 마술은 따라한다고 되는 게 아니다. 마술사가 하는 행동을 보고 그대로 따라서 수백 번 수천 번 손수건을 펼쳐 봐도 당신의 손수건에서는 비둘기가 나오지 않는다. 마찬가지로 당신이 가진 돌멩이에서는 보석이 나오지 않는다.

그러나, 당신이 이 과정을 제대로 이해해서 고정 관념을 극복하고 식욕에 대하여 바르게 이해하게 되면 그때부터 당신의 눈에 원석을 갈고닦아 보석의 아름다움을 드러내는 '기술'의 메커니즘이 보일 거다. 기술이 보여야 평범한 돌 속에 묻혀 있는 보석이 보이고, 보석이

---

55) 크세노폰, 《소크라테스 회상》, 260쪽; 미셸 푸코, 《성의 역사 2》, 125쪽 참고.

보여야 그것을 캐낼 수 있다. 그 과정이 복잡하고, 지루하고, 재미없지만, 늘 그렇듯이 아름답고 가치 있는 것은 재미있는 과정에서 나오지 않는다. 복잡하고, 지루하고, 재미없는 과정을 거쳐서 만들어진다. "좋은 약은 입에 쓰고, 좋은 말은 귀에 거슬린다"고 했다. 다시 한번 마음의 각오를 다지기 바란다.

자, 그러면 지금부터 돌멩이로 보석을 한번 만들어 보자.[56]

---

56) "당신은 몰락의 음악을 연주하기 시작했고, 그 노래를 흥얼거리며, 불타는 집에 앉아 있소, 당신 스스로 불을 놓은 그 집에 말이오. 이태백 선생, 매일 300잔의 술을 비우면서 달과 건배한다손 치더라도, 당신은 편하지 않을 겁니다. 그렇게 하더라도 당신은 편안함을 느끼는 것이 아니라 고통을 느낄 겁니다. 몰락의 가인(歌人)이여, 멈추지 않겠소? 살기를 원치 않소? 지속하기를 원하지 않으시오?" 클링조어는 포도주를 한 모금 마시고는 약간 쉰 목소리로 나직하게 대답했다. "도대체 우리가 운명을 바꿀 수 있소? 의지의 자유라는 것이 존재하기나 하나요? 만약 그렇다면 점성술사 당신이 내 별을 다른 쪽으로 돌려놓을 수 있겠소?" "돌려놓지는 못하지요, 나는 다만 별을 해석할 뿐이오. 돌려놓는 일은 당신 자신만이 할 수 있는 일이오. 의지의 자유는 있습니다. 그걸 마술이라 하지요."(헤르만 헤세, 《클링조어의 마지막 여름》, 67~68쪽 참고).

제3편

비만의 기원
- 잉여의 물결과 인간의 진화 -

모든 철학자는 현대의 인간을 출발점으로 하여 그것을 분석함으로써 목표에 이르려는 공통된 오류를 범하고 있다. 인간 발달의 본질적인 것은 모두 우리가 대강 알고 있는 4천 년보다 훨씬 전인 태고시대에 나타났다. 이 4천 년 동안 인간은 크게 변하지 않은 것으로 보인다. 그러나 철학자는 거기에서 현대적 인간의 '본능'을 발견하고 그것이 인간의 불변적 사실에 속하며, 세계 일반을 이해하기 위한 열쇠가 될 수 있다고 생각한다. 모든 목적론은 지난 4천 년간의 인간에 대해서 만물이 처음부터 자연적인 방향으로 지향해 온 영원한 인간이라고 말하는 것에 기초해서 성립된다. 그러나 만물은 생성해왔다. 절대적 진리가 없는 것과 마찬가지로 영원한 사실도 없다.[57]

- 프리드리히 니체,《인간적인 너무나 인간적인》-

---

57) 프리드리히 니체 지음,《인간적인 너무나 인간적인 I》, 24~25쪽 참고.

제1부

비만의 능력

- 잉여의 첫 번째 물결과 몸의 진화 -

프로메테우스는 인간이 살아남을 수 있는 방도를 강구할 수 없어 헤파이스토스와 아테나에게 속하는 기술에 관한 지식을 불과 함께 훔쳐 냈소. 불 없이는 어느 누구도 그런 지식을 가지거나 이용할 수 없으니까. 그리고 그는 그것들을 인간에게 주었소. [58]

- 플라톤, 《프로타고라스》 -

---

58) 플라톤, 《프로타고라스》, 235쪽.

자연 상태의 인간의 몸매

우리는 뚱뚱해질 수 없는 운명을 가지고 태어났다

"인간은 원래 뚱뚱해질 능력이 없다."

"원래 인간은 날씬하게 살아갈 수밖에 없는 운명을 가지고 태
어났다."

이런 이야기를 들으면 당신은 "이게 무슨 황당한 소리인가?" 하고
머리를 갸우뚱 할 거다. "인간이 뚱뚱해질 능력이 없다니? 인간이 날
씬하게 살아갈 수밖에 없는 운명을 갖고 태어났다니? 그럼 이 세상에
그 많은 뚱뚱보들은 다 뭐란 말인가?" 그렇다. 지금 이 세상에는 뚱뚱
한 사람들이 많이 있다. 그런데 인간은 원래 뚱뚱해질 능력이 없다는
것은 무슨 말일까? 지금 지구상에는 10억 명도 넘는 사람들이 과체중
과 비만으로 고통받고 있다고 한다. 원래 인간이 뚱뚱해질 수 없다면
어떻게 10억 명이 넘는 인간들이 뚱뚱해질 수 있었을까? 아무리 생각
해 봐도 인간이 뚱뚱해질 능력이 없다는 말은 틀린 말인 것 같다. 아
무래도 믿기 어려운 말이라고 느껴진다. 그렇다면 이야기를 조금 바
꾸어서 생각해 보자.

"인간은 원래 새처럼 하늘을 나는 능력이 없다."

어떤가? 이 말에는 동의할 수 있는가? 아마 이 말에는 별 거부감 없
이 동의할 거다. 그렇다면, 공항에 가서 한번 봐라. 얼마나 많은 사람
들이 하늘을 날아다니고 있는지. 지금 이 순간에도 누군가는 하늘을
날고 있을 것이고, 누군가는 하늘을 날기 위해 준비하고 있을 거다.

새처럼 하늘을 나는 능력이 없고, 그래서 날지 못하는 운명을 가지고 태어난 인간이 어떻게 이렇게 많이 날아다니고 있을까? 그건 비행기가 있고, 공항이 있고, 비행기가 날아다닐 수 있도록 하는 시스템이 있기 때문이다. 하지만, 비행기나 공항이나 시스템은 원래부터 이 세상에 존재하던 게 아니다. 인간의 끊임없는 노력으로 만들어 낸 인간 노력의 산물이다. 다시 말하면 '인공적으로 만들어 낸' 사물이고, '인공적으로 만들어 낸' 환경이다. 비행기, 공항, 시스템을 만들어 내기 위해 누군가는 머릿속으로 구상을 하고, 그 구상을 가지고 현실 세계를 변화시켜 만든 거다.

마찬가지로 원래 우리 인간들은 사자처럼 강한 힘을 가지지 못하고 태어났다. 표범처럼 빠르게 달리는 능력을 가지지 못하고 태어났다. 그리고 코끼리나 하마처럼 뚱뚱해지는 능력도 가지지 못하고 태어났다. 하지만, 인간은 다른 동물들이 가지지 못한 능력이 있는데, 그것이 바로 '사고하는 능력'이다. 인간은 자기의 장점을 이용하여 자신에게 부족한 약점을 보완한다. 사자처럼 강한 힘이 없지만 창과 도끼를 만들어 자신의 약점을 보완했다. 표범처럼 빠르게 달리며 사슴을 사냥할 능력이 없지만 활과 화살을 만들어 재빠르게 도망치는 사슴을 사냥할 수 있게 되었다. 코끼리나 하마처럼 뚱뚱해지는 능력이 없지만, 끊임없는 노력으로 뚱뚱해지는 기술을 개발해 냈다.

"뚱뚱해질 수 있는 기술이 무엇일까?"

그것은 하마나 코끼리 같은 뚱뚱한 동물들과 인간만이 가지고 있는 독특한 '음식을 먹는 방식'이다. 창과 도끼, 활과 화살이 눈에 보이는 도구라면 독특한 음식 먹는 방식은 인간이 만들어 낸 '보이지 않는 도구'다. 우리는 음식을 먹으면 이를 소화해서 그 속에 있는 에너지를 흡수한다. 흡수된 에너지 중 일부는 생명 유지와 신체 활동을 위한 에너지로 사용하고, 남는 에너지는 지방으로 바꾸어 몸에 축적한다. 이렇게 먹는 방식은 우리에게 익숙한 방식이어서 지금 당신은 이상하다고 느끼지 않을 거다. 그래서 '다른 동물들도 모두 이렇게 먹는 것 아닌가?'라고 생각할 수도 있다. 하지만, 이런 방식은 인간과 뚱뚱한 몸집을 가진 소수의 동물들만이 채택하는 방식이다.

"이 방식이 표범이나 사슴같이 날씬한 동물들이 먹는 방식과
어떻게 다른 것일까?"

바로 '남는 에너지'가 있고, 그 에너지를 지방으로 바꾸어 몸에 '저장한다'는 점이다. 먹은 에너지 중에 쓰고 '남는 에너지'가 있다는 것은 음식을 먹을 때 생명 유지와 신체 활동을 위한 에너지의 양보다 더 많은 양의 음식을 먹는다는 것을 의미한다. 충분한 음식만 주어진다면 지금 당장 필요한 양보다 더 많은 양의 음식을 '먹을 능력'이 있다는 의미다. 쉽게 말해서 과식할 수 있다는 말이다. 얼핏 생각해 보면 '어느 동물이나 음식이 부족해서 못 먹는 것뿐이지, 음식만 충분하다면 배부르게 먹는 것 아닐까?'라고 생각할 수 있다.

그렇다. 어느 동물이나 음식만 충분하다면 배부르게 먹는다. 하지만 배부른 정도는 그 동물의 생명 유지와 신체 활동에 필요한 에너지양을 넘어서지 못한다. 과식하지 못한다는 말이다. 오로지 인간과 뚱뚱한 몸집을 가진 몇몇 종류의 동물들만 과식할 수 있다. 만약 어떤 동물이 필요한 에너지 이상을 먹을 수 있게 되면 여분의 에너지를 흡수해서 몸에 지방을 축적하게 된다. 축적된 지방은 달리는 속도를 떨어뜨리기 때문에 그 개체가 자연 생태에서 살아남기 어렵다. 이런 개체들은 진화 과정에서 도태된다. 반면 식욕을 완전히 충족시키는 음

식 섭취량이 생명 유지와 신체 활동으로 소비하는 에너지양을 넘어서지 않는 동물은 몸에 지방을 축적하지 않게 되어 달리는 속도를 유지할 수 있다. 이런 동물들만 살아남는다. 살아남은 동물들이 후손을 남기고, 그 후손들이 현재의 표범이나 사슴 같은 동물들이다. 그래서 표범이나 사슴 같은 동물들은 아무리 배부르게 먹어도 생명 유지와 신체 활동에 필요한 에너지양 이상을 먹을 수 없다. 먹은 음식에 있는 에너지는 생명 유지와 신체 활동으로 다 써 버린다. 남는 에너지가 없으니 몸에 저장할 방법도 없다. 구조적으로 살이 찔 수 없는 거다. 표범이나 사슴은 날씬할 수밖에 없다.

우리 몸의 구조도 이와 같다. 인간도 아주 오래 전에는 하나의 동물에 불과했다. 인간이라고 동물과 다를 바가 없었다. 그래서 우리도 자연 상태대로 두면 표범이나 사슴처럼 배부르게 먹어도 살이 찔 수 없는 신체 구조를 가지고 태어났다. 생명 유지와 신체 활동에 필요한 에너지 이상의 음식을 먹어 몸에 지방을 저장하는 능력을 부여받지 못하고 태어난 거다. 그래서 우리는 선천적으로 하늘을 나는 능력이 없는 것과 마찬가지로 선천적으로 뚱뚱해질 능력도 없는 사람들이다. 과식은 자연적으로 많이 먹는 게 아니다. 자연적인 식욕에서 벗어나 인간의 기술로 인간의 감정을 배가시킨 것(遯天倍情)이고, 인간이 자연으로부터 받은 것을 잊은 것(忘其所受)이다. 그 결과인 비만은 자연에서 벗어나 받게 된 형벌(遁天之刑)이다.

"인간이 필요한 에너지 이상의 음식을 먹을 수 없다면, 현대인들은 어떻게 그보다 더 많이 먹을 수 있게 되었을까?"

"뚱뚱해질 정도로 먹을 수 있도록 만드는 그 기술은 무엇일까?"

그 기술은 농업, 목축, 화식과 요리다. 이 기술들은 음식 재료의 맛을 더 맛있게 만든다. 음식 재료가 자연적으로 가지고 있는 맛을 인공적으로 변화시킨다. 농업과 목축으로 자연 상태에 존재하는 동식물 중에서 인간의 입맛에 맞는 동식물을 선별한다. 선별된 동식물을 개량해서 더욱 인간의 입맛에 맞는 동식물로 바꾼다. 음식 재료를 불로 조리하고, 조미료, 향신료를 더하고, 새로운 요리 기술을 개발하여 더 맛있게 만든다. '인공적으로' 개량된 맛이 주는 즐거움이 음식을 과식할 수 있도록 만드는 비결이다. 인간을 포함한 모든 날씬한 동물들은 필요한 에너지 이상으로 음식을 먹게 되면 섭취량이 소화 능력을 넘어서기 때문에 고통이 된다. 그래서 과식할 수 없다. 하지만, 인공적인 맛의 즐거움이 음식을 먹는 고통보다 더 큰 경우에는 다르다. 우리의 뇌가 맛이 주는 즐거움에 빠져 과식하는 고통을 잊어버린다. 그래서 적합한 섭취량을 넘어 과식하게 되는데, 이 과정은 맛이 주는 즐거움과 과식하는 고통이 같아지는 지점에 가서야 멈추게 된다. 이렇게 과식을 해서 얻은 여분의 에너지가 우리를 살찌게 하는 원인이다.

농업, 목축, 화식, 요리를 하는 동물은 지구상에 인간밖에 없다. 식물을 먹고 사는 동물은 있지만, 자기가 먹을 식물을 선별하고, 그 선별된 식물을 키워서 먹는 동물은 없다. 다른 동물을 잡아먹는 동물은 있지만, 자기가 먹을 동물을 선별하고, 그 선별된 동물을 키워서 잡아먹는 동물은 없다. 인간을 제외한 어떤 동물도 음식 재료를 불로 익혀서 먹지 않는다. 음식 재료에 조미료와 향신료를 넣어 먹는 동물도 없다. 음식을 더 맛있게 만들기 위해 요리 기술을 끊임없이 개발해내는 동물은 지구상에 단 하나도 없다. 유일하게 인간만이 이런 행동을 하고, 그래서 인간만이 원래 자연으로부터 부여받은 몸매에서 벗어나 뚱뚱해질 수 있다. 약점을 보완하기 위해 돌도끼와 돌창, 활과 화살을 발명해 냈듯이 음식으로부터 더 큰 즐거움을 얻기 위해 음식을 맛있게 만드는 기술을 끊임없이 개발하였다. 음식은 점점 맛있게 되고, 인간은 과식할 수 있게 되었다. 그 결과 우리는 자연 상태의 몸매에서 벗어나 뚱뚱해질 수 있게 되었고, 인간과 함께 살면서 이렇게 요리된 음식을 받아먹는 애완동물들도 뚱뚱해질 수 있게 되었다.

왜 인간은 원래부터 뚱뚱해지는 능력을 부여받지 못했을까?

"뚱뚱해지는 것이 과연 능력일까?"

"능력이라면 이런 능력이 도대체 왜 필요할까?"

살을 빼려고 다이어트 하는 사람에게 뚱뚱해지는 것이 아무나 가질 수 없는 소중한 능력이라고 하면 약간 황당하게 느껴질 수 있다. 그러나, 사실이 그렇다. 뚱뚱해지는 것은 아무에게나 주어지는 능력이 아니다. 하늘을 나는 능력, 강한 힘, 빠르게 달리는 능력만큼 소중한 능력이다. 어쩌면 그보다 더 소중한 능력이고, 차원이 다른 능력이다. 날 수 있는 능력, 강한 힘, 빠르게 달리는 능력은 사냥하는 데 필요한 능력이고, 천적으로부터 자신을 보호하는 능력이다. 현재의 생명을 유지하는 생존 능력이다. 반면 뚱뚱해지는 능력은 기근 상황에서 생명을 유지하는 생존 능력이고, 미래의 상황을 대비하는 능력이다.

우리가 음식을 먹으면 몸이 음식물을 녹여서 그 에너지를 생명 유지와 신체 활동에 사용하는데, 남는 에너지가 있으면 지방으로 바꾸어서 몸 여기저기에 쌓아 둔다. 그 지방이 과도하게 쌓이는 것을 뚱뚱해진다고 말한다. 뚱뚱해진다고 하는 것은 현재 남는 에너지를 지방의 형태로 우리 몸에 쌓아 두는 거다. 쌓인 지방은 기근 상황에서 우리의 생명을 유지하고 활동을 가능하게 하는 에너지원이 된다.

인간은 유전적으로 비만 능력을 부여받지 못하고 태어났다. 그래서 자연 상태대로 두면 날씬하게 살아갈 수밖에 없다. 뚱뚱해질 수 없는 약점을 가지고 태어난 거다. 하지만 우리 조상들이 끊임없이 노력한 덕분에 그 약점을 보완하고 뚱뚱해질 수 있는 시스템을 가지게 되었다. 현대인들은 이미 그 시스템이 갖추어진 사회에서 태어난다. 인간이 자연적으로 하늘을 날 수 있는 능력이 없어도 항공시스템을 이용해 하늘을 난다. 마찬가지로 자연적으로는 뚱뚱해질 수 있는 능력이 없어도 뚱뚱해지는 인공적 시스템 덕분에 뚱뚱해진다. 항상 기근의 위협에 시달렸던 원시인들이 본다면 별다른 고통 없이 살을 찌울 수 있는 현대인들을 부러워할 것임에 틀림없다.

'빌렌도르프의 비너스'(Venus von Willendorf)를 한번 봐라. 이 모습이 바로 구석기 시대 원시인들이 가장 아름다운 여신이라고 생각하던 모습이다. 지금 많은 여성들이 모델처럼 날씬해지고 싶어 하는 것과 마찬가지로 구석기 시대에 많은 여성들이 이 비너스의 모습과 같이 뚱뚱한 육체를 가지고 싶어 했다. 하지만,

빌렌도르프의 비너스

그들은 과식 능력이 없기 때문에 그렇게 할 수 없었다. 뚱뚱해지려면 매일 자신의 소화 능력을 초과하는 음식을 먹고 소화시켜야 한다. 매

일 핫도그 먹기 대회에 나가서 억지로 핫도그를 먹어 대는 고통을 생각해 보라. 그 고통은 지금 살을 빼기 위해 음식을 먹지 않고 굶는 것만큼이나 고통스럽다. 그런데 현대인들은 조상들이 만들어 놓은 시스템 덕분에 고통 없이 여신과 같은 풍만한 몸매를 가질 수 있으니 원시인들의 눈으로 보기에는 얼마나 축복받은 사람들인가?

하늘을 나는 능력, 사자처럼 강한 힘, 표범처럼 빠르게 달리는 능력, 그 외의 다른 모든 좋은 장점들이 그렇듯이 뚱뚱해지는 능력 역시 아무에게나 주어지는 것이 아니다. 자연으로부터 뚱뚱해지는 능력을 부여받는다는 것은 더 정확히 표현하면 뚱뚱한 체형으로 진화하는 거다. 그런데, 자연계의 모든 동물은 환경에 적응해야 한다. 환경에 적응하지 못하면 도태된다. 예를 들어 어떤 동물이 배우자를 끌어들여 번식에 성공하기 위해서는 눈에 잘 보이는 현란한 색채를 띠는 것이 유리하다. 하지만, 그렇게 진화하면 천적의 공격을 피할 수 없게 되어 멸종하고 만다. 그래서 현란한 색이 번식에 유리하고 각 개체가 아무리 현란한 색으로 진화하기를 원하더라도 살아남기 위해서는 주어진 환경과 타협할 수밖에 없다.[59] 현란한 색으로 진화하기 위해서는 그 동물이 현란한 색으로 진화하더라도 주어진 환경에서 도태되지 않고 살아남을 수 있는 조건이 갖추어져야 한다. 그 조건이 갖추어지는 경우에만 그런 진화가 가능하다. 마찬가지로 자연 세계에서 뚱뚱한 체형으로 진화하기 위해서는 그렇게 진화할 수 있는 조건이 갖추어져야 한다.

동물이 뚱뚱해져도 살아남는 조건은 두 가지다. 하나는 천적을 만났을 때 빠른 속도로 도망칠 필요가 없어야 한다. 두 번째는 먹잇감

---

59) 데즈먼드 모리스, 《맨워칭》, 455쪽 참고.

을 만났을 때 빠른 속도로 쫓아갈 필요가 없어야 한다. 이 두 가지 조건이 갖추어지지 않으면 뚱뚱한 체형으로 진화할 수 없다. 뚱뚱한 체형으로 진화하는 것은 미래의 식량을 몸에 저장하는 대신에 현재의 속도를 포기하는 거다. 자연 세계에서 속도를 포기하게 되면 천적을 만났을 때 도망치지 못하고, 도망치지 못하면 잡혀 먹힌다. 토끼나 사슴 같은 초식 동물들은 천적으로부터 도망쳐야 하기 때문에 속도를 포기할 수 없다.[60] 작은 초식 동물들은 뚱뚱하게 진화할 수 없다. 또한 속도를 포기하면 빠르게 도망치는 먹잇감을 만났을 때 쫓아가서 잡을 수 없다. 먹잇감을 잡을 수 없으면 굶어 죽는다. 사자나 표범 같은 육식 동물은 천적으로부터 도망칠 필요는 없지만, 빠른 속도로 도망치는 초식 동물들을 잡아먹어야 하기 때문에 속도를 포기할 수 없다. 그래서 사자나 표범 같은 육식 동물들도 뚱뚱해지는 방향으로 진화할 수 없다.

이 두 가지 조건을 모두 갖춘 동물은 많지 않다. 그래서 뚱뚱해지는 능력을 갖춘 동물이 많지 않다. 우선 대형 초식 동물은 뚱뚱하게 진화할 수 있다. 코끼리나 하마가 그렇다. 코끼리나 하마는 천적이 없다. 예외적인 경우를 제외하고는 사자조차 코끼리나 하마를 공격하지 않는다. 천적으로부터 빠르게 도망칠 필요가 없다. 또 이들은 초식 동물이기 때문에 먹잇감을 쫓아서 뛰어다닐 필요가 없다. 이들의 생존에서 '속도'는 그다지 중요하지 않다. 뚱뚱해질 수 있는 것이고, 뚱뚱해지는 방향으로 진화한다. 대형 초식 동물은 아니라도 고립된 서식지에 천적이 없는 환경에서 살거나 나무 위에서 사는 동물들 같이 서식 방식에 의해 효과적으로 천적을 피할 수 있는 경우에도 뚱뚱

---

60) 조지 C. 윌리엄스, 《적응과 자연 선택》, 39쪽 참고.

해질 수 있다.

　그런데, 인간은 어떨까? 아주 먼 옛날 어떤 유인원들이 인간으로 진화하기 시작했을 때 그 인간들은 어땠을까? 나무 위에서 지상으로 내려온 초기의 인간에게는 천적이 많았다. 인간은 코끼리나 하마처럼 대형 육식 동물들과 싸워 이길 수가 없다. 그러니 재빠르게 도망치지 못하면 잡혀 먹힌다.[61] 인간은 잡식성 동물이고 농업과 목축이 완전히 정착되기 전까지는 사냥을 통하여 잡은 먹잇감이 에너지의 주요한 공급원이었다. 도망치는 토끼나 사슴을 쫓아가서 잡지 못하면 굶어 죽는다.[62] 그래서 인간은 속도를 포기할 수 없는 조건에서 진화했고, 뚱뚱하게 진화할 조건이 갖추어지지 않았다.

　이렇게 인간은 자연적으로 뚱뚱한 몸매를 가질 수 있도록 진화하지 못하였고, 그 몸매를 유전적으로 우리가 물려받았으니 현대인인 우리 역시 자연 상태대로 두면 살을 찌울 수 없다. 살을 찌울 수 없으니 날씬한 몸매가 될 수밖에 없다. 이렇게 유전적으로 부여받은 날씬한 몸매가 '자연 상태의 인간에게 적합한 몸매'다. 그 몸매는 천적으로부터 도망치기에 적합하고, 먹잇감을 쫓아 뛰기에 적합할 정도로 날씬한 몸매다. 달리는 속도를 유지하기 위해 속도를 떨어뜨리는 지방을 몸에 축적할 수 없으니 그 몸매는 몸에 군살이 없는 몸매, 고대 그리스나 로마, 르네상스 시대의 조각상에 나오는 사람과 비슷한 몸

---

61)　남아프리카의 스와트크란(Swartkran) 동굴 유적에서 원시 인류의 유해와 동물의 뼈가 출토되었을 때 처음에는 이곳이 초기인류의 주거지 유적이라고 생각되었다. 하지만, 이후 이곳은 표범의 서식지이고 발견된 초기 인류의 유해는 표범의 먹잇감이 된 인간의 유해였음이 밝혀졌다. 이는 생존하기 위해 속도를 포기할 수 없는 인간의 조건을 잘 보여 준다.

62)　불을 최초로 사용한 베이징 원인은 식사의 70% 정도가 사슴고기였다고 한다(레이 테너힐, 《음식의 역사》, 35쪽). 이런 소선에서 사슴을 쫓아가서 잡시 놋아른 사딤은 굶어 뭑를 수밖에 있다.

매가 된다.[63] 그래서 우리는 자연 상태대로 두면 조각상 같은 몸매를 가지게 된다. 우리가 날씬해지기를 원해서가 아니라, 그런 몸매를 가지고 살아야 하는 운명을 가지고 태어났기 때문이다. 다시 말해 태어날 때부터 그 모양 그 꼴로 살도록 태어나 버렸기 때문에 어쩔 수 없이 그렇게 살아야 하는 거다. 뚱뚱해질 수 없다는 것은 기근의 공포를 벗어나지 못한 인간들에게 오랜 세월 동안 무거운 족쇄(足鎖)처럼 느껴지는 한계였다.

세트포인트 이론에 대하여

다이어트에 관심 있는 사람이라면 '세트포인트 이론(set point theory)'이라는 말을 한 번쯤 들어 보았을 거다. '요요현상'을 설명할 때 세트포인트 이론으로 설명하는 경우가 많다. 간단히 설명하면 우리의 뇌는 자신의 몸에 적합한 체중을 미리 설정해 두고 있다는 거다. 뚱뚱한 사람은 뇌가 설정해 둔 적정 체중이 높게 설정되어 있기 때문에 그 체중에 맞추어 뚱뚱해지는 것이고, 날씬한 사람은 뇌가 설정해 둔 적정 체중이 낮게 설정되어 있기 때문에 그 체중에 맞추어 날씬해진다고 한다. 예를 들어 몸무게가 100kg으로 설정되어 있는 사람이 다이어트를 해서 90kg이 되면 그 사람에게 적정한 체중보다 10kg이 부족하다. 그 사람의 뇌는 적정 체중을 유지하기 위해서 최대한 신진

---

63) 현대인인 우리가 이상적으로 생각하는 몸매는 르네상스 시대의 조각상에 새겨진 신들과 인간들의 몸매다. 르네상스 시대의 예술가들은 이탈리아 반도에서 출토되는 로마 시대 조각상에 새겨진 신들과 인간들의 몸매를 모방하여 조각했다. 로마 시대 예술가들은 그리스 시대 조각상에 새겨진 신들과 인간들의 몸매를 모방하여 조각했다. 그리고 그리스인들은 군사적 활동과 운동 경기에서의 탁월한 능력을 나타내는 데 적합한 인간의 몸매를 이상으로 하여 조각했다(존 그리피스 페들리, 《그리스 미술》, 282쪽, 346쪽 참고). 그 몸매는 달리고 사냥하기에 적합한 몸매이고, 바로 자연 상태의 인간에 적합한 몸매다. 그래서 '자연 상태의 인간에게 적합한 몸매'는 고대 그리스나 로마, 르네상스 시대의 조각상에 나오는 몸매와 비슷한 몸매가 된다.

대사를 늦추어 열량 소비를 줄이고, 다이어트가 끝나게 되면 원래 체중으로 회복될 때까지 체중을 늘린다. 그래서 우리가 다이어트로 살을 빼더라도 '요요현상'이 생겨 다이어트에 실패한다는 것이다.

얼핏 들어 보면 그럴듯하다. 다이어트로 체중을 줄인 사람들에게 '요요현상'이 생기는 이유를 제대로 설명하는 것 같다. 하지만, 곰곰이 생각해 보면 이치에 맞지 않다. 불과 100년 전만 해도 뚱뚱한 사람들이 거의 없었는데, 요즘은 점점 뚱뚱한 사람들이 증가하고 있다. 이 이론대로라면 100년 사이에 우리의 뇌가 설정해 둔 세트포인트가 바뀌었다는 거다. 세트포인트가 바뀌었다는 것은 인간이 새롭게 진화했다는 의미다. 수만 년간 변하지 않았던 인간이 어떻게 100년 만에 새로운 인간으로 진화할 수 있겠는가? 그리고 지금 계속 뚱뚱한 사람들이 증가하고 있는 것은 그 속도로 계속 진화가 이루어지고 있다는 것인데, 도대체 그것이 가능한 일인가? 도저히 납득할 수 없다. 세트포인트 이론은 식욕에 대한 고정 관념을 가진 상태에서 현재 우리에게 감각적으로 느껴지는 정보를 억지로 짜 맞추어 해석한 것이다. 그럴듯하지만 사실은 엉뚱한 결론이다.

뚱뚱한 사람이 뚱뚱해지는 이유는 인간이 과식하도록 만드는 인공적인 시스템 때문에 현재의 체중이 적정 체중을 벗어나 높은 체중에서 안정된 상태에 도달해 버렸기 때문이다. 뇌가 적정 체중을 높게 설정해 두었기 때문이 아니다. 요요현상 역시 우리가 식욕에 대해서 알지 못한 채 막무가내로 음식 섭취를 줄이는 다이어트를 하다 보니 일시적으로 불안정한 체중 상태가 되었다가 다이어트를 그만두면서 다이어트 전의 안정된 상태로 돌아가는 거다. 다이어트 전의 체중을 뇌가 적정 체중으로 세팅해 두었기 때문이 아니다.

세트포인트 이론은 이렇게 그 결론에 동의하기는 어렵지만, 이 이론이 정확히 설명하는 점이 하나있다. 우리의 뇌가 우리의 '적정 체중을 미리 세팅해 두었다'는 점이다. 다만, 우리의 뇌는 적정 체중을 '현재의 체중'으로 세팅해 둔 것이 아니라, '자연 상태의 인간에게 적합한 체중'으로 세팅해 두었다. 그것은 뚱뚱한 사람이건 날씬한 사람이건 차이가 없다. 우리 모두는 태어날 때부터 유전적으로 '자연 상태의 인간에게 적합한 체중', '날씬한 몸매'로 세팅되어 있다. 좀 더 정확히 표현하자면 우리의 뇌는 우리가 '자연 상태의 인간에게 적합한 체중'을 유지하는 데 필요한 에너지양보다 더 많은 에너지를 섭취하면 불쾌감과 고통을 느끼도록 진화되어 있다. 그래서 필요한 에너지양보다 더 많은 양의 음식을 먹으면 고통을 느끼게 된다. 고통 때문에 우리는 더이상 음식을 먹을 수 없다. 날씬한 몸매가 유지될 수밖에 없다. 우리는 원하건 원하지 않건 날씬하게 살아갈 수밖에 없도록 되어 있다. 하지만, 현대인은 매일 요리된 음식을 먹다보니 매일 과식하게 되고, 그래서 우리가 의식하지 못하지만 인위적으로 현재의 체중을 높게 유지하고 있는 거다.

이렇게 원래 인간은 유전적으로 날씬한 몸매로 살아가도록 세팅되어 있지만, 현재는 인공적인 기술에 의해서 뚱뚱한 몸매가 되었다는 사실을 인식하는 것이 중요하다. 그래야 다이어트에 대한 관점이 바뀐다. 다이어트는 현재의 상태에서 벗어나 새로운 상태를 억지로 만들어 내는 것이 아니다. 반대로 원래 있어야 할 상태에서 벗어나 억지로 유지되고 있는 현재의 상태를 조정하는 거다. 원래의 상태로 돌아가는 거다. 억지로 현재 체중을 유지하도록 만드는 외부적인 힘만 제거하면 '자연 상태의 인간에게 적합한 체중'으로 돌아간다. 이는 지지력을 상실한 모든 물체가 땅으로 떨어지는 것과 같다. 물건을 떠받치는 지지대를 제거하면 모든 물건은 땅으로 떨어진다. 그 물건이 원래 있어야 할 자리는 땅이다. 지지대로 억지로 떠받쳐서 공중에 떠 있는 것이니 지지력을 상실하게 되면 땅으로 떨어진다. 다른 노력이 필요 없다.

마술사가 사람을 공중부양 시키는 마술을 생각해 봐라. 우리는 마술사의 눈속임에 속아 지지대를 보지 못한다. 하지만, 그 사람이 지지대 없이 공중에 떠 있는 것은 아니다. 지금 우리의 체중도 마찬가지다. 원래는 자연 상태의 인간에게 적합한 체중으로 사는 것이 자연적인 일이다. 보이지 않는 지지대로 공중부양을 시키는 마술처럼 현재의 체중을 떠받치고 있는 외부적인 힘에 의해 자연적인 체중보다 높은 체중이 유지되고 있다. 다만, 우리는 고정 관념 때문에 그 힘의 실체를 제대로 보지 못한다. 보이지 않는 지지력을 제거하면 공중부양된 사람이 땅으로 떨어지는 것처럼, 체중도 원래 우리의 몸에 적합한 상태, 자연적인 상태로 돌아간다. 바른 다이어트라는 것은 이렇게 자연적인 인간의 상태로 돌아가도록 만드는 것이다.

동물이 가지는 식욕

아주 옛날에는 인간도 음식을 불에 익혀 먹지 않았다. 그냥 날것으로 먹었다. 그때는 인간도 다른 동물과 다를 바 없는 하나의 동물이었다. 여러 동물들 중의 하나였을 뿐 지금처럼 동물들과는 본질적으로 다른 생명체가 아니었다. 인간이 가지는 식욕 역시 다른 동물들이 가지는 식욕과 다를 바 없었다.

동물들에게는 하나의 식욕만 존재한다. 진화의 결과 자연이 동물에게 부여한 식욕이다. 인간에게도 원래는 '하나의 식욕'만 존재했다. 현대인들은 음식을 불에 익히고, 조미료로 요리를 해서 먹기 때문에 현대인들이 가지고 있는 식욕은 동물들의 식욕과는 다르다. 하지만, 화식과 요리로 인하여 동물의 식욕이 사라진 것은 아니다. 동물이 가지는 식욕이 변형되고 거기에 새로운 식욕이 덧붙여지면서 현대인의 식욕이 만들어진다. 동물의 식욕에서 변형된 1차 식욕은 현대인의 식욕 중에서도 기본적이고 중요한 부분을 이루고 있다. 그러니 현대인의 식욕을 이해하기 위해서는 먼저 동물의 식욕에 대해서 알아야 한다. 인간이 불과 조미료로 음식 재료를 요리하기 이전의 식욕, 인간이 '진정한 의미의 인간'이 되기 이전의 식욕, 여러 동물들 중의 하나였던 인간이 가졌던 식욕, 동물로서의 인간이 다른 동물들과 공유하던 바로 그 '동물의 식욕'에 대해서 살펴본다.

"그런데… 동물의 식욕에 대해서는 어떻게 살펴보아야 할까?"

"말을 하는 인간의 식욕도 잘 모르겠는데, 말이 안 통하는 동물의 식욕을 어떻게 알 수 있을까?"

동물의 식욕을 이해하기 위해 나는 이미 오래 전에 해결된 해묵은 논쟁을 다시 한번 살펴볼 생각이다. 이 논쟁은 대략 150년 전에 시작되어 100년 전에 끝났다. 100년 전에 인류는 이 문제가 더 이상 논쟁의 여지없이 해결된 줄 알았다. 깨끗하게 해결된 것 같았고, 해결되었다고 생각했기 때문에 우리의 관심 대상에서 사라졌다. 한때 존재했지만 근거 없다고 판명된 이야기가 되어 창고 속으로 들어가 버렸다. 누군가 한 번쯤은 고민해 봤을 만한 주제인데도 어떤 이유인지 100년 동안 주목받지 못한 채 잊혀 있었다.[64] 그것은 '심리학이 심리학적 방법을 사용하는 경제이론에 미치는 영향'이라는 주제다. 더 정확하게는 '베버-페히너 법칙과 효용이론의 관계'다. 지금부터 인류의 지식 창고 어딘가에 처박혀 있을 이 문제의 파일을 꺼내서 먼지를 잘 털어내고 그 내용을 한번 살펴보자.

식욕의 만족도곡선과 감각곡선의 불일치

우리는 식욕에 대해서 설명하면서 다음의 그래프와 비슷한 식욕의 만족도곡선을 보았다. 음식을 먹을 때 식욕이 만족되는 정도를 보여주는 그래프다. 동물이나 화식 이전의 인간에게는 '하나의 식욕'만 존재한다. 그 하나의 식욕이 바로 전체 식욕이다. 동물이나 화식 이전의 인간은 음식을 먹으면 점점 만족을 느끼게 되지만, A1지점에서 만족의 최고점인 U1에 이르기 때문에 음식먹기를 멈춘다. 이 지점을 넘

---

64) 슘페터는 분트, 베버, 페히너 같은 생리심리학자들의 연구가 과거에 경제이론의 중요한 우군처럼 나타났고, 미래의 어느 시점에 다시 나타날 수도 있지만, 흥미롭게도 아무도 이런 기회를 이용하지 않는다고 애석해한다(조지프 슘페터, 《경제분석의 역사 3》, 94쪽 참고).

어서 음식을 더 먹게 되면 음식을 먹는 것이 쾌감이 아니라 불쾌감이 된다. A1지점 이후에는 음식을 먹을 때 만족도가 상승하는 것이 아니라 오히려 하락한다. 그래서 아무리 음식이 많이 있어도 A1지점에서 음식먹기를 그만둔다.

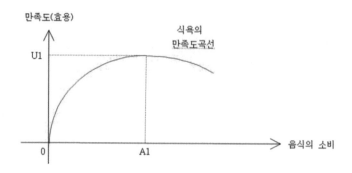

경제학자들은 우리가 재화를 소비할 때 느끼는 만족도(효용)를 그래프로 표시하는데, 그 그래프의 모양은 위와 같다. 음식물도 하나의 재화이기 때문에 음식물에 대한 만족도곡선(효용곡선) 역시 일반적인 효용곡선과 같다. 이 그래프만 놓고 보면 이상한 점을 느끼지 못한다. 음식을 먹을 때 우리에게 느껴지는 감각이 이 그래프와 같은 모습이기 때문이다. 이상한 점을 느끼지 못하기 때문에 우리는 동물이나 인간이나 이런 모습의 식욕을 가지고 있다고 생각한다. 이 그래프의 의미를 좀 더 분명하게 이해하기 위해서는 감각에 대한 베버-페히너 법칙(Weber-Fechner's law)과 비교해서 분석해 볼 필요가 있다. 베버-페히너 법칙은 인간의 감각 기관이 외부의 자극에 대하여 로그함수적으로 반응한다는 법칙을 말한다. 음식을 먹을 때 느껴지는 쾌감(만족도) 역시 로그함수(對數)값을 갖는다. 음식을 먹을 때 느끼는 쾌감은 아래의 그래프에서 보는 것처럼 증가하지만, 점점 그 증가율이 줄어들다가 결국에는 거의 영(0)에 가까워져 수평이 된다.

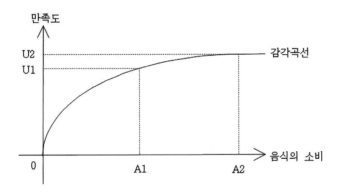

그런데 이 그래프는 앞에서 보았던 효용곡선과는 분명히 다르다. 음식을 먹을 때 느껴지는 감각곡선은 A1지점에서 계속 상승 중에 있고, A2지점에서 사실상 최고점에 이른 후에 그 뒤로는 수평이 된다. 반면, 효용곡선은 A1지점에서 최고점에 이르게 되고 A1지점을 지나면 수평이 되는 것이 아니라 오히려 하락하여 우하향하는 곡선을 그린다. 효용곡선은 음식물이라는 재화를 소비할 때 느껴지는 효용(만족도)을 표시한 거다. 감각곡선은 인간이 외부자극에 대해 느끼는 심리법칙을 음식을 먹을 때 느끼는 쾌감(만족도)에 적용하여 표시한 거다. 둘 다 음식을 먹을 때 느껴지는 만족도를 나타낸다. 둘 중 어느 하나가 틀리지 않았다면 둘은 같거나 적어도 비슷해야 한다. 그런데 서로 분명히 다르다.

"왜 다를까?"

이 문제는 경제학자들의 논쟁을 일으켰지만, 결국 경제학의 효용이론과 심리학은 서로 무관한 것으로 정리되었고, 사람들에게서 잊혀졌다.[65] 우리가 현실적으로 느끼는 감각에 따르더라도 인간이 재화를 소비할 때 느끼는 만족도는 심리원칙에 따르지 않는다는 결론이 맞는 것 같다. 예를 들어 핫도그 먹기 대회를 생각해 보자. 핫도그 먹기 대회에 참가해서 핫도그를 먹는 사람은 처음에는 핫도그를 먹는 것이 즐겁다. 하지만, 핫도그를 먹으면서 점점 배가 불러져서 핫도그를 먹는 것이 쾌감을 주지 않는다. 그런데 우승을 하겠다는 생각으로 핫도그를 계속 더 먹게 되면 점점 불쾌감과 고통을 주게 된다. 쾌감도 불쾌감도 주지 않는 상태가 아니다. 그 고통은 현실적으로 느껴지고, 이를 부정할 수 없다. 그런데도 인간이 핫도그를 100개를 먹건 200개를 먹건 아무리 많이 먹어도 고통을 느끼지 않는다는 식으로 주장한다면 누가 그걸 믿겠는가? 이런 식의 주장은 웃음거리가 될 뿐이다. 심리원칙을 인간의 만족도에 그대로 적용하려는 시도는 명백하게 느껴지는 감각과 맞지 않는 주장으로 배척될 수밖에 없다. 이렇게 다르다. 우리가 감각적으로 느끼는 것이 심리원칙의 그래프와 다르다는 것은 분명히 알겠다. 그런데, "왜 다를까?"

결론만 먼저 말하자면, 서로 다른 힘이 균형을 이루기 때문이다. 이는 45도 각도로 쏜 대포의 포탄이 계속 하늘로 날아가지 못하고 포물선을 그리며 땅으로 떨어지는 것과 같은 이치다. 머릿속으로만 생각하면 관성의 법칙에 따라 45도 각도로 계속 하늘로 날아갈 것 같지

---

65) 오스트리아학파 경제학자인 비저(Friedrich von Wieser)는 1914년 발간한 《사회경제론》에서 "심리학적 방법을 사용하는 경제이론이 심리학에서 출발한다는 오해가 있지만, 양자는 독립적인 것으로 엄격히 구별되어야 하고, 한계효용체감의 법칙은 베버의 법칙과 무관하다."라고 선언하였다. 이후 베버-페히너의 연구는 경제학자들의 관심대상에서 멀어졌다(조지프 슘페터, 《경제분석의 역사 3》, 509쪽 참고).

만, 실제로는 땅으로 떨어진다. 매순간 포탄에 중력이 작용하기 때문이다. 날아가려는 힘과 아래로 끌어당기는 힘이 균형을 이루며 포물선을 그린다. 감각곡선과 만족도곡선이 다른 이유를 알기 위해서는 식욕에서 아래로 끌어당기는 힘이 존재한다는 사실을 인식해야 하고, 그 힘의 작동 방식을 찾아내야 한다.

사실 심리학과 경제이론이 완전히 독립적이고 무관하다는 결론은 인간의 욕구가 어떻게 구성되는지는 분석할 수 없다는 이야기다. 쉽게 말해서 '잘 모르겠다'는 말이다. 욕구의 분석에 대해서는 관심을 가지지 않겠다는 선언이다. 경제학자들의 관심은 시장에 있다. 그러니 시장에서 수요로 나타나는 인간의 욕구에 대하여 겉으로 드러나는 결과를 아는 것만으로도 만족할 수 있다.[66] 하지만, 우리는 여기에 만족할 수 없다. 그 이유를 알아야 한다. 우리는 경제학자들과 다르다. 우리의 관심은 시장이 아니라, 우리 몸에 있다. 우리 몸에 에너지가 유입되고 유출되는 원리를 파악해서 그 메커니즘을 조정해야 하기 때문에, 우리는 표면으로 드러나는 결과에 만족할 수 없다. 우리는 표면을 뚫고 그 아래로 들어가야 한다. 식욕이라는 현상의 외관을 설명하는 것이 아니라 그 현상의 의미를 해석해 내야 한다.

잠시 이야기를 바꾸어 보자. 내가 내 손을 만져 보면 딱딱한 부분도 있고 말랑말랑한 부분도 있다. 딱딱한 부분은 뼈이고, 말랑말랑한 부분은 근육이다. 하지만 그건 내가 배워서 아는 거고, 나는 한 번도 내 뼈나 근육을 내 눈으로 직접 본 적이 없다. 내가 보는 것은 언제나

---

66) 경제학자는 심적 상태를 그 자체에 대해서보다는 외면적 표출을 통해 연구한다. 그리고 다양한 심저 상태가 똑같은 강도의 행동유인을 제공하는 것을 발견하면, 그는 그것들을 분석 목적상 동등한 것으로 취급한다(앨프레드 마셜, 《경제학 원리 1》, 57쪽 참고).

살의 한 부분을 이루고 있는 피부와 피부가 만들어 내는 손의 형상이다.

"그러면 내가 내 눈으로 본 적이 없으니 피부 아래에 뭐가 들어 있는지는 모르겠고 여하튼 겉으로 드러나는 손의 형상은 이러하다고 아는 것에 만족해야 할까?"

"아니면 내 눈으로 본 적은 없지만, 피부 아래에는 뼈 같은 다른 조직이 있다고 추측할 수 있을까?"

물론 내 눈으로 본 것이 아니기 때문에 어느 쪽이 맞다고 단정할 수는 없다. 하지만, 만져 보면 딱딱한 것이 느껴지고 겉으로 드러나지는 않지만 보이는 피부와는 다른 무언가가 있다는 사실이 느껴진다. 만약 손의 외형을 재현하는 화가나 조각가라면 피부와 손의 외형을 아는 것으로 만족할 거다. 하지만, 뼈를 다친 환자를 치료하는 의사라면 손의 외형을 아는 것으로는 만족할 수 없다. 우리의 몸이 작동하는 원리를 알려면 피부의 표면에 머물러서는 안 된다. 피부 아래로 들어가 뼈와 근육의 구조를 알아야 한다. 마찬가지로 우리의 식욕이 작동하는 원리를 알려면 보이지 않는 식욕의 구조에 주목해야 한다.

동물의 행동을 지배하는 두 주권자: 쾌감과 불쾌감

이상한 나라, 이상한 생물, 그리고 자동 기계의 탄생

옛날 어느 왕이 사냥 중에 길을 잃고 헤매다가 이상한 나라에 들어갔다. 왕은 거기서 조물주를 만나는데, 조물주는 왕에게 그의 힘을 나누어 주고, 이상한 생물들도 만들어 준다. 그런데 그 생물들은 식물처럼 움직이지 않는다. 왕이 물어보니 조물주는 "이곳에서 이루어지는 모든 활동은 쾌감만큼 불쾌감을 주는데, 이 생물들은 쾌감을 쫓고 불쾌감을 피하기 때문에 쾌감과 불쾌감이 같다면 움직이지 않는다."라고 말한다. 그리고는 왕에게 이 생물들을 사용하는 방법을 알려 준다. 불쾌감을 다른 데로 돌림으로써 쾌감이 더 많아지도록 하면 이 생물들을 움직일 수 있다는 것이다. 하지만 그렇게 하기 위해서는 그들로부터 떼어 낸 불쾌감을 왕 자신이 떠맡아야 한다. 왕이 그런 식으로 해 보니 과연 생물들을 움직일 수 있었다. 하지만 그 모든 생물들의 불쾌감을 떠맡는다는 것은 왕에게도 너무 큰 고통이었다.[67] 왕은 자신이 불쾌감을 떠맡지 않고도 생물들이 스스로 움직이게 하는 방법이 없을지 고민하였다. 행동하는데 불쾌감이 생기지만, 동시에 쾌감도 생기게 하면 된다. 그런데 행동하는 것은 에너지를 소비하는 노동이다. 쾌감이 생기는 게 아니라 불쾌감이 생긴다. 노동에서 쾌감이 생겨날 수는 없다. 하지만 노동에서 쾌감이 생기지 않으면 생물들을 움직이게 할 수 없다. 모든 생물의 모든 고통을 왕 혼자서 감당할 수는 없는 노릇이다. 어떻게 해야 노동에서 쾌감이 생겨날 수 있을까? 어떻게 해야 불쾌감을 낳는 노동이 쾌감을 낳는 결과로 이어질 수 있을까? 그렇게 고민하다가 어느 날 좋은 생각이 떠올랐다. 이 생물들은 쾌감을 추구하고 불쾌감을 회피한다. 쾌감을 주는 것으로 행동을 유발할 수 있지만, 불쾌감을 주는 것으로도 행동을 유발할 수 있다.

"쾌감을 주는 대신에 불쾌감보다 더 큰 불쾌감을 주면 어떨까?"

"더 큰 불쾌감이 사라지는 것을 운동의 동기로 만들면 어떨까?"

"시간이 흐르면서 저절로 불쾌감이 늘어나게 하면 그 불쾌감을 피하기 위해 스스로 움직이지 않을까?"

왕은 조물주에게 시간이 지나면 저절로 불쾌감이 생기게 만들어 달라고 요

---

67) 여기까지는 찰스 하워드 힌턴, 《평면세계》 중 '페르시아 왕', 97~124쪽을 참고하여 일부 수정하였다.

구했다. 그것도 점점 커지도록 만들어 달라고 했다. 조물주는 그렇게 해 주었다. 이 불쾌감의 이름이 '배고픔'이다. 배고픔을 사라지게 하려면 뭔가를 먹어야 한다. 이후 이 생물들은 아무 일도 하지 않고 누워만 있어도 시간이 지나면 저절로 배고파지고, 저절로 불쾌해졌다. 그것도 점점 커져 움직이는 불쾌감보다 배고픈 불쾌감이 더 커졌다. 이 불쾌감을 피하기 위해 뭔가를 먹어야 하고, 뭔가 먹을 것을 잡기 위해 뛰어 다니게 되었다. 뛰는 것이 좋아서가 아니다. 뛰는 것은 싫지만, 배고픈 것은 더 싫다. 그래서 스스로 움직이는 사물, 즉 '동물(動物)'이라는 자동 기계가 만들어졌다.

자연은 인간을 고통과 쾌락이라는 두 주권자의 지배하에 두어 왔다. 우리들이 무엇을 하지 않으면 안 되는가를 지시하고, 또 우리들이 무엇을 할 것인가를 결정하는 것은 다만 고통과 쾌락뿐이다.[68] 식욕도 마찬가지다. 우리는 배고픔의 고통과 먹는 즐거움에 따라 식욕을 느끼고 먹는다. 그런데, 여기서 식욕의 참모습을 보기 위해서 감각에서의 '마이너스 개념'에 익숙해질 필요가 있다. 수학에서는 마이너스(-)라는 개념이 자주 쓰인다. 반면 숫자와 관련되지 않는 일상생활에서는 마이너스(-)라는 개념이 잘 쓰이지 않는다. 마이너스(-)라는 것은 현실 세계에 존재하는 것이 아니라, 관념 세계에 존재하는 것이기 때문이다. 마이너스는 현실 세계를 더 잘 이해하기 위해 머릿속에서 만들어 놓은 개념이다. 마찬가지로 식욕에 대해서도 더 잘 이해하기 위해서는 식욕의 만족도라는 감각에서의 마이너스 개념에 익숙해져야 한다.

"식욕의 만족도에서 플러스는 무엇이고, 마이너스는 무엇일까?"

---

68) 제레미 벤담, 《도덕 및 입법의 제원리 서설》, 47쪽.

간단하다. 음식을 먹어서 기분이 좋아지는 것(쾌감)이 식욕의 만족도에서 플러스(+)고, 음식을 먹거나 먹지 않아서 기분이 나빠지는 것(불쾌감), 즉 불만족도가 늘어나는 것이 마이너스(-)다. 우리가 음식을 먹을 때 실제로 느끼는 감각에 대해서 생각해 보자. 배고플 때 음식을 먹으면 음식을 먹을수록 배고픈 고통은 줄어들고 점점 배부르게 된다. 하지만 배부른 상태에서 음식을 더 먹으면 점점 불쾌해지고 그래도 계속 먹으면 고통이 된다. 이러한 현상을 만족(쾌감)과 불만족(불쾌감)이라는 관점에서 정리해 보면, 배가 고파서 고통스러운 상태에서 음식을 먹으면 배고픔의 고통(불쾌감)이 사라지면서 만족(쾌감)을 얻게 되지만, 만족의 최고점을 지나서도 계속 음식을 먹으면 점점 불만족(불쾌감)을 얻게 되고 결국 고통스러운 상태가 된다. '고통'의 상태에서 시작해서 '만족'의 상태로 갔다가 만족의 최고점을 지나면 다시 '고통'의 상태로 가는 거다. 이것은 식욕의 효용곡선이 보여 주는 효용(만족도)과 일치한다.

"그런데 음식을 먹기 전의 고통과 음식을 과식하고 난 이후의 고통은 같은 것일까? 아니면 다른 것일까?"

물론 다른 거다. 깊이 생각해 보지 않아도 금방 다르다는 것을 알 수 있다. 앞의 고통은 '배고픈 고통'이고, 뒤의 고통은 '배부른 고통'이다. 이렇게 완전히 다른 성질을 가지는 고통이 식욕의 효용곡선에서는 고통의 크기(불만족도의 값)로만 나타난다. 그래서 같은 것으로 취급된다. 고통의 성질은 무시되고 고통의 양(量)으로만 취급된다. 그래서 우리는 그래프를 보면서 고통(불만족)의 크기를 알 수 있을 뿐, 그것들이 원래 서로 다른 성질의 고통이라는 사실을 잊어버린다. 고통의 성질이 다르다는 사실은 고통의 양이라는 문제에 가려져 우리의 시야에서 사라진다. 그 결과 만족도곡선만 놓고 보면 거기에서 이상한 점을 발견하지 못한다. 감각곡선과 대비해 보아야 비로소 두 그래프 사이의 차이를 느낄 수 있고, 뭔가 이상하다는 의문을 가지게 된다.

"둘이 서로 다른 고통이라면, 그 고통은 각각 어디서 오는 것일까?"

"먼저, 배고픈 고통은 어디서 오는 것일까?"

배고픈 고통은 배고픔에서 온다. 배고픔은 우리의 몸(무의식)이 우리(의식)에게 에너지를 섭취하라고 알려 주는 신호다. 우리는 한순간도 쉬지 않고 계속 에너지를 소비하고 있다. 아무것도 하지 않고 가만히 있어도, 우리의 심장은 계속 뛰고 있고, 폐는 숨을 쉬고 있고, 혈액은 혈관을 따라 온몸의 구석구석을 돌아다니고 있고, 위장은 음식물을 소화하고 있고, 뇌는 계속적으로 자극을 수용하고 이에 반응하여 필요한 신호를 내보내고 있고, 외부의 기온과 관계없이 체온은 계속 일정하게 유지되고 있고, 새로운 세포와 체액들이 계속 만들어지고 있다. 이런 몸의 작용은 그냥 되는 것이 하나도 없다. 모두 에너지를 소비해야만 가능하다. 우리는 단 한순간도 쉬지 않고 에너지를 소비하고 있는데, 그렇게 계속적으로 소비하는 에너지는 우리가 먹는 음식물에서 섭취하는 거다. 다른 방법이 없다. 우리 몸이 계속적으로 에너지를 소비하기 때문에 생명을 유지하기 위해서는 계속적으로 음식물을 먹어 주어야 한다. 소비하는 양만큼의 에너지를 음식물로 계속 공급해 주지 않으면 우리는 살아갈 수 없다. 우리 몸이 그렇게 만들어져 있다.

비유하자면 우리의 몸은 하늘을 날고 있는 비행기와 같다. 비행기가 날고 있는 동안 계속 연료를 소비하기 때문에 일정한 간격으로 계속 주유를 해 주어야 한다. 제대로 주유를 하지 않다가 기름이 떨어져 버리면 비행기는 추락한다. 그런데 조종하는 사람(의식)이 다른데 신경 쓰느라 주유하는 일을 오랫동안 잊어버릴 수 있으니, 기름이 부족해지면 비행기(몸)에서 '경고등'이 들어오도록 만들어져 있다. 조종사에게 주유할 때가 되었다는 것을 알려 주기 위해서다. 우리 몸에서 에너지 보충이 필요하다고 알려 주는 '경고등'이 바로 배고픔이다. 이 경고를 무시하고 계속 에너지 보충을 해 주지 않으면 점점 불쾌감이 커지다가 결국에는 심한 고통으로 변한다. 그래도 계속 에너지 공급을 해주지 않으면 굶어 죽는다. 이를 그래프로 그려 보면 아래와 같다.

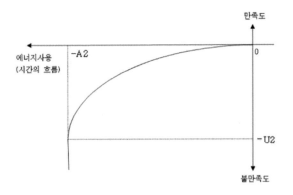

설명의 편의를 위해서 제1사분면이 아니라 제3사분면에 그래프를 그렸다. 이 그래프에서는 시간이 흐를수록 원점에서 왼쪽으로 가게 되고, 원점에서 왼쪽으로 갈수록 에너지가 더 많이 소비된 것을 나타낸다. 또 원점에서 아래로 내려갈수록 점점 불쾌감(불만족도)을 더 크게 느끼게 된다. 우리의 몸은 활동을 할 때는 물론이고 하지 않을 때도 계속적으로 에너지를 소비하고 있다. 시간이 흐르면 자연적으로 에너지가 부족해지고, 에너지 공급이 필요하다는 것을 알려 주기 위해 불쾌감의 신호를 보낸다. 그런데 우리의 감각 기관은 변하지 않는 자극에 대하여 민감도가 점점 감소하기 때문에[69] 이 불쾌감의 신호를 일정하게 보내면 오래지 않아 의식은 불쾌감을 인식하지 못한다. 이는 마치 경고등이 계속 켜져 있는 경우나 경고음이 계속 나오는 경우에 그걸 주의 깊게 인식하지 못하는 것과 같다. 그런데 의식이 에너지 부족 상태를 제대로 인식하지 못하면 위험해지기 때문에 불쾌감을 계속적으로 늘려 간다. 여기에 베버-페히너의 법칙이 적용된다. 이때 불쾌감의 정도를 일정하게 늘려 가면 불쾌감의 증가에 따라 불쾌감에서 그 증분이 차지하는 비율이 줄어들고, 의식은 점점 그 증분의 불쾌감을 인식하지 못한다. 우리의 의식이 불쾌감을 인식할 수 있도록 하기 위해 그 불쾌감이 기하급수적으로 늘어난다. 그래서 음식을 먹지 못하면 불만족도가 지수함수값을 가진다. 점점 고통이 심해진다. 이 고통을 피하고 싶은 욕구가 바로 동물들이 가지고 있는 식욕의 '본질'이다. 쉽게 말해서 동물의 식욕은 배고픔이라는 고통을 피하려는 욕구다.

그런데 이렇게 배가 고픈 상태에서 음식을 먹기 시작하면 어떻게 될까? 이번에는 배고픔의 불만족도곡선을 따라 오른쪽으로 이동하게 된다. 음식을 먹지 못할 때 느끼는 불만족도(고통)가 지수함수값으로 늘어나기 때문에 음식을 먹을 때 느끼는 만족도(쾌감)는 로그함수값을 가진다. 음식을 먹게 되면 점점 배고픈 고통이 사라지면서 기쁨

---

69) 윌리엄 제임스, 《심리학의 원리 3》, 2081~2083쪽; 데이비드 G. 마이어스, 《마이어스의 심리학 탐구》, 203~204쪽 참고.

(만족도)을 느끼게 되지만 그 기쁨이 증가하는 정도는 점점 작아져서 결국에는 거의 영(0)이 되어 버린다. 그리고는 더 이상 그 쾌감이 증가하지도 감소하지도 않는다.

음식을 먹는 과정을 배고픔이라는 관점에서 보면 배고픈 상태(불쾌한 상태)에서 음식을 먹음으로써 배고픔이라는 불쾌감이 점점 사라지게 되고 완전히 배부른 상태가 되면 배고픔이라는 불쾌감이 사라져 영(0)이 되어 버리게 되는 거다. 이렇게 완전히 배부른 상태에서 음식을 더 먹는다고 해서 이미 영(0)이 되어 버린 배고픔이 더 사라질 수는 없다. 그렇다고 해서 배부른 상태에서 음식을 더 먹는데 오히려 배고픔이 다시 생겨나서 배고픈 상태로 돌아갈 수도 없다. 그러니 결국 배고픔의 불만족도곡선은 배가 부른 이후에는 음식을 더 먹더라도 더 이상 증가하지도 감소하지도 않게 되고 수평인 직선이 된다. 이는 빈 물독에 물을 계속 채우면 점점 독에 물이 차올라 어느 순간에 가득 차게 되는 것과 같다. 가득 찬 상태에서도 계속 물을 더 부으면 물이 흘러넘칠 뿐 그 독에 더 많은 물을 담을 수 없다. 하지만, 그 상태에서 계속 더 물을 붓는다고 해서 독의 물이 도리어 줄어들 수도 없다. 그러니 그 독은 물이 가득 채워진 상태에서 더 늘지도 줄지도 않고 그대로 유지된다.

이제 배고픔이라는 고통(불만족)을 배부름이라는 기쁨(만족)으로 바꾸어 보자. 배고픔과 배부름, 고통(불만족)과 기쁨(만족)은 동전의 앞뒷면과 같이 서로 정확히 같은 값으로 대응하는 관계다. 배고픔의 불만족도가 배부름의 만족도에서는 마이너스값이 된다. 배고픈 상태에서 음식을 먹어서 점점 불만족도가 줄어드는 것은 정확히 배고픈 상태에서 음식을 먹어서 만족도가 늘어나는 것과 일치한다. 배고픈 상태를 영점(0)으로 잡은 새로운 그래프를 그려 보면 제3사분면에 있던 불만족도곡선은 그대로 제1사분면으로 옮겨져 만족도곡선이 된다. 아래의 그래프와 같다.

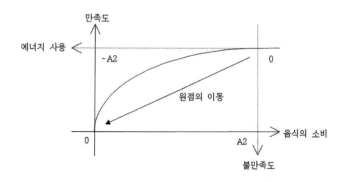

이 그래프는 음식소비의 감각곡선과 같다. 반면, 음식소비의 효용곡선과는 다르다.

"음식소비의 효용곡선과는 왜 다를까?"

음식을 과식했을 때 생기는 배부른 고통 때문이다.

"그러면, 배부른 고통은 도대체 어디에서 오는 것일까?"

생산에는 생산 노동이, 소비에는 소비 노동이 존재한다

배부른 고통의 근원을 찾아가다 보면 우리는 '소비 노동'이라는 새롭고 낯선 개념을 만나게 된다. 지금 우리는 노동이라고 하면 당연히 생산 노동을 생각한다. 생산 요소인 노동력의 사용을 생각하는 거다. 소비 노동이라는 개념은 우리에게 낯설다. 기껏해야 가사 노동 정도를 생각할 수 있지만, 가사 노동이라는 것도 진정한 의미의 소비 노동은 아니다. '노동력을 재생산하기 위한 노동'이라거나 '재화의 효용을 증가시키는 노동' 정도로 인식되고 있다. 그래서 생산과 관련 없는 소비를 노동이라고 생각하기 어렵다. 소비라는 활동은 생산과 무관하게 사적 영역 속에서 개인이 자율적으로 해야 할 활동이라고 여겨진다. 소비는 생산과 대립되는 개념이고, 노동은 생산의 영역에 속하는 활동이어서, 서로 관계없는 것처럼 보인다.

하지만, 이는 경제학자들이 만들어 놓은 경제학의 관념을 일상생활에 무분별하게 수용해 버린 결과다. 시장과 상품을 분석하려는 경제학 교과서에서는 바른 관념이지만, 다이어트 방법을 만들려는 우리에게는 고정 관념이고, 관념적인 장애물이다. 생산과 소비의 의미를 에너지 흐름의 관점에서 살펴보면 생산이나 소비라는 것은 태양의 빛 에너지로부터 시작되어 운동 에너지의 소비로 마감되는 에너지 흐름의 과정 중 한 단계다. 상품이라는 사물의 형태로 구현되는 단계를 중심으로 그 에너지의 상태가 변화하는 것을 지칭하는 용어다. 관심의 중심을 상품에서 에너지로 바꾸면 상품인 식품의 소비는 바로 운동 에너지의 생산이 된다. 그래서 생산은 직접적으로 소비이고, 소비는 직접적으로 생산이다.[70] 이는 상품을 생산하기 위하여 중간재인 원료를 소비하는 경우를 생각해 보면 분명히 알 수 있다. 예를 들어 밀가루를 원료로 하여 과자를 생산하는 경우 밀가루를 중심으로 보면 밀가루의 '소비'가 되지만, 과자를 중심으로 보면 과자의 '생산'이 된다. 과자를 생산하는 노동은 밀가루의 소비 노동인 동시에 과자의 생산 노동이다. 과자를 사람이 먹는 경우 과자를 중심으로 보면 과자의 '소비'가 되지만, 사람을 중심으로 보면 에너지원(과자)에

---

70) 칼 맑스, 《정치경제학 비판 요강 I》, 60쪽 참고.

서 에너지를 추출하는 에너지의 '생산'이 된다. 과자를 먹는 노동은 과자의 소비 노동인 동시에 에너지의 생산 노동이다.

생산 노동의 경우에는 노동 강도와 노동 시간이 증가함에 따라 노동에 대한 반효용(disutility, 불쾌감)이 발생하고, 노동의 한계반효용(marginal disutility, 한계만족도의 마이너스값)은 노동량이 증가함에 따라 증가한다는 사실이 이미 알려져 있다.[71] 쉽게 말해서 노동을 하면 할수록 불쾌해진다는 말이다. 다만, 우리는 상품을 중심으로 생산과 소비의 관계를 파악하는 시각에 길들여져 있기 때문에, 생산 이론을 소비에 적용하는 것이 낯설게 느껴진다. 생산 이론을 소비 활동에 적용할 시도를 하지 못한다. 하지만, 이제 시장과 상품에서 시선을 거두어 우리 몸을 중심으로 에너지가 유출입되는 과정에 시선을 맞출 필요가 있다. 시장과 상품에 시선을 맞추는 경제학의 고정 관념에서 벗어나서 그 시선을 우리 몸과 에너지의 유출입(에너지의 생산과 소비)으로 옮겨 놓으면 식품의 소비와 에너지의 생산은 관점의 차이일 뿐 그 본질이 동일하다. 동일한 과정이니 동일한 원리가 적용된다. 노동 강도와 노동 시간이 증가함에 따라 노동에 대한 불만족도가 증가한다는 이론은 소비 노동(에너지 생산 노동)에도 그대로 적용된다. 그래서, 소비 활동을 계속하게 되면 재화의 소비에서 발생하는 만족도가 증가하는 것과 별개로 소비 활동에 포함된 소비 노동으로 인하여 불만족도도 증가한다.

우리가 생각하는 '음식을 먹는 행위'는 보통 '음식을 눈으로 보고, 손으로 집어 입에 넣은 다음 씹고, 맛보고, 삼키는 행위'다. 그것으로

---

71) 윌리엄 스탠리 제번스, 《정치경제학 이론》, 224~225쪽, 231~232쪽; 앨프레드 마셜, 《경제학 원리 1》, 207~208쪽 참고.

끝이다. 음식을 먹기 위해 더 이상 할 일이 없다. 하지만, 이것은 '의식의 단계에서 음식을 먹는 행위'다. 우리의 몸까지 고려해 보면 이렇게 삼킨 음식은 식도를 타고 위로 내려가 위에서 소화액과 섞이고 녹아 죽처럼 된 다음에 장으로 내려가 다시 소화액과 섞이고 양분이 흡수된 다음 배설된다. 이렇게 위와 장에서 소화되는 과정은 그냥 이루어지는 것이 아니다. 소화액을 만들어 내고, 위장이 계속 움직여 주어야 한다. 우리(의식)는 밥을 먹은 다음에 쉬고 있지만, 우리의 위장(몸)은 바쁘게 움직이고 있다. 우리의 위장이 '노동'을 하고 있는 거다.

이 노동에서 나오는 불쾌감(불만족)이 바로 '배부른 고통'을 만드는 원인이다. 이 소비 노동에도 역시 베버-페히너 법칙이 적용된다. 노동을 하게 되면 우리는 몸이 회복되는 동안 쉬어야 한다. 육체적인 건강을 해치지 않도록 우리 몸이 우리에게 경고를 보내 주는 것이 바로 노동에서 오는 불쾌감이다. 이 불쾌감이 노동을 하는 정도에 따라 비례하여 늘어나면 의식은 노동의 양이 늘어남에 따라 점점 그 증가분을 인식하지 못하게 된다. 그래서 의식이 인식하도록 만들기 위해 이 고통 역시 노동의 양에 따라 지수함수 값으로 늘어나고, 점점 수직에 가까워진다. 무의식적 노동인 소화활동도 마찬가지다. 소화 능력을 넘는 음식을 먹지 못하도록 몸이 의식에게 경고를 보내는데, 처음에는 별다른 피로감이나 고통을 느끼지 못하지만 점점 그 고통이 기하급수적으로 커지게 된다. 이 고통이 바로 '배부른 고통'이다. 그래서 음식을 소화할 때 발생하는 불만족도를 그래프로 그려 보면 다음의 그래프와 같은 불만족도곡선이 그려진다.

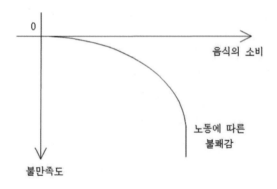

　음식을 먹으면 소화하는 과정에서 노동에 따른 불쾌감이 증가하고, 점점 커져 심각한 고통이 된다. 하지만, 우리는 고통을 참아 가면서 음식을 먹지 않기 때문에 음식을 먹는 고통을 현실적으로 느끼기는 어렵다. 핫도그 먹기 대회에 참가하는 선수들 정도만이 현실적으로 이 고통을 느낄 것이다. 보통은 음식을 먹을 때 배고픔을 면하게 되는 기쁨(만족도)과 음식의 맛이 주는 즐거움(만족도)이 음식을 소화하는 불쾌감(불만족도)보다 더 크다. 기껏해야 우리에게 느껴지는 불쾌감은 음식을 다 먹고 난 후에 가볍게 느껴지는 피곤한 느낌(식곤증)이나 배부른 데서 오는 가벼운 불쾌감 정도다. 그래서 우리는 음식을 소화하는 것이 불쾌감을 주는 노동이라는 사실을 쉽게 인식하지 못한다. 하지만, 우리가 인식하지 못한다고 해서 사라지는 것은 아니다. 소화 노동의 불쾌감은 우리가 느끼지는 못하지만 그대로 남아 있다.

자, 이제 이야기를 정리해 보자. 인간을 포함한 모든 동물은 한순간도 쉬지 않고 에너지를 소비하고 있다. 그래서 소비할 에너지를 지속적으로 공급해야 하는데, 의식이 이를 게을리 하지 않도록 무의식이 배고픔이라는 신호를 보내도록 진화되어 있다. 그 신호가 점점 강해져서 결국은 고통이 된다. 반대로 배고플 때 음식을 먹으면 배고픔이 사라지는 기쁨(만족감)을 얻게 되지만 이 만족감을 얻는 정도는 점점 줄어들어 결국 영(0)이 된다(빨간색 그래프). 더 이상 음식을 먹어도 만족감을 느낄 수 없다. 반면 음식을 먹는 행위는 노동으로 불쾌감을 발생시키게 되는데, 이 불쾌감은 점점 늘어나서 급격히 증가하게 된다(파란색 그래프).

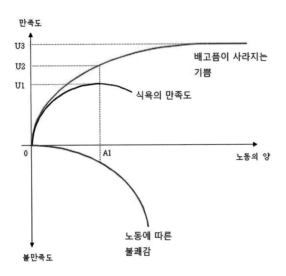

동물들과 화식 이전의 인간이 가지는 식욕은 음식을 먹을 때 배고 픔이 사라지는 기쁨(만족도)과 음식을 소화하면서 생기는 불쾌감(불 만족도)의 합계치가 된다(검은색 그래프). 음식을 먹으면 처음에는 배고픔이 사라지는 기쁨이 더 크기 때문에 식욕의 만족도가 점점 상 승한다. 음식을 먹으면서 배고픔이 사라지는 기쁨은 증가분이 점점 작아지는 반면 음식을 소화하는 불쾌감은 증가분이 점점 커지기 때 문에 A1지점에 이르게 되면 기쁨의 증가분과 불쾌감의 증가분이 일 치하게 되어 식욕의 만족도곡선이 최고점에 이른다. 그 이후 계속 음 식을 먹으면 음식을 먹을 때 생기는 불쾌감의 증가분이 쾌감의 증가 분보다 더 커진다. 식욕의 만족도곡선이 하락한다. A1지점에서 자연 적으로 음식먹기를 멈춘다.

결국 음식소비에 대한 효용곡선(만족도곡선)과 감각곡선의 차이 는 양립불가능한 관계가 아니다. 양립불가능한 것처럼 보이는 이유 는 감각곡선을 그 배경이 되는 불만족도곡선에서 떼어 내서 비어 있 는 관념의 공간 속에 배치하기 때문이다. 현실적으로 존재하는 효용 곡선은 잠재적으로 존재하는 노동의 불만족도곡선을 배경으로 하여 감각곡선이 의식의 전경에 드러나는 모습이다. 감각곡선과 노동의 불만족도곡선의 합계치다. 그리고, 이것이 바로 동물과 화식 이전의 인간이 가지던 식욕이다. 이 식욕은 하나의 식욕이고, 동질적인 식욕 이며, 이때 음식을 먹는다는 것은 생명 유지와 신체 활동을 위해 필요 한 에너지를 섭취하는 것이다. 이것이 원래 음식을 먹는 원시적인 형 태다. 이런 식욕을 가졌던 인간은 동물과 별 차이가 없었다. 여러 동 물들 중에 하나의 동물일 뿐이었다. 인간이나 동물이나 하나의 식욕 을 가졌고, 식욕의 만족도곡선에서 최고점은 '자연 상태에 적합한 몸매'를 유지할 정도에 맞추어져 있었다. 몸에 지방을 축적하고 싶어도 축적할 수 없었다. 몸에 지방을 축적할 수 없으니, 비만이라는 것이 존재할 수 없었다. '날씬한 몸매'에서 벗어나지 못하도록 하는 진화의 사슬에 매여 있는 존재였다. 누구도 그 사슬을 벗어나 뚱뚱해질 수 없었다.

그런데… 다른 동물들은 아직 진화의 사슬에 매여 있지만, 인간은 이 사슬을 끊는다. 자연이 만든 장벽을 뛰어넘어 새롭게 진화하는 데 성공한다. 그래서 현재의 우리는 동물들과는 완전히 다른 '인간'이 되었다. 인간들은 동물과는 다른 식욕을 가지고 다른 음식먹기를 한다.

"어떻게 인간만이 진화의 사슬을 끊게 되었을까?"

이미 환경에 적응해서 안정 상태에 들어간 어떤 종이 진화하기 위해서는 그 안정성을 깨뜨리는 환경의 변화가 필요하다. 인간이 진화의 사슬을 끊고 새롭게 진화하는데 성공한 이유는 인간의 생활 환경이 변했기 때문이다. 그 환경의 변화가 바로 '불의 사용'이다. 불을 사용하여 음식을 익혀 먹게 되면서 에너지 잉여의 첫 번째 물결이 시작된다. 지금부터 화식 이후의 인간들은 어떻게 동물들과 달라지게 되었는지, 어떻게 동물들과는 다른 식욕을 가지는지, 인간들만이 가지는 독특한 음식먹기에 대해서 살펴보자.

원시비만 현상과 진화다이어트

화식혁명과 원시소비 혁명의 발생

인간은 동물과 다르다. 달라도 완전히 다르다. 동물이 식물과 다르고, 생물이 무생물과 다른 것처럼 인간은 동물과 완전히 다른 새로운 존재다. 다른 모든 동식물은 자연이 부여한 존재의 대사슬에 매여 있지만, 인간은 그 사슬을 끊는다. 그에게는 존재의 자리를 정하는 장벽이 사라진다. 원래 인간도 동물과 비슷한 존재였는데, 인간은 어떤 이유로 동물과 다른 진화의 길을 걷게 되었을까?

영화 〈빠삐용〉과 인간의 진화

내가 어릴 때 본 영화 중에 〈빠삐용(Papillon)〉이라는 영화가 있었다. 그 영화의 주인공이 빠삐용인데, 빠삐용은 감옥에 갇힌 죄수다. 여러 번 탈출을 시도하다가 잡혀서 점점 탈출이 어려운 감옥으로 가게 되고, 결국에는 친구 루이스와 함께 바다 한가운데 고립된 섬에 갇히게 된다. 이 섬은 절벽과 바다라는 거대한 장벽 때문에 도저히 탈출할 수 없다. 탈출할 수 없기 때문에 그들을 감시하는 간수도 없다. 섬 안에서 빠삐용과 루이스는 자유롭게 지낸다. 하지만, 빠삐용은 섬 안에서의 자유에 만족하지 못한다. 섬 안에서는 자유롭지만, 섬이라는 감옥이 그를 고통스럽게 한다. 그는 생명을 건 탈출을 시도한다.

마지막 장면에서 빠삐용과 루이스는 그곳을 벗어나기 위해 절벽 앞에 선다. 빠삐용은 루이스에게 같이 탈출하자고 권유하지만, 루이스는 절벽이 주는 두려움을 극복하지 못하고, 그 섬에 남게 된다. 빠삐용이 혼자 절벽에서 뛰어내리면서 영화는 끝난다. 이 마지막 장면은 인간과 동물의 진화가 나눠지는 과정을 잘 보여 준다. 빠삐용의 친구처럼 다른 모든 동물들은 여전히 자연의 감옥에 갇혀 있다. 하지만, 인간만은 그 감옥에서 탈출한다.

생명의 진화 과정은 하나의 중심으로부터 사방팔방으로 퍼져 나가는 파도와 같다. 다만 이를 둘러싼 장벽이 있어 거의 모든 파도는 이 장벽을 만나면 더 이상 나아가기를 멈추는데, 오직 하나의 파도만이 그 장벽을 통과하게 된다. 그 하나의 파도가 바로 인간의 진화다.[72]

"생존을 위해서 모든 생명체는 환경에 적응해야 한다."

이런 관점에서 보면 '생존의 필요'를 넘어서는 진화라는 것은 원칙적으로 있을 수 없다. 적어도 없을 것처럼 보인다. 왜냐하면 모든 존재는 생존을 위해 적합한 상태가 되어야 하고, 그 적합한 상태에서 벗어난다는 것은 생존 가능성을 떨어뜨리기 때문이다. 주어진 환경에서 벗어나는 개체나 종은 진화 과정에서 도태된다. 그래서 진화의 결과는 주어진 환경에 대해 적합한 상태를 유지하게 된다. 얼핏 보면 자연의 산과 숲과 강과 바다에 살고 있는 동물들이 자유롭게 살고 있는 것 같지만, 실제 그들은 자연이 부여한 삶의 방식에 매여 있고, 자연이 정해 준 감옥에 갇혀 있다.

"송충이는 솔잎을 먹어야지, 갈잎을 먹으면 죽는다."

그래서 송충이는 소나무 숲을 벗어날 수 없다. 이 소나무에서 저 소나무로, 저 소나무에서 또 다른 소나무로 옮겨 갈 수 있다. 소나무 숲 안에서는 자유롭지만, 소나무에서 떡갈나무로 옮겨 갈 수는 없다. 떡갈나무로 옮겨 가면 굶어 죽는다. 그래서 송충이의 자유는 소나무 숲

---

72) 앙리 베르그송, 《창조적 진화》, 214~215쪽 참고.

속에서의 자유다. 그들에게 주어진 자유라는 것은 빠삐용과 루이스가 섬 안에서 누리는 자유와 같다. 모든 동물들은 루이스처럼 자연이 부여한 감옥에서 탈출하지 못하고 지금도 그 섬 안에서의 자유에 머무르고 있다. 하지만, 인간만이 빠삐용처럼 감옥에서 탈출을 시도한다. 오로지 인간만이 진화의 사슬을 끊고, 자연의 감옥에서 탈출하여 새로운 진화에 성공해 낸다. "어떻게 인간만이 생존의 필요라는 장벽을 뛰어넘게 되었을까?" 인간의 진화는 장난꾸러기 꼬마 원시인의 불장난으로부터 시작되었다.

보보, 불장난 그리고 통돼지구이[73]

옛날 중국에 '호티'라는 사람과 그의 아들 '보보'가 살고 있었다. 그때까지 사람들은 불로 음식을 익혀 먹지 않았다. 모든 음식은 다 날것으로 먹었다. 어느 날 아버지 호티가 숲속에 도토리를 주우러 간 사이에 아들 보보가 불장난을 하다가 오두막집에 불이 났다. 오두막집을 다 태워 버렸고, 그 집안에 있던 돼지들도 다 통돼지구이가 되었다.

이 화재사고로 호티와 보보는 처음으로 불에 구운 돼지고기를 먹어 보게 되었는데 돼지구이는 날고기보다 더 맛있었다. 맛있어도 너무 맛있었다. 그날 이후 호티와 보보는 돼지만 생겼다 하면 집을 새로 짓고 그 집에 돼지를 넣은 다음 집을 태워서 돼지구이를 만들어 먹었다. 이웃주민들도 그들을 따라서 돼지구이를 만들어 먹었다. 그들 덕분에 오늘날 우리도 돼지구이를 먹고 있다.

호티와 보보는 인류 최초로 화식을 하였다. 당시에 호티와 보보는 인식하지 못했겠지만, 이 통돼지구이 사건은 인류의 역사에서 돌이

---

73) 찰스 램, 《엘리아 수필집》 중 '돼지구이를 논함', 219~232쪽 참고.

킬 수 없는 분기점이 된다. 음식을 불에 익혀 먹음으로써 인간은 다른 동물들과는 완전히 다른 진화의 길을 걷게 된다. 다른 모든 동물들이 '생존의 필요'라는 장벽을 뛰어넘는 데 실패한 것과 달리 인간만은 유일하게 그 장벽을 뛰어넘는 데 성공하게 되고, 그 결과 비로소 '인간다운 인간'으로 거듭나게 된다. 여러 동물들 중의 하나인 인간에서 다른 동물들과는 완전히 다른, 독보적 존재인 인간으로 재탄생하는 거다.

"불로 음식을 익혀 먹는다는 것이 어떻게 진화 과정에 차이를 만드는 것일까?" 애덤 스미스는 산업 혁명기 '핀 제조공장'의 예를 들면서 생산 노동의 분업은 생산력을 대폭 증가시키고, 사회 전체에 보편적인 부를 가져다준다고 주장하였다.[74] 근대 산업 혁명은 생산 노동의 분업에 따른 생산력의 증가에 기인한다. 이와 비슷하게 원시시대 불로 음식을 익혀 먹는 것은 음식을 먹는 소비 노동(에너지 생산 노동)에 분업을 일으킨다. 불은 소비 노동을 쉽게 하고 줄이면서 혼자서 많은 사람의 노동을 대신 할 수 있게 해 준다.[75] 불이라는 도구의 사용을 통하여 음식에 대한 소비력(몸의 에너지 생산력)이 대폭 증가하는데, 이 소비력의 증가가 진화 과정을 통하여 부여받은 날씬한 몸매

---

74) 애덤 스미스, 《국부론》, 17~23쪽.

75) 도구를 사용하여 음식물을 자르거나 가는 방법으로 가공하는 경우 씹기 쉽고 소화도 잘 돼 소화 노동이 줄어든다. 이때 소화 노동이 사라지는 것이 아니라 인간의 몸에서 밖으로 나가 외부화된다. 인간의 소화 기관이 해야 할 노동을 칼, 맷돌 같은 도구와 그 도구를 사용하는 인간 손의 노동이 대신하는 거다. 불 역시 여러 사람이 그 음식물을 날것으로 먹었을 때 부담해야 하는 소화 노동을 대신한다(리처드 랭엄, 《요리 본능》, 110쪽, 156~159쪽 참고). 다만, 사람이 아니라 불 그 자체가 노동을 한다. 불은 일종의 자동 기계다. 불은 일단 붙여 놓기만 하면 스스로 탄다. 인간은 불을 붙이고, 불이 꺼지거나 다른 곳에 옮겨붙지 않도록 관리할 뿐이다. 인간과 불이 분업하는 거다. 산업 혁명이 인간과 스스로 움직이는 자동 기계의 분업을 통한 생산 혁명인 것처럼 원시 소비 혁명은 인간과 스스로 연소하는 자동 기계(불)의 분업을 통한 소비 혁명(에너지생산 혁명)이다.

의 족쇄를 풀어 버린다.

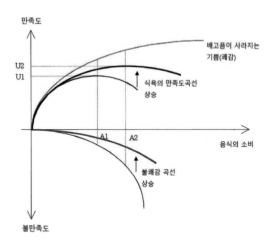

불로 음식을 익히게 되면 음식의 조직이 부드러워진다. 익히지 않은 음식과 비교해 볼 때 불에 익힌 음식은 '반쯤 소화된 음식'을 먹는 것과 비슷하다. 그래서 음식의 소화에 들어가는 노동량과 시간이 대폭 줄어든다.[76] 노동량이 줄어들게 되니 음식을 소화시키는 불쾌감 (불만족도)도 줄어든다. 불쾌감곡선이 위로 올라가게 된다(파란색 얇은 곡선에서 파란색 굵은 곡선으로 상승). 쾌감곡선(빨간색 곡선) 과 불쾌감곡선의 합계치인 식욕의 만족도곡선도 위로 올라가게 된다

---

76) 생리생태학자가 비단뱀을 이용하여 음식을 소화하는 데 사용하는 에너지양을 계산한 결과 육류를 익혀서 섭취시켰을 때는 날것을 먹였을 때에 비해 뱀이 소화에 사용하는 에너지가 12.7% 줄었고, 고기를 갈아 먹였을 때는 12.3% 줄었으며, 2가지를 병행했을 때에는 24.3%가 줄었다고 한다. 인간의 소화 과정도 마찬가지다. 사고로 총알이 위를 관통하였는데도 살아남은 생 마르탱이 라는 사냥꾼이 있었는데, 의사가 그의 배에 뚫린 구멍을 통해 관찰한 결과 부드럽고 잘게 자른 음식, 익힌 음식이 더 잘 소화되는 사실이 확인되었다(리처드 랭엄, 《요리 본능》, 81~113쪽; 문갑순, 《사피엔스의 식탁》, 45~46쪽 참고).

(검은색 얇은 곡선에서 검은색 굵은 곡선으로 상승). 음식을 먹는 행위는 덜 불쾌한 작업, 더 유쾌한 작업이 된다.

그런데 이렇게 식욕의 만족도곡선이 위로 올라가게 되면 식욕만족도의 최고점은 오른쪽으로 이동한다. 음식을 날것으로 먹는 동물과 화식 이전의 인간은 A1지점에서 식욕의 최고점에 이르게 되지만, 화식 이후의 인간은 A2지점에서 식욕의 최고점에 이르게 된다. 화식 이전의 인간은 A1지점까지 음식을 먹으면 '배가 불러서 더 이상 음식을 먹지 못하겠다'고 느끼지만, 화식 이후의 인간은 A1지점에서 이런 느낌을 받지 못한다. A1지점에서는 식욕의 만족도곡선이 상승하고 있기 때문에 음식을 먹는 것은 여전히 쾌감을 주고 불쾌감을 주지 않는다. 화식 이후의 인간은 A1지점에서 음식먹기를 멈출 이유가 없다. A2지점에 이르러서야 '배가 불러서 더 이상 음식을 먹지 못하겠다'고 느끼고 여기에서 음식먹기를 멈춘다.

이것은 인간이 화식을 통해서 A1지점에서 A2지점까지 과식할 수 있는 능력이 생겼다는 것을 의미한다. 음식물의 소비라는 관점에서 보면 A1지점에서 A2지점까지 음식물에 대한 소비 능력이 증가했다. 음식을 먹고 소화시키는 소비 노동의 상당 부분을 불이 대신해 주는 거다. 원래 음식을 먹고 소화시키는 것은 개인이 각자 자신의 신체를 통해서 해야 할 노동이다. 하지만, 불이라는 도구를 사용함으로써 그 소화 노동 중의 일부가 인간의 신체에서 외부로 떨어져 나가 불이 대신하게 된다. 한사람이 여러 사람의 소화 노동을 집중적, 효율적으로 관리해 주는 것이 가능해진다. 소비 노동에서의 분업이다. 생산 노동에서의 분업으로 인한 생산력 증대가 훗날 산업 혁명을 이끌게 되는 것과 마찬가지로 불을 사용한 음식물의 조리와 소비 노동(에너지 생산 노동)의 분업으로 인한 획기적인 소비력 증대는 음식물 섭취에서의 원시 소비 혁명(에너지 생산 혁명)을 일으킨다.

이것을 비만이라는 관점에서 보자. 자연적으로 A1까지 음식을 먹을 수 있도록 진화한 것은 몸이 소비하는 에너지양에 맞추어 에너지를 섭취하도록 함으로써 자연 상태에 적합한 몸매를 유지하도록 한다. 그런데 새로 생긴 과식 능력으로 인하여 A2까지 음식을 먹게 되니, 신체 내부에 잉여 에너지(A2-A1)가 발생한다. 에너지유출량은 그대로인데, 에너지 유입량이 늘어나기 때문에 A1지점에서 A2지점까지 섭취한 에너지는 소비되지 못하고, 지방으로 바뀌어 몸에 저장된다. 동물이나 화식 이전의 인간은 진화하는 과정에서 환경에 적응하여 생존할 수 있도록 자연 상태에 적합한 몸매를 유지하는 진화의 사슬이 채워져 있다. 자연 상태에 적합한 몸매를 벗어날 정도로 음식을 먹으면 고통스럽기 때문에 더 이상 먹을 수 없다. 과식이라는 것이 존재할 수 없었다. 하지만, 인간은 화식이라는 새로운 기술을 개발하여 과식 능력을 획득하게 되고 인간을 묶어 두고 있던 진화의 사슬을 풀어 버렸다. 이제 자연 상태에 적합한 몸매를 유지하도록 인간을 제한하는 속박이 사라졌다. 인간은 진화의 사슬에서 자유롭게 되었다.

그런데… 여기에 문제가 있다. 진화의 사슬은 인간을 자연 상태에 적합한 몸매에 묶어 둔다. 한편으로는 인간의 자유를 속박하는 족쇄다. 반면, 다른 한편으로는 인간의 생존을 위한 안전띠다. 인간이 환경에 적응하여 생존할 수 있도록 인간의 몸매를 최적 상태로 유지해 준다. 속박의 족쇄가 사라지면서 안전띠도 함께 사라진다. 이제 인간은 무자비한 자연환경의 공격에 노출되고, 도태될 위험에 직면한다.

보보가 무심코 했던 불장난이 인간을 생존의 위험에 빠뜨리게 되었고, 이 새로운 환경의 변화에 제대로 대응하지 못하면 생존 경쟁에서 도태된다. 인간은 새로운 환경에 적응하여 진화한다. 살기 위해 어쩔 수 없이 동물이기를 그만두고 인간이 된다.

너무 많이 먹어 버렸다! 이걸 어쩐다?

불을 사용하여 음식을 익혀 먹게 되면 먹을 수 있는 음식의 종류가 늘어나 식량이 늘어난다.[77] 음식의 맛이 좋아져서 더 많이 먹을 수 있고, 같은 음식이라도 음식을 소화하는 데 드는 노동이 줄어든다. 불을 사용하여 음식을 익혀 먹게 되면서 인간은 A1지점에서 A2지점까지 과식을 할 수 있는 능력이 생겼다. A1지점은 '자연 상태의 인간에게 적합한 몸매'가 유지되도록 하는 지점이다. 진화과정을 통해서 이 지점 이상 음식을 먹지 못하도록 진화하였다. 날씬한 몸매를 유지함으로써 달리는 속도를 유지할 수 있어 자연 상태에서 살아남을 수 있다. 그런데, 화식이라는 새로운 기술을 통해 과식 능력이 생기면서 과식을 할 수 없도록 억제하던 진화의 사슬이 풀려 버렸다. A1지점에서 A2지점까지 과식으로 섭취한 에너지는 여분의 에너지다. 지방으로 바뀌어 몸에 축적된다. 뚱뚱한 인간이 생겨나는 거다. 이것은 인간의 몸매를 '자연 상태의 인간에게 적합한 몸매'로 유지해 주는 시스템이 사라졌다는 것이다. 인간을 주어진 환경에 적합하게 유지해 주던 안전띠가 사라졌다는 의미다.

화식을 시작할 당시의 인간은 아직 천적을 두려워하지 않아도 될

---

77) 리처드 랭엄, 《요리 본능》, 125쪽 참고.

정도로 강하지 않았다. 아직 농업이나 목축을 위한 기술이 없어 먹잇
감을 잡기 위해 뛰어다니지 않으면 굶어 죽을 수밖에 없는 상황이었
다.[78] 이 상태에서 화식은 인간을 자연 상태에 적합한 몸매로 유지해
주던 진화의 사슬을 풀어 버렸다. 더 많은 음식을 먹고 뚱뚱해지는
인간은 자연 상태의 생존에 필요한 속도를 잃어버리게 된다. 천적으
로부터 도망갈 수도 없고, 도망가는 먹잇감을 쫓아갈 수도 없다. 인
간을 둘러싼 생활 환경이 변화한 거다. 주어진 환경에 적응하지 못하
는 자는 도태된다. 그것이 자연적인 환경의 변화이건 인공적으로 만
들어진 환경의 변화이건 마찬가지다. 화식은 인간이 만들어 냈지만,
스스로 만들어 낸 기술이라도 거기에 적응하지 못하면 도태된다. 인
간은 스스로 만든 기술로 인하여 스스로 도태의 위기를 맞게 되었다.

음식을 익혀 먹는 것은 다른 동물들이 경험하지 못한 독특한 환경
을 인간에게 부여한다. 바로 '에너지의 잉여'다. 동물의 삶은 생활의
필요에 제한되어 있다. 에너지의 효율적인 이용에 맞춰 진화되어 있
어 에너지의 잉여라는 것이 없다. 화식으로 인간은 이제껏 경험해 보
지 못한 '에너지의 잉여'라는 새로운 환경을 경험한다. 잉여 에너지는
어떤 방식으로든 반드시 소진되어야 한다. 아직 비만 조건이 갖추어
지지 않은 인간에게 예상치 못했던 비만 능력은 축복이 아니라 재앙
이다.

"에너지 잉여라는 환경의 도전에 인간들은 어떻게 응전했을까?"

---

78) 인류학자 토머스 윈(Thomas Wynn)에 의하면 지능을 관장하는 것으로 여겨지는 인간의 뇌
는 대부분 정교한 기술이 개발되었다는 증거가 전혀 없을 때 진화했다고 한다(마이클 가자니가,
《왜 인간인가?》, 121쪽에서 재인용). 인간의 뇌가 커지는 방향으로 진화할 당시까지만 해도 인간
은 아직 정교한 도구를 사용하여 포식자들로부터 자신을 효과적으로 방어하는 것도, 빠르게 달아
나는 먹잇감을 효과적으로 사냥하는 것도 불가능한 상황이었다는 것이고, 살아남기 위해서는 속도
를 포기할 수 없는 상태였다는 의미이다.

인간들은 다른 동물들과는 완전히 다른 방식으로 응전한다. 이렇게 완전히 다른 방식, 완전히 독창적인 방식으로 응전했기 때문에 인간만이 유일하게 진화의 과업에 성공하게 된다. 자연의 장벽을 뛰어넘고 다른 모든 동물들이 실패한 진화에 극적으로 성공한다. 아이러니하게도 그 진화의 방식은 그 결과물인 우리 현대인들의 상식에도 너무 낯설다.

그 방식은 바로 '에너지의 과소비'다. 인류는 에너지 잉여라는 새로운 도전에 대해 에너지 과소비라는 새로운 방식으로 응전한다. 에너지를 체계적으로 과소비하도록 진화함으로써 환경의 도전에 성공적으로 응전하고, 새로운 환경에 적응하게 되며, 결국 다른 동물들과는 완전히 다른 독보적인 존재가 된다. 비로소 인간다운 인간, '에너지를 과소비하는 동물'이 탄생한 것이다.

효율적인 자가 아니라 환경에 잘 적응하는 자가 살아남는다

인간이 불을 사용하여 음식을 익혀 먹게 되면서 음식을 더 많이 먹을 수 있게 되고, 음식을 먹는 데 쓰는 에너지를 더 줄이게 되었다. 이를 에너지 유출입의 관점에서 보면 에너지를 더 효율적으로 공급하고, 더 효율적으로 사용하게 된 거다. 얼핏 들어 보면 인류의 생활 환경이 살기에 더 좋아졌다는 것을 의미하는 것처럼 들린다. 하지만, 에너지를 효율적으로 사용한다는 것과 환경에 잘 적응한다는 것은 다르다. 양자는 에너지가 부족한 환경에서 일치할 확률이 높을 뿐이다. 지금 우리는 에너지 부족이라는 고정 관념을 당연한 조건으로 받아들이기 때문에 그 차이를 발견하지 못하고 쉽게 혼동하지만, 양자

는 다르다.[79]

화식으로 초래된 에너지 사용의 효율성은 에너지 잉여라는 문제를 일으키고 아직 뚱뚱하게 살 수 있는 조건을 갖추지 못한 인류의 생존을 위협하는 도전이 된다. 인간이 살아남기 위해서는 이 '효율성'과 싸워 이겨야만 한다. 불의 사용이 가져온 새로운 환경의 변화는 이전에 인간이라는 종이 도달한 안정 상태를 깨뜨린다. 인간에게 새로운 변화와 새로운 진화를 요구하게 된다. 이 생존의 위협에서 살아남으려는 적응 과정에서 '동물로서의 인간'은 '진정한 의미의 인간'이 된다.

화식 이전에는 생고기를 물어뜯고 씹을 수 있는 강한 턱과 소화시킬 수 있는 긴 위장을 가진 개체가 인간들 사이의 경쟁에서 승리하였다. 하지만, 화식 이후에는 강한 턱이나 긴 위장은 불필요해졌다. 그런 개체보다는 에너지를 과소비하는 데 적합한 개체들, 즉 많이 먹어도 여분의 에너지를 과소비하여 날씬한 몸매를 유지하는 데 적합한 개체들이 경쟁에서 승리하게 된다. 그들이 후손을 남기게 되면서 결과적으로 인간은 에너지를 과소비하는 방향으로 진화한다.

인간의 활동이 일정한데 여분의 에너지를 더 소비하려면 활동을 하지 않더라도 에너지를 추가로 소비하는 시스템이 있어야 한다. 이를 위해서는 신체 기관 중 어느 부분이 에너지를 효과적으로 과소비해 주어야 한다. 효과적으로 에너지를 과소비하기 위해 인간은 다른 유인원들에 비해 몸집이 커지게 되고,[80] 인간의 몸에서 대부분의 털

---

79) 움베르또 마뚜라나 · 프란시스코 바렐라, 《앎의 나무》, 132~133쪽 참고.

80) 인간은 지구상에서 가장 큰 동물 중의 하나로 지상에 사는 99% 이상의 동물이 인간보다 작고, 190종의 영장류 중 인간보다 몸집이 큰 종은 고릴라밖에 없다(스티븐 제이 굴드, 《다윈 이후》, 253~254쪽; 마이클 L. 파워 · 제이 슐킨, 《비만의 진화》, 81~83쪽; 리처드 랭엄, 《요리 본능》, 159~160쪽 참고).

이 사라지고, 인간의 뇌는 다른 동물들에 비해 더 커지게 된다.[81]

우선, 몸집이 커지게 되면 같은 활동을 하더라도 더 많은 에너지를 소모하게 된다. 심장은 더 커진 신체의 말단부까지 피를 보내기 위해 더 세차게 뛰어야 하고, 몸은 더 많은 세포와 체액들을 생산해 내어야 하고, 똑같은 활동을 하더라도 더 무거운 몸을 움직이기 위해 팔다리의 근육도 더 많은 힘을 써야 한다. 그래서 에너지를 더 많이 소비하게 된다. 몸에서 털이 사라지면 피부가 외부에 드러나게 되어 열이 더 빨리 방출되고 체온 유지를 위해 더 많은 에너지를 소비하게 된다. 뇌는 신체 중에서 무게에 비하여 가장 많은 에너지를 소비하는 기관으로 다른 어떤 기관보다 더 적은 체중 증가로 더 많은 에너지를 소비할 수 있게 해 준다.[82] 이렇게 커진 체격을 유지하기 위한 에너지 소비 증가, 체온 유지를 위한 에너지 소비 증가, 뇌용량 증가로 인한 에너지 소비 증가로 잉여 에너지가 소진된다. 마른 몸매를 유지하는 수준에서 에너지 유입과 유출이 다시 균형을 이루게 된다. 원시 비만 현상이라는 생존의 위협은 진화라는 원시적 다이어트 방법을 통해 해결되었다.

정리해 보면 인간들은 불로 음식을 익혀 먹게 되면서 과식 능력을 얻게 되었고, 그 과식 능력으로 인해 자연 상태에서 도태될 위험에 처하게 된다. 하지만, 효과적으로 에너지를 과소비하는 방식으로 진화

---

81) 인간의 뇌는 덩치가 비슷한 다른 유인원의 뇌에 비교하면 세 배 정도 더 크고, 그만큼 더 많은 에너지를 사용한다(수전 블랙모어, 《밈》, 147~148쪽; 대니얼 리버먼, 《우리 몸 연대기》, 162~167쪽 참고).

82) 뇌의 특별함은 막대한 에너지 소비량에 있다. 다른 부위의 10배나 된다. 뇌가 신체에서 차지하는 비중은 2%에 불과하지만, 산소의 20%, 포도당의 25%를 사용한다. 끊임없이 에너지가 공급되어야 하고, 쉴 때와 잘 때 그리고 일할 때와 무관하게 거의 항상 일정하게 막대한 에너지를 소비한다(최낙언, 《감각·착각·환각》, 70~71쪽 참고).

함으로써 새로운 환경 변화에 적응하여 살아남았다. 화식으로 발생한 에너지 유출입의 불균형을 에너지를 과소비하는 방향으로 진화하여 극복한 인간이 그 진화 과정에서 얻게 된 식욕이 바로 현대인의 식욕에서 중심을 이루는 '인간의 1차 식욕'이다.

인간의 1차 식욕은 화식을 통해 얻게 된 과식 능력으로 더 많은 음식을 섭취할 수 있다는 점에서 동물의 식욕과는 다르다. 그러나, 과식을 통해 추가로 섭취한 에너지를 과소비하는 방식으로 진화한 결과 얻은 식욕이기 때문에 1차 식욕에 따라 음식을 먹으면 추가로 섭취한 에너지는 모두 소비되어 버린다. 여전히 인간은 '자연 상태에 적합한 몸매'를 유지하게 된다. 비만에 미치는 영향에 있어서는 동물의 식욕과 동일하다. 인간은 화식을 통해 에너지 유입량을 늘리지만, 잉여 에너지를 저장할 수 있는 비만 조건이 갖추어져 있지 않았기 때문에 뚱뚱해지는 방식으로 적응할 수 없었다. 에너지 유출량을 늘리는 방식으로 진화하여 적응하였다. 그 결과 화식 이후의 인간들은 동물들에 비하여 에너지 유출입량이 더 높은 수준에서 안정된다.

화식 이후의 인간들은 비록 동물들에 비하여 에너지 유입량은 높은 수준으로 상승했지만, 과식으로 늘어난 유입량은 과소비를 통하여 유출되기 때문에 다시 안정 상태를 유지하게 된다. 화식 이전과 마찬가지로 '자연 상태에 적합한 몸매'를 유지하게 된다. 결과적으로 인간은 화식을 통해 얻은 비만 능력을 잃어버리고, 다시 자연 상태에 적합한 몸매가 된다. 천적을 만났을 때 빠르게 도망쳐 살아남게 되었고, 빠르게 도망치는 먹잇감을 쫓아가 잡아먹을 수 있게 되었다. 화식으로 인해 풀렸던 날씬한 몸매의 사슬이 진화를 통해 다시 인간의 발목에 채워지게 되었다.

제2부

비만의 조건

- 잉여의 두 번째 물결과 마음의 진화 -

식물과의 관계에서 보면 초식 동물이, 초식 동물과 관련지어 보면 육식 동물이 사치이지만, 특히 인간은 모든 생물들 중에서 잉여 에너지를 가장 강렬하고 사치스럽게 소비하는 사치 동물이다. 생체 압력은 잉여 에너지를 불태워 쓰도록 권유한다.[83]

- 조르주 바타이유, 《저주의 몫》-

83) 조르주 바타이유, 《저주의 몫》, 78쪽.

자연은 어질지 않다. 만물을 지푸라기처럼 하찮게 여긴다

자연은 자비롭지 않다. 자연은 만물을 길러 내지만, 동시에 그 환경 속에서 살아가는 생물들에게 생존 조건을 부여하고, 생물들이 그 생존 조건에 맞추어 살아가도록 압력을 가한다. 그래서 자연 세계의 모든 생물들은 자연환경이 부여한 생존 조건에 맞추어 진화하고, 생존하고, 활동하고, 그 안에서만 자유롭다. 주어진 환경에 적응하지 못하는 생물은 도태된다. 생존 조건이 생물들의 행동 방식을 제한하는 구조로서 작동하는 것이다.

이는 두 가지 방식으로 작동한다. (1) 먼저, 환경이 변하면 생물은 그 환경 조건에 적응하여 진화해야 한다. 생물이 이전 환경에 적응한 상태에 있더라도 환경이 변하게 되면 이전의 적응 상태는 부적응 상태가 된다. 새로운 환경에 맞추어 새롭게 적응해야 한다. 환경이 변하는데도 변하지 않고 적응하지 못하는 생물은 도태된다. 개체의 차원에서 보면 어떤 개체는 태어날 때 부모로부터 구조화된 신체를 부여받기 때문에 환경이 변하더라도 신체 구조가 변할 수 없다. 환경의 변화에 적응하는 정도 역시 제한적이다. 하지만, 종의 차원에서는 종 내에서 개체간의 차이가 있고, 환경이 변하면 그 변화에 적응하지 못하는 개체는 도태되는 반면 잘 적응하는 개체가 살아남아 후손을 남기게 된다. 자연 선택이 여러 세대에 걸쳐 반복되는 과정에서 환경의 변화에 적응하는 방향으로 그 종에 속한 개체들의 구조가 변한다. 진화의 사슬은 이렇게 환경이 변할 때 생물의 구조를 변화시켜 생물을

끌고 간다.[84]

(2) 또한, 환경에 적응한 상태에 들어간 생물은 환경의 변화 없이 스스로 그 상태를 벗어나 진화할 수 없다. 어떤 개체가 환경의 조건에 맞지 않는 구조와 능력을 가지게 되면, 이는 생존에 부적합한 상태를 만들어 낸다. 그 상태는 생존에 불리하게 되고 그 개체는 도태된다. 돌연변이가 대부분 도태되고 종의 안정성이 유지되는 이유가 이 때문이다. 어떤 종이 환경에 적응한 상태에 있는 경우에도 개체 단위에서는 돌연변이로 생존 조건에서 벗어나는 개체가 생겨날 수 있고, 실제 그런 개체들이 무수히 발생한다. 하지만, 그 개체는 도태된다. 그런 방식으로는 진화의 사슬에서 벗어날 수 없다. 진화의 사슬은 환경이 변화하지 않을 때 생존 조건을 벗어나지 못하도록 생물을 묶어 놓고 있다.

진화의 사슬은 이렇게 환경이 변할 때 생물을 환경에 맞추어 끌고 가기도 하지만, 환경이 변하지 않을 때 환경에서 벗어나지 못하도록 묶어 두기도 한다. 우리는 두 번째 부분에 주목해야 한다.

갈매기 조나단과 진화의 사슬

《갈매기의 꿈》이라는 책에는 조나단 리빙스턴이라는 갈매기가 나온다. 리빙스턴의 행동은 다른 갈매기들과 다르다. 그는 먹이를 구하기 위해서가 아니라 자신의 한계에 도전하는 새로운 비행 기술을 익히기 위해 하늘을 난다.

---

84) 먹이 사슬에 매여 있는 동식물이 환경이 변할 때 소멸하는 것은 마치 갤리선을 젓는 노예들이 갤리선이 침몰할 때 함께 익사하는 것과 같다. 모두 그 배에 사슬로 묶여 있기 때문이다. 여기서 살아남기 위해서는 사슬을 끊어야 한다. 동식물도 마찬가지다. 진화해야 한다(미하일 일리인, 《인간의 역사》, 341쪽 참고).

외톨이가 되어 자신만의 비행 기술을 익히고, 결국에는 다른 갈매기들이 도달할 수 없는 진정한 '자유'에 이르게 된다. 감동적인 이야기다. 하지만, 이런 이야기는 소설일 뿐이다. 현실에서는 이런 결과가 나올 수 없다.[85] 리빙스턴은 먹잇감을 구하기 위해서가 아니라 비행 그 자체를 위하여 하늘을 나는 갈매기다. 생존 조건에 구애되지 않는 '멋진' 갈매기다. 하지만, 이런 행동은 생존 조건을 뛰어넘은 인간만이 할 수 있는 행동이고, 인간의 눈으로 볼 때에만 멋있다. 생존 조건에 묶여 있는 갈매기의 눈으로 보면 리빙스턴은 그야말로 '무책임한' 갈매기다.[86]

자연은 자비롭지 않다. 자연은 죽음의 신(死神)이다.[87] 주어진 환경에 적응하지 못하는 생명은 가차 없이 죽여 버린다. 자연이 갈매기에게 보여 주는 세계는 생존 조건에 맞추어진 삶이고, 그 세계의 경계를 벗어나는 것은 '죽음'을 의미한다.[88] 그래서 아버지 갈매기도 리빙스턴에게 하늘을 나는 것만으로는 먹고 살 수 없고, 갈매기가 하늘을 나는 이유는 먹고 살기 위해서라는 사실을 알려 준다.[89] 아버지 갈매기의 이 말이 진화 과정의 냉혹한 현실을 그대로 보여 준다. 갈매기든, 인간이든, 그 어떤 동물이든 '먹어야 산다'. 지구상의

---

85) 리처드 도킨스, 《눈먼 시계공》, 130쪽 참고.

86) 어느 날엔가 조나단 리빙스턴, 그대는 무책임이 보상받지 못한다는 걸 배우게 될 거요. 삶은 알려지지 않은 것이며, 또한 알 수도 없는 것이오. 우리가 먹기 위해, 그리고 할 수 있는 한 오래 살아 있기 위하여 이 세상에 던져졌다는 사실만 제외하면 말이오(리처드 바크, 《갈매기의 꿈》, 31쪽).

87) 리처드 도킨스, 《눈먼 시계공》, 113쪽.

88) 어떤 종이 자연 세계에서 도태되지 않고 살아 있다는 것은 그 종이 가진 여러 가지 잠재성들 중에 자연환경이라는 조건에서 살아남는 데 적합한 속성이 실현되어 있다는 것을 의미한다. 현실적으로는 살아 있는 하나의 종만 보이지만 그 종은 여러 가지 도태되는 속성들을 잠재성으로 그 안에 가지고 있는 거다. 그러니 어떤 개체가 자연환경에서 생존하는 속성을 버리고 다른 방식을 채택하게 되면, 이는 잠재적인 상태로 머물러 있던 속성 중 자연환경에서 도태되는 속성을 실현하는 것이어서 도태된다.

89) 리처드 바크, 《갈매기의 꿈》, 15쪽.

그 누구라도 살아 있는 자는 생존의 필요로부터 자유로울 수 없다.

어떤 갈매기가 비행 그 자체에 독특한 능력이나 관심을 가지고 태어날 수는 있다. 하지만 갈매기가 처한 환경은 생존 조건에 제한되어 있기 때문에 그 능력이나 관심이 이루어질 수 있는 조건이 갖추어져 있지 않다. 쉽게 말해서 어떤 갈매기가 사냥과 관계없는 비행술을 추구하기 위해서는 다른 누군가가 그 갈매기에게 계속 먹이를 가져다주어야 한다. 이렇게 먹이를 가져다주기 위해서는 갈매기 사회에 잉여 식량이 있어야 한다. 하지만 갈매기 세계에는 잉여 식량이 없다. 그래서 갈매기 세계에서는 아무도 리빙스턴에게 먹이를 가져다주지 않는다. 그런데도 리빙스턴처럼 실현될 조건이 갖추어지지 않은 능력이나 관심을 추구하게 되면 그 개체는 굶어 죽는다. 갈매기를 포함한 모든 동물은 이런 방식으로 살 수 없다. 이것이 진화의 사슬이 작동하는 두 번째 방식이다.

"인간은 어떨까?"

앞에서 우리는 인간이 자연적으로 비만 능력을 부여받지 못한 채 태어났다는 사실을 보았다. 인간은 날씬한 몸매의 사슬에 매여 있기 때문에 유전적으로 뚱뚱해질 능력이 없다. 달리 말하면 자연이 인간에게 허용하는 생존 조건은 날씬한 몸매를 유지하는 조건이다. 날씬한 몸매를 유지하지 못하면 살아남지 못하고 도태된다. 이 생존 조건이 인간의 진화 과정에서 날씬한 몸매로 진화하도록 압력(선택압)을 가하고, 그 압력에 눌려 진화한 인간은 자연의 압력 때문에 날씬한 몸매에서 벗어나지 못한다. 자연은 인간이라고 봐주지 않는다. 뚱뚱해진 개체는 가차 없이 죽여 버린다. 맹수가 쫓아올 때 도망치지 못해서 잡혀 먹히든, 먹잇감이 도망가는데 쫓아가지 못해서 굶어 죽든 어쨌든 죽는다. 그래서 그런 개체는 후손을 남길 수 없고, 도태된다. 설령 후손을 남기더라도 다음 세대에서 도태된다. 결국 날씬한 몸매로 진화하여 그 몸매를 유지하는 개체만이 후손을 남기게 되고, 그 후손들이 우리들이다. 그래서 우리는 유전적으로 뚱뚱해질 수 없다. 유전적으로 날씬한 몸매의 사슬에 묶인 채 태어난다.

"그런데, 지금 우리는 어떻게 뚱뚱해질 수 있게 되었을까?"

드디어 사슬이 풀렸다! 이제 날씬한 몸매로부터 해방이다!

날씬한 몸매의 사슬에 묶여 태어난 인간은 자연적인 비만 능력이 없다. 자연적인 비만 능력이 없기 때문에, 가만히 놔두면 날씬한 몸매 쪽으로 끌려가 버린다. 뚱뚱해지지 못한다. 인간이 뚱뚱해지려면 인공적으로 비만 능력을 만들어 내야 하고, 그 비만 능력이 실현될 수 있는 조건이 갖추어져야 한다.

먼저 인간에게 비만 조건이 갖추어진다. 비만 조건은 세 가지다.

(1) 첫째, 천적을 피해서 뛰지 않아도 살아남을 수 있어야 한다.

(2) 둘째, 먹잇감을 쫓아서 뛰지 않아도 살아남을 수 있어야 한다.

(3) 셋째, 상시적인 잉여 식량(잉여 에너지원)이 존재해야 한다.

이 세 가지 조건 중 하나라도 갖추어지지 않으면 뚱뚱해질 수 없다.

화식으로 인간은 일시적으로 세 번째 조건이 갖추어지지만 첫 번째, 두 번째 조건이 갖추어지지 않았기 때문에 뚱뚱해질 수 없었고, 생존 조건의 압력에 눌려 에너지를 과소비하는 방식으로 진화하게 된다. 여전히 날씬한 몸매를 유지하게 되었다. 그런데, 이렇게 진화하는 과정에서 다른 동물들과 달리 뇌용량이 필요 이상으로 커진다. 필요 이상으로 커져 버린 뇌는 생활의 필요를 충족시키고도 남는다. 뇌용량에 잉여가 생긴다. 남아도는 뇌용량을 이용해서 인간이 잡생각(잉여의 사고)을 하게 되고, 그 잡생각은 인간의 머릿속에 잉여의 정보를 가진 가상 세계를 만들어 낸다. 현실에 존재하지 않는 세계를 만들어 내는 거다. 인간은 자신의 머릿속에 있는 가상 세계에서 이미지(심상)와 관념의 기호들을 이용한 시뮬레이션 작업(가상 작업)을 하게 되고, 그 결과 다른 동물들이 자연적으로 얻게 되는 생존의 도구보다 더 효율적인 인공적 도구를 만들어 낸다.

새롭게 만든 도구와 그 도구를 이용한 새로운 기술들 중의 하나가 사냥 기술이다. 인간이 개발해 낸 효과적인 사냥 도구와 집단적 사냥 기술은 점점 인간을 지구상의 최강자로 만든다. 호랑이나 사자 같은 대형 육식 동물도 더 이상 인간을 사냥하지 못한다. 지구상에서 인간의 천적이 사라진다. 이제 인간은 더 이상 천적을 피해 도망치지 않아도 살 수 있게 되었다. 비만의 첫 번째 조건이 갖추어진다.

그렇게 지구상의 최강자가 되어 자연 속의 짐승들을 사냥하며 살아가던 인간의 생활 방식은 대략 1만 년 전에 농업혁명이 시작되면서 바뀌게 된다. 식물의 씨앗을 뿌려 재배하고, 동물을 길들여 키운다. 농사와 목축이다. 농사와 목축기술이 발전하면서 먹잇감을 사냥해서 먹는 것이 아니라 길러서 먹게 된다. 먹잇감을 길러서 먹게 되면 먹잇감이 도망가지 않는다. 먹잇감을 쫓아서 뛰어다닐 일이 없다. 더 이상 먹잇감을 쫓아서 뛰지 않아도 굶어 죽지 않게 되었다. 이로써 비만의 두 번째 조건이 갖추어진다.

이 두 가지 조건이 갖추어지면서 날씬한 몸매를 유지해야만 살 수 있는 진화의 압력이 느슨해진다. 지구상 최강자인 인간은 뚱뚱해지더라도 호랑이나 사자가 잡아먹지 못한다. 농사와 목축을 하는 인간은 먹잇감을 잡으러 뛰어다니지 않아도 굶어 죽지 않는다. 인간은 뚱뚱해져도 도태되지 않는다. 자연환경이 인간에게 허용하는 존재 방식의 범위가 넓어진다. 이제 인간은 날씬하게 살 수도 있고, 뚱뚱하게 살 수도 있다. 행동 방식과 존재 방식의 선택권이 생기고 스스로 자기의 행동 방식을 만들 수 있게 된다. 다양한 행동 방식과 존재 방식이 가능해진다. 하지만, 이것은 뚱뚱해지더라도 도태되지 않는다는 것이지 현실적으로 뚱뚱해질 수 있다는 의미는 아니다. 지구상의 최강자가 되고 농경과 목축을 하더라도 먹을 게 없으면 뚱뚱해질 수 없다. 뚱뚱해지려면 충분한 식량이 필수적인 조건이다. 그것도 상시적으로 충분한 식량이 필요하다. 비만 능력이 현실적인 비만 상태로 실현될 수 있기 위해서는 세 번째 조건까지 갖추어져야 한다.

농업 기술의 발전은 에너지원인 식량의 생산량을 늘려 잉여 생산물을 만들어 낸다. 하지만 잉여 생산물은 비만으로 이어지지 못한다. 잉여 생산물은 인구 증가를 유발하고, 인구 증가는 식량의 수요 증가로 이어진다. 생산 기술의 발전 속도가 인구의 증가 속도를 완전히 넘어설 만큼 빠르지 않으면, 기술 진보의 혜택은 일시적으로만 존재하고, 한 세대가 지나기 전에 인구 증가로 상쇄되어 버린다.[90] 기술의 발전은 인구를 증가시킬 뿐 인류의 생활 조건을 개선시키지 못하고, 늘 생활의 필요를 충족시키는 정도의 수준에 머무르게 된다. 이것이 '맬서스의 함정'이다.[91] 산업 혁명 이전의 인간 사회는 맬서스의 함정에 빠져 상시적인 잉여 식량이 존재하지 않았다.

하지만, 농업 기술의 발전이 새로운 환경 변화를 가져온다. 농사와 목축을 하면 곡물을 재배하는 농토나 가축을 기르는 목초지 근처에 살아야 한다. 그러다 보니 인간들의 생활 방식이 바뀐다. 사냥을 하

---

90)   그레고리 클라크, 《맬서스, 산업 혁명 그리고 이해할 수 없는 신세계》, 29~34쪽; 윌리엄 번스타인, 《부의 탄생》, 29~34쪽 참고.

91)   1800년경 사람들이나 BC 10만 년 전의 원시시대 인류나 사는 형편에 큰 차이가 없었다. 사실 세계 전체를 놓고 볼 때 1800년경 사람들 대다수가 원시시대 인류보다 더 가난하게 살았다(그레고리 클라크, 《맬서스, 산업 혁명 그리고 이해할 수 없는 신세계》, 24쪽 참고).

는 수렵인은 동물을 쫓아 이곳저곳으로 떠돌아다니지만, 농사와 목축을 하는 농경인은 한곳에 정착해서 산다. 한곳에 모여 살게 되면서 점점 큰 마을이 생기고, 그곳에서 인간들은 기능적으로 분화되어 서로 의존하며 살게 된다. 인간들이 조밀하게 모여 사는 도시가 생겨난다. 도시가 생겨나고 인간들의 기능이 분화되면서 여기에 맞춰 다시 인간들의 생활 방식이 바뀐다. 정치적으로 국가와 계급이 생겨 지위의 불평등이 생기고, 경제적으로 생산물이 한 곳으로 집중되면서 소득의 불평등이 생긴다.[92] 사회 전체적으로는 여전히 식량의 생산량이 소비량을 초과하지 못하지만, 경제력이 집중되는 소수의 지배자들은 상시적으로 소득이 소비량을 초과하게 된다. 마치 사막 가운데 있는 오아시스처럼 사회 전체는 식량이 부족하지만 지배자와 그 주변에 있는 사람들은 풍요로운 생활을 할 수 있다. 그들은 가뭄이 들어도, 수해가 생겨도, 흉년이 들어도 굶지 않는다. 사람들이 모두 굶주리고 들판에 굶어 죽은 시체가 널려 있어도, 지배자의 부엌에는 살찐 고기가 있고, 축사에는 살찐 가축들이 있다. 달리 말해서 그들에게는 상시적인 잉여 식량(잉여 에너지원)이 존재하게 된다. 이것이 '잉여의 두 번째 물결'이다. 두 번째 물결은 사회 전체가 아니라 부유한 소수의 사람들만 대상이 된다. 비록 소수이기는 하지만, 그들에게는 비만의 세 번째 조건이 갖추어진다.

이 세 가지 조건이 갖추어짐으로써 비만 조건을 완전히 갖춘 인간이 생겨나게 되고, 비로소 비만 능력이 현실적으로 드러날 수 있는 토대가 갖추어진다. 하지만, 비만 조건이 갖추어지더라도 과식 능력이

---

92) 고든 차일드, 《신석기혁명과 도시혁명》, 156쪽, 190~191쪽; 에리히 프롬, 《인생과 사랑》, 198쪽 참고.

없으면 뚱뚱해질 수 없다. 지구상의 최강자가 되고, 식량을 길러서 먹고, 잉여 식량이 아무리 넘쳐나더라도 과식 능력이 없는 인간은 필요 이상으로 음식을 먹지 못한다.[93] 필요 이상으로 음식을 먹으면 불쾌해지기 때문이다. 음식을 필요 이상으로 먹지 못하면 뚱뚱해지고 싶어도 뚱뚱해질 수 없다. 앞에서 보았던 것처럼 비만 능력은 아무에게나 주어지는 것이 아니다. 대형 초식 동물처럼 뚱뚱해지는 조건이 허락된 소수의 동물들에게만 주어지는 자연의 혜택이다. 인간은 자연적으로 이런 능력을 부여받지 못했다. 소수의 지배자도 마찬가지다. 그래서 인간은 비만 조건이 갖추어져도 뚱뚱해질 만큼 음식을 먹을 수 없다. 태어날 때부터 날씬한 몸매의 사슬에 매여 있고, 이 사슬을 풀지 못하면 뚱뚱해질 수 없다.

뚱뚱해진다는 것은 음식물을 먹고 소화시켜 생산한 에너지 중 쓰고 남는 에너지를 지방으로 바꾸어 몸의 여기저기에 쌓아 두는 거다. 그러니 뚱뚱해지기 위해서는 반드시 잉여 에너지를 생산해 낼 수 있어야 한다. 잉여 에너지를 생산하기 위해서는 불쾌감을 느끼지 않고 필요 이상으로 먹을 수 있어야 한다. 과식할 수 있어야 하고, 과식하는 능력이 있어야 한다. 자연적인 과식 능력이 없는 인간이 뚱뚱해지기 위해서는 불쾌감을 느끼지 않고 과식할 수 있는 과식 능력을 인공적으로 만들어 내야 한다. 비만 능력의 요체는 인공적인 과식 능력이다.

인간이 화식을 하게 되면서 인간의 생활 환경이 변했다. 화식을 통

---

93) 원시림에 사는 수렵민들은 과식 능력이 없기 때문에 먹을 음식이 풍부하더라도 필요 이상으로 먹지 못한다. 그래서 필요 이상으로 사냥하지도 않고, 필요 이상을 바라지도 않는다(에리히 프롬, 《인생과 사랑》, 197쪽 참고).

해 인간은 과식 능력을 얻게 되었고 잉여 에너지가 발생했다. 하지만, 비만의 조건을 갖추지 못한 인간은 뚱뚱해지는 방식으로 적응할 수 없었고, 에너지를 과소비하는 방식으로 진화했다. 진화의 과정에서 필요 에너지양이 늘어나고 잉여 에너지가 사라진다. 화식을 통해 얻은 과식 능력을 다시 잃어버린다. 필요 이상으로 먹으면 불쾌감을 느끼기 때문에 과식할 수 없다. 과식할 수 없으니 필요한 만큼만 먹을 수 있고, 필요한 만큼만 먹으니 잉여 에너지를 생산하지 못한다. 잉여 에너지가 생산되지 않으면 뚱뚱해질 수 없다.[94] 다시 인간은 비만 능력을 잃어버리고, 날씬한 몸매의 사슬에 매이게 되었다.

그런데, 도시와 계급이 발생하여 잉여 자원이 소수의 사람들에게 집중되고, 소수지만 상시적으로 잉여 식량을 확보한 사람들이 생기게 되면서 그들의 생활 환경이 변한다. 상시적으로 잉여 식량을 가진 사람은 필요한 양을 먹고도 음식물이 남는다. 이 남아도는 음식물은 가만히 두면 썩어 없어지는데, 그냥 썩혀 없애기에는 아깝다. 그렇다고 남는 음식물을 더 먹을 수도 없다. 불쾌감과 고통을 주기 때문이다. 남는 음식물을 더 먹으려면 인간에게 인공적으로 과식 능력을 부여해야 한다. 그리고 또 다른 문제가 있다. 소수의 부유한 자들에게서 음식을 먹는 기쁨이 사라져 버린다. 음식을 먹는 기쁨은 배고픔이라는 불쾌감이 사라지는 기쁨이다. 그러니 배고픔이 없으면 배고픔이 사라지는 기쁨도 없다. 그들은 풍요의 딜레마에 빠진다.[95] 불쾌하

---

94) 이는 마치 한 달에 100만 원을 벌어서 생활비로 100만 원을 쓰던 사람이 수입이 늘어 한 달에 150만 원을 벌게 되었지만, 생활 수준도 함께 높아져 한 달에 150만 원을 생활비로 쓰게 된 것과 같다. 100만 원을 벌어서 100만 원을 쓰는 사람이 저축할 수 없는 것과 같은 이유로 150만 원을 버는 사람도 150만 원을 써 버리면 남는 돈이 없고, 저축을 하고 싶어도 저축할 수 없다.

95) 콜린 캠벨, 《낭만주의 윤리와 근대 소비주의 정신》, 127~128쪽 참고.

지도 않지만 쾌감도 없는 지루한 삶이 된다. 여기서 벗어나기 위해 인공적인 쾌감을 생산하는 기술을 개발한다.[96] 그 기술이 바로 '예술'이다. 경제적인 의미에서 예술은 잉여 생산물을 효과적으로 과소비할 수 있도록 인간에게 과소비 능력을 부여하는 기술이다. 음식과 관련해서는 음식물의 미각 정보를 조작하여 인간이 효과적으로 과식할 수 있도록 만드는 기술이 개발된다. 인위적으로 조작된 미각 정보가 인간의 정보처리 과정(심리 체계)을 바꾼다. 음식물이 가진 자연적인 미각 정보보다 더 매력적으로 변형된 미각 정보가 인간의 감각 체계 내로 들어와 인간이 필요 이상으로 과식하면서도 불쾌감을 느끼지 않고 계속 쾌감을 느끼도록 만든다. 과식을 해도 계속 쾌감을 느끼기 때문에 과식하게 된다. 이 기술이 바로 '요리 기술'이다.

요리 기술을 통해 에너지원인 음식물이 가진 자연적인 미각 정보를 인위적으로 변경하는데, 이렇게 변경된 미각 정보는 그 음식물이 자연적으로 가지는 정보보다 인간의 감각에 더 매력적인 정보가 된다. 그 결과 인간은 필요 이상으로 음식을 먹더라도 불쾌감을 느끼지 못한다. 계속 쾌감을 느끼게 되고, 자연적으로 적정한 음식 섭취량을 넘어서서 음식을 먹게 된다. 과식 능력이 생기는 거다. 이 과식 능력이 인간을 과식할 수 있도록 만들고, 과식을 통해 생산된 잉여 에너지가 몸 여기저기에 쌓이게 되면서 비로소 인간이 뚱뚱해질 수 있게 된다. 인간이 자연적으로 부여받은 날씬한 몸매의 사슬이 풀린다. 사슬에서 풀려난 인간은 잉여 식량이 주어지기만 하면 뚱뚱해질 수 있게 되었다. 이렇게 해서 인간은 날씬한 몸매의 사슬에서 해방되었다.

---

96) 애덤 스미스, 《국부론》, 181~182쪽; 콜린 캠벨, 《낭만주의 윤리와 근대 소비주의 정신》, 129~131쪽 참고.

제3부

비만의 역사

- 잉여의 세 번째 물결과 사회의 진화 -

현재 행해지고 있는 체계적이고 조직적인 소비에 대한 훈련은 사실 19세기 내내 행해진 농촌 인구의 산업 노동에의 대대적인 훈련의 20세기에서의 등가물이며 그 연장이라는 것을 사람들은 잘 알아차리지 못하고 있다. 19세기에는 생산 영역에서 일어난 생산력의 합리화과정 바로 이것이 20세기에는 소비 영역에서 그 결말을 찾고 있다. [97]

- 장 보드리야르, 《소비의 사회》 -

97) 장 보드리야르, 《소비의 사회》, 107쪽.

산업 혁명과 에너지 잉여의 세 번째 물결

인간과 불의 심장을 가진 자동 기계의 분업

인간은 아주 오래전부터 불을 도구로 사용하였다. 그래서 우리에게 불은 익숙하다. 불이 있으면 불에서 열과 빛이 나온다. 그 열과 빛을 이용하여 음식물을 익히거나 어둠을 밝힐 수 있다. 그리고 불은 물을 만나면 꺼진다. 오래전부터 알려져 있던 상식이다. 그런데 옛날에 어느 원시인이 물과 불을 보다가 이상한 것을 깨닫는다. 자신도 모르는 사이에 상식과 고정 관념을 뛰어넘어 버린다. 물을 직접 불에 끼얹지 않고 움푹 팬 돌이나 큰 조개껍질 같은 것을 사이에 두고 불 위에 얹어 두면 불이 꺼지지 않고 오히려 물이 끓게 된다는 사실이다. 이 발견으로 인류는 물을 끓여서 사용할 수 있게 된다. 하지만, 여전히 불의 열은 열로만 존재하고, 빛은 빛으로만 존재한다. 열이나 빛이 사물을 움직이는 동력이 될 수는 없다. 불의 열로 돌덩이를 뜨겁게 데운다고 해서 돌덩이를 움직이게 할 수 없고, 불의 빛으로 쇳덩이를 밝게 비춘다고 해서 쇳덩이를 움직이게 할 수는 없다. 이것은 누구나 아는 상식이다.

무생물인 사물은 스스로 움직이지 않는다. 스스로 움직이지 않으니 무생물이다. 스스로 움직이고 돌아다니면 그건 무생물이 아니라 생물인 동물이다. 이걸 잊어서는 안 된다. 무생물은 의식이 없고 스스로 움직이려는 욕구도 없다. 그러니 가만히 놔두면 움직이지 않고 그 자리에 그대로 멈추어 있다. 만약 무생물인 사물이 움직이고 있다면 그 사물의 뒤에서 그것을 움직이는 힘(동력)이 작용하고 있기 때문이다. 자연의 힘이나 인간의 힘이 그 사물을 움직이고 있기 때문에 움직인다. 사과가 나무에서 떨어지는 것도, 깃발이 펄럭이는 것도, 선풍기가 돌아가는 것도 모두 그 사물을 움직이는 힘이 작용하기 때문에 움직이는 거다.

그리고 오랜 세월이 지났다. 인간이 기록을 남긴 기원전 2천 년 경부터 18세기 초까지 평균적인 사람의 생활 수준에는 큰 변화가 없었다. 물론 어느 정도의 향상과 후퇴는 있었다. 전염병과 기근, 전쟁에 시달린 때도 있고, 그 사이에 황금기를 누리는 때도 있었다. 그러나 혁신적이고 폭력적인 변화는 없었다.[98] 변화는 18세기 영국에서 시작된다. 어느 기술자가 자기 집 거실에서 끓고 있는 주전자를 바라보고 있었다. 그는 주전자의 끓는 물이 주전자 뚜껑을 들썩이게 하는 것을 보다가 이상한 것을 깨닫는다. 무생물인 사물은 스스로 움직이지 않는다. 무생물인 사물에 열을 가한다 해도 무생물이 움직이지는 않는다. 쇠나 돌에 열을 가하면 그냥 뜨거워질 뿐이지 쇠나 돌이 뜨겁다고 도망가거나 일어나 춤추지 않는다. 이것은 상식이다. 그런데 물이 담긴 주전자에 열을 가하면 주전자 뚜껑이 움직인다. 무생물인 주전자에 열을 가했는데 무생물인 주전자 뚜껑이 움직인다. 이게 이상하다고 느껴지면 기존의 질서가 무너진다. 세상이 이전과 다르게 보인다. 현실 세계에서 불이나 주전자는 예전과 다를 바 없다. 하지만, 그것을 바라보는 인간의 머릿속에서는 완전히 다른 것이 된다. 별들 사이에서 새로운 별자리가 이어지듯이 불의 열과 사물의 운동 사이에 존재하는 다른 관계가 드러난다. 서로 무관해 보이는 관계들

---

98) 존 메이나드 케인스, 《설득의 경제학》, 201쪽 참고.

이 하나로 이어지면서 새로운 세계로 가는 문이 스르르 열린다. 매개체가 없는 물과 불의 관계, 주전자를 매개체로 하는 물과 불의 관계, 끓는 물을 매개체로 하는 불과 운동의 관계가 하나로 이어지면서 열에너지를 운동 에너지로 전환시키는 방법이 보인다. 불의 열이 쇳덩이를 움직이게 할 수는 없지만, 불의 열은 물을 끓일 수 있고, 끓는 물은 쇳덩이를 움직일 수 있다. 불이 그릇을 매개체로 하여 물을 끓이듯이, 끓는 물을 매개체로 하여 사물을 움직인다. 그는 자신도 모르는 사이에 기존의 상식과 고정 관념의 장벽을 가로질러 버린다.

이 발견이 생산력을 폭발적으로 증가시키고, 인류를 산업 혁명이라는 새로운 생산 혁명으로 이끈다. 산업 혁명은 증기 기관과 이를 계량한 엔진을 장착한 기계의 발명과 함께 시작된다. 엔진을 장착한 기계는 기존의 기계들과 달리 스스로 움직이는 기계, 즉 자동 기계다. 인간은 작동을 시작하고, 멈추고, 관리하기는 하지만, 작동 그 자체에는 관여하지 않는다. 작동은 기계가 나무, 석탄, 석유 등의 사물로부터 에너지를 흡수하여 스스로 한다. 인간이 작동에 관여하지 않으니, 그 작동에 인간 몸의 에너지가 사용되지 않는다. 인간의 노동이 기계로 이전되고, 인간과 자동 기계가 분업하게 된다.[99] 이전에도 인간과 사물과의 분업을 통해 인간의 노동이 사물로 이전되기는 했지만, 그 노동력은 시간적, 장소적, 수단적 조건에 제한되어 있었

---

99) 이 분업 구조는 보보의 불장난으로 시작된 원시소비 혁명과 동일한 구조를 가진다. 원시소비 혁명은 화식으로 인간과 불이라는 자동 기계 사이에 소비 노동(에너지 생산 노동)의 분업이 일어나고, 그 결과 인간의 소비 노동이 절감되어 소비력(에너지 생산력)이 폭발적으로 증가한 것이다. 18세기 산업 혁명은 불을 심장(엔진)으로 가지는 자동 기계를 만들어 낸다. 인간과 그 자동 기계 사이에 생산 노동의 분업이 일어나고, 그 결과 인간의 생산 노동이 절감되어 생산력이 폭발적으로 증가한 것이다.

다.[100] 예를 들어 인간이 풍력을 이용하여 풍차를 만드는 경우에 바람이 불지 않으면 그 풍차는 이용할 수 없다(시간적 제약). 수력을 이용하여 수차를 만드는 경우에 강이 없는 곳에서는 수차를 만들 수 없다(장소적 제약). 말을 노동력으로 이용하여 마차를 끌게 하는 경우에 말이 끄는 마차는 1마력의 무게 이상을 넘어설 수 없다(수단적 제약). 물론 말을 여러 마리 연결하여 2마력, 4마력, 6마력, 8마력으로 마차를 끌게 할 수 있지만, 마차를 아무리 연결하더라도, 마차가 기차가 될 수는 없다.[101]

엔진을 장착한 자동 기계는 마차가 아니라 기차를 만든다. 이제 인간은 시간적, 장소적, 수단적 제약을 벗어나 인간이 선택한 시간에, 선택한 장소에서, 선택한 수단으로 노동을 수행한다. 기차는 1년 365일, 밤낮을 가리지 않고 언제나 달릴 수 있고, 어느 장소에나 철로를 놓을 수 있으며, 수많은 차량을 달아 동물의 근력으로는 도저히 따라갈 수 없는 물건도 실어 나른다. 엔진을 장착한 자동 기계의 사용은 생산력을 폭발적으로 증가시키게 된다.

생산력이 소비력을 추월한다

재화의 생산력은 재화를 생산할 수 있는 잠재적인 능력이고, 소비력은 재화를 소비할 수 있는 잠재적인 능력이다. 한 사회의 생산력은 자원과 기술 수준에 따라 결정되는 반면, 소비력은 1인당 소비력과 인구수에 따라 결정된다. 생산력과 소비력은 서로 다른 요소에 따라

---

100) 윌리엄 번스타인, 《부의 탄생》, 235~240쪽 참고.
101) 조지프 슘페터, 《경제발전의 이론》, 66쪽 참고.

결정되기 때문에 일치해야 할 이유가 없다. 일치해야 할 이유가 없으니 일치하지 않는다. 하지만 실현된 생산량과 소비량은 일치한다.

"왜 그럴까?"

한 사회의 생산력과 소비력은 일치하지 않는다. 일치하지 않기 때문에 생산력은 소비력보다 더 작거나 더 크다. 생산력이 소비력보다 더 작으면 그 차이만큼 남는 잉여의 소비력은 실현 조건이 갖추어지지 않아 실현되지 못하고 잠재적인 상태로 남는다. 반대로 생산력이 소비력보다 더 크면 그 차이만큼 남는 잉여의 생산력은 실현 조건이 갖추어지지 않아 실현되지 못하고 잠재적인 상태로 남는다.

산업 혁명 이전의 사회에서 생산력은 소비력을 추월하지 못하였다. 기술 진보로 인한 잉여 생산물이 생기면 인구 증가를 유발하고, 인구 증가는 재화의 수요 증가로 이어진다. 생산 기술의 발전 속도가 인구의 증가 속도를 추월할 만큼 빠르지 않아 기술 진보의 혜택이 일시적으로만 존재하고, 한 세대가 지나기 전에 인구의 증가로 상쇄되어 버리는 '맬서스의 함정'에 빠져 있었다. 기술 진보는 상시적인 잉여 생산을 만들지 못하고 인구를 증가시킬 뿐이었다. 생산력이 소비력의 실현을 결정하는 구조다. 그런데, 인간과 자동 기계의 분업으로 생산력이 폭발적으로 증가하면서 인구 증가 속도를 추월한다. 맬서스의 함정을 빠져나올 수 있는 능력을 갖추게 된다.

산업 혁명은 일부 국가들에서 생산과 소비의 관계를 근본적으로 바꾸어 놓는다. 산업 혁명으로 인한 생산력의 비약적인 발전으로 생산력 증가 속도가 인구 증가 속도를 완전히 앞질러 버린다. 인구 증가 속도가 생산력 증가 속도를 따라가지 못하게 되자 생산력 증가가 각 개인의 소득 증가로 이어지고, '맬서스의 함정'에서 탈출한다. 산업 혁명에 성공한 국가들은 1인당 소득이 꾸준히 증가하게 되고, 1800년경에 비해 평균 열 배에서 스무 배 정도는 더 잘살게 되었다. 게다가 산업 혁명으로 빈곤층에게까지 그 혜택이 전파되게 되었다.[102] 비만과 관련하여 산업 혁명이 중요한 이유는 산업 혁명을 통한 기술 진보로 인하여 사회의 생산력이 사회 구성원 전체의 기본적인 수요를 충족시키고도 여분이 생길 정도로 확대되는 사회가 발생했다는 사실이다. 물론 산업 혁명 이전에도 사치와 향락을 즐기면서 잉여 생산물을 과소비하는 사람들이 있었지만, 사회의 빈곤층까지 기본적인 수요를 충족시킬 수 있게 되는 것은 산업 혁명으로 생산력이 비약적으로 증가한 이후다. 이렇게 해서 지구상의 모든 국가는 아니지만, 많은 국가에서 사회의 생산력이 소비력을 초과하게 된다. 개인이 아니라 사회차원에서 잉여 생산물이 생겨나고, 사회차원에서 비만의 조건이 갖추어지게 된다.

시장에서 수요가 사라진다

생산력이 높아진다는 것은 좋은 것이다. 하지만, 누구에게나 좋은 것은 아니다. 잉여의 존재는 시장 환경을 변화시키고, 그 변화는 생산자들에게 가혹한 환경이 된다. 환경 변화에 적응하지 못하는 생산자는 도태된다. 잉여 생산물은 시장의 질서를 근본적으로 바꾸어 버린다. 시장에서 상품이 상품으로서의 성격을 가지는 것은 그 상품이 인간의 욕구를 충족시키기 때문이다. 그래서 상품이 충족시키는 인

---

102)　그레고리 클라크, 《맬서스, 산업 혁명 그리고 이해할 수 없는 신세계》, 26쪽.

간 욕구가 사라지면, 상품 역시 상품으로서의 성격을 상실한다.[103] 상품으로서의 성격을 상실하게 된 물건은 시장에서 수요가 사라진다.[104] 어떤 상품에 대한 한 사회의 생산력이 그 사회의 소비력을 초과하면 사회 구성원들은 수요를 충족시키게 된다. 수요를 넘어서 생산된 잉여 생산물에 대해서는 이미 욕구가 충족되어 버렸기 때문에 사람들이 이러한 재화를 차지하려고 애쓰지 않는다. 수요가 사라지고 비경제적 재화가 된다.[105] 개인의 상품에 대한 수요가 사라지면 그 수요들의 총합인 시장수요도 사라진다. 그 상품에 대한 수요곡선에서 구매중단점이 생기고, 구매중단점 이후의 수요곡선은 수직의 직선에 가까워진다. 수요절벽이 나타난다.

'공급이 수요를 창출한다'는 전제가 깨진다. 생산된 상품은 있지만, 이를 원하는 사람이 없다. 잉여 생산물을 팔 수 없다. 예를 들어 아무리 많은 쌀이 생산되고, 아무리 많은 쌀이 남아돈다고 해도 하루에 세 끼 먹는 밥을 열 끼, 스무 끼 먹을 수는 없다. 잉여 생산된 쌀은 소비되지 못하고 썩어 없어진다. 이렇게 생산력이 사회의 기본적인 수요를 초과하는 경우에 생산자가 시장에서 만나게 될 환경은 '수요절벽'이다. 생산자는 수요곡선을 넘어서 생산할 수 없다. 수요곡선을 넘어서면 생산을 줄여야 한다. 생산력은 손으로 눌러놓은 스프링처럼 잠재적으로 실현될 힘을 가지고 있지만, 현실적으로는 수요절벽을 넘어서 실현되지 못한다.

---

103) 칼 멩거, 《국민경제학의 기본원리》, 64쪽.
104) 칼 맑스, 《정치경제학 비판 요강 I》, 15쪽 참고.
105) 칼 멩거, 《국민경제학의 기본원리》, 109~110쪽 참고.

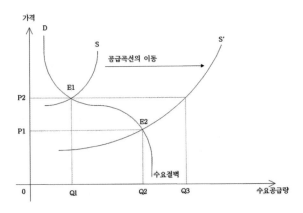

산업 혁명 이전의 수요(D)와 공급(S)은 E1지점에서 균형을 이루지만, 산업 혁명으로 인한 생산력의 증가로 공급곡선이 S에서 S'로 이동한다. 새로운 수요공급곡선에서 생산자는 P2가격에 Q3까지 상품을 공급할 능력이 있지만 이 생산력은 실현 조건인 소비력이 충족되지 않아 실현되지 못한다. 균형은 E2지점에서 이루어진다. Q3까지 생산하더라도 Q2 이상으로 상품을 팔 수 없다. Q2에서 Q3까지의 잉여 생산물(Q3-Q2)은 소비되지 못하고 낭비된다. 쉽게 말해 생산자의 창고에서 썩어 없어진다. 화폐로 교환되지 못한다. 생산자는 생산을 Q2까지 줄여야 한다. 또 상품 가격은 P2에서 P1으로 하락한다. 공급곡선이 점점 오른쪽으로 이동함에 따라 상품 가격은 점점 하락하게 되고, 수요가 급격히 감소하여 수요절벽에 다가간다. 한계기업들이 파산한다. 생산자는 '동물적인 감각'(Animal Spirit)으로 시장상황이 수요절벽을 향해 가고 있다는 것, 그 절벽을 피해야만 살아남을 수 있다는 것을 직감한다. 살아남기 위해서는 변화한 환경에 적응해야 한다. 살아남기 위해 생산을 줄인다.

생산력과 소비력은 잠재적인 능력이다. 생산력은 수요가 있어야 실현될 수 있다. 수요가 없다면 수요와 공급이 일치하는 점까지 생산을 줄여야 한다. 그런데, 생산을 줄이는 과정은 생산자들이 도태되는 과정으로 생산자에게 가혹하다. 잉여 생산된 생산물이 시장에서 판매되지 못하여 재고로 남게 되고, 그 손실분을 고스란히 생산자가 떠안는다. 생산이 줄면서 고용이 줄고, 실업이 늘고, 한계기업들이 파산하여 시장에서 도태된다. 생산자에게 원료를 공급하는 원료공급자도 자신의 상품을 팔 시장을 잃는다. 공황(panic)이 발생하고 수요과 공급이 균형을 이룰 때까지 이 과정이 계속된다. 생산자들의 세계가 비참해진다. 누구도 파산하여 도태되는 것을 바라지 않는다. 이런 결과를 피하려면 생산을 줄이지 않고도 잉여 생산물을 팔 수 있어야 한다. 시장에서 잉여 생산물을 팔기 위해 온갖 노력을 다한다. 그 노력이 성공하면서 생산자는 다시 상품을 Q3지점까지 팔게 되고, 점점 판매량을 더 늘리게 된다. 그런데, 여기서 의문이 생긴다. 그래프에서 보는 것처럼 Q3지점에는 수요곡선이 없다. 수요곡선이 없다는 것은 아무도 상품을 사지 않는다는 거다.

"사는 사람이 없는데 어떻게 상품을 팔 수 있다는 말인가?"

살 사람은 없지만 팔아야 한다. 팔지 못하면 파산하고 시장에서 도태된다. 무슨 수를 써서라도 Q3지점까지 팔아야 한다. 수요곡선이 없는데도 Q3지점까지 상품을 팔려면 그들 앞에 놓여 있는 장벽을 뛰어넘어야 한다. 길이 보이지 않는 흰 평면 위에 길을 만들어야 한다. 그러려면 "고정 관념을 뛰어넘어야 한다."

소비는 소비자의 선택권에 속한다. 소비를 할 것인지 말 것인지는 소비자가 결정하는 것이지 생산자가 결정하는 것이 아니다. 강제로 소비자가 더 소비하도록 만들 방법도 없다. 개별 생산자에게 수요절벽은 뛰어넘을 수 없는 장벽이다. 하지만, 이 장벽을 뛰어넘지 못하면 도태된다. 도태되지 않으려고 온갖 노력을 다한다. 그러다가 자신도 모르는 사이에 고정 관념의 장벽을 가로질러 버린다. 앞의 그래프는 '수요는 하나'라는 고정 관념이 그들에게 보여 주는 세상이다. 하지만, 고정 관념이 보여 주는 세상이라는 것은 일단 그 틀을 벗어나서 보면 그저 세계에 대한 하나의 해석방식에 불과하다. 세계를 해석하는 여러 다양한 가능성들 중 하나일 뿐이다. '공급이 수요를 창출한다'는 고정 관념을 벗어난다. 더 이상 공급이 수요를 창출하지 못하는 시장에서, '공급자가 수요를 창출한다.' 고정 관념을 벗어나 생산자(공급자)가 소비자(수요자)로 하여금 상품을 과소비하도록 만든다.

"어떻게 Q3지점까지 소비를 늘릴 수 있을까?"

그것은 수요곡선을 오른쪽으로 이동시키는 방법으로 가능하다.

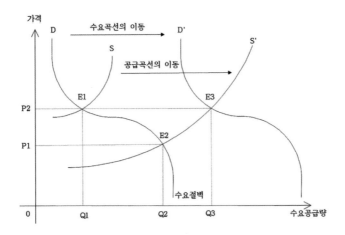

생산자는 수요곡선을 D에서 D'까지 이동시킨다. 새로운 수요공급 곡선에서 균형점은 E2에서 E3로 이동하고, 생산자는 P2가격에서 Q3의 물량을 판매한다. 이렇게 함으로써 잉여 생산물(Q3-Q2)을 팔아 소진시킨다. 생산자가 고정 관념의 장벽을 가로지르는 순간 새로운 길이 열리고, 시장의 메커니즘이 변한다. 우리가 알고 있던 과거의 시장은 사라지고, 거기에 새로운 시장, 현대의 시장이 나타난다. 증기 기관이 공장에서 생산력을 폭발적으로 증가시켜 산업 혁명을 일으킨 것과 마찬가지로 소비자의 과소비를 유발하는 생산자의 활동은 시장에서 소비력을 폭발적으로 증가시켜 현대의 소비 혁명을 일으킨다. 새로운 소비력이 잉여 생산물을 소진시켜 새로운 균형을 이룬다. 그 결과 현대 시장이 탄생한다. 이 현대 시장의 메커니즘은 식품 시장에도 그대로 적용된다. 현대의 식품 시장에서 소비자들은 필요 이상으로 식품을 과소비하고, 점점 뚱뚱해진다. 이것이 에너지 잉여의 세 번째 물결이다.

수요절벽과 현대 시장을 움직이는 동력

스스로는 움직이지 않지만 다른 것을 움직이게 만드는 힘

바람이 움직이는가? 날개가 움직이는가? 마음이 움직이는가?

어느 여름날, 내가 낮잠에서 깼을 때 선풍기가 돌아가고 있었다. 타이머를 30분으로 맞추어 두었으니 아직 30분이 지나지 않았구나 생각했는데, 사실은 30분이 훨씬 지났고 선풍기는 이미 꺼져 있었다. 마침 창문에서 불어오는 바람이 선풍기의 날개를 돌리고 있어 선풍기가 돌아가는 것처럼 보인 것뿐이다. 바람이 선풍기를 움직이고 있는 것을 보고 선풍기가 스스로 돌아가고 있다고 착각한 거다.

우리 주위에는 선풍기 날개처럼 생긴 것들이 많이 있는데, 이런 것들은 두 가지 종류가 있다. 하나는 아이들이 가지고 노는 바람개비처럼 외부의 동력이 전달되어 움직인다. 수력발전소나 풍력발전소의 거대한 터빈도 마찬가지 방식으로 움직인다. 다른 하나는 선풍기 날개처럼 내부의 동력으로 움직인다. 비행기의 프로펠러나 화력발전소, 원자력 발전소의 터빈이 그렇다. 겉으로 보면 비슷하지만, 그 작동 방식은 다르다. 이런 것들은 모두 무생물인 사물이고, 무생물은 스스로 움직이지 않는다. 만약 움직이고 있다면 어디선가 그것을 움직이는 동력이 전달되고 있다.

지금, 바람이 불고 있고, 선풍기 날개가 돌아가고 있다.

"바람이 날개를 움직이는가? 날개가 바람을 일으키는가?"

겉모양만 보아서는 알 수 없다. 그 자체로는 이래도 저래도 상관없다. 다만, 인간과의 관계 맺음에 따라 그 의미가 달라진다. 내가 현재 상태에 만족하고 있다면 원인과 결과를 구별할 필요가 없다. 지금 날씨가 덥고 어디선가 바람

이 불어와 시원하다면 그것이 창문에서 불어오는 바람이든, 선풍기에서 불어오는 바람이든 상관없다. 그냥 그대로 있으면 된다. 바람이 움직이는 것과 날개가 움직이는 것은 다르지만, 나에게는 같은 것이 된다. 굳이 구별할 필요가 없기 때문이다. 진정한 원인 따위는 중요하지 않다. 그저 바람이 불어오고 날개가 움직이는 현상이 있을 뿐이다. 하지만 현재의 상태에 만족할 수 없고, 이 상태를 바꾸고 싶다면 이야기가 달라진다. 먼저 이 상태를 만드는 동력이 어떻게 생겨나고, 그것이 어떻게 작동하는지 알아야 한다. 결과를 일으키는 진짜 원인을 밝혀내야 한다. 잠에서 깼을 때 내가 춥다고 느꼈다면 나는 "창문을 닫아야 할까?", "선풍기 코드를 뽑아야 할까?" 창문을 닫을지 선풍기 코드를 뽑을지 결정하기 위해서는 먼저 바람을 일으키는 동력이 어디에 있는지, 어떻게 작동하는지 알아야 한다.

현대 시장에서 상품들은 생산자의 손에서 소비자의 손으로 움직이고 있다. 상품을 사려는 소비자의 욕구가 그 상품을 움직이게 만드는 동력이다. 그런데 이 욕구는 소비자 내부에서 생겨난 욕구일까? 아니면 외부에서 소비자에게 전달된 욕구일까? 겉모양만 보아서는 알 수 없다. 이 상태에 만족한다면 굳이 알 필요도 없다. 문제는 식품이다. 식품에 대한 우리의 욕구가 우리를 뚱뚱하게 만드는데, 그 비만 상태가 우리에게 고통을 준다. 이 상태에서 벗어나고 싶다. 벗어나려면 먼저 그 욕구가 어떻게 생겨나고, 그것이 어떻게 작동하는지 알아야 한다.

무생물인 사물은 스스로 움직이지 않는다. 스스로 움직이지 않으니 무생물이다. 만약 무생물인 사물이 움직이고 있다면 그 사물의 뒤에서 그것을 움직이는 다른 힘이 작용하고 있다. 자연의 힘이나 인간의 힘이 그 사물을 움직이고 있기 때문에 움직인다. 그런데, 무생물인 사물 중에 좀 특이하게 보이는 것들이 있다. '물신'(物神)이라고 부르는 거다. 쉽게 말해서 '귀신 붙은 물건'이다. 무생물이긴 하지만, 스스로 의식을 가지고 스스로 작동하는 것처럼 보이는 물건이다. 인간과 사물의 관계에서 인간은 주체고, 사물은 인간 행동의 대상이다. 하지만 물신이 된 사물은 행동의 대상인 동시에 주체가 되어 인간과 소통하고 스스로의 의사에 따라 움직이는 존재가 된다. 그리고 그런 능력은 그 사물의 본래적이고 자연적인 속성인 것처럼 느껴진다.

귀신 붙은 물건도 스스로 움직이지는 못한다. 하지만, 귀신 붙은 물건은 신령스런 힘으로 사람의 마음을 사로잡는다. 귀신 붙은 물건에 홀린 사람은 그 물건이 시키는 대로 행동한다. 사람을 시켜 자신을 움직이게 하고, 자신에게 홀린 사람의 손을 통해 움직인다. 뉴질랜드의 마오리족은 선물을 받으면 나중에 답례해야 하는 선물 제공의 체계를 가지고 있었다. 그들은 물건에 '하우'(hau) 또는 '마나'(mana)라는 신성한 힘이 붙어 있다고 믿는다. 그 힘은 원래 주인에게 돌아가기 원하기 때문에 그 힘이 인간의 마음을 사로잡고, 인간을 통해 원래 주인을 찾아간다고 믿는다. 그 하우(마나)의 힘이 선물 체계를 움직인다고 믿는다.[106] 다시 말해서 그들은 선물과 답례를 통해 물건이 움직이고 있는데, '물건을 움직이게 하는 동력'은 초자연적인 힘, 인간이 잘 알지 못하는 신령한 힘이라고 믿는 거다.

현대인의 눈에는 이런 생각이 어리석게 보인다. 원래 주인을 찾아가려는 신성한 힘이나 귀신같은 건 없다. 그 물건을 옮기려는 인간의 의도가 있을 뿐이다. 그 의도를 제대로 알지 못하기 때문에 마치 귀

---

106) 마르셀 모스, 《증여론》, 65~72쪽 참고.

신이 붙어서 인간의 마음을 움직이는 것처럼 보이는 거다. 지금 당신의 눈에도 그들의 생각이 어리석게 보일 거다. 하지만, 사실을 알고 보면 상품이나 시장에 대한 우리의 생각도 그들의 생각과 크게 다르지 않다.[107]

상품은 무생물인 사물이다. 무생물인 사물은 스스로 움직이지 못한다. 무생물인 상품 역시 스스로 움직이지 못한다. 그런데 공장에서 생산된 상품은 시장을 거쳐 소비자의 집까지 움직여 간다. 무생물인 상품이 움직이고 있으니, 뭔가 그 뒤에서 상품을 움직이는 힘이 있을 거다. 물론 생산자나 소비자인 인간이 상품을 움직인다. 상품은 인간의 손을 거쳐 움직인다. 인간이 상품을 움직이는 거다. 그렇다면 하우나 마나처럼 인간의 마음을 사로잡아 상품을 움직이게 만드는 어떤 신령한 힘이 상품에 있을 것이다. 그 힘이 인간으로 하여금 상품을 움직이게 만드는 힘이고, 시장 체계를 움직이는 동력이다.

"그런데, 그 힘이 과연 무엇일까?"

"시장을 움직이는 동력이 무엇일까?"

지금 시장에는 하나의 유령의 떠돌고 있다. '보이지 않는 손을 가진 자비로운 신'이라는 유령이다. 이 유령이 시장 여기저기를 돌아다니면서 보이지 않는 손으로 상품들을 움직인다고 한다. 마오리족이 선물 체계를 움직이는 마나를 자연스럽게 받아들이는 것처럼, 우리는 시장 체계를 움직이는 보이지 않는 손을 자연스럽게 받아들인다. 자비로운 신의 보이지 않는 손은 현대 시장의 마나다. 현대 시장을 움직이는 신령스러운 힘이다. 그런데 이상하다. 의문이 생긴다.

"선물 체계를 움직이는 '마나'는 어리석은 생각인데, 시장 체계

---

107) 모리스 고들리에, 《증여의 수수께끼》, 152~159쪽 참고.

를 움직이는 '보이지 않는 손'은 자연스럽고 당연한 것일까?"

"우리가 현대 시장 속에 들어와 있어 현대 시장의 마나를 자연스럽고 당연하게 느끼는 것이 아닐까?"

"당연한 것이 아니라면, 현대 시장을 움직이는 진짜 동력은 무엇일까?"

믿음의 도약, 죽음의 도약… 그리고 현대 시장의 탄생

이태리어에 '살또 모르딸레'(Salto mortale)라는 말이 있다. 말 그대로의 의미는 '죽음의 도약'이다. 절벽에서 뛰어내려 죽는 거다. 그런데 서커스의 공중제비도 '살또 모르딸레'라고 부른다. 공중제비를 할 때 곡예사가 이쪽 그네에서 손을 놓고 뛰었는데 반대쪽 곡예사의 손을 잡지 못하면 그 곡예사는 떨어져 죽는다. 위험한 도약이다. 하지만 죽으려고 뛰는 것은 아니다. 진정한 의미의 '죽음의 도약'은 아니다. 이렇게 죽으려고 뛰는 것은 아니지만 죽을 수도 있는 위험한 도약, 목숨을 건 도약도 '살또 모르딸레'라고 부른다.

시장에서 상품이 생산자로부터 소비자에게로 옮겨 가는 데도 목숨을 건 도약(Salto mortale)이 필요하다.[108] 무생물인 상품은 스스로 움직이지 않는다. 상품이 움직이려면 인간의 손을 거쳐야 한다. 공장에서 생산된 상품은 시장을 거쳐 소비자의 집까지 가게 되는데, 상품에 발이 달려 저절로 가는 것이 아니다. 먼저 공장에서 생산된 상품이 시장에 나가는데, 여기까지는 문제가 없다. 생산자가 상품을 팔기 위해 공장에서 시장으로 옮겨 놓는 거다. 문제는 시장에 있는 상품이

---

108) 카를 마르크스, 《자본 I-1》, 174쪽 참고.

소비자의 집으로 가는 거다. 이를 위해서는 소비자가 상품을 사서 집에 들고 가야 한다. 반드시 소비자의 손을 거쳐야 한다. 상품의 생산은 생산자가 하지만, 생산된 상품을 살 것인지 말 것인지는 소비자가 결정한다. 상품이 생산되어 공급된다고 해서 소비자가 그것을 사 줄 거라는 보장이 없다. 여기에서 목숨을 건 도약(Salto mortale)이 시작된다. 생산자가 생산하여 시장에 내놓은 상품을 소비자가 받아 주지 않으면 절벽에서 떨어져 죽는다.[109]

사회의 생산력이 소비력에 미치지 못할 때에는 별 문제가 없다. 죽음의 도약을 하지만 진정한 의미의 죽음의 도약은 아니다. 언제나 상품에 대한 수요가 있기 때문에 늘 반대편에서 상품을 받아 줄 손이 기다리고 있다. 곡예사가 미리 정해진 대로 뛰면 반대쪽 곡예사가 기다리고 있다가 손을 내밀어 잡아 주는 것과 같다. 생산자는 상품을 잘 만들어서 던지기만 하면 된다. 나머지는 자비로운 신의 보이지 않는 손이 알아서 해 준다. 반대쪽에서 소비자가 손을 내민다. 그 손이 상품을 잡아간다. 속된 말로 "짜고 치는 고스톱"이고, "땅 짚고 헤엄치기"다. 그걸 믿고 뛰는 거다. 믿음의 도약(leap of faith)이다.

문제는 생산력이 소비력을 추월할 때다. 필요한 수요량에 이를 때까지는 이전과 마찬가지다. 자비로운 신이 믿음의 도약을 보호한다. 하지만 수요를 넘어서 생산된 상품에서는 자비로운 신이 사라진다. 이미 수요가 다 충족되어 버렸기 때문에 이쪽에서 상품을 생산해서 던진다고 해도 반대편에서 받아 줄 거라는 보장이 없다. 상품을 받아

---

109) 이때 죽는 것은 상품이 아니고, 상품 생산자다. 도약에 실패해도 상품 그 자체는 아무렇지도 않다. 창고나 시장에 그대로 머물러 있다. 하지만, 그 상품을 화폐로 교환하지 못한 생산자는 심한 타격을 입는다(카를 마르크스, 《자본 I-1》, 174쪽 참고). 경제적으로 파산하고, 시장이라는 세계에서 도태된다. 경제적 의미의 죽음이다.

줄 손이 보이지 않는다. 반대편에서 받아 줄 손이 보이지 않는 허공을 향해 뛰어야 한다. 잡아 줄 손을 찾지 못하면 떨어져 죽는다. 그렇다고 이쪽 절벽에서 마냥 기다릴 수도 없다. 말 그대로 죽음의 도약(Salto mortale)이다.

사회의 생산력이 소비력을 추월하게 되면 필요한 수요를 충족시키고도 재화가 남는다. 이 남는 재화는 원하는 사람이 없다. 재화는 사람의 필요를 충족시키는 힘(능력)이 있는 사물이다. 그래서 재화는 가치를 가진다. 하지만, 그 힘이 작동하기 위해서는 먼저 사람에게 필요가 있어야 한다. 재화에 사람의 필요를 충족시키는 힘이 있다고 하더라도 이미 필요가 충족된 사람의 필요를 더 충족시킬 수는 없다. 그러니 이미 필요가 충족된 사람에게 그 재화는 가치가 없다. 수요가 사라지고, 잉여의 재화가 된다. 생산력과 소비력의 차이만큼 잉여 생산물이 생기고, 그 잉여 생산물을 움직이는 동력이 사라진다. 상품은 무생물인 사물이다. 무생물인 사물은 스스로 움직이지 못한다. 동력이 사라지면 상품의 흐름은 멈추어 버리고, 잉여의 상품은 시장에서 소비자의 손으로 넘어가지 못한다. 목숨을 건 도약이 실패한다.

자연의 신처럼 시장의 신도 자비롭지 않다. 시장 환경에 적응하지 못한 자를 가차 없이 도태시킨다. 이제껏 그 신이 자비로웠다면, 생산력이 소비력에 미치지 못하는 사회적 조건에서 자비롭게 보인 것뿐이다. 자연에서도 시장에서도 환경이 바뀔 때 그 환경 속에서 살아가는 모든 자는 새로운 환경에 적응해야 한다. 잉여 생산물이 된 재화는 가치가 실현되는 조건이 사라진다. 가치가 실현되지 못하니 더 이상 상품으로 거래되지 않는다. 시장에서 퇴출된다. 이는 사막에서 상품으로 거래되는 물이 수량이 풍부한 강 근처 마을에서는 상품이 되지 못하는 이유와 같다. 수요를 넘어서는 잉여 생산은 시장에서 퇴출되고 더 이상 상품으로 거래되지 못한다. 그 상품의 생산자도 시장에서 도태된다. 생산자는 생산을 줄이고, 수요가 충분한 다른 생산물을 생산해야 한다. 적어도 우리가 가진 고정 관념의 세계에서는 그렇다.

그런데… 뭔가 좀 이상하다.

식품은 식품 시장에서 상품으로 거래되는 음식물이다. 현대 식품 시장 역시 현대의 다른 시장들과 마찬가지로 생산력이 소비력을 추월했고, 잉여 생산물이 생겨나고 있다. 잉여 생산물이 된 식품은 목숨을 건 도약에서 실패하고, 더 이상 상품으로 거래되지 못할 것 같다. 식품 생산자는 생산을 줄이거나 식품 시장에서 도태되어야 할 것 같다. 그런데 이상하게도 잉여 생산물인 식품이 시장에서 거래되고 있다.

"잉여 생산물이 거래되고 있다는 사실은 어떻게 알 수 있을까?"

다시 우리 배로 돌아가 보자. 당신의 배를 만져 봐라. 뱃살이 잡힌다. 뱃살은 잉여 에너지다. 우리가 식품 시장에서 필요 이상의 식품을 사 먹고, 식품을 과소비하여 얻은 잉여 에너지다. 과소비를 위한 개개인의 수요가 모여 식품에 대한 시장의 수요가 된다. 시장에서 필요 이상의 수요가 생긴다. 그 수요가 잉여 생산물을 소진시킨다. 식품이 필요량 이상으로 거래되고, 잉여 생산물을 움직이고 있다는 거다. 우리 배에 붙어 있는 뱃살이 그 증거다. 내 손에 잡히는 이 증거를 부정할 방법이 없다.

식품은 무생물인 사물이다. 무생물인 사물은 스스로 움직이지 않는다. 동력을 잃어버린 잉여 생산물은 움직이지 못하고 생산자의 창고에서 썩어 없어져야 하는데, 현실에서 식품들은 움직이고 있다. 생산자의 창고에서 나와서 시장으로 움직여 가고, 시장에서 나와 소비자의 집으로 움직여 간다.

"잉여의 식품을 움직이는 그 힘(동력)은 무엇일까?"

위대한 패닉은 죽었다!

현대 시장 이전에는 시장에 '자비로운 신'이 있었다. 그 신은 '보이지 않는 손'으로 시장의 온갖 상품들을 움직이게 하고, 상품의 수요와 공급을 맞추어 주었다. 생산된 상품이 있으면 언제나 상품을 원하는 수요가 있었다. 이런 시장에서 인간들은 각자의 이익을 위해 노력하기만 하면 된다. 생산자는 상품을 잘 생산하기만 하면 되고, 소비자는 자신의 욕구에 따라 필요한 상품을 구매하여 소비하면 된다. 나머지는 자비로운 신이 보이지 않는 손으로 시장을 주물러 다 맞추어 준다.

이때 상품을 잘 생산한다는 것은 기능을 잘 구현하는 상품을 싸게 생산하는 거다. 향수는 향기 나는 물이고, 자동차는 이동 수단이고, 식품은 에너지원이다. 향수를 만드는 사람은 향기로운 향수를 만들면 되는 것이지, 새로운 향수를 만들 필요는 없었다. 도대체 무엇 때문에 사람들이 계절마다 새로운 향수를 요구하겠는가? 그럴 필요는 없었다. 사람들은 제비꽃향이나 간단한 꽃향기로도 만족했고, 10년에 한 번 정도 약간만 바꾸어도 아무 탈이 없었다.[110] 자동차를 생산

---

110) 파트리크 쥐스킨트, 《향수》, 77쪽 참고.

하는 사람은 잘 달리고, 가격이 싼 자동차를 만들면 되는 거다. 자동차의 모양이나 색깔 따위를 신경 쓸 필요는 없었다.[111] 상품을 잘 만들기만 하면 누군가 살 사람이 있기 때문이다.

상품 생산자가 지속적으로 재생산할 수 있기 위해서는 상품을 재생산할 뿐만 아니라 생산 조건을 재생산해야 한다. 소비력이 생산력보다 더 큰 시장에서는 생산 조건의 재생산이 생산력의 재생산과 같다. 보이지 않는 손이 작동하고 있어 생산자가 소비력의 문제를 신경쓸 필요가 없기 때문이다. 생산력을 재생산하기 위해서는 생산 요소인 자연환경(토지), 노동, 자본이 재생산되어야 하는데, 자연환경은 스스로 재생산된다.[112] 스스로 재생산되니 원래부터 그러한 것, 스스로(自) 그러한(然) 자연(自然)이다. 생산자가 걱정할 문제가 아니다. 그래서 생산자가 신경 쓸 것은 노동력의 재생산과 자본시설의 재생산에 한정된다.[113]

그런데… 산업 혁명으로 사회의 생산력이 소비력을 추월하면서 잉여 생산물이 생겨나고, 세 번째 에너지 잉여의 물결이 시작된다. 사회차원에서 발생한 잉여 생산물은 시장을 움직이고, 시장의 균형을 맞추어 주던 자비로운 신을 죽여 버린다. 신이 죽어 버린 시장에서는 더 이상 '보이지 않는 손'이 수요와 공급을 맞추어 주지 않는다. 생

---

111) 검은색의 T모델을 고수하던 헨리 포드는 다양한 색으로 차를 출시해 달라는 요구에 대하여 "그 색이 검은색이기만 하다면 고객이 원하는 색으로 차를 칠해 주겠다."라고 농담을 하였다고 한다(세르주 라투슈, 《낭비 사회를 넘어서》, 62쪽 참고).

112) 현대에는 자연이 무제한적으로 재생산된다는 가정도 유지되지 못한다. 지속 가능한 경제의 조건을 유지하기 위해서는 자연환경이 고갈되지 않도록 해야 한다(재러드 다이아몬드, 《문명의 붕괴》, 151~155쪽, 349~354쪽, 518~519쪽, 666~680쪽; 존 무어, 《지식탐구를 위한 과학 1》, 26~29쪽 참고). 다만, 이 부분은 이 책의 범위를 넘어서는 부분이어서 논의에서 제외한다.

113) 루이 알뛰세르, 《아미엥에서의 주장》, 75~81쪽 참고.

산자가 상품을 생산하더라도 소비자가 그 상품을 사줄 거라는 보장이 없다. 상품을 생산했지만, 팔 곳이 없다. 상품을 팔기 위해서는 상품을 팔 수 있는 소비자를 찾아야 한다. 새로운 시장을 개척하고, 식민지 시장을 확보한다. 시장이 된 식민지를 서로 확보하려는 과정에서 전쟁이 일어난다. 그래도 해결되지 않는 사회적 잉여는 생산자들을 파산시킨다. 자비로운 신은 사라지고, 그 자리에 판(Pan)이 설치고 다니는 패닉(panic)의 시대가 시작된다.

이 공황(panic)의 문제를 해결하기 위해 거대 생산자가 시장을 독점하고, 생산자들이 담합하여 시장을 과점하고, 정부가 상품 소비자로 시장에 등장한다. 제국주의 경제, 식민지 전쟁, 독과점, 정부 개입 등 인간의 '보이는 손'이 인위적으로 시장을 움직이고, 억지로 시장의 균형을 맞춘다. 대략 100년간 그렇게 살아왔다. 하지만, 역부족이다. 결국 두 번의 세계대전을 거치면서 세계는 잉여 생산의 문제에 접근하는 두 가지 상이한 관점에 따라 정치적으로, 경제적으로, 문화적으로 갈라진 두 진영으로 나누어진다. 하나는 시장 대신 정부가 생산을 통제하여 생산량을 인민의 기본적인 필요량에 맞추려는 시도이고, 다른 하나는 시장 메커니즘을 통해 소비자의 필요를 조정하여 수요량을 생산량에 맞추려는 시도다. 후자가 바로 우리가 그 속에서 살고 있는 현대 시장이다. 소비자의 필요가 인공적으로 생산된다. 1980년대 후반에서 90년대를 거치면서 생산량을 수요량에 맞추려는 시도가 실패했다는 사실이 드러났고, 현대 세계는 시장을 중심으로 하는 하나의 질서로 재편되었다. 이렇게 현대 시장은 인간 사회가 환경 변화에 적응한 결과다. 자연환경의 변화에 적응하기 위해 생물의 종(種)이 진화하는 것처럼, 사회 환경의 변화에 적응하기 위해 인간 사회가 진화한 것이다.

현대 시장에서는 더 이상 공급이 수요를 창출하지 않는다. 공급자가 수요를 창출한다. 공급자가 수요를 창출해야만 살아남을 수 있다. 이제 생산 조건의 재생산은 생산력의 재생산뿐만 아니라 소비력의 재생산을 포함한다. 생산자가 소비력을 재생산해내야만 지속적인 생산이 가능해진다. 소비력의 재생산 활동이 연구개발(R&D)과 마케팅 활동이다. 구체적으로 생산자는 새로운 상품, 새로운 생산 기술, 새로운 소비 방법, 광고, 상업 예술과 디자인, 브랜드화, 패션, 유행, 계획적 폐용, 신용카드, 할부 판매, 통신 판매 등등 소비를 촉진할 수 있는 온갖 방법을 동원해서, 소비력을 재생산한다. 그 결과 생산자가 소비자의 소비행위를 통제하고, 소비자의 선택권을 사실상 행사한다. 공황은 사라지고, 더 많은 상품이 생산되고 더 많은 상품이 소비되는 지점에서 수요와 공급이 다시 균형을 이루게 된다.

생산자는 소비자가 과소비하도록 소비 행동을 조정함으로써 소비력을 재생산하고, 소비자는 상품을 더 많이 소비함으로써 잉여 생산물을 움직이는 동력을 시장에 공급한다. 잉여 생산물이 소진된다. 간단히 말하면 현대 시장은 소비자의 소비 행동을 조정함으로써 유지되는 시장이다. 소비자는 자연적인 필요에 따라 소비할 뿐만 아니라, 인공적으로 조정된 필요에 따라 과소비한다. 현재의 상태는 '자연스럽게 보이지만', '자연적'이지 않다. 인공적으로 만든 것이고, 인공적인 노력에 의해 유지되고 있는 것이다. 자연적인 현상과 달리 인공적인 노력은 지속적으로 그 조건을 만들어 내지 않으면 다시 자연적인 상태로 돌아간다. 여기에 비만 구조로부터 벗어나는 출구가 숨겨져 있다.

제4편

비만의 구조
- 자연스럽지만 인공적인 행동 조정구조 -

철학이 해명해야 하는 사실은, 인간의 자유는 자동적인, 프로그래밍
되는 또는 프로그래밍하는 장치의 영역에서는 그 여지가 없다는 점
을, 그러나 궁극적으로는 자유를 위해서 어떤 여지를 남기는 것이 가
능하다는 점을 보여 주어야 한다는 것이다. 그와 같은 종류의 철학은
필수적이다. 왜냐하면 그것은 아직 우리에게 열려 있는 유일무이한
형태의 혁명이기 때문이다.[114]

- 빌렘 플루서, 《사진의 철학을 위하여》 -

---

114) 빌렘 플루서, 《사진의 철학을 위하여》, 107쪽.

식욕이 인공적으로 조정된다

식욕은 자연스럽지만 자연적이지 않다

우리는 흔히 '내 마음이 내 마음 같지 않다'는 말을 하는데, 다이어트를 하다 보면 정말 내 마음이 내 마음 같지 않다. 내 마음은 분명히 적게 먹고 날씬해지고 싶은데, 내 마음속 어디선가 맛있는 음식을 먹고 싶다는 생각이 스멀스멀 기어 나와 어느새 나는 음식을 먹고 있고, 내 몸은 점점 뚱뚱해진다. 왜 이런 것일까?

"나는 분명 날씬해지고 싶은데 나는 왜 점점 뚱뚱해지고 있을까?"

"날씬해지고 싶은 내 마음은 무슨 마음이고, 음식을 먹고 싶은 내 마음은 또 어떤 마음일까?"

"어떻게 한사람 안에 이렇게 다른 마음이 있을 수 있을까?"

그리스의 어느 신전에 이런 말이 쓰여 있다고 한다.

"너 자신을 알라."

이 말처럼 나는 나 자신을 알아야 한다. 그런데, 생각해 보면 좀 이상하다. 나는 나 자신을 잘 알고 있는데? 내가 먹는 식품도, 그 식품을 먹는 행동도 잘 알고 있는 것 같은데? 뭘 더 알아라는 말인지 모르겠다. '식품', '먹는 행동', '그 행동을 하고 있는 나'. 이런 것들은 내게 익숙하다. 그래서 잘 알고 있는 것 같다.

"그런데 정말 알고 있을까?"

"익숙한 것은 잘 안다는 것일까?"

나는 내 컴퓨터를 잘 알고 있다. 익숙하다. 내가 컴퓨터를 쓰는 데 전혀 어려움이 없다. 그런데 새파란 화면이 뜨면 이것이 갑자기 낯설어진다. 익숙한 컴퓨터, 내 의지대로 작동하는 내 컴퓨터는 어디가고 이상한 플라스틱 덩어리가 눈앞에 떡 버티고 있다.

"내가 진짜로 이것을 잘 알고 있었나?"

우리는 사물들에 둘러싸여 있고, 어느새 사물들은 익숙해진다. 인식은 습관화되고, 자동화된다. 예를 들어 처음으로 펜을 잡았을 때와 만 번째 잡았을 때의 감각을 비교해 본다면, 금방 알 수 있을 것이다. 우리는 마치 자루 속에 들어 있는 물건을 보는 것처럼 대상을 본다. 윤곽으로 그것이 무엇인지 알지만 사실은 그림자만 보고 있다. 그림자를 보고 잘 안다고 생각한다. 내게 컴퓨터가 익숙하니 그것을 잘 안다고 생각하는 것처럼. 익숙함은 식품도, 먹는 행위도, 심지어 그것을 먹고 있는 나 자신도 집어삼킨다.[115]

나는 나를 잘 알고 있다. 나는 인간이고, 행동의 주체다. 식품은 사물이고 내가 하는 행동의 대상이다. 행동은 나의 의지에 따라 이루어지는 내 몸의 활동이다. 한마디로 나는 내 마음과, 내 몸과, 내 행동의 주인공이다. 누구의 간섭도 받지 않고 내 의지대로 행동하는 것 같다. 먹는 행동도 마찬가지다. 이렇게 나(I)는 나(me)와 나의 행동을 잘 알고 있는데, 먹는 행동을 할 때 그 나라는 놈(me)은 나(I)를 배신한다. 나의 생각과 달리 행동한다. 나(I)는 적게 먹고 날씬해지고 싶은데, 그 나(me)는 과식한다.

---

115) 빅토르 쉬크로프스키, 《러시아 형식주의 문학이론》 중 '기술로서의 예술', 32~33쪽 참고

'할배치킨'의 세련된 맛

내가 어릴 때 우리 집에서 버스로 몇 정거장 떨어진 바닷가에 새로운 닭튀김 가게가 하나 생겼다. 그 가게 앞에는 마음씨 좋아 보이는 뚱뚱한 할아버지가 흰색 양복을 입고 있는 플라스틱 동상으로 서 있었다. 그래서 우리 집에서는 그 가게를 영어로 된 긴 이름 대신에 '할배치킨'이라고 불렀다. 할배치킨의 닭튀김은 이전에 내가 맛본 닭튀김들과 완전히 다른 맛이었다. 닭백숙과 닭튀김이 다른 것처럼 일반 닭튀김과 할배치킨은 완전히 달랐다. 그래서 닭튀김 하나 사 먹겠다고 몇 정거장이나 버스를 타고 갔던 기억이 난다. 비록 오래되었지만, 나는 이 닭튀김을 처음 먹을 때 느꼈던 감동을 지금도 기억하고 있다. 집 앞에도 치킨집이 있지만, 버스를 타고 몇 정거장을 가서라도 사 먹어야 할 만큼 그 맛이 감동적이었다. 단순히 맛있는 것이 아니라, 그 음식을 먹기 위해 치러야 하는 '번거로운 불편함을 기꺼이 받아들이도록 만드는 힘'이 있었다.

"그 저항할 수 없는 힘은 무엇일까?"

우리는 과식을 하면 뚱뚱해진다는 사실을 알고 있다. 뚱뚱해지는 것은 우리가 바라는 결과가 아니라는 사실도 알고 있다. 그런데도 우리는 과식을 한다. 과식과 비만이 우리에게 고통을 줄 거라는 사실을 알면서도 그 나쁜 결과를 받아들일 수밖에 없도록 만드는 힘은 무엇일까? 답은 간단하다. '식품이 너무 맛있다'. 내 의지대로 적게 먹기에는 식품이 너무 맛있어졌다. 과식을 하면 고통을 받을 것을 알면서도 과식하는 이유는 식품이 너무 맛있기 때문이다. 맛있는 식품은 우리를 과식하게 만든다. 우리를 과식하도록 유혹한다. 우리는 식품의 매력적인 유혹 앞에 무력하다. 식품의 매력적인 맛이 우리를 비만 구조에서 벗어나지 못하도록 만든다. 하지만, 나는 과식을 하지 않겠다고 단단히 마음먹고 있다. 그런데도…

"맛있는 음식은 어떻게 과식하게 만들 수 있을까?"

식품이 과식유발능력을 가진다

식품이 나에게 말을 걸어온다

요리는 미각적 상업 예술이다.[116] 상업 예술은 일종의 예술이다. 예술은 일종의 의사소통 행위다.[117] 그래서 요리는 일종의 예술적인 의사소통 행위다. 요리된 음식이 우리와 의사소통을 하고 있다는 말이다. 요리된 음식을 먹는다는 것은 단순히 행위 주체인 인간이 사물인 음식물을 먹어서 영양분을 섭취하는 과정이 아니다. 인간이 음식과 상호 작용하는 과정이고, 대화하는 과정이다.

식품은 상품으로 유통되는 음식물이다. 식품의 거의 대부분은 요리된 음식물이다. 요리된 식품은 예술품이고, 우리와 의사소통하고 있다. 현실 세계에서 식품은 우리에게 말을 걸어오고 있고, 우리와 소통하고 있고, 우리를 유혹하고 있다. 우리는 최면 마술에 걸린 사람처럼 그들이 이끄는 대로 행동하고 있지만, 그들과 소통하고 있다는 사실조차 제대로 인식하지 못한다. 식품은 우리에게 익숙하다. 우리가 잘 알고 있는 것 같다. 하지만 우리에게 말을 걸어오는 식품은

---

116) 현대 시장의 상품 생산자는 광고, 상업 예술, 디자인, 패션, 유행 등 다양한 R&D와 마케팅 방법을 동원해 소비를 촉진한다. 여기서 우리는 '상업 예술', 그중에서도 '디자인'에 주목해야 한다. 디자인은 주로 시각적으로 아름답게 만든다. 하지만, 상업 예술이 이용하는 감각은 시각에 제한되지 않는다. 상업 예술은 모든 감각 정보를 다 사용한다. 상품 몸체, 포장, 진열, 판매장, 판매직원, 판매방식 등 판매촉진에 관련되는 모든 것을 이용한다. 식품과 관련해서는 '미각적(味覺的) 디자인'을 통하여 상품 몸체에 아름다운 미각 정보를 부여하는 상업 예술이 중요하다. 바로 '요리'다. 요리는 미각적 디자인이고, 미각적 상업 예술이다. 식품은 미각적으로 디자인된 음식물이고, 미각적인 예술품이다.

117) 사사키 겡이치, 《미학사전》, 329~338쪽 참고.

낯설다. 이 낯선 존재 안에는 인간적인 것으로 인정받지 못한, 하지만 물질화된, 제어된, 인간의 잔여물인, 인간적인 것이 들어 있다.[118] 그 인간적인 것이 우리에게 말을 걸어온다. 우리가 사물인 식품과 대화할 때 겉으로는 그 식품과 소통하는 것 같지만, 실제로는 그 뒤에 있는 인간과 대화한다. 인간이 식품이라는 사물의 가면을 쓰고, 가면 뒤에서 이야기한다. 우리가 익숙한 식품으로부터 소외되고, 지배되는 이유는 식품이 가진 이런 성격을 이해하지 못하고, 식품이 만들어 내는 의미작용의 메커니즘에 대하여 표면적으로만 인식하기 때문이다. 우리의 행동에 영향을 주지만, 종전까지 인지되지 못했던 사물의 언어, 요리된 식품의 언어를 지금부터 읽어 내야 한다. 그들의 언어를 읽어 낼 수 있어야만 거기서 벗어날 방법을 찾을 수 있다.

식품의 언어를 읽어 내는 방법은 세 가지다. 기술로 읽는 방법, 마술로 읽는 방법, 마술을 기술로 풀어서 읽는 방법이다.[119] 식품이 우리에게 말하는 것을 제대로 이해하기 위해서는 그들의 언어를 기술로 읽을 수 있어야 한다. 하지만, 우리는 기술로 읽는 방법을 모른다. 마술을 기술로 풀어내는 방법도 아직은 모른다. 그래서 사물의 언어를 마술로만 읽는다. 마술로 읽는 방법은 기술로 읽는 사람들이 보여 주는 대로 보는 방법이다. 그들이 보여 주는 만큼만, 그들이 보여 주는 방법에 따라서만 보는 방법이다. 현재 우리가 식품의 언어를 읽는 방법이고, 기존의 다이어트 방법들도 이 방법에 따르고 있다. 이렇게 되면 우리는 마술을 보는 관객이 된다. 사람을 큰 상자에 넣고 사라지게 하는 마술처럼 우리는 보여 주는 것만 볼 수 있다. 사물의 실체

---

118) 질베르 시몽동, 《기술적 대상들의 존재양식에 대하여》, 10쪽 참고.
119) 롤랑 바르트, 《신화론》, 46~47쪽 참고.

는 우리의 시야에서 사라져 버린다.

하지만 마술은 눈속임이다. 누구도 사람을 사라지게 할 수는 없다. 사람이 사라지는 것처럼 보인다 하더라도 그것은 자연적으로 사라지는 것이 아니다. 그저 사라지는 것처럼 보이게 만드는 거다. 지금부터 인위적인 것을 자연적으로 느껴지게 만드는 그 마술의 실체를 쫓아간다. 요리된 식품의 언어를 마술에서 기술로 풀어내고, 그것이 우리에게 전하고 있는 '진짜 메시지'를 읽어 낼 거다.

미디어는 미디어일 뿐이다 메시지가 메시지다

운케이(雲慶)의 인왕과 미켈란젤로의 다비드

내가 중학생일 때 《열흘 밤의 꿈(夢十夜)》이라는 소설을 본 적이 있었다. 열흘 밤 동안 꿈꾼 이야기인데, 수백 년 전에 죽은 운케이(雲慶)라는 조각가가 인왕(仁王)을 조각하는 이야기가 나온다. 조각가는 나무를 조각해서 인왕을 만들어 내는 것이 아니라, 흙 속에 묻혀 있는 돌을 파내듯이 나무 안에 묻혀 있는 인왕을 파낸다고 한다. 무슨 의미인지 알 것도 같고, 모를 것도 같은 소설이었다. 그리고는 잊어버렸다.

그 뒤로 많은 세월이 지난 후에 배낭여행을 하다가 피렌체의 어느 광장에서 미켈란젤로가 조각한 다비드상을 볼 기회가 있었다. 직접 보니 사진으로 보던 느낌과는 완전히 달랐다. 우선 생각했던 것보다 훨씬 크고 웅장한 모습이었고, 마치 진짜로 살아 있는 사람을 가져다 놓은 것처럼 인간의 근육이 섬세하게 묘사되어 있었다. 그 아름다운 모습에 감탄하고 있던 중에 문득 이런 생각이 들었다.

"저게 처음에는 분명히 직육면체의 대리석 덩어리였을 텐데, 미켈란젤로는 어떻게 평범한 돌덩어리에서 저렇게 아름다운 조각상을 만들 수 있었을까?" 오래 전에 보았던 운케이(雲慶) 이야기가 생각났다. "대리석 덩어리 안에 다비드가 있는데 미켈란젤로가 그 다비드를 파내는 것일까? 아니면 대리석 덩어리는 그냥 평범한 대리석일 뿐인데, 미켈란젤로가 조각이라는 행위를 통해 평범한 대리석을 다비드로 만드는 것일까?" 한참 동안 그런 생각을 하고는 또 잊어버렸다.

또 많은 세월이 지난 후에 이 책을 쓰면서 다시 그 생각이 떠올랐다. 미켈란젤로는 "조각상이 태초부터 대리석 안에 있고, 조각가는 그 조각상을 알아보고 필요 없는 부분을 깎아 내어 그것을 드러내는 존재"라고 말했다고 한다.[120] 보석세공사가 원석 안에 묻혀 있는 보석을 알아보고 그것을 다듬어 보석의 아름다움을 드러내는 것과 같은 원리다. 하지만, 이런 일은 운케이나 미켈란젤로 같은 천재들에게나 가능한 일이고, 나 같은 사람은 아무리 봐도 보이지 않는다. 인왕도 다비드도 보이지 않는다. 나무와 대리석만 보인다. 대리석은 그냥 대리석일 뿐이다. 다비드가 아니다. 평범한 대리석이 다비드가 되기 위해서는 인간인 예술가가 거기에 다비드의 모습을 새겨 주어야 한다. 조각이라는 행위를 통해 원래 대리석이 갖지 못한 아름다운 형상 정보(시각 정보)를 부여해 주어야 한다. 그런데 예술가가 조각을 마치는 순간 피그말리온(Pygmalion) 신화에서처럼 대리석이 살아난다. 살아나 우리에게 말을 걸기 시작한다.[121] 분명 사물이지만 인간과 소

---

120) 스티븐 나흐마노비치, 《놀이, 마르지 않는 창조의 샘》, 8쪽 참고.

121) 이때의 언어는 인간의 언어는 아니다. 사물의 언어다. 하지만, 인간과 소통하는 점에서 언

통하는 사물, 인간의 행동 방식을 조정하는 사물이 된다.

물론 대리석이 조각을 통해 다비드상이 되더라도 대리석이라는 물질은 바뀌지 않는다. 하지만, 다비드상은 단순한 대리석이 아니라 다비드의 모습이 아름답게 조각된 대리석이다. 물질 그 자체는 여전히 대리석이지만, 자연물인 대리석이 아니라 아름다운 시각 정보가 부여되어 있는 인공물이다. 물질적 존재이지만 동시에 예술적인 존재, 예술품이다. 예술품은 예술적 의사소통이라는 특수한 방식으로 우리와 의사소통한다. 우리가 다비드상을 보면서 아름다움을 느끼는 것은 그것이 대리석이어서가 아니라, 대리석에 부여된 시각 정보 때문이다. 우리는 다비드상과 동일한 크기의 직육면체 대리석을 보면서 다비드상을 볼 때와 같은 즐거움을 느낄 수 없다. 조각이라는 행위는 조각의 대상이 되는 물체(대리석)에 원래 그 물체가 가지고 있지 않던 새로운 속성(시각 정보)을 부여하여 원래 물체의 속성은 그대로 유지하면서도 다른 존재(조각상)를 만들어 내는 행위다. 이렇게 만들어진 조각상은 자연적인 대리석보다 더 아름답게 느껴진다. 자연적인 매력보다 더 매력적이다.

그런데 이것은 대리석이라는 물체를 중심으로 보는 관점이다. 시각 정보의 관점에서 보면, 조각 행위는 시각 정보를 실현하는 행위이고, 대리석은 정보의 매체가 된다. 다비드의 이미지(시각이미지)는 대리석이라는 물체 없이는 객관적으로 존재할 수 없다. 대리석에 고정되기 전에 다비드라는 시각이미지는 기껏해야 미켈란젤로의 머릿속에 존재하는 이미지일 뿐이다. 주관적으로만 존재하는 잠재적 이

어라고 할 수 있다. 언어라는 것이 의사소통을 확립하는 이상 반드시 '인간들' 사이의 의사소통에만 제한되어야 할 이유는 없다(유리 로트만, 《예술 텍스트의 구조》, 21~22쪽 참고).

미지다. 우리는 다른 사람의 머릿속을 볼 수 없기 때문에 머릿속의 이미지가 물질에 고정되기 전까지는 그 이미지를 볼 수 없다. 볼 수 없으니 즐길 수도 없다. 우리는 이미지가 대리석(물질)에 부여되어 고정된 후에야 비로소 그 이미지를 즐길 수 있게 된다. 대리석은 다비드라는 이미지가 우리에게 전달될 수 있는 매체가 되고, 이 매체 없이는 우리는 이미지를 즐길 수 없다.

이를 다시 예술적 소통 구조라는 관점에서 보면 예술가는 자신의 머릿속에서 만들어 낸 아름다운 이미지를 예술창작 행위를 통해 재료인 물체에 부여한다. 이 창작 행위를 통해 재료인 물체는 원래 그 물체가 가지고 있던 자연적인 형상 정보와 다른 인공적인 형상 정보를 가진다. 이때, 예술가가 자연적인 형상 정보보다 더 아름다운 정보를 부여하기 때문에 예술품의 형상 정보가 생산하는 이미지는 그 재료가 가지는 자연적인 형상 정보가 생산하는 이미지보다 인간의 감각에 더 아름답고 매력적으로 느껴진다. 인공적인 정보를 부여받은 예술품이 유통되고, 감상자는 그 예술품의 형상 정보를 즐기면서 미적 체험을 한다. 자연물인 대리석을 볼 때보다 더 큰 쾌감을 느끼게 된다. 더 큰 쾌감을 주기 때문에 그 쾌감에 반응하는 인간의 행동도 달라진다. 같은 크기의 대리석 가격에 비해 수백 배나 비싼 값을 주고도 산다. 예술품과의 의사소통을 통해 그 예술품을 감상하는 인간의 행동 방식이 조정된다.

정리해 보면 조각이라는 행위는 (1) 물체를 중심으로 보면 물체에 정보를 부여하는 행위이고, (2) 정보를 중심으로 보면 조각이 개인의 머릿속에 있던 이미지를 다른 사람들이 이용하고 즐길 수 있도록 물체에 고정시켜 현실화하는 행위다. 정보가 부여된 물체는 정보의 매체가 되고, 정보가 유통되기 위한 조건이다. 감상자인 우리는 조각상이라는 대리석 덩어리를 보고 시각적 즐거움을 얻게 되지만, 그 시각적 즐거움의 원천은 대리석이라는 물체가 아니라, 다른 인간이 물체에 부여한 인공적 정보다. 대리석 덩어리는 인간이 머릿속에 가지고 있는 이미지를 외부 세계에 고정시키기 위해 동원하는 재료이고, 그 이미지를 우리에게 전달해 주는 매체에 불과하다. (3) 감상자와의 관계를 중심으로 보면 예술품이 우리에게 전달하는 메시지는 인간인 예술가가 머릿속에 만들어 낸 예술적인 이미지다. 사물인 예술품이 우리에게 말을 걸어오지만, 실제로는 예술품이라는 가면 뒤에서 다른 인간이 우리에게 말을 걸어온다. 그 말을 듣고 우리의 행동 방식이 바뀐다. 예술품은 감상자의 행동을 조정하는 매체로서 작동한다.

식품도 일종의 예술품이다. 식품을 통한 예술적 의사소통 역시 같은 방식으로 이루어진다. 요리된 식품은 인간인 요리사가 만든 미각 이미지를 우리에게 전해 준다. 음식물은 한편으로는 에너지를 가진 물질이다(에너지 매체). 배고픈 사람에게 에너지는 배고픔의 고통이 사라지게 하는 기쁨을 준다. 다른 한편으로는 요리사가 머릿속에서 만든 미각 이미지를 실어 나르는 매체다(정보 매체). 그 이미지를 통해 우리는 즐거움을 느끼고 식품과 소통하고 있다. 하지만, 더 정확하게는 식품 뒤에 있는 요리사, 즉 다른 인간과 소통하고 있다. 식품의 가면 뒤에 숨어서 우리에게 말을 하는 요리사와 대화하고 있다. 요리사는 식품 생산자에게 고용되어 있고, 식품 생산자는 우리가 식품을 더 많이 사기 원한다. 더 많이 사기 위해서는 더 많이 먹어야 한다. 그래서 식품 생산자는 우리가 더 많이 먹도록 식품을 생산해야 하고, 요리사는 식품 생산자의 의도대로 우리가 식품을 더 많이 먹도록 요리한다. 그 결과 우리는 더 많이 먹게 된다. 마치 프로그램이 로봇의 행동을 조정하듯이 식품은 식품을 더 많이 먹고, 더 많이 사도록 우리의 행동을 조정한다(행동 조정 프로그램의 매체).

예술적 소비 구조에는 정보가 있을 뿐 물질은 없다

우리는 음식을 먹으면서 동시에 '음식을 맛본다'. 혀에 있는 미각 세포를 통해 미각 정보를 받아들이고, 그 미각 정보가 뇌로 들어가 미각 이미지를 생산한다. '음식을 즐긴다'는 것은 미각 정보가 생산한 미각 이미지를 뇌가 기분 좋은 것으로 인식하고 쾌감을 느끼는 것이다. 음식물을 목구멍으로 삼켜서 식도를 통해 위(胃)로 보내는 것과는 관계가 없다. 음식을 즐기는 행위는 아름다운 그림을 보거나(시각 정보), 아름다운 음악을 듣거나(청각 정보), 향기로운 향기를 맡거나(후각 정보), 부드러운 옷감이 피부에 스칠 때 드는 좋은 느낌(촉각 정보)을 즐기는 것과 같이 우리가 좋아하는 감각을 즐기는 것이다.

매트릭스의 가상 세계에는 정보가 있을 뿐 물질은 없다

영화 〈매트릭스〉에서 사람들은 머리 뒤의 소켓을 하나씩 달고 있다. 그 소켓에 연결된 케이블(채널)을 통해 매트릭스(정보 세계)에 접속하고, 매트릭스가 만든 정보를 다운로드 받아 그 감각적인 즐거움을 느낀다. 매트릭스는 정보로 이루어진 가상 세계로 거기에 물질은 없다. 그 속에서 어떤 사람이 레스토랑에 앉아서 스테이크를 먹으면서 말한다. "난 이 스테이크가 존재하지 않는다는 걸 알아. 내가 이걸 입에 넣을 때 즙이 풍부하고 맛있다고 매트릭스가 말해 주고 있다는 걸 알지."

그는 분명히 스테이크의 모양과 색깔을 보고, 지글지글 굽는 소리를 듣고, 냄새를 맡고, 맛을 보고, 식감을 즐긴다고 느끼고 있지만 이는 모두 매트릭스가 만들어 놓은 감각 정보를 케이블로 다운로드 받은 것에 불과하다. 그는 물질을 소비하는 것이 아니다. 거기에 스테이크라는 물질은 없다. 스테이크의 시각 정보, 청각 정보, 후각 정보, 미각 정보, 촉각 정보가 뒤섞인 정보를 수신해서 그 정보가 지시하는 스테이크의 이미지를 자신의 머릿속에서 재생한 것뿐이다. 실제로 스테이크가 있는 것이 아니라, 그걸 입에 넣을 때 '즙이 풍부하고 맛있는 스테이크다'라고 매트릭스가 그에게 말해 준다. 매트릭스와 대화하고 있는 거다.

식품을 미각 정보의 매체로 소비하는 경우에도 이와 같다. 다만, 우리는 머리 뒤에 소켓을 가지고 있지 않고, 뇌로 정보를 다운로드 받는 케이블이 연결되어 있지도 않다. 그래서 정보가 케이블이라는 매체가 아니라 식품이라는 매체를 통해 전달된다. 여기서는 '생산자의 뇌 → 식품 → 감각 기관 → 감각 신경 → 소비자의 뇌'로 정보의 흐름이 이어진다. 우리가 레스토랑에 앉아서 스테이크를 먹을 때 우리는 스테이크라는 매체를 통해 요리사가 만들어 놓은 정보를 수신한다. 스테이크를 눈으로 보고, 귀로 굽는 소리를 듣고, 코로 향기를 맡고, 입에 넣어 혀로 맛보고, 이로 씹는 동안 스테이크의 시각 정보, 청각 정보, 후각 정보, 미각 정보, 촉각 정보가 신경을 타고 뇌에 전달된다. 뇌는 그 정보들을 받아들여 스테이크의 형상이미지를 인식하는 것이지, 그 과정에 스테이크라는 물질(고깃덩어리)은 없다. 그래서 스테이크의 정보를 받아들이더라도 스테이크라는 물질(고깃덩어리)은 여전히 입안에 남아 있다. 그것을 삼켜서 먹을 것인지 뱉어 버릴 것인지는 그 다음의 문제다. 정보와의 관계에서 스테이크의 물질은 그런 정보들을 실어 나르는 그릇에 불과하다.

매트릭스가 인간들의 뇌에 연결된 케이블을 통해서 뇌에 스테이크의 전자 정보를 보내 주는 것처럼 우리가 스테이크의 맛을 즐길 때 스테이크에 포함된 미각 정보가 우리들의 감각 기관에 연결된 감각 신경을 통해서 뇌에 전달되어 '이 스테이크가 맛있다'고 느끼게 된다. 음식을 먹는 과정에서는 스테이크라는 물체가 위장으로 이동하고, 그 과정 중에 물체가 존재하지만, 음식의 맛을 즐기는 과정에서는 스테이크에 포함된 정보만 뇌로 이동하고, 그 과정 중에 물체 그 자체는 존재하지 않는다.[122]

과식하라! 과식하라! 이것이 시장과 생산자들의 말씀이다

식품들이 우리에게 말을 걸어오고 있다. 이제 시선을 집중해서 매직아이의 숨겨진 이미지를 읽어 내듯이 식품들이 우리에게 하고 있는 말에 귀 기울일 필요가 있다. 식품의 언어를 분석하다 보면 어느 순간 식품의 언어가 들리기 시작한다. 매직아이에서 숨겨진 글자가 드러나는 것처럼 식품이 우리에게 하는 이야기가 드러난다. 그런데, 식품의 언어가 들리면 놀라운 사실이 발견된다. 놀랍게도 모든 식품들이 같은 말을 하고 있다. 초콜릿, 아이스크림, 케이크, 과자, 스테이

---

122) 스테이크는 고깃덩어리이고 에너지를 실어 나르는 매체다. 하지만 요리된 스테이크는 에너지뿐만 아니라 인공적인 미각 정보도 실어 나른다. 에너지는 스테이크의 물질 속에 있고 음식을 먹는 과정을 통해 우리의 몸으로 수용된다. 반면 미각 정보는 음식을 즐기는 과정을 통해 우리의 뇌로 수용되어 스테이크의 미각 이미지를 형성한다. 스테이크를 먹는 과정에서 스테이크의 물질이 수용되는 과정과 정보가 수용되는 과정이 동시에 일어나는데 이 둘을 나누어 보면, 물질을 수용하는 과정에는 미각 정보가 없고, 정보를 수용하는 과정에는 물질이 없다.

크, 치킨, 피자 등등 세상의 온갖 맛있는 음식들이 모두 같은 목소리로 같은 말만 되풀이하고 있다. 그들이 반복해서 우리에게 전하는 메시지는 단 하나다.

"과식하라! 과식하라! 또 과식하라!"

현대 이전에는 절약이 미덕이었다. 생산물 가운데 되도록 많은 부분을 자본으로 전환시켜 생산 조건을 재생산해야 했다. 상품을 잘 만들기만 하면 파는 데 문제가 없었다. 하지만, 생산 기술의 발달로 생산력이 소비력을 추월하게 되면서 대량 생산되는 상품이 꾸준히 소진되도록 시장을 제어할 필요가 생겨났다.[123] 잉여 생산이 발생하는 현대 시장에서 생산 조건을 재생산하기 위해서는 잉여 생산물이 소진되어야 한다. 상품을 아무리 잘 만들어도 살 사람이 없으면 더 이상 생산할 수 없다. 과소비가 미덕이 된다.[124] 이때 상품 생산자의 관심은 상품을 최대한 많이 파는 데 있다. 소비자에게 그 상품이 필요한지 필요하지 않은지는 중요하지 않다. 중요한 것은 상품을 사는 거다. 그런데 상품을 살지 말지 결정하는 것은 소비자다. 소비자에게 선택권이 있다. 상품을 많이 팔려면 소비자가 상품을 많이 사 주어야 하는데, 수요가 충족된 소비자는 더 이상 상품을 사려 하지 않는다. 생산자는 강제로 소비자가 상품을 더 사도록 만들 수 없다. 소비자에게 그냥 "많이 사라!"고 하면 당연히 소비자가 거부한다. 소비자 스스로 더 사도록 만들어야 한다. 이성이 아니라 감성에 의해, 의식이 아니라 무의식적으로 소비자에게 상품이 더 필요하도록 만든다.[125]

---

123) 제임스 R. 베니거, 《컨트롤 레벌루션》, 362쪽 참고.
124) 카를 마르크스, 《자본 I-2》, 814~815쪽 참고.
125) 오늘날 새로운 도덕이 태어났다. 즉 축적보다 소비의 우선, 전방으로의 탈출, 불가피한 투자, 가속된 소비, 계속되는 인플레이션, 이 모든 체계는 우선 구매하고 그 다음 노동으로 다시 구매

상품을 만드는 일보다 파는 일이 더 어렵게 되었을 때 인간 자체가 인간에게 과학의 대상이 된다.[126] 생산자는 상품이 인간에게 더 매력적으로 느껴지도록 만든다. 이제 잘 만든다는 것만으로는 부족하다. 잘 만드는 생산자는 많다. 뭔가 달라야 한다. 향수가 아직 남아 있지만 다시 향수를 사도록 만들고, 자동차가 아직 잘 달릴 수 있지만 다시 자동차를 사도록 만들어야 한다. 매년 자동차의 새로운 모델이 나오는 이유가 이 때문이다. 생산자는 현재의 모델이 한창 잘 팔리고 있는 그때 이미 다음 모델의 출시를 계획한다. 상품은 새로워지고, 아름다워져야 한다. 새롭게 구매할 정도로 매력적이어야 한다.

식품은 이미 배부른 사람이 더 먹을 정도로 매력적이어야 한다. 식품을 맛있게 만드는 목적은 에너지를 공급하고 배고픔을 사라지게 만드는 데 있지 않다. 식품을 사 먹는 사람에게 그 식품이 필요한지 필요 없는지는 중요하지 않다. 더 많이 파는 게 중요하다. 배부른 사람이 식품을 더 먹게 만들고, 더 사게 만들어야 한다. 배부른 사람이 식품을 더 먹게 하려면 배부름을 잊을 정도로 충분히 매력적이어야 한다. 그 결과 생산자가 소비자의 음식을 먹는 행동 방식을 조정하고, 소비자의 식품구매 행동 방식을 실질적으로 결정한다.[127] 선택권

하는 경우 그 결과로 생겨나는 것이다. 영주와 예속된 노동에 기인하는 분할된 노동의 상황, 바로 봉건적 상황에 이르게 된다. 그러나 봉건적 체계와는 달리, 우리의 체계는 공모 위에서 작용한다. 즉 현대의 소비자는 이 끝없는 구속을 통합하고 자발적으로 수용한다. 구속은 자유로서 체험되며 지속적 체계로서 자율화된다(장 보드리야르, 《사물의 체계》, 243~244쪽 참고).

126) 장 보드리야르, 《소비의 사회》, 91쪽 참고.

127) 현대 시장의 식품은 컴퓨터, 텔레비전, 자동차와 마찬가지로 '구조적으로 복잡하고 기능적으로 간단한 체계'로 작동하는 사물이다. 이런 체계들의 특징은 게임을 하는 자 스스로가 게임의 놀이공이 된다는 사실이다. 그는 게임을 통찰하지 않고도 게임을 완전히 마스터한 것처럼 보이지만, 이 게임은 그를 삼켜 버린다. 사물들이 스스로 물신이 되어 인간을 사물화시키고, 그 행동을 조정한다. 하지만, 소비자는 완벽한 부자유 상태에 있음에도 자신에게 자유로운 선택이 허용되는 것처럼 느끼게 된다(빌렘 플루서, 《코무니콜로기》, 216쪽; 《그림의 혁명》, 116~117쪽 참고).

을 잃어버린 우리가 할 수 있는 선택은 정해져 있다. 그 선택은 '과식' 하는 거다. 그 결과 세상의 모든 식품들이 너무 맛있어졌고, 그 맛있는 식품들이 사물의 언어로 우리에게 말한다. 사실은 식품 생산자가 식품 뒤에서 식품의 가면을 쓰고 말한다.

"과식하라! 과식하라! 또 과식하라!"

과식 행동은 과식유발능력이 실현되는 과정이다

1. 인간의 과식 능력을 생산한다

배고픔은 몸에 에너지가 부족할 때 생긴다. 배고픈 느낌은 불쾌하다. 우리가 싫어하는 감정이다. 반면 배고픔이 사라지는 기쁨은 쾌감이다. 우리가 좋아하는 감정이다. 그래서 우리는 배고픔을 느끼면 불쾌감을 피하고 쾌감을 얻기 위해 음식을 먹는다. 음식을 먹을 때 기쁨이 생기는 이유는 음식물에 들어 있는 에너지를 몸이 흡수하면서 에너지 부족 상태에서 벗어나게 되고 에너지 부족 상태에서 생기는 기분 나쁜 배고픔이 사라지기 때문이다. 몸에 에너지가 보충된다는 의미다. 기쁨은 부족한 에너지가 보충될 때 생기는 쾌감이기 때문에, 에너지의 보충이 없으면 발생하지 않는다. 일단 에너지가 보충되고 나면 음식을 더 먹더라도 사라질 배고픔이 없다. 배고픔이 없으니 배고픔이 사라지는 기쁨도 없다.

반면 음식을 먹으면 위장에서 소화시키기 위해 소화 노동을 해야 하고, 소화 노동 역시 노동이므로 불쾌감을 준다. 음식을 먹는 행동은 불쾌감을 주는 노동 행위다. 그런데도 소화 노동의 불쾌감을 참고 음식을 먹는 이유는 배고픔이 주는 불쾌감이 소화 노동의 불쾌감보다 크기 때문이다. 달리 표현하면 배고픔이 사라지는 쾌감(기쁨)이 소화 노동의 불쾌감보다 더 크기 때문이다. 그러니 배고픔이 없으면 불쾌한 소화 노동을 하지 않는다. 배고픔이 없으면 음식을 더 먹지 않는다. 이미 배부른 사람은 배고픔이 없기 때문에 음식을 먹으면 먹을수록 점점 더 불쾌해진다. 그래서 배부른 사람은 자연적으로 음식을 더 먹지 않는다. 그런데, 요리 기술은 이미 배부른 사람이 음식을 더 먹도록 만든다.

"요리 기술은 어떻게 배부른 사람이 음식을 더 먹도록 만드는 것일까?"

"어떻게 소화 노동의 불쾌감을 잊게 만드는 것일까?"

자연 세계에 사는 인간은 먹고 싶은 것을, 먹고 싶은 만큼 먹으면 자연 상태에 적합한 몸매를 가지고, 자연 상태에 적합한 상태를 유지한다. 우리의 감각 체계가 자연 세계에서 생존하고 번식하기에 적합한 상태로 맞추어져 있기 때문이다. 그런데, 문제가 있다. 우리의 유전적인 몸과 마음은 자연환경에 적합한 상태로 맞추어져 있는데, 지금 우리는 자연환경이 아니라 인공적 환경 속에서 살고 있다. 당신 주위를 둘러봐라. 의자, 책상, 시계, 연필, 종이, 전화기, 컴퓨터, 사무실, 유리창, 건물, 도로, 자동차 등등… 자연 세계는 이런 것들을 만들어 내지 못한다. 당신 주위를 둘러싸고 있는 이 모든 것들은 인간이 만든 거다. 우리에게 익숙하지만, 원래 자연 세계에는 없던 것들이다. 식품도 마찬가지다. 자연 세계에 닭은 있어도, 닭튀김은 없다. 당신이 지금 닭고기를 먹고 있다면, 생닭을 뜯고 있는 게 아니라, 어느 요리사가 요리한 닭튀김을 먹고 있을 거다. 그건 자연이 만든 닭이 아니라, 인간이 만든 닭튀김이다. 그 닭튀김이 자연 세계의 어떤 닭고기(생닭)보다 더 맛있다. 생닭을 뜯어먹는 데 맞추어진 우리의 심리 체계에 닭튀김은 '너무' 맛있다. 그 '너무 맛있음'이 과식 능력을 생산하여 우리를 과식할 수 있도록 만든다. 과식 능력을 생산하는 메커니즘은 세 단계로 나누어 볼 수 있다.

(1) 먼저, 음식을 먹는 과정에서 발생하는 쾌감의 구조를 알아야 한다. 이해의 편의를 위해 간략히 설명하면 음식을 먹는 과정은 물질인 음식물을 먹는 과정인 동시에 그 음식물의 정보를 받아들이는 과정이다. 물질이 가진 에너지의 흐름과 별개로 정보의 흐름이 있고, 에너지 유입에서 발생하는 쾌감(기쁨)과 별개로 정보유입에서 발생하는 쾌감(즐거움)이 있다.

(2) 다음으로, 요리 기술은 음식물의 정보를 인공적으로 조작하여 즐거움을 증가시킨다. 음식물이 자연적으로 가지는 정보보다 인간에게 더 매력적인 정보를 만들어 내고, 이를 음식물에 부여한다. 자연적인 정보보다 더 매력적인 정보는 자연적인 정보가 주는 즐거움보다 더 큰 즐거움을 생산한다. 음식물이 인간의 과식을 유발하는 과식 유발능력을 가지게 된다.

(3) 마지막으로 증가된 즐거움이 음식먹기에서 발생하는 불쾌감을 상쇄한다. 그 결과 증가된 즐거움과 같은 양의 불쾌감이 축적될 때까지는 불쾌감을 느끼지 못하게 되고, 그 구간동안 과식을 하더라도 불쾌감 대신 쾌감을 느끼게 된다. 그래서 계속 음식을 더 먹게 된다. 그 구간동안 인간에게 과식 능력이 생기게 된다.

[요리 기술이 과식 능력을 부여하는 메커니즘]
1. 에너지 유입에서 발생하는 기쁨과 별개로 정보유입에서 즐거움이 발생한다.
2. 요리는 음식물의 정보를 조작하여 즐거움을 배가시킨다.
3. 증가된 즐거움은 불쾌감을 상쇄시켜 과식 능력을 부여한다.

2. 과식 능력의 메커니즘

2.1 에너지 유입에서 기쁨이, 정보유입에서 즐거움이 발생한다

생리학자 파블로프(Ivan Pavlov)는 개에게 음식물을 제공하면서 개가 침을 흘리는 현상을 연구했다. 배고픈 개는 음식물(무조건 자극)을 보면 침을 흘리게 되는데(무조건 반응), 음식물을 줄 때마다 종소리(조건 자극)를 반복적으로 들려주면 개가 음식물 없이 종소리만 듣고도 침을 흘리게 된다(조건 반응). 원래 종소리는 개의 배고픔이 사라지는 것과 관계없다. 침을 흘리는 것과도 관계없다. 하지만, 음식물을 줄 때마다 반복적으로 종소리를 들려주면 개는 종소리가 음식물과 하나라고 느끼게 된다. 그래서 그 개에게 있어서 음식물은 곧 종소리이고, 종소리는 곧 음식물이다. 실제로 침이 나오게 하는 것은 음식물이지만, 음식물 없이 종소리만 듣더라도 침이 나온다.

실험 결과는 어렵지 않게 이해된다. 그런데, 다른 의문이 생긴다. "배고픈 개는 왜 음식물을 보면 침을 흘리는 것일까?" 개가 음식물을 보고 침을 흘리면서 흥분하는 것은 개가 음식물의 자극에 쾌감으로 반응하는 거다. 음식물을 보는 데서 쾌감을 느낀다는 말이다. 그런데 음식물이 개에게 쾌감(기쁨)을 주는 이유는 음식물을 먹을 때 에너지가 몸에 흡수되어 배고픔의 불쾌감이 사라지기 때문이다. 음식물을 보거나 소리를 듣거나 냄새를 맡기 때문이 아니다. 아무리 오랫동안 음식물을 보거나 소리를 듣거나 냄새를 맡아도 배고픔이 사라지지 않는다. 그런데도 개는 음식물을 보는 것만으로도 무조건적으로 쾌감을 느낀다.

"왜 그럴까? 무조건 반응은 왜 무조건적으로 일어나는 것일
까?"

그 개가 음식물을 먹을 때마다 반복적으로 오감을 통하여 음식물
의 모양과 색깔(시각 정보), 소리(청각 정보), 냄새(후각 정보), 맛(미
각 정보), 촉감(촉각 정보) 등을 함께 느꼈기 때문이다. 음식물의 감
각 정보 그 자체는 배고픔을 사라지게 하는 능력이 없지만, 언제나 에
너지와 함께 제공되기 때문에 음식물의 감각 정보가 곧 에너지이고,
에너지가 곧 감각 정보라고 느끼게 된다. 음식물과 함께 제공되는 종
소리를 음식물과 같은 것으로 인식하는 것처럼, 에너지와 함께 제공
되는 감각 정보를 에너지와 같은 것으로 인식하는 것이다. 음식물의
감각 정보는 원래 조건 자극이었고, 그에 대한 쾌감도 조건 반응이었
지만, 오랜 경험을 통해 무조건 자극이 되고, 무조건 반응이 된다. 그
래서 개는 음식물을 보면 무조건적으로 쾌감을 느끼고, 침을 흘리는
반응을 하게 된다.

인간도 일종의 동물이다. 이런 현상은 인간에게도 마찬가지로 나
타난다. 인간도 배고플 때 음식을 보거나, 음식 만드는 소리를 듣거
나, 음식 냄새를 맡거나 하면 침이 고이고, 음식을 먹을 상상을 하면
서 즐거워한다. 음식물의 모양과 색깔, 소리, 냄새, 맛, 촉감은 그 음
식물에 에너지원으로 사용할 수 있는 영양분이 있는지, 그 음식물이
먹어서 소화하기에 적합한 상태인지에 대한 정보를 제공한다. 그 정
보는 사물인 음식물이 인간에게 보내는 신호다. 배고파서 음식을 먹
을 때 먼저 시각, 청각, 후각, 미각, 촉각을 통해 음식물에 있는 형상
정보를 받아들이는 음식맛보기를 하고, 이어서 그 음식물을 삼켜서
먹게 됨으로써 배고픔이 사라지는 기쁨을 느낀다. 이렇게 정보의 발

생과 기쁨의 발생이 연결되는 과정이 오랫동안 반복되면서 에너지원으로 사용하기에 적합한 음식물의 감각 정보는 쾌감과 결합된다.

이런 과정이 계속적으로 반복되다 보면, 음식의 형상 정보가 가리키는 음식물의 내용물(에너지)이 없는 경우에도 그 내용물을 가리키는 신호의 정보(음식의 모양, 소리, 냄새, 맛, 촉감)에 대하여 쾌감을 느끼게 된다. 파블로프의 개가 음식물이 없어도 종소리(조건자극)에 반응하는 것과 같다. 그 쾌감이 바로 즐거움이다.

단맛, 짠맛, 기름진 맛, 고소한 향기, 바삭바삭한 식감처럼 우리가 좋아하는 음식물의 감각 정보는 정보일 뿐 우리에게 기쁨을 주는 에너지와 직접적으로 연결되지 않는다. 정보가 에너지를 대체할 수는 없다. 배고픈 사람이 아무리 오랫동안 고기 굽는 것을 보고 있더라도 배가 불러지지는 않는다. 지글지글 고기 굽는 소리를 듣거나 고기 굽는 냄새를 오랫동안 맡고 있어도 마찬가지다. 하지만, 음식물을 먹는 동안 항상 음식물이 가지는 에너지와 형상 정보를 함께 받아들이고, 에너지에서 배고픔이 사라지는 기쁨이 발생하기 때문에 정신세계에서 음식물의 감각 정보는 기분 좋은 쾌감(기쁨)과 연결되어 혼동된다. 그래서 그런 형상 정보가 만들어 내는 감각 정보를 좋아하게 되고, 그런 정보 자체에 쾌감을 느낀다. 반면 쓴맛, 신맛, 썩는 냄새, 흐물흐물한 식감을 싫어하는 이유는 그런 종류의 형상 정보를 가진 음식물들을 먹었을 때 문제를 일으키고, 에너지원으로 사용하기에 적합하지 않아 불쾌감을 주기 때문이다.

이렇게 해서 음식을 먹을 때 우리는 두 가지 쾌감을 얻게 된다. (1) 하나는 배고픈 사람이 음식을 먹을 때 음식물에 포함된 에너지가 몸에 흡수되면서 에너지 공급으로 배고픔이 사라지는 쾌감(기쁨)이다.

(2) 다른 하나는 음식을 먹을 때 음식물에 포함된 정보가 뇌에 전달되면서 기쁨을 느끼는 상황에 대한 정보를 불러오는 쾌감(즐거움)이다.

2.2. 요리는 즐거움을 인공적으로 배가시킨다

신이 인간을 위하여 자연을 창조한 것이 아니다

"쾌감을 만드는 심리구조가 다이어트와 무슨 관계가 있을까?"

먼저, 조물주가 인간이라는 걸작품을 만들려고 계획하고, 그 인간이 살기에 적합하도록 세상을 만든 것이 아니라는 사실을 인정해야 한다.[128] 진화의 최종 목표점에 인간이라는 모델이 있고, 그 방향으로 끌어당기는 방식으로 진화한 것이 아니라는 말이다. 진화에 장기적인 목표 같은 것은 없다. 먼 미래의 목표, 선택의 기준이 될 궁극적인 완벽함 따위는 없다. 진화의 궁극적인 목표가 우리 인간이라는 믿음은 터무니없는 인간 허영심의 산물에 불과하다.[129] 먼저 자연 세계가 있고, 어떤 생물체가 그 자연 세계의 환경에 적응하면서 진화한다. 그 과정에서 인간이 생겨난 거다. 인간의 몸을 유지하는 생명 체계나 행동을 산출하는 심리 체계는 유전적으로 자연환경에서 살아가는 데 적합하게 맞추어져 있다. 하지만, 그것은 우연(偶然)의 결과이다. 다시 말해 실현되는 조건을 만나(遇) 그러한 것(然)이지, 반드시(必) 그러하도록(然) 정해진 것이 아니다. 조물주가 그렇게 맞추어 놓

---

128   스티븐 제이 굴드, 《다윈 이후》, 85쪽 참고.
129   리처드 도킨스, 《눈먼 시계공》, 96~97쪽.

은 게 아니라 다양한 생명체들 중 주어진 자연환경에서 살아가는 데 적합한 속성을 가진 개체가 진화의 경쟁에서 살아남고, 그 개체가 자손을 낳는다. 살아남은 개체는 유전을 통해 자신이 가진 속성을 자손에게 물려주기 때문에 자손은 유전적으로 그런 속성을 가진다. 반면, 부적합한 속성을 가진 개체는 도태된다. 번식에 성공하더라도 진화의 경쟁은 계속되고 다음 세대에서 도태된다. 그렇게 진화의 과정이 계속되다 보면 유전적으로 자연환경에 적합한 속성을 가진 개체들만 남는다. 그 개체들의 후손들이 바로 우리다. 그래서 우리의 심리 체계는 유전적으로 자연환경에 적합하게 맞추어져 있다. 자연환경에서 살아가기 위해서는 자연적인 몸매를 가져야 하기 때문에 인간은 자연적인 몸매를 갖게 된다. 이 부분이 중요하다. 인간을 위해 자연이 생긴 것이 아니라 자연환경에 적응하여 인간이 진화했다. 자연환경이 인간의 생명 체계나 심리 체계에 적합하게 맞추어져 있는 것이 아니라, 인간의 생명 체계나 심리 체계가 자연환경에서 살아가는 데 적합하게 맞추어져 있다. 그래서 인간은 자연환경에서 살아가는 데 적합한 속성을 가지고 있지만, 그 반대는 아니다. 자연환경이 인간에게 가장 적합한 것은 아니다.

인간의 심리 체계는 이렇게 자연환경에 맞추어져 있지만, 현대인인 우리는 자연환경이 아니라 인공환경 속에서 살고 있다. 인간이 개발한 인공적 기술은 자연이 부여한 유전적 속성보다 더 효율적이다. 자연적인 인간의 심리 체계는 인간의 기술 앞에 무력하다. 자연적으로 음식물을 섭취하는 행동 방식은 불가능하게 되었다. 예를 들어 초코바를 생각해 보자. 우리는 달콤함, 고소함, 부드러움, 바삭바삭함을 좋아한다. 자연 세계에도 달콤한 음식은 있다. 고소한 음식도 있다. 부드러운 음식도 있다. 바삭바삭한 음식도 있다. 하지만 달콤하면서도 고소하고, 부드러우면서도 바삭바삭한 그런 음식은 자연 세계에 존재하지 않는다. 우리가 편의점에서 흔히 볼 수 있는 초코바 하나도 자연 세계는 만들어 내지 못한다. 그래서 우리는 초코바의 매력적인 맛에 저항하지 못하고 배가 불러도 초코바를 먹는다. 만약 자연 세계에 초코바 같은 음식이 있었다면 인간은 지금과 다르게 진화했을 거다. 현재 인류의 조상들은 과식으로 뚱뚱해져 도태되고, 그들보다 달콤함, 고소함, 부드러움, 바삭바삭함에 덜 민감하게 반응하는 개체들이 살아남았을 거다. 그래서 그 후손들은 지금 우리가 맨밥을 과식하지 않는 것처럼, 초코바를 과식하지 않는 속성을 유전적으로 가졌을 거다.

인간이 살아가는 환경이 바뀌었다. 현재의 환경은 우리가 자연적인 몸매를 가지고 살아가는 데 적합한 환경이 아니다. 하지만, 우리는 도태되지 않는다. 지금 우리가 초코바를 먹으면서도 도태되지 않는 이유는 초코바를 만들기 전에 이미 인간이 지구상의 최강자가 되었고, 음식물을 길러 먹었기 때문이다. 인간은 뚱뚱해져도 도태되지 않는 환경 속에 있기 때문에 초코바를 먹으면서도 도태되지 않는다. 도태되지 않고 뚱뚱해지는 방법으로 새로운 환경에 적응하게 된다. 그 새로운 환경은 인공적인 환경이다. 자연적인 환경보다 인간에게 더 매력적이지만, 자연적인 환경만큼이나 인간에게 자연(自然)스럽고 당연(當然)하게 느껴지는 환경이다.

동물학자 틴버겐은 동물들의 행동을 연구하던 중에 특이한 현상을 발견하게 된다. 동물들이 대상이나 조건에 대한 전체 정보가 아니라 특정한 정보에 반응하여 행동한다는 것이다. 예를 들어 큰가시고기 수컷은 아랫배가 화사한 붉은색인데, 붉은색만 보면 다른 수컷으로 오인하여 공격한다. 모양이 전혀 닮지 않은 모형이라도 붉은색만 칠해 놓으면 공격한다. 심지어는 빨간색 우편 배달차가 지나가도 공격한다. 반면 진짜 큰가시고기 수컷이라도 배에 붉은색이 없으면 적게 공격한다.[130] 진짜 수컷은 무시하고 실물보다 더 빨갛게 배를 칠한 모형에게 싸움을 건다. 여기서 틴버겐은 인공적인 자극이 자연적인 자극의 힘을 능가할 수 있다는 사실을 발견하고, 이를 '초정상자극'이라고 이름 붙였다. 동물의 본능이 몇 가지 특성에 반응하도록 암호화되어 있는데, 그 특성들을 증폭시키면 동물들을 쉽게 속일 수 있다는 거다.[131] 동물들이 반응하는 특성을 인공적으로 증폭시키면 자연적인 정보에 비하여 그 인공적인 정보에 더 강렬하게 반응하게 된다. 그래서 그 동물들의 행동을 조정할 수 있다.

자연 세계(自然世界)는 스스로(自) 그러한(然) 세계다. 인간을 위해서건, 동물을 위해서건 그 누구를 위해 존재하는 것이 아니다. 스스로 존재하는 것이다. 그래서 어떤 종(種)이 자연환경에 적응한 상태에 있다고 하더라도, 그 자연환경이 그 종의 입장에서 볼 때 가장

---

130) 니코 틴버겐, 《동물의 사회 행동》, 103~105쪽; 디어드리 배릿, 《인간은 왜 위험한 자극에 끌리는가》, 25~26쪽 참고.
131) 디어드리 배릿, 《인간은 왜 위험한 자극에 끌리는가》, 25~27쪽 참고.

쾌적하고, 가장 매력적인 상태를 의미하지는 않는다. 다만 이미 존재하고 있는 자연환경에서 살아갈 수 있도록 그 종이 진화한 상태에 있다는 것을 의미할 뿐이다. 그러니 자연환경을 인공적으로 바꾸어 더 쾌적하고, 더 매력적인 상태를 만들어 내는 것이 가능하다. 그렇게 만들어진 조건이 '초정상자극'이다.

인간은 동물의 일종이다. 동물에게 적용되는 초정상자극의 원리는 인간에게도 적용된다. 인간은 오래 전부터 인공적인 방법으로 쾌감을 증가시키는 기술을 개발했는데, 그중 하나가 '예술'이다. 예술은 인간에게 적용되는 초정상자극이다. 요리는 예술의 일종이다. 자연적인 음식물을 음식 재료로 사용하여 그 음식 재료에 인공적인 미각 정보를 부여한다. 인공적인 미각 정보가 부여된 음식물은 자연적인 음식물에 비해 인간의 감각에 더 매력적인 초정상자극이 된다. 요리된 음식물의 인공적인 매력이 인간의 즐거움을 증가시킨다. 요리된 음식물을 먹을 때 증가된 즐거움이 새로운 쾌감이 된다.

이 새로운 즐거움이 인간에게 2차 식욕을 만들어 낸다. 동물은 하나의 식욕이 있을 뿐이지만, 인간은 동물과 달리 1차 식욕과 2차 식욕을 가지고 있다. 그래서 동물은 하나의 식욕이 전체 식욕이지만, 인간은 1차 식욕과 2차 식욕의 합계치가 전체 식욕이다. 동물의 식욕은 생명 유지와 신체 활동에 필요한 에너지양을 보충하는 데 제한된다. 에너지 유출량이 에너지 유입량을 결정한다. 에너지 유출량을 초과하여 음식을 먹을 수 없다. 자연 상태의 동물은 날씬하게 살아갈 수밖에 없다. 이것이 진화의 사슬이고, 날씬한 몸매의 사슬이다.

하지만, 인간은 에너지 유출량에 제한되어 있는 1차 식욕에 인공적인 2차 식욕이 더해짐으로써 에너지 유입량을 유출량에 맞추어 주는 진화의 사슬이 풀려 버린다. 인간은 필요 이상으로 먹을 수 있는 '과식 능력'이 생기고, 다른 동물들과는 반대로 에너지 유입량이 유출량을 결정한다. 과식으로 에너지 사용량보다 더 많은 에너지를 섭취하면 잉여 에너지가 생기게 되고, 그 잉여 에너지는 내부에 유출되어 우리 몸에 저장된다. 뚱뚱해지게 된다. 이제 2차 식욕이 어떻게 인간이 과식할 수 있도록 만드는지 그 메커니즘을 살펴보자.

　화식 이전의 인간들은 하나의 식욕만을 가지고 있었고, 이 식욕은 진화를 통하여 인간이 자연으로부터 부여받은 식욕이다. 인간은 화식을 통하여 과식 능력을 가지게 되고 잉여 에너지의 문제가 발생하게 되는데, 진화다이어트를 통하여 이 문제를 해결하면서 동물로서의 인간이 가지던 하나의 식욕은 1차 식욕으로 변형된다. 거기에 더해 요리로 음식을 더 맛있게 만들면서 동물이나 화식 이전의 인간들이 가지지 못한 새로운 식욕을 하나 더 가지게 된다. 2차 식욕이다. 1차 식욕은 생명 유지와 신체 활동을 위해 필요한 에너지를 섭취하려는 식욕이다. 배고픔이 사라지는 기쁨을 느끼려는 식욕이다. 반면 2차 식욕은 생명 유지나 신체 활동을 위한 에너지 섭취와 무관한 식욕이다. 음식의 맛이 주는 즐거움 느끼려는 식욕이다. 2차 식욕이 만족되는 모습도 1차 식욕과 마찬가지로 음식의 소비량이 늘어남에 따라 점점 상승하지만, 상승분은 점점 줄어들어 수평에 가까운 직선이 된다(다음의 파란색 그래프).

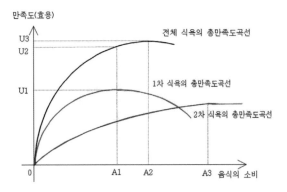

원래 인간이 유전적으로 가지는 1차 식욕(빨간색 그래프)에 인간이 만들어 낸 2차 식욕(파란색 그래프)이 더해지게 되면서 인간이 가지는 전체 식욕은 1차 식욕과 2차 식욕을 합친 합계치(검은색 그래프)가 된다. 이제 배고플 때만 식욕(1차 식욕)을 느끼는 게 아니다. 음식의 맛이 주는 즐거움을 느끼고 싶을 때도 식욕(2차 식욕)을 느낀다. 배고플 때만 음식을 먹는 원시인들이나 동물들에 비해 우리는 더 많은 식욕(전체 식욕)을 느낀다. 2차 식욕이 생기는 것을 전후로 비교해 보면 원래 1차 식욕의 만족도곡선(빨간색 그래프)만 가지고 있던 때에 비해 식욕의 만족도곡선이 위로 밀려 올라가 전체 식욕의 만족도곡선(검은색 그래프)으로 이동해 간 것과 같은 효과가 된다.

2.3. 증가된 즐거움이 과식의 불쾌감을 상쇄한다

이렇게 되면 이전에 A1지점 이상으로 음식을 먹을 수 없었던 인간이 A2지점까지 음식을 먹을 수 있게 된다. A1지점에서 A2지점까지 여분의 음식을 먹을 수 있게 되어 몸에 지방을 축적하는 것이 가능해진다. 과식 능력이 생긴다. 그런데, 여기서 의문이 생긴다.

"이미 배부른 상태에서 음식이 맛있다고 더 먹는 것이 가능할까?"

이 부분은 '식욕의 총만족도곡선' 그래프만으로는 명확한 설명이 어렵다. 그래서 '식욕의 한계만족도곡선' 그래프를 사용해서 설명하겠다.

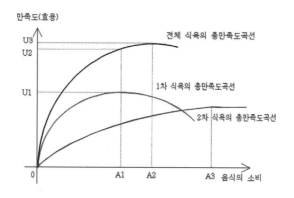

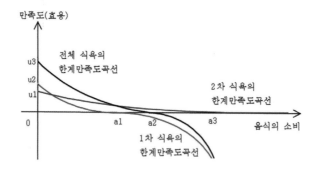

식욕의 한계만족도는 음식을 하나씩 먹을 때마다 추가로 더 느끼

게 되는 만족도를 말한다. 음식을 먹을 때 1차 식욕의 총만족도는 계속 상승을 하다가 최고점(A1)에 이르고, 최고점이 지난 후에는 점차 감소하게 된다. 반면, 1차 식욕의 한계만족도는 처음부터 점점 하락하여 식욕의 총만족도가 최고점(A1)에 이르게 될 때 영(0)이 되고 (a1), 그 이후에는 마이너스(-)가 되어 계속 하락한다. 이는 일반적인 재화의 소비에서 나타나는 만족도(효용)의 변화와 같고, 이런 현상을 경제학에서는 '한계효용 체감의 법칙'이라고 한다. 여기서 한계만족도가 마이너스가 된다는 것은 총만족도곡선이 최고점을 지나 하락한다는 의미이고, 음식을 먹으면 먹을수록 쾌감(쾌락)을 느끼는 것이 아니라 불쾌감(고통)을 느끼게 된다는 의미이다.

그런데, 2차 식욕의 만족도곡선은 이와는 다른 형태를 가진다. 2차 식욕의 총만족도는 음식을 소비함에 따라 계속 상승하다가 최고점 (A3)에 이르고, 최고점이 지난 후에는 1차 식욕과 같이 점차 감소하는 것이 아니라 그대로 수평을 유지한다. 즉 최고점에 이른 이후에는 음식을 계속 소비하더라도 총만족도가 증가도 감소도 하지 않는다. 2차 식욕의 총만족도곡선이 이런 모양을 가지기 때문에 2차 식욕의 한계만족도곡선 역시 1차 식욕의 한계만족도곡선과 다른 모양을 가진다. 1차 식욕의 한계만족도곡선은 점점 하락하다가 1차 식욕의 총만족도곡선이 최고점에 이른 지점(A1)에서 영(0)이 되고(a1), 이후 계속 하락하여 마이너스(-) 값을 가진다. 반면 2차 식욕의 한계만족도곡선은 점점 하락하다가 2차 식욕의 총만족도곡선이 최고점에 이른 지점(A3)에서 영(0)이 되고(a3), 이후 수평을 유지한다. 한계만족도 그래프를 분석의 편의상 직선으로 단순화시켜 보면 다음의 그래프와 같다.

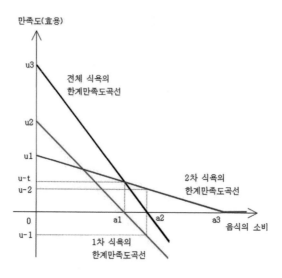

여기서 주의해야 할 점이 있다. 위의 그래프에서 1차 식욕의 한계 만족도(빨간색 그래프)와 2차 식욕의 한계만족도(파란색 그래프)는 분석을 통해 관념적으로 인식할 수 있을 뿐이다. 감각적으로 우리에게 느껴지지 않는다. 이는 비유하자면 햇빛이 빨주노초파남보의 7가지 색깔을 가지고 있지만, 일상적으로는 백색광만 느껴지는 것과 같다. 백색광을 열심히 들여다보고 있어도 7가지 색깔을 볼 수 없다. 프리즘이라는 인공적인 광학 기구를 통해서만 볼 수 있다. 마찬가지로, 우리가 음식을 먹을 때 감각적으로 느낄 수 있는 것은 오로지 전체 식욕의 한계만족도(검은색 그래프)뿐이다. 우리가 흔히 하나의 식욕을 가진다고 오해하는 이유가 이 때문이다.

음식을 먹기 시작해서 a1지점에 이르게 되면 1차 식욕의 한계만족도(빨간색 그래프)가 영(0)에 이르게 되고 이 지점에서 1차 식욕의 총만족도는 최고점에 이르게 된다. 2차 식욕이 아직 생기기 전의 인간들은 1차 식욕뿐이고, 1차 식욕이 감각적으로 느껴지는 전체 식욕과 동일하다. 그래서 그들은 a1지점을 넘어서 음식을 먹을 수 없다. 이 지점을 넘어서 음식을 먹으면 1차 식욕의 한계만족도(빨간색 그래프)가 마이너스(-)가 되는데, 1차 식욕의 한계만족도가 전체 식욕의 한계만족도와 같기 때문에 전체 식욕의 한계만족도도 마이너스(-)가 되어 음식을 더 먹으면 불쾌감과 고통을 느끼기 때문이다.

하지만 현대인인 우리는 그들과 다르다. 우리는 1차 식욕과 2차 식욕이 있다. 우리가 감각적으로 느끼는 식욕은 1차 식욕과 2차 식욕의 합계치인 전체 식욕의 한계만족도(검은색 그래프)다. 그런데 a1지점에서 1차 식욕의 한계만족도(빨간색 그래프)는 영(0)에 도달하지만, 전체 식욕의 한계만족도(검은색 그래프)는 u-t로 플러스 상태(+)에 있다. a1지점에 도달하더라도 우리가 감각적으로 느끼는 것은 아직 식욕이 만족되지 않았다는 것이고 이 상태에서 음식을 계속 먹는 것은 우리에게 여전히 쾌감을 준다. 그래서 a1지점을 지나서 계속 음식을 먹는다. 음식을 먹는 것이 불쾌하지 않고 유쾌한 상태다. 그러다가 a2지점에 이르게 되면 1차 식욕에 따라 음식을 먹는 불쾌감(빨간색 그래프의 마이너스값, 즉 u-1)이 2차 식욕에 따라 음식을 먹는 쾌감(파란색 그래프의 플러스값, 즉 u-2)과 같아지게 되고, 그 합계치인 전체 식욕의 한계만족도는 영(0)이 된다. 전체 식욕의 한계만족도가 영이 된다는 것은 전체 식욕의 총만족도가 최고점에 이르렀다는 것이고 현실적으로 배가 불러서 더 이상 음식을 먹을 수 없다는 것이다. 우리는 전체 식욕의 한계만족도만을 감각적으로 느끼기 때문에 이때 식욕이 최고점에 이르렀다고 느낀다. 여기에서 더 먹으면 현실적으로 불쾌감이 느껴져 음식먹기를 멈춘다. 이런 이유 때문에 우리는 a1지점에서 a2지점까지의 구간 동안 (잠재적으로) 불쾌한 상태에 있지만, 현실적으로 이를 느끼지 못하고 과식을 할 수 있게 된다. "이미 배가 불러 불쾌하지만 즐겁게 음식을 먹는다."

이 그래프에서 a1지점은 1차 식욕의 한계만족도가 영(0)이 되는 지점, 1차 식욕의 총만족도가 최고치가 되는 지점이다. a1지점을 넘어서 음식을 계속 먹으면 우리의 위(胃)는 "필요한 음식을 다 먹었으니 그만 먹어라.", "소화 능력을 초과한 음식이 들어와서 고통스럽다."라는 정보를 뇌에 보낸다. 배부름의 불쾌감이다. 하지만, 뇌의 입장에서 그 정보는 중요하지 않다. 음식을 먹는 행위는 위(胃)에 부담을 주는 동시에 혀를 통해 즐거움을 준다. 2차 식욕의 한계만족도(파란색 그래프)가 플러스값을 가지는 것이 그 즐거움을 나타내고 있다. 음식의 맛이 주는 즐거움과 음식을 먹는 행위가 주는 불쾌감을 비교해 보면 a1지점에서 a2지점까지 사이의 구간에서는 즐거움이 불쾌감보다 더 크다. 만족도가 불만족도에 비해 더 크다. 그래서 1차 식욕의 만족도와 2차 식욕의 만족도의 합계치인 전체 식욕의 한계만족도(검은색 그래프)가 플러스값을 가지게 된다. 음식을 먹는 불쾌감은 잠재적으로만 존재할 뿐 드러나지 않고, 현실적으로 우리에게 느껴지지 않는다. 음식을 먹을 때 느끼는 즐거움이 불쾌감을 느끼지 못하도록 가려버리기 때문이다. a1지점을 지나면서 우리는 '느낄 수 없는 불쾌감'을 가지게 된다. 현실적으로 느낄 수는 없지만 잠재적으로 존재하는 불쾌감이다. 우리에게 느껴지는 것은 오로지 음식을 먹는 즐거움뿐이다. 그래서 필요 이상으로 과식하게 된다. 이것이 우리가 필요 이상으로 과식할 수 있는 원리다. 필요 이상으로 과식하게 되면 여분의 에너지가 지방으로 바뀌어 우리의 몸에 쌓인다. 그렇게 쌓인 지방이 과도하게 된 상태가 비만 상태다. 위의 그래프에서 분명히 드러나는 것처럼 우리에게 식욕이 완전히 충족된 것으로 느껴지는 시점(a2지점)은 우리의 소화 기관인 위(胃)가 채워진 때(a1지점)가 아니다. 위(胃)에 이미 과도하게 음식물이 들어가 불쾌한 때이고, 그 불쾌감과 음식의 맛이 주는 즐거움의 쾌감이 균형을 이루는 때다.[132]

---

132) 이는 음악을 들으면서 조깅을 하는 것과 비슷하다. 조깅을 적당히 하면 몸에서는 뇌에 "힘드니 그만 뛰어라."라고 신호를 보낸다. 하지만, 음악의 즐거움에 빠져 있는 뇌는 몸에서 오는 신호를 무시한다. 몸에서 오는 신호가 음악의 즐거움과 같아질 만큼 충분히 커져야 비로소 그 신호를 인식하고 달리기를 멈추게 된다. 결과적으로 음악을 듣지 않는 경우에 비해 조깅을 더 많이 하게 된다.

기존의 다이어트 방법 비판

기존의 다이어트 방법으로 다이어트를 하면 살이 빠지지 않는다. 그 이유는 우리의 의지가 부족해서도 아니고, 우리가 식탐을 부려서도 아니고, 다이어트를 하는 데 게을러서도 아니다. 그 방법이 구조적으로 불가능하기 때문이다. '식욕은 하나다'라는 고정 관념을 받아들이면 현재의 식욕과 자연적인 식욕을 같은 것으로 혼동한다. 현재의 식욕을 만들어 내는 인공적인 노력이 시야에서 사라진다. 그래서 그 고정 관념이 보여 주는 세계만 본다. 그 세계에는 탈출구가 없다. 그 속에서 이리저리 움직일 뿐 벗어날 수 없다. 매번 실패하지만, 실패하고 나면 다시 다른 방법을 찾고, 다시 실패한다. 무수하게 많은 다이어트 방법들이 있지만, 성공할 수 있는 방법은 없다. 고정 관념이 보여 주는 세계에 머물러 있을 뿐 벗어날 생각을 하지 못하기 때문이다. 표면에만 머무를 뿐 심층을 들여다볼 생각을 하지 않는다. 이런 방법은 과식을 조장하는 현대 사회를 비난하지만 동시에 그것을 유지하는 데 기여한다.[133] 결과적으로 식욕의 인공성, 마술성이 드러나는 것을 가려 준다. 다이어트 방법이나 인간의 의지는 실체가 드러나지 않도록 가리는 도구로 쓰인다. 마술사의 손동작 같은 거다. 우리는 다이어트 전문가들이 보여 주는 대로 방법이나 의지에 주목하지만, 그것은 주의를 끄는 눈속임 장치다.

---

133) 소비사회에 대한 끊임없는 비난은 소비사회 신화의 일부이며 비판의 환영, 우화의 최후를 장식하는 반우화이다. 소비에 대한 미사여구와 반대가 일체가 되어 신화가 만들어진다. 중세사회가 신과 악마 위에 균형을 유지하였듯이, 우리들의 사회는 소비와 그 고발 위에서 균형을 취하고 있다(장 보드리야르, 《소비의 사회》, 304~305쪽 참고).

이렇게 고정 관념에 매여 있는 다이어트 방법으로는 성공할 수 없다. 고통스럽고, 건강을 해칠 뿐, 살은 빠지지 않는다. 누가 고통스럽고, 건강을 해치고, 살도 빠지지 않는 다이어트를 하겠는가? 아무도 하지 않을 것 같지만, 우리는 매일 이런 행동을 반복하고 있다. 그 방법이 왜 구조적으로 불가능한지 모르기 때문이다. 고정 관념을 극복해야 한다. 그래야 여기서 벗어날 수 있다.

벽돌을 갈아서는 거울이 나오지 않는다

회양(懷讓)이 좌선하고 있는 도일(道一)에게 물었다.

"스님은 무엇 때문에 좌선을 하나요?"

"부처가 되려고 합니다."

그러자 회양이 벽돌을 가져다 바위에 갈았다. 도일이 회양에게 물었다.

"스님은 무엇을 하시나요?"

"갈아서 거울을 만들려고 합니다."

"벽돌을 간다고 어찌 거울을 만들 수 있겠습니까?"

"좌선을 한다고 어찌 성불할 수 있겠소?"

"그러면 어찌 해야 하겠습니까?"

"수레를 탔는데 가지 않으면 수레를 때려야 할까요? 소를 때려야 할까요?"[134]

나에 대한 비판, 내가 가진 습관에 대한 비판은 불편하다. 그것이 잘못된 습관이라도 비판은 불편하다. 고정 관념이라도 익숙한 대로 사는 게 편하다. 설령 그것이 틀렸다고 하더라도 익숙한 것이 나에게

---

134) 이중표, 《니까야로 읽는 금강경》, 144~145쪽 참고.

편안함을 준다. 하지만, 다이어트에 성공하려면, 정말로 성공해야 한다고 굳게 마음먹었다면 그렇게 해서는 안 된다. 그럴 듯하지만 불가능한 것들이 불가능하다는 사실을 분명히 알아야 한다. 그래야 깨끗이 단념할 수 있다. 지금부터 기존의 다이어트 방법들이 왜 구조적으로 불가능한지 살펴본다. 이는 누구를 비난하려거나, 뚱뚱한 사람들로부터 희망을 빼앗으려는 것이 아니다. 비판은 사슬에 매여 있는 거짓 꽃들을 뜯어내 버리는데, 이는 인간이 환상도 위안도 없는 사슬을 차기 위해서가 아니라 그 사슬을 벗어던져 버리고 살아 있는 꽃을 갖기 위해서다. [135] 비만의 사슬에서 벗어나는 것은 기존의 다이어트 방법으로는 불가능하다. 그런 방법이 왜 구조적으로 실패할 수밖에 없는지 당신 머리로 직접 이해해라. 그래야 다음부터 이런 어리석은 일을 하지 않는다.

1. 음식의 종류나 영양소를 한가지로 제한하는 방법

먼저, 두부 다이어트, 사과 다이어트, 바나나 다이어트 등 한 가지 종류의 음식만 먹는 원푸드 다이어트 방법이 있다. 이런 방법으로 다이어트를 하면 살이 빠질 것 같지만, 실제로 해 보면 살이 빠지지 않는다. 단백질과 같은 특정 영양소만 섭취하거나 섭취하지 않는 황제 다이어트, 탄수화물 다이어트, 지방 다이어트도 모두 마찬가지다.

"이렇게 먹으면 살이 빠질 것 같은데 왜 살이 빠지지 않을까?"

잘 모르겠다. 그러면 반대로 생각해 보자.

---

135) 칼 마르크스, 《헤겔 법철학 비판》, 8~9쪽.

"우리는 이렇게 먹으면 왜 살이 빠질 것이라고 생각할까?"

바나나 다이어트로 생각해 보자. ① 바나나를 먹으면 처음에는 맛있지만, 먹으면 먹을수록 점점 바나나가 먹기 싫어진다. ② 그래서 바나나를 배부를 때까지 먹지만, 배고픔이 사라지는 이상으로 바나나를 많이 먹지는 않게 된다. ③ 그러니 바나나를 먹어서 포만감은 얻게 되지만, 살이 찔 정도로 많이 먹지 않게 되어 살이 빠지게 된다. 쉽게 말해서 바나나로 배를 채우고 더 이상 먹지 않으니 살이 빠질 거라는 말이다.

"과연 그럴까?" 그렇다. 이런 식으로 바나나만 계속 먹으면 살이 빠진다. 그건 맞는 말이다. 하지만 바나나 다이어트는 항상 실패한다.

"바나나만 먹으면 살이 빠지는데, 왜 바나나 다이어트는 실패할까?"

여기에 ④번이 빠져 있다. ④ 바나나는 먹고 싶지 않지만, 다른 음식들은 먹고 싶다. 그래서 다른 음식을 많이 먹는다. 바나나를 많이 먹지 않아도 다른 음식을 많이 먹으면 살이 찐다. 그래서 바나나 다이어트는 실패한다. 하나의 식욕만 존재한다고 생각하면 전체 식욕이 만족될 때 느껴지는 포만감과 1차 식욕이 만족될 때 느껴지는 포만감이 같은 포만감이라고 오해한다. 어떤 식으로든 포만감을 느끼게 되면 그 포만감이 어떤 포만감인지 구별하지 않는다. 그래서 포만감만 느끼게 되면 더 이상 음식을 먹지 않을 것이라고 엉뚱한 결론(③번 결론)을 내려 버리는 거다. 이렇게 말로만 해서는 이해가 쉽지 않을 거다. 그러니 그래프를 통해서 한번 살펴보자.

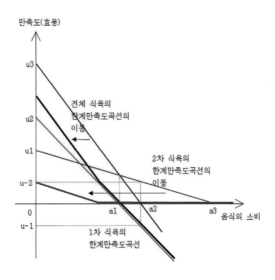

이 그래프는 바나나처럼 한 가지 음식만 계속 먹을 때 '그 음식(바나나)'에 대한 식욕이 만족되는 한계만족도를 나타내는 그래프다. 같은 음식을 계속 먹으면 처음에는 그 음식에 대한 미각 정보가 새로운 정보이기 때문에 그 정보를 수용하면서 즐거움을 느끼게 되지만, 두번, 세 번, 네 번 계속 먹게 되면 싫증을 내게 된다. 이미 그 음식에 대한 미각 정보를 충분히 받아들였기 때문이다. 그 정보는 이미 알고 있는 정보이고 더 이상 뇌에 즐거움을 주지 못한다. 그래서 그 음식에 대한 2차 식욕의 한계만족도 그래프는 점점 왼쪽으로 이동하여 결국 영(0)에 가까운 수평의 직선(파란색 굵은 그래프)이 된다. 반면 1차 식욕은 음식물로부터 에너지를 섭취하려는 욕구이기 때문에 뇌가 그 음식의 미각 정보에 익숙한지 여부에 영향을 받지 않는다.

1차 식욕은 그대로 있는데(빨간색 그래프), 2차 식욕의 한계만족도 곡선이 왼쪽으로 이동하게 되니 1차 식욕과 2차 식욕의 합계치인 전체 식욕의 한계만족도곡선도 왼쪽으로 이동한다(검은색 굵은 그래프). 그 결과 다이어트 이전에는 a2지점에서 포만감을 느꼈지만, 다이어트 이후에는 a1지점에서 포만감을 느끼게 되고, a1지점과 a2지점의 차이만큼 과식할 능력이 사라진다. a1지점을 넘어서 음식을 먹을 수 없게 된다. a1지점을 넘어서 음식을 먹으면 불쾌하기 때문에 더이상 먹을 수 없다. a1지점과 a2지점의 차이만큼 살이 빠지게 된다. 이것이 포만감을 느끼면 음식을 더 이상 먹지 못하게 되어, 음식먹기를 멈춘다는 ③번의 논리다. 그리고 지속적으로 a1지점까지 음식을 먹게 되면 우리는 자연 상태의 인간에게 적합한 몸매가 될 때까지 살이 빠진다. 여기까지는 맞는 말이다.

"그러면 뭐가 문제일까?" 여기서 문제는 다이어트를 하는 '바로 그 음식'을 먹을 때만 이런 포만감을 느낀다는 것이다. 바나나 다이어트를 하면서 바나나만 계속 먹으면 우리는 위와 같은 식욕만족도곡선을 가지게 되고 살이 빠진다. 그것은 분명하다. 그런데, 당신 자신을 생각해 봐라. 당신의 생활 환경은 어떤가? 초콜릿, 아이스크림, 케이크, 과자, 스테이크, 치킨, 피자 등등 세상의 온갖 맛있는 음식들이 넘쳐나는 환경에 살고 있다. 오로지 '바나나'만 계속 먹을 자신이 있는가? 그게 가능하다면 이 방법은 성공한다.

"정말로 바나나만 먹을 자신이 있는가?"

조난당한 영국 선원 이야기

1972년에 영국인 선원 로버트슨(Dougal Robertson)과 그의 가족들은 태평양에서 범고래의 공격을 받아 배를 잃게 되었고 구명정에 의지해서 38일을 지냈다. 처음에는 약간의 식량이 있었지만, 7일째부터는 오로지 낚시로 잡은 것만을 먹어야 했다. 그런데 낚시가 잘 되어서 그들은 다 먹지 못할 정도로 많은 양식을 구할 수 있었고, 배부르게 먹었다. 그런데도 그들은 하루 종일 맛있는 음식을 먹는 생각만 했다. 조난 생활이 끝났을 때 그들은 날씬해져 있었지만, 오히려 건강 상태는 더 좋아졌다고 한다.[136]

이 이야기는 원푸드 다이어트처럼 1차 식욕만 만족시켜 포만감을 얻게 되는 경우 우리가 겪게 될 문제에 대해서 잘 보여 준다. 로버트슨과 그의 가족들은 조난을 당하였지만 낚시로 충분한 음식을 구할 수 있었기 때문에 배부르게 먹을 수 있었다. 하지만, 이때 음식은 낚시로 구할 수 있는 생선뿐이다. 생선을 충분히 먹어 필요한 열량을 얻을 수 있으니 1차 식욕은 만족시키지만 다른 음식을 먹고 싶은 2차 식욕을 만족시킬 수 없다. 그래서 2차 식욕은 그대로 남아 있게 된다. 이렇게 먹는 것은 자연 상태의 인간이 음식을 먹는 것과 같은 양의 음식을 먹는 것이다. 이렇게 계속 음식을 먹으면 자연 상태의 인간에게 적합한 몸매가 될 때까지 살이 빠진다. 충분한 식사도 할 수 있다.

"하지만 현실적으로 우리가 이렇게 따라할 수 있을까?"

우리가 이렇게 따라하는 것은 사실상 불가능하다. 조난을 당한 사람은 다른 음식을 먹을 방법이 없다. 계속 '맛있는 음식을 먹을 생각만 하면서도', '맛있는 음식을 먹고 싶은 강렬한 욕구를 느끼면서도' 다른 음식을 먹지 않고 사는 것이 가능하다. 다른 음식을 먹고 싶어도 먹을 방법이 없으니 어쩔 수 없이 참고 견디는 거다. 자신의 의지로 참는 것이 아니라 외부 상황이 강요하는 거다. 그래서 구명정 위

---

136) 리처드 랭엄, 《요리 본능》, 53~54쪽 참고.

에 있는 조난자, 군대 훈련소에 입소한 훈련병, 감옥에 있는 죄수 같은 사람들은 맛있는 음식을 먹고 싶다고 간절히 생각하면서도 주어진 음식만 먹고 살 수 있다. 그래서 살이 빠질 수 있다.

"그런데 우리는 어떤가?"

우리는 구명정 위에서 살고 있는 사람들이 아니다. 편의점이나 마트에만 가도 맛있는 과자들이 진열되어 있고, 거리거리에 맛있는 음식을 파는 식당과 가게들이 즐비해 있다. 원하기만 하면 언제든지 그 음식들을 사 먹을 수 있다.

"하루 종일 맛있는 음식을 먹을 생각만 하면서 참을 수 있을까?"

그것도 며칠이 아니라, '평생 동안' 먹고 싶은 것을 참으면서 살 수 있을까? 그런 것은 사실상 불가능하다. 100명 중에 1명 정도, 정말 강철 같은 의지를 가진 사람만 가능하다. 잊어버리지 마라. 우리의 의지는 식욕을 꺾을 만큼 그렇게 강하지 않다. 인간의 의지에 기대어 살을 빼려는 다이어트 방법은 구조적으로 불가능하다. 왜 구조적으로 불가능한지 그래프로 보자.

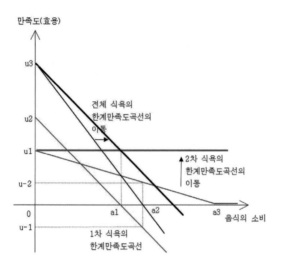

이 그래프는 바나나처럼 한 가지 음식만 먹을 때 '그 음식'이 아니라, '다른 음식'들에 대한 식욕의 한계만족도곡선을 나타낸 거다. 바나나 다이어트를 하는 사람이 밥, 피자, 치킨, 불고기 같은 것을 먹고 싶어 하는 욕구다. 한 가지 음식만을 소비하는 경우 음식을 소비함에 따라 1차 식욕의 총만족도는 점점 상승하게 되고, 1차 식욕의 한계만족도는 하락하게 되는데(빨간색 그래프), 이것은 에너지만 포함되어 있다면 어떤 음식을 먹는 경우나 별 차이가 없다.

반면 2차 식욕의 경우는 다르다. 2차 식욕은 음식의 맛을 즐기려는 욕구이기 때문에 이렇게 한 가지 음식만을 먹으면 다른 음식에 대한 2차 식욕은 전혀 충족시키지 못한다. 그래서 한 가지 음식만 계속 먹으면 다른 음식을 먹고 싶은 2차 식욕의 총만족도는 전혀 늘어나지 않고, 음식을 아무리 먹더라도 총만족도가 영(0)이 된다. 2차 식욕의 한계만족도 역시 변동 없이 처음과 동일하다. 다이어트를 하지 않고 일상적으로 음식을 먹을 때는 1차 식욕을 충족시키는 동시에 2차 식욕도 충족시키기 때문에 음식을 먹으면 2차 식욕의 한계만족도 역시 점점 하락하게 되지만(파란색 얇은 그래프), 한 가지 음식만 계속 먹으면 다른 음식에 대한 2차 식욕은 충족되지 않기 때문에 2차 식욕의 한계만족도곡선은 음식을 먹지 않은 것과 같이 처음의 높이(u1)에서 수평선이 된다(파란색 굵은 그래프). 2차 식욕의 한계만족도곡선이 수평이기 때문에 1차 식욕과 2차 식욕의 합계치인 전체 식욕의 한계만족도는 1차 식욕이 체감하는 것과 같은 수치로 체감하게 되고, 전체 식욕의 한계만족도곡선은 1차 식욕의 한계만족도곡선과 평행한 곡선이 된다(검은색 굵은 그래프).

이런 경우에 바나나를 a1지점까지 먹게 되면 1차 식욕의 한계만족도는 최고점에 이르고, 바나나에 대해서는 앞의 그래프에서 본 것처럼 2차 식욕이 만족된다. 이 지점에서 전체 식욕과 1차 식욕이 같아지고, 현실적으로 포만감을 느끼게 되어 우리는 a1지점을 넘어서 바나나를 더 먹을 수 없다. 그래서 음식먹기를 멈추게 된다. 그러나, 이것은 오로지 바나나에 대해서만 그렇다. a1지점에서 1차 식욕은 한계만족도가 영(0)에 이르지만, 바나나가 아닌 다른 음식에 대한 2차 식욕과 전체 식욕의 한계만족도(검은색 굵은 그래프)는 플러스인 u1지점에 있다. 전체 식욕의 한계만족도가 플러스 수치를 가진다는 것은 음식을 먹는 것이 쾌감을 준다는 의미다. a1지점에서 바나나는 먹고 싶지 않지만, 다른 음식은 더 먹고 싶다. 그러니 a1지점에서 포만감으로 인하여 더 이상 음식을 먹을 수 없는 것은 바나나뿐이다.

이렇게 복잡하게 설명하지 않더라도, 원푸드 다이어트를 직접 해보면 금방 알 수 있다. 다이어트를 하지 않는 사람이 식사를 충분히 하고 나면 다른 음식을 먹고 싶다는 식욕도 같이 사라진다. 그래서 치킨이나 피자나 불고기 같은 다른 음식을 더 먹으려고 하면 유쾌한 것이 아니라 불쾌하다. 더 이상 먹을 수 없다. 하지만, 바나나 다이어트를 하는 사람은 바나나를 충분히 먹었다고 하더라도 치킨이나 피자나 불고기를 먹고 싶은 식욕은 그대로 남아 있다. 그래서 바나나는 더 이상 먹을 수 없다고 느끼는 바로 그 순간에도 치킨이나 피자나 불고기를 먹는 것은 즐겁게 느껴진다. 이제껏 우리는 '하나의 식욕'이라는 고정 관념에 빠져 전체 식욕이 만족될 때(a2지점) 느껴지는 포만감과 1차 식욕이 만족될 때(a1지점) 느껴지는 포만감을 혼동했다. 그래서 어떤 식으로든 포만감만 얻게 되면 더 이상 음식을 먹을 수 없을 것이라고 생각했다. 그래서 무작정 포만감에만 집착하는 다이어트 방법들이 생겨난다.

하지만 그래프에서 보는 것처럼 a1지점(1차 식욕이 만족되는 지점)과 a2지점(전체 식욕이 만족되는 지점)은 분명히 다른 지점이다. 1차 식욕과 전체 식욕은 만족되는 메커니즘도 다르고, 만족되었을 때 포만감의 상태도 다르다. 원푸드 다이어트를 하면서 1차 식욕을 만족시켜 느끼는 포만감은 강한 식욕을 느끼는 포만감이다.[137] 포만감이 느껴지지만 동시에 식욕도 강하게 느껴진다. 맛있는 음식을 먹고 싶다는 식욕이 분명하게 느껴진다. 참고 참다가 결국 참지 못하고 맛있는 음식을 먹게 된다. 1차 식욕을 만족시켜 더 이상 음식을 먹지 못하게 만들겠다는 다이어트 방법은 구조적으로 실패하게 되어 있다.

---

137) 이 포만감은 '배고픈 포만감', '온종일 음식 생각만 하는 포만감', '굶어 죽을 것처럼 허기진 느낌의 포만감' 이다(리처드 랭엄, 《요리 본능》, 53~54쪽 참고).

대상의 속성과 대상에 대한 관계를 혼동

원푸드 다이어트는 마치 특정한 음식에 살을 빼는 힘이 있는 것처럼 우리를 속인다. 살이 빠지는 것은 그 음식이 가진 특수한 능력 때문인 것처럼 말한다. 그래서 살을 빼는 데 두부가 좋다는 둥, 사과가 좋다는 둥, 바나나가 좋다는 둥 온갖 이야기가 넘쳐 난다. 하지만, 사실은 그렇지 않다. 원푸드 다이어트에서 살이 빠지는 것은 특정한 음식이 가진 능력이 아니라 다이어트하는 사람과 그 음식 사이의 관계에 있다. 어떤 특수한 음식을 먹었기 때문에 살이 빠지는 게 아니라, 어떤 음식이든 한 가지 음식만 먹으면 살이 빠진다.

두부 다이어트, 사과 다이어트, 바나나 다이어트… 여러 가지 원푸드 다이어트가 있지만, 음식의 종류는 중요하지 않다. 세상의 어떤 음식이라도 한 가지 음식만 먹으면 살이 빠진다. 원한다면 초콜릿, 아이스크림, 케이크, 과자, 스테이크, 치킨, 피자 등 어떤 음식으로도 원푸드 다이어트 방법을 만들 수 있다. 어떤 음식이든 한 가지만 먹으면 마음껏 먹더라도 살이 빠진다. 그 음식의 맛이 익숙해져 싫증나고, 그 맛에 물린다. 그 맛이 주는 즐거움이 사라진다. 싫증나는 맛은 더 이상 매력적이지 않다. 우리를 과식하도록 만드는 힘이 사라진다. 그래서 과식할 수 없고, 과식할 수 없으니 살이 빠지는 것은 당연하다.

하지만, 그 방법은 유쾌하지 않고, 건강하지 않고, 지속 가능하지 않다.

2. 칼로리가 낮은 음식을 먹는 다이어트 방법

'다이어트를 하려면 되도록 열량이 높은 음식을 피하고, 열량이 낮은 음식을 많이 먹어야 한다'고 생각하는 사람들이 있다. 있는 정도가 아니고, 다이어트를 하는 대부분의 사람들이 이렇게 생각한다. 그래서 살을 빼기 위해 열량이 높은 고기는 되도록 적게 먹고, 열량이 낮은 채식 위주로 식사를 하려고 한다. 채식 중에서도 곡물보다는 채소 샐러드를 더 선호한다.

"그런데, 과연 그럴까?"

"고기를 먹지 않고 채소를 먹으면 살이 빠질까?"

이렇게 한번 생각해 보자. 하마나 코끼리는 초식 동물이다. 풀을 먹고 산다. 표범이나 사자는 육식 동물이다. 고기만 먹고 산다.

"누가 더 뚱뚱한가?"

열량이 높은 고기를 먹어서 살이 찌고, 열량이 낮은 채소를 먹어서 살이 빠진다면 표범이나 사자는 뚱뚱하고, 하마나 코끼리는 날씬해야 할 거다. 과연 그런가? 누구도 하마나 코끼리가 표범이나 사자보다 더 날씬하다고 생각하지 않는다. 그런데 왜 우리는 채소를 먹으면 살이 빠진다고 생각할까?

앞에서 이미 말한 것처럼, 살을 빼는 것과 음식에 포함된 열량과는 별 관계가 없다. 초콜릿, 아이스크림, 케이크, 과자, 스테이크, 치킨, 피자와 같이 열량이 높은 음식을 먹으나, 양배추, 오이, 치커리 같이 열량이 낮은 채소를 먹으나 우리의 1차 식욕은 우리 몸에 필요한 양의 에너지를 얻으면 충족되고, 필요한 에너지양을 얻지 못하면 충족되지 않는다. 열량이 높은 음식을 먹으면 적게 먹어도 쉽게 충족되고, 열량이 낮은 음식을 먹으면 많이 먹어야 충족되니 열량이 높은 음식을 먹으나 열량이 낮은 음식을 먹으나 섭취하는 열량은 일정하다. 이는 마치 1,000원을 넣으면 음료수가 1개 나오는 자동판매기에 1,000원짜리 지폐 1장을 넣으나, 500원짜리 동전 2개를 넣으나, 100원짜리 동전 10개를 넣으나 같은 수의 음료수가 나오는 것과 같다.

몸에 필요한 에너지양이 정해져 있고, 그 에너지양이 충족될 때에만 식욕이 만족되고, 그 이상을 먹으면 불쾌감을 느끼도록 진화되어 있는데, 음식의 종류가 달라졌다고 해서 어떻게 섭취하는 에너지의 총량이 달라질 수 있겠는가? 섭취하는 에너지양이 달라진다는 것은 억지로 고통을 참지 않는 이상 불가능하다. 그러니, 고열량의 음식을 먹으냐, 저열량의 음식을 먹으냐는 살이 찌고 빠지는 것과는 별 관계가 없다. 그냥 먹고 싶은 음식, 입맛이 당기는 음식, 자기에게 제일 맛있다고 느껴지는 음식을 먹으면 된다.

"그러면 우리는 왜 이런 오해를 할까?"

"왜 양배추, 오이 같은 채소를 먹으면 살이 빠지고, 고기나 초콜릿 같은 음식을 먹으면 살이 찐다고 생각할까?"

자꾸 반복하게 되는 이야기이지만, 우리가 '식욕은 하나다'라는 고정 관념에 빠져 있기 때문이다. '식욕은 하나다'라고 생각하니 2차 식욕에 대해서 생각하지 못한다. 그냥 하나의 식욕이 있다고 생각한다. 하나의 동질적인 식욕이 있다고 생각하니 음식을 먹어서 식욕이 만족된다는 것이 정확히 어떤 의미인지 알지 못한다. 음식을 배부를 때까지 먹으면 하나의 식욕이 가득 채워지고, 그렇게 가득 채워지는 것이 식욕이 만족되는 것이라고 생각한다. 식욕의 만족을 '위장을 가득 채우는 것'이라고 생각한다. 양배추, 오이 같은 채소들은 원래 열량이 적으니 위장을 채울 때까지 먹어도 적은 열량을 섭취하게 될 거고, 고기나 초콜릿 같은 음식들은 원래 열량이 많으니 위장을 채울 때까지 먹으면 많은 열량을 섭취하게 될 것 같다. 그래서 "채소를 먹으면 적은 열량을 섭취해 살이 빠지고, 고기나 초콜릿 같은 음식을 먹으면 많은 열량을 섭취해 살이 찐다."라는 결론에 이르게 된다. 얼핏 보면 그럴듯하게 보이지만 실제는 그렇지 않다.

'1차 식욕'은 우리를 살찌게 만들지 못한다. 우리를 살찌게 만드는 원인은 '2차 식욕'뿐이다. 고기를 먹는 표범이나 사자가 풀을 먹는 코끼리나 하마보다 더 날씬한 데서 알 수 있는 것처럼 1차 식욕만이 지배하는 세계에서 음식의 종류는 살이 찌고 빠지는 데 아무런 영향을 주지 않는다. 동물은 진화의 결과 얻은 '자연 상태에 적합한 몸매'로 살아갈 뿐이다. 1차 식욕은 살이 찌는 것과 관계없다. 오로지 인간이 만들어 낸 2차 식욕만이 우리를 살찌게 한다. 2차 식욕은 자연적으로 맛있는 것이 아니라, 인공적으로 더 맛있게 만든 음식의 맛을 즐기고 싶은 욕구다. 그것은 위장이 가득 찼을 때가 아니라 가득 찬 것보다 더 가득 찼을 때 사라진다.[138] 2차 식욕이 만족되는 즐거움이 1차 식욕이 만족된 후에 오는 불쾌감을 가려 그 불쾌감이 느껴지지 않는 거다. 2차 식욕은 인공적으로 자연의 식욕을 배가시킨 것이고, 인공적인 맛을 즐기려는 욕구다. 중요한 것은 '음식에 포함된 칼로리가 얼마나 높으냐?'가 아니라, '그 음식에 인공적인 맛이 얼마나 가미되어 있느냐?'이다.

"양배추, 오이, 치커리 같은 음식의 공통점이 무엇인가?"

물론 열량이 낮은 채소류이지만, 그뿐만 아니다. 이 음식들은 조리하지 않거나 조리하더라도 인공적으로 맛을 가미하는 정도가 낮다. 그래서 2차 식욕을 유발하는 정도가 낮다. 1차 식욕이 만족되는 지점에서 1차 식욕의 만족으로부터 오는 불쾌감을 가려 줄 인공적인 맛의

---

138) 사물의 배가된 속성은 아름다운 것보다 더 아름다운 것을 만드는 힘을 가지고 그 사물의 내용이나 성질과 무관하게 현기증 나는 효과를 만들어 낸다. 비어 있음은 가득함 앞에서가 아니라 가득한 것보다 더 가득한 충만함과 포화상태 앞에서 사라진다(장 보드리야르, 《치명적 전략》, 27쪽, 29쪽 참고하여 일부 수정).

즐거움이 없거나 적다. 그래서 1차 식욕이 만족되는 지점 부근에서 음식먹기를 멈추게 된다. 더 먹으면 불쾌하기 때문이다. 하지만, 원래 열량이 낮은 음식이니 이런 음식으로 1차 식욕이 만족되는 열량을 채우려면 많은 양을 먹어야 한다. 그래서 '많이 먹어 식욕이 만족되었다'고 오해하는 것뿐이다. 사실은 인공적인 맛이 없어 1차 식욕이 만족되는 지점을 넘어서 계속 과식할 수 없는 거다.

"그럼 반대로 칼로리가 높은 육류를 먹으면 어떻게 될까?"

쇠고기, 돼지고기, 닭고기를 물에 삶아서 양념 없이 먹어 봐라. 똑같이 살이 빠진다. 실제로 그렇게 먹는 사람들이 있다. 보디빌더들은 멋진 근육을 만들기 위해 삶은 닭 가슴살이나 삶은 계란을 소금이나 양념 없이 그냥 먹는다. 그렇게 먹으면 당연히 살이 빠진다. 인공적으로 식욕을 배가시키지 않기 때문에 과식 능력이 사라진다. 과식은 커녕 쳐다보기도 싫다. 보디빌더들도 즐거워서가 아니라 근육을 키우기 위해 '억지로' 먹는다.

열량이 낮은 채소류를 많이 먹으면 살이 빠질 거라는 생각은 잘못된 비교를 한다. 다른 차원의 두 대상을 비교한다. 굳이 비교를 하자면 '생닭과 날것의 양배추', '삶은 닭과 삶은 양배추'를 비교해야 한다. 이렇게 비교해 보면 어느 것을 먹으나, 배부르게 먹었을 때 섭취되는 열량은 같다. 반면, 요리된 프라이드치킨과 양배추 샐러드를 비교하는 것은 잘못된 비교다. 프라이드치킨이 우리를 살찌게 하는 요소는 '치킨(닭)'에 있는 것이 아니고, '프라이드'에 있다. 튀기는 과정, 인공적인 맛이 가미되는 과정에 있다.

'다이어트를 위해 열량이 낮은 음식을 많이 먹어야 한다'는 다이어트 방법은 실제로는 '인공적인 맛이 가미되지 않은 음식만 먹는 다이어트'다. 이렇게 '인공적인 맛이 가미되지 않은 음식'을 먹으면, 그 음식이 양배추건, 오이건, 치커리건, 맨밥이건, 삶은 달걀이건, 삶은 쇠고기건, 삶은 돼지고기건, 삶은 닭고기건 아무 상관없다. 인공적인 맛을 가미하지 않은 음식은 다 똑같다. 한 가지 음식만 먹어도 마찬가지고, 삶은 고기를 양배추나 오이 같은 채소와 함께 먹어도 마찬가지다. 이렇게 먹으면 2차 식욕을 자극하지 않기 때문에 우리는 a1지점을 넘어서 음식을 먹을 수 없다. 하지만, 다이어트는 실패한다. 이렇게 요리되지 않은 음식만 먹는 다이어트를 하면 '요리되지 않은 음식'은 더 이상 먹을 수 없지만, '요리된 음식'에 대해서는 간절한 식욕을 느끼게 된다. 그래서 원푸드 다이어트와 같은 고통을 겪게 된다. 우리는 망망대해의 구명정 위에서 사는 사람들이 아니다. 우리는 인공적인 맛을 가미한 요리들이 풍부한 환경에서 살고 있다. 강한 식욕을 느끼는 포만감을 가지게 되고, 다이어트는 구조적으로 실패하게 된다.

3. 식사를 거르는 다이어트 방법

앞의 두 가지 방법이 균형 잡힌 식사를 포기하는 방법이라면, 세 번째 방법은 충분한 식사를 포기하는 방법이다. 식사를 거르는 것은 그 자체가 고통스럽다. 유쾌한 다이어트가 될 수 없다. 충분한 식사가 되지 않으니 건강한 다이어트도 될 수 없고, 지속 가능한 다이어트도 될 수 없다. 잘못된 방법이다. 성공할 수 없다. 이런 식으로 살을 뺄 수 있다고 생각하는 것은 식욕의 구조를 이해하지 못하기 때문이다.

다이어트를 할 때 지켜야 하는 두 가지 금기 사항이 있다. (1) 하나는 하면 안 되는 일을 하지 않는 것이고, (2) 다른 하나는 절대로 하면 안 되는 일을 절대로 하지 않는 것이다. 하면 안 되는 일은 2차 식욕을 자극하는 일이고, 절대로 하면 안 되는 일은 1차 식욕을 자극하는 일이다. 앞의 두 가지 방법이 균형 잡힌 식사를 포기하면서 2차 식욕을 자극하는 잘못을 저지르는 반면에, 식사를 거르는 방법은 충분한 식사를 포기하면서 1차 식욕을 자극하는 잘못을 저지른다. 다이어트에서 '절대로' 하면 안 되는 일을 자기도 모르게 하고 있는 거다.

1차 식욕 안에는 맹수가 한 마리 잠자고 있는데, 그 맹수는 '생존 본능'이라는 이름의 '무의식'이다. 생존 본능은 우리가 생존할 수 있도록 만드는 방어시스템이 작동하는 것이고, 태어날 때부터 유전적으로 물려받은 거다. 우리가 1차 식욕의 영역 안으로 들어가면 이 맹수가 어김없이 깨어난다. 다이어트건 다른 이유이건 생명 유지와 신체 활동을 위해 필요한 에너지양보다 더 적은 에너지양만 섭취하게 되면 생존 본능이 깨어난다. 에너지 공급이 부족하다고 경고음을 보낸다. 생존이 위협받는 상태이니 무슨 수를 쓰더라도 에너지를 더 보충하도록 명령한다. 생존 본능이 깨어나면 우리의 모든 사고와 감각은 거기에 맞추어진다. '살아남기 위한 시스템'이 가동된다. 머릿속에서 온통 먹는 생각만 난다. 먹는 생각이 의식의 전경을 차지하고 다른 어떤 것에도 그 자리를 내주지 않는다.

이 맹수가 깨어나면 인간이 인간으로서 가지는 모든 고상한 성품이 사라진다. 인간은 한 마리의 짐승이 된다. 보통의 경우라면, 스테이크를 좋아하는 사람도 들판에서 풀을 뜯고 있는 소를 보면서 군침을 흘리지는 않는다. 소는 소일뿐이다. 스테이크가 아니다. 스테이크는 풀을 뜯고 있는 소가 아니라 레스토랑에서 잘 구워져 소스와 함께 접시 위에 올라와 있는 쇠고기다. 우리가 먹어야 하는 음식은 그린 스테이크이지, 풀을 뜯고 있는 소가 아니다. 그러나, 생존 본능이 깨어나면 이야기가 달라진다. 소를 보면서 식욕을 느끼는 사람은 없지만, 같은 사람이 사흘을 굶으면 들판에서 풀을 뜯고 있는 소가 음식으로 보이기 시작한다. 그때 우리는 인간이 아니라 한 마리의 굶주린 육식 동물이 된다.

이 맹수를 깨우지 않는 방법은 하나밖에 없다. 맹수의 영역, 즉 1차 식욕의 영역 안으로 들어가지 않는 거다. '생존 본능'을 깨우고 싶지 않으면 무슨 일이 있어도 1차 식욕의 영역 안으로 들어가서는 안 된다. 하지만, 지금 우리는 1차 식욕과 2차 식욕을 구별하지 못하기 때문에 1차 식욕의 영역이 있다는 사실 자체를 모른다. 마구잡이로 음식 섭취를 줄이는 다이어트를 한다. 그렇게 하다 보면 마치 밀림에서 길 잃은 여행자가 자신도 모르는 사이에 맹수의 영역 안으로 들어가는 것처럼 우리도 어느새 1차 식욕의 영역 안으로 발을 들여놓게 된다. 맹수를 깨우게 된다. 이 맹수가 깨어나면 다이어트는 실패다. 이 맹수를 이기는 것은 거의 불가능하다. 그래서 1차 식욕을 깨우는 다이어트는 구조적으로 불가능하다. '식욕을 억제해야 한다'는 기존의 다이어트 방법들은 '죽음을 향한 느린 행진'이라고 할 수 있다. 그 방향의 끝은 죽음이다. 중간에 반드시 멈추어야 한다. 어디쯤에서 멈추어야 하는지도 모른다. 다만, 속도가 느리고, 생존 본능이라는 맹수가 지키고 있어 중간에서 실패한다. 현실적으로는 죽음이라는 종착역에 도착하지 못한다. 구조적으로 실패하도록 되어 있지만, 구조적인 문제점이 드러나지 않는다. 다이어트에 실패하고 나면 '의지가 부족했다'는 구실을 붙여 사람을 비난한다. 구조적인 문제가 은폐된다. 하지만, 이 세상에 음식을 먹지 않고 살 수 있는 사람은 아무도 없다. 지속적으로 생명 유지와 신체 활동에 필요한 에너지보다 더 적은 에너지를 섭취하고도 살 수 있는 사람도 없다. 생명 유지와 신체 활동에 필요한 에너지보다 더 적은 에너지를 섭취하는 것은 생존 본능과 충돌하게 되고, 고통스럽게 되고, 그 고통 때문에 결국 다이어트를 실패하게 된다.

4. 천천히 먹으면 살이 빠진다는 다이어트 방법

"뇌는 식사 후 30분 정도 지나야 배가 부르다는 것을 느끼게 된다."

"음식을 천천히 먹으면 식사 중에 포만감을 느껴 적게 먹게 된다."

다이어트를 하는 사람들 중에는 이렇게 알고 있는 사람들이 많다. 일상적으로 우리가 밥을 먹고 30분 정도 지난 후 '배부르다'고 느끼게 되는 것은 사실이다. 하지만, 우리의 뇌가 음식을 먹고 난 후 30분 정도 지나야 배가 부르다고 느낀다는 것은 사실이 아니다. 밥을 먹고 30분 정도 지나서 배부르다고 느끼는 것은 우리의 뇌가 '배부르다'고 느끼는 데 시간이 걸리기 때문이 아니다. '까마귀 날자 배 떨어진다'는 식으로 '밥을 먹은 후 30분 정도 지나니 포만감이 느껴진다'는 일상적인 느낌을 '뇌가 배부르다고 느끼는 데 30분 정도 걸린다'는 결론으로 엉뚱하게 연결시켜 버린 거다.

'뇌가 포만감을 느끼는 데 30분 정도 필요하다'는 주장은 '누군가가 우리의 다리에 바늘을 푹 찌르면 30분 정도가 지나고 나서야 우리의 뇌가 통증을 느낄 수 있다'고 주장하는 것처럼 엉뚱한 주장이다. 바늘이면 그나마 다행이지, 만약 어느 원시인의 다리를 사자가 물어뜯었는데 그 사람이 30분 뒤에나 "어? 다리가 아프구나!" 하고 느낄 수 있다고 생각해 봐라. 그 사람이 살아남을 수 있겠는가? 인간을 포함한 모든 동물은 이런 식으로 진화할 수 없다. 이런 식의 감각 체계를 가지고 있는 개체는 진화 과정에서 모두 도태된다.

당신은 이렇게 생각할 수도 있을 거다.

"사자가 물어뜯는 것이야 당장 그 정보를 인식해야 하지만, 음식을 많이 먹는 것은 당장 위협이 되지 않으니 천천히 인식해도 되는 것 아닐까?"

그렇지 않다. 만약 음식을 먹은 후 30분 정도 지난 후에 우리의 뇌가 포만감을 느낄 수 있다면, 인간은 그동안 과식할 수 있는 능력을 가지게 된다. 30분 동안 과식의 고통을 느끼지 못하기 때문에 필요 이상의 음식을 먹을 수 있다. 그런데 이렇게 음식을 과식하게 되면 과식에서 얻은 에너지가 지방으로 바뀌어 몸에 지방이 축적되고, 지방이 축적되면 생명 유지에 필요한 속도를 잃게 된다. 포식자에게 잡혀 먹히거나, 달아나는 먹잇감을 쫓아가지 못해 굶어 죽는다. 그래서 이런 식으로 진화할 수 없다.

정말로 뇌가 포만감을 느끼는 데 30분이 필요한지 알아보는 방법은 간단하다. 음식을 빠르게 많이 먹어 보면 포만감을 느끼는 데 시간이 필요하지 않다는 사실을 금방 알 수 있다. 예를 들어 '30분 동안 핫도그 먹기 대회'라는 것이 있다고 가정해 보자. 30분 내에 누가 핫도그를 더 많이 먹을 수 있는지를 경쟁하는 대회다. 만약 포만감을 느끼는 데 30분이 필요하다면 핫도그를 30개건 50개건 30분 안에만 먹으면 포만감을 느끼지 않아야 될 텐데, 과연 그럴까? 잘 모르겠으면 지금 한번 먹어 봐라. 그렇지 않다는 사실을 금방 알게 된다.

또 2차 식욕을 자극하지 않는 음식을 먹어 보면 우리의 뇌가 포만감을 느끼는 것과 시간과는 별 관계가 없다는 사실을 알 수 있다. 2차 식욕은 맛있는 음식을 먹는 즐거움을 느끼려는 욕구이다. 맛없는 음식은 2차 식욕을 자극하지 않는다. 양념과 조미료로 요리하지 않은 음식을 먹어 보면 된다. 대표적인 음식은 맨밥, 양념 없이 삶은 고기, 양념 없이 삶은 야채 등이다. 이런 음식을 소금이나 간장 없이 그냥 먹어 보면 배가 부르다고 느끼는 데 30분이라는 시간이 필요 없다는 사실을 금방 알게 된다. 생명 유지와 신체 활동에 필요한 정도의 음식을 먹게 되면 우리의 위(胃)는 뇌에 그만 먹으라는 신호를 보내게 된다. 이런 음식을 먹는 경우에는 위에서 보내는 불쾌감의 신호를 가려 줄 인공적인 맛의 즐거움이 없다. 우리 뇌는 즉시 배부르다고 느끼게 된다.

"그렇다면 현실적으로 음식을 먹고 30분 정도 지난 후에야 비로소 배가 부르다고 느끼게 되는 이유는 무엇일까?"

그 이유는 우리의 뇌가 배부른 느낌을 느끼는 데 30분이 걸리기 때문이 아니다. 인공적인 맛이 주는 즐거움이 사라지는 데 그 정도의 시간이 걸리기 때문이다. 1차 식욕이 만족되는 시점부터 뇌는 위(胃)에서 보내는 포만감의 신호를 계속 받고 있지만, 음식의 맛이 주는 즐거움이 포만감의 불쾌감을 가려 버린다. 그래서 현실적으로는 포만감이 느껴지지 않는다. 그러나 음식을 먹고 시간이 지날수록 음식의 맛이 주는 즐거움이 사라지기 때문에 이전부터 위(胃)에서 보내는 신호가 현실적으로 드러나는 거다.

우리의 위(胃)는 몸에 필요한 음식이 채워지면 즉시 뇌에 음식을 그만 먹으라는 신호를 보낸다. 하지만, 우리의 뇌가 음식의 맛에 흥분해 있는 동안에는 음식의 맛이 주는 즐거움 때문에 배부르니 그만 먹으라는 정보를 무시해 버린다. 그래서 배가 불러도 배가 부르다고 느낄 수가 없다. 그런데 보통 우리가 음식을 먹는 것은 1차 식욕과 2차 식욕의 합계치인 전체 식욕이 만족될 때까지(a2지점) 음식을 먹는 것이 아니다. 전체 식욕이 만족되는 지점까지 음식을 먹는 것은 뷔페 식당에 가서 음식을 마음껏 먹는 경우에나 생기는 일이다. 일상적으로 음식을 먹는 방식이 아니다. 보통의 경우에는 식당에서건 가정에서건 자신에게 한 끼 식사로 제공된 양의 음식을 먹게 되고, 이런 경우 1차 식욕이 만족되는 지점(a1지점)과 전체 식욕이 만족되는 지점(a2지점) 사이의 어느 한 지점까지 음식을 먹는다. 이때 2차 식욕과 전체 식욕의 한계만족도는 플러스 상태에 있기 때문에 우리는 음식을 계속적으로 원한다. 이 상태에서 음식먹기를 그만두게 된다. 음식을 더 먹는 것은 새롭게 음식을 더 주문해야 하는 불편함이 있고, 한 끼로 제공된 식사량보다 더 먹는 것에 대해 부담스럽게 생각해서 현실적으로 음식을 더 먹지 않는 것뿐이다. 그 상태에서 음식을 더 먹는 것은 여전히 즐거움인 상태이고, 마음속으로 음식을 더 먹고 싶다는 미련이 남아 있는 거다.[139] 이런 감정 상태가 진정되어서 1차 식욕

---

139) 수프의 맛 테스트를 하겠다고 학생들을 연구실로 초대해서 몇 명에게는 숨겨진 튜브를 통해 몰래 수프가 계속 채워지도록 만든 '바닥 없는 그릇'에 수프를 제공하고, 다른 사람에게는 보통 그릇에 수프를 제공하는 실험을 하였더니, 바닥 없는 그릇으로 먹은 사람은 보통 그릇으로 먹은 사람에 비해 40%를 더 먹었다고 한다(디어드리 배릿, 《웨이스트랜드》, 37쪽 참고).

이 만족된 시점(a1지점)부터 위가 뇌에 보내고 있던 신호를 인식하게 될 정도가 되어야 비로소 배가 부르다고 느끼게 된다.[140] 감각적으로는 우리가 식사를 마친 후에 30분 정도 배부르다고 느끼지만, 이는 우리의 뇌가 배부른 것을 느끼는 데 시간이 필요해서가 아니라, 음식의 맛이 주는 즐거움이 사라지는 데 걸리는 시간이다.

그러니 천천히 전체 식욕이 만족될 때까지(a2지점) 먹으면 다이어트가 되지 않는다. 그렇다고 천천히 1차 식욕이 만족되는 지점(a1지점)까지 먹으면 여전히 음식을 더 먹고 싶다. 그 식욕은 의지를 가지고 참아야 한다. 다시 다이어트가 의지의 문제가 된다. 겉으로 드러나지는 않지만, 그 내부를 들여다보면 이것 역시 의지를 가지고 먹고 싶은 것을 참는 방법이다. 구조적으로 성공할 수 없다.

5. 진정으로 배고플 때만 먹고 배부를 때는 먹지 말라는 다이어트 방법

개념적인 문제와 기술적인 문제

숲속에서 가장 영리한 동물인 올빼미는 다리를 다친 지네에게 아픈 다리를 고칠 수 있도록 앞으로 2주일 동안은 땅 위에서 1인치 정도 떠서 걸어 다니라고 충고해 주었다. 지네는 이 충고가 훌륭하다고 생각하여 올빼미에게 어떻게 하면 땅 위에서 1인치 떠서 걸을 수 있는지 물었다. 그러자 올빼미가 대답했다.

---

140) 같은 이유로 뷔페식당에서 음식을 마음껏 먹는 경우처럼 전체 식욕이 완전히 충족될 때까지 음식을 먹는 경우에는 음식을 먹고 30분 정도가 지난 후에 배부르다고 느끼는 것이 아니라, 음식을 먹으면서 이미 배불러서 더 이상 먹을 수 없다고 느끼게 되고, 그 순간에 음식먹기를 그만두게 된다.

> "나는 너에게 개념적인 문제를 해결해 주었으니, 기술적인 세부 문제로 더 이상 나를 괴롭히지 말라."[141]

배고프지 않을 때는 먹지 말고, 진정으로 배고플 때 식욕이 간절히 원하는 만큼만 먹으라는 다이어트 방법이 있다. 진정으로 배고플 때만 음식을 먹으라는 말은 다시 2가지 내용으로 나누어 볼 수 있다. 하나는 식사 외에 간식을 먹지 말라는 것이고, 다른 하나는 식사를 할 때 배고픔을 면하였으면 식사를 그만하라는 것이다.

첫 번째 요구는 달리 표현하면, 간식을 먹고 싶다는 식욕을 느껴도 의지를 가지고 참으라는 거다. 이미 앞에서 여러 차례 설명한 것처럼 식욕을 의지로 억제한다는 것이 사실상 거의 불가능하다. 이렇게 그냥 참으라고 하는 것은 방법상 불가능할 뿐만 아니라, 그 생각의 배경에 오해가 자리 잡고 있다. 에너지를 보충하려는 목적에서 벗어나 즐거움을 얻기 위해 음식을 먹는 것은 탐욕이고, 식탐이라는 생각이다. 먹을 필요가 없고, 먹지 말아야 할 음식을 먹는 것이라는 생각이다. 하지만 그렇지 않다. 우리는 에너지를 얻기 위해서도 음식을 먹지만, 즐거움을 얻기 위해서도 음식을 먹는다. 스트레스를 받거나 무료할 때 맛있는 음식을 먹으면 기분이 좋아지고 그래서 심리적인 안정을 찾게 된다. 음식먹기로 심리적 안정을 찾고 있는 사람들에게 즐거움을 얻기 위해서 음식을 먹어서는 안 된다고 하려면 음식을 먹지 않는 대신 그들이 어디에서 어떻게 즐거움을 얻을 수 있는지를 알려 주어야 한다. 심리적인 안정을 유지하는 음식먹기의 기능은 완전히 무시

---

141) 이규현, 《소비자행동》, 30~31쪽 참고.

하고, 아무 대책도 없이 무조건 이런 식으로 음식을 먹지 말라고 하는 것은 무책임하다. 그래서 이런 식의 방법은 머릿속에서는 가능하지만 실제로 해 보면 안 된다.

두 번째 요구는 달리 표현하면, 식사 중에 1차 식욕이 만족되었으면 식사를 그만하라는 거다. 이것도 듣기에는 그럴 듯하지만, 실제로 해 보면 안 된다. 명상을 하듯이 식품의 맛과 뱃속의 상태에 깊이 집중하면 배고픔이 사라지는 때를 알게 된다. 식사를 하면서 점점 허기가 사라지고 배고픔이 사라진다. 1차 식욕이 채워진 줄 안다. 배가 부른 것도 안다.

"그래, 알겠다. 그래서 어쩌라고?"

"배부른지는 알겠는데 맛있는 걸 어쩌라고?"

배가 부르면 먹지 말아야 한다. 배가 부른 것도 알겠다. 그런데… 여전히 맛있다. 여전히 먹고 싶다. 왜 그런지는 몰라도 어쨌든 그렇다. 여전히 남아 있는 이 식욕을 어쩌란 말인가. 앞에서 본 그래프를 다시 보자.

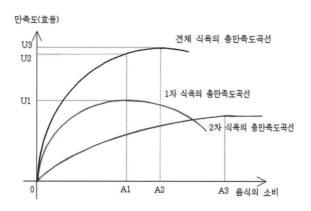

평소에는 느끼지 못하지만 명상을 통해서 A1지점을 의식적으로 지각했다고 해 보자. 여기서 전체 식욕의 만족도곡선은 U2에 있고, 여전히 상승 중이다. 만족도곡선이 상승 중이라는 것은 식사를 계속하는 것이 중단하는 것보다 더 큰 만족감을 준다는 말이다. 먹는다는 것이 쾌감을 준다. 먹는 것이 즐겁고, 그래서 더 먹고 싶다. 맛있는 음식이 여전히 매력적인데…. 음식을 더 먹고 싶은데….

"어떻게 음식먹기를 멈출 수 있을까?"

어떻게 멈출지에 대해서는 답이 없다. 식욕이 만족되는 지점에서 멈추도록 만드는 힘이 없다. 각자 알아서 멈추어야 한다. 그런데 한번 곰곰이 생각해 봐라. 당신도 분명 이런 경험이 있을 것이다. 음식을 먹으면서 배가 부른데도 계속 먹고 있는 자신을 발견하는 경우다. 분명 배가 부른 것을 알겠다. 여기서 멈추어야 한다는 것도 안다. 하지만, 숟가락을 놓기가 싫다. 더 먹고 싶다. 막상 먹으면서 그다지 맛있다고 느끼지도 않다. 하지만 멈추어지지 않는다. '그만 먹어야지, 그만 먹어야지…' 하면서도 계속 먹는다. 결국 그릇이 다 비고 나서야 멈추게 된다.

"잘 생각해 봐라. 이런 상태를 경험한 적이 없는가?"

"당신은 이런 경우에 먹는 것을 멈출 수 있다고 자신하는가?"

우리는 평소에 이런 경험을 자주 한다. 특히 뚱뚱한 사람들은 늘 이런 느낌을 받고 산다. 그런데 멈출 수는 없다. 마치 내가 둘로 나누어져 생각 따로 몸 따로 노는 것 같다.

"어떻게 해야 할까?"

멈추려면 억지로 멈추어야 한다. 다시 '의지'가 필요하다. 결국 의지로 식욕을 참고 억누르는 구조로 돌아간다. 계속 반복하지만 우리의 의지는 식욕을 억누를 만큼 그렇게 강하지 않다. 달리 말하면 이런 다이어트는 구조적으로 성공할 수 없는 다이어트라는 말이다.

6. 수술을 해서 살을 빼는 다이어트 방법

6.1. 지방흡입술의 문제점

수술을 해서 살을 빼는 방법은 두 가지가 있다. 하나는 지방흡입술로 지방 세포를 잘라내는 방법이고, 다른 하나는 위를 잘라 내거나 위를 밴드로 묶거나 위에 공을 넣는 등의 방법으로 위가 음식물을 많이 받아들일 수 없도록 수술하는 방법이다.

먼저 지방흡입술로 살을 빼는 것을 생각해 보자.

훈련소 다이어트

나는 2000년에 공익으로 소집되어 병역 의무를 이행하게 되었다. 훈련소에 들어가서 4주간 군사 훈련을 받게 되었는데, 훈련소 생활이라는 것이 다이어트라는 관점에서 보면 정말 좋은 다이어트 방법이다. 음식 섭취량을 정확히 조절해 준다. 아무리 먹고 싶어도 더 먹을 방법이 없다. 운동량도 정확히 맞추어 준다. 아무리 하기 싫어도 하지 않을 방법이 없다. 군살이 싹 다 빠진다. 지방흡입수술을 하지 않고도 수술한 것과 똑같은 효과가 생긴다. 그래서 정말로 날씬해졌다. 4주의 훈련을 마친 다음 퇴소하기 위해 훈련소에 입고 왔던 바지를 입었는데 바지가 너무 헐렁해져서 술술 흘러내렸던 기억이 난다. 그때 나는 훈련소에서 나오면서 굳게 마음먹었다.

"반드시 이 체중을 유지하자."

"이 체중만 유지하면 된다."

살을 빼는 게 어렵지 체중을 유지하는 것은 어렵지 않을 줄 알았다. 이 체중만 유지하면 다시는 뚱뚱한 몸이 되지 않을 줄 알았다. 그런데 웬걸 나오자마자 체중이 늘기 시작하더니 얼마 지나지 않아 훈련소에 입소하기 전과 똑같은 체중이 되어 버렸다.

지방흡입술로 지방 세포를 제거하면 일시적으로야 체중이 줄겠지만, 그 다음에는 어떻게 되는가? 살이 찌는 건 에너지 섭취량이 에너지 사용량보다 많아서 섭취한 에너지 중 쓰고 남은 에너지가 내부 유출로 저장되는 거다. 지방흡입술을 하면 이렇게 저장된 지방을 수술을 통해서 제거하게 된다. 그리고 제거된 지방만큼 체중이 줄어들게 되고, 몸의 표면적도 줄어들게 된다. 그래서 일시적으로는 살이 빠지는 효과를 얻게 된다.

문제는 여기서부터다. 우리 몸의 에너지 유입량과 유출량은 항상 일치한다. 수술 전 우리의 몸은 에너지 유입과 유출이 일치할 뿐만 아니라 에너지 섭취와 사용도 일치하기 때문에 높은 체중에서 안정된 상태를 유지한다. 그런데 지방흡입술로 지방이 제거되고, 체중이 줄어들고, 체표 면적이 줄어들게 되면 에너지 섭취와 사용에 불균형이 생긴다. 체중이 가벼워져 똑같은 운동을 해도 에너지 소비가 적어진다. 피를 보내야 할 전체 면적이 줄어들어 심장이 약하게 뛰어도 혈액 순환에 문제가 없다. 체온 유지를 위하여 에너지를 덜 소모하게 된다. 결국 섭취하는 에너지양은 일정한데, 사용하는 에너지양은 줄어들어 섭취하는 에너지양이 사용하는 에너지양보다 더 많아지는 불안정한 상태가 된다. 이렇게 되면 사용하고 남는 여분의 에너지가 생기고 그 여분의 에너지는 내부 유출되어 우리 몸에 저장된다. 이런 과정이 계속 반복되다가 섭취하는 에너지양이 전부 소진되기에 충분할 정도로 몸이 무거워졌을 때 다시 에너지 섭취량과 사용량이 일치하게 되어 안정된 상태가 된다. 그 체중이 바로 '수술 전 체중'이다. 이는 비유하자면 연못에 깨진 독이 들어 있는데, 독에서 물을 퍼낸 것과 같다. 물을 퍼낸 후 잠시 동안은 독이 비어 있겠지만, 그 독이 연못 속에 있는 이상 점점 물이 차올라 결국에는 이전 상태로 돌아간다.

결론적으로 지방흡입술은 수술 후 다시 이전의 체중으로 회복될 때까지 일시적으로 체중이 줄어드는 효과가 있을 뿐이다. 장기적으로는 체중에 변화를 줄 수 없다. 수술 전 음식 섭취량은 수술 전의 체중을 유지하기에 적합한 정도의 음식 섭취량인데, 그 음식 섭취량을 그대로 유지하면서 어떻게 수술 후의 체중이 될 수 있겠는가? 그렇게 되려면 먹은 음식에 포함된 에너지를 우리 몸이 섭취하지 않고 내보내는 방법이 있어야 하는데, 이것은 음식을 많이 먹고도 몸에 섭취되는 에너지는 적어지기를 바라는 것이다. 에너지 보존의 법칙(열역학 제1법칙)에 어긋난다. 쉽게 말해서 불가능하다.

지방 세포의 크기와 지방 세포의 수

살이 찌고 빠지는 데 지방 세포의 크기와 지방 세포의 수가 중요한 요인이라고 생각하는 사람들이 있다. 그래서 가끔 이런 이야기를 듣게 된다.

"성인 비만은 지방 세포의 크기가 늘어나는 것이고, 소아 비만은 지방 세포의 수가 늘어나는 거다. 그러니 어릴 때부터 비만한 사람은 살을 빼기가 더 어렵고, 살을 빼도 쉽게 다시 살이 찐다."

"지방흡입술은 지방 세포의 수를 줄이니 수술 후 쉽게 살이 찌지 않는다."

과연 그럴까? 전혀 그렇지 않다. 에너지의 섭취와 사용은 마치 돈이 들어오고 나가는 것과 같다. 들어오는 돈이 나가는 돈보다 많으면 현금이 쌓이고, 들어오는 돈보다 나가는 돈이 많으면 현금이 줄어든다. 예를 들어 한 달에 100만 원을 버는 사람이 한 달에 90만 원을 쓰면 그 집 금고에는 현금 잔고가 쌓여간다. 반대로 한 달에 100만 원을 버는 사람이 한 달에 110만 원을 쓰면 그 집 금고에는 현금 잔고가 줄어든다. 그 집에 금고가 몇 개가 있건, 금고 크기가 크건 작건 그런 것은 상관없다. 집에 금고가 많다고 해서 현금이 많아지는 것도 아니고, 금고의 크기가 크다고 해서 현금이 많아지는 것도 아니다.

마찬가지로, 에너지 섭취량이 에너지 사용량보다 많으면 지방이 늘어나는 것이고, 에너지 섭취량이 에너지 사용량보다 적으면 지방이 줄어드는 거다. 지방 세포의 수가 몇 개가 되건, 지방 세포의 크기가 얼마나 크건 작건 그런 것은 상관없다. 이것이 에너지 보존의 법칙(열역학 제1법칙)이다. 우리의 몸은 기본적인 물리법칙에서 벗어날 수 없다. 만약 지방 세포 수가 적은 사람은 많은 사람에 비해 많이 먹어도 살이 찌지 않는다는 말이 사실이라면, 그 사람이 먹은 음식에 있는 에너지는 도대체 어디로 사라진다는 말인가?

이는 마술사가 큰 상자에 사람을 넣은 다음 그 사람을 공간 이동시켜 사라지게 하는 것과 같다. 현실 세계에서 이런 마술은 눈속임에 불과하다. 누구도 사람을 사라지게 할 수 없다. 마찬가지로 누구도 자기 뱃속에 들어간 음식물을 어디론가 공간 이동시켜 사라지게 할 수 없다.

6.2. 위절제술의 문제점

다음으로 위(胃)를 절제하는 등의 방법으로 음식을 많이 섭취할 수 없도록 만드는 수술에 대해서 살펴보자. 꼭 위(胃)를 절제하지 않더라도 위 안에 공을 넣거나, 위에 밴드를 부착하는 등의 방법으로 음식을 조금만 먹어도 포만감을 느끼게 하는 방법들도 모두 그 원리는 같다. 모두 우리 몸이 에너지를 흡수하는 양을 줄이는 거다. 그런데, 이렇게 섭취하는 에너지양을 줄이는 것이 과연 체중 감소라는 결과로 어질 수 있을까? 아래의 그래프는 위절제술 등의 수술을 하는 경우 식욕의 만족도곡선이 변하는 모습을 나타낸다.

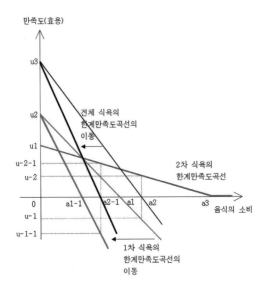

2차 식욕은 음식의 맛을 즐기려는 욕구로 위(胃)의 소화 능력과는 관계없다. 수술을 하더라도 2차 식욕의 한계만족도곡선에는 변화가 없다. 반면 수술로 위(胃)의 용량이 줄어들면서 음식을 조금만 먹어도 포만감이 들게 되기 때문에 1차 식욕의 한계만족도곡선(빨간색 얇은 그래프)은 왼쪽으로 이동한다(빨간색 굵은 그래프). 이에 따라 전체 식욕의 한계만족도곡선(검은색 얇은 그래프)도 왼쪽으로 이동한다(검은색 굵은 그래프). 위의 용량이 줄어들었기 때문에 이전처럼 많이 먹지 못한다. 전체 식욕의 한계만족도가 영(0)이 되는 지점(a2-1)을 지나서 계속 음식을 먹는 것은 고통이 되기 때문이다. 새로운 1차 식욕의 한계만족도곡선(빨간색 굵은 그래프)은 a1-1지점에서 한계만족도가 영(0)에 이르게 되지만, 여기서는 여전히 2차 식욕의 한계만족도가 플러스 수치를 가지고 1차 식욕과 2차 식욕의 합계치인 전체 식욕의 한계만족도 역시 플러스 수치를 가진다. 음식을 먹는 것은 여전히 고통이 아니라 즐거움이다. 그래서 음식을 계속 먹는다. 하지만, 위의 용량이 줄어들었기 때문에 음식을 계속 먹는 경우 불쾌감이 급격히 커지게 되고 a2-1지점에 이르면 1차 식욕에서 느껴지는 불쾌감의 정도(u-1-1)가 2차 식욕에서 느껴지는 즐거움의 정도(u-2-1)와 같아져 전체 식욕의 한계만족도가 영(0)이 된다. 음식먹기를 멈춘다. 수술 후 전체 식욕이 만족되는 a2-1지점은 수술 전 전체 식욕이 만족되는 a2지점에 비해서 왼쪽에 있다. 이 그래프에서 왼쪽에 있다는 것은 음식을 적게 먹는다는 것이고, 수술을 한 사람은 구조적으로 a2-1지점 이상을 먹을 수 없게 되어 있으니 이대로 먹으면 살이 빠질 것처럼 보인다. 그런데, 과연 살이 빠질까? 그게 그렇게 간단한 문제가 아니다. 왜 그런지 한번 보자.

임산부의 식사량 감소와 체중 증가

임산부들은 출산이 가까워질수록 한 번에 먹을 수 있는 식사량이 점점 줄어든다. 태아가 커지면서 자궁이 차지하는 공간이 점점 커지기 때문에 자궁이 위(胃)를 눌러 위가 차지하는 공간이 줄어들기 때문이다. 그래서 조금만 먹어도 쉽게 포만감을 느끼게 된다. 위의 일부를 절제하거나 위에 밴드를 설치하거나 공을 넣어 위의 공간을 줄이는 것이나 별 다를 바가 없다. 그렇다고 해서 '임산부의 체중이 줄어드느냐?' 하면 그건 아니다. 오히려 체중은 늘어난다. 태아의 체중이 늘건 임산부 자신의 체중이 늘건 어쨌건 전체 체중이 늘어난다.

"어떻게 적게 먹는데, 체중이 늘어날 수 있는가?"

이유는 간단하다. '한 번에 먹을 수 있는 식사량'은 줄어들지만, 자주 먹기 때문이다. 식사 때 한 번에 먹는 양은 적지만, 하루 동안 섭취하는 전체 음식량은 더 많아진다. 그래서 태아에게 에너지를 충분히 공급할 수 있게 되고, 체중이 늘어날 수 있는 거다. 여기서 우리가 알 수 있는 것은 음식을 한 번에 섭취하는 양이 줄든다고 하더라도, 음식을 섭취하는 횟수가 늘어나면 체중이 감소하지 않는다는 사실이다. 다시 말하면 체중을 감소시키려면 음식을 한 번에 섭취하는 양을 줄이는 것만으로는 충분하지 않고, 동시에 음식을 섭취하는 횟수가 늘어나지 않도록 해야 한다.

위절제술 같은 수술을 하게 되면 위의 용량이 줄어드니 음식을 적게 먹어도 쉽게 포만감이 느껴지는 것은 사실이다. 하지만, 포만감만 느끼면 그만인가? 예를 들어 수술 전에 식사 한 끼에 1,000kcal씩 하루에 3,000kcal를 섭취하던 사람이 위를 절제하는 수술을 해서 한번에 500kcal의 음식만 먹으면 포만감을 느껴 더 이상 음식을 먹지 못하게 되었다고 생각해 보자.

"그 다음은 어떻게 되는가?"

문제는 여기에 있다. 이 문제를 좀 더 정확히 알려면 우리는 앞의 그래프에서 다른 면을 보아야 한다. 우리의 몸은 하루 24시간 동안 단 1초도 쉬지 않고 계속 에너지를 소비하고 있다. 그것은 우리가 외부적인 활동을 하는 경우는 물론이고 겉으로 보기에 아무런 행동을 하지 않고 가만히 있는 경우에도 마찬가지다. 우리 몸은 지속적으로 에너지를 쓰고 있기 때문에 가만히 누워 숨만 쉬고 있어도 일정한 시간이 지나면 그 시간 동안 소비한 에너지를 다시 보충해 주어야 한다. 시간에 따라 지속적으로 에너지가 소비되기 때문에 에너지의 소비는 시간의 함수가 된다. 이해의 편의를 위해 이를 제2사분면에 표시해 보면 아래의 그래프와 같다. 위의 그래프에서 음식의 소비에 따라 우하향하였던 식욕의 한계만족도가 시간의 흐름에 따라 반대로 좌상향하게 된다. 우리 몸이 에너지를 계속 사용하기 때문에 식욕의 만족도는 시간의 흐름에 따라 반대로 그래프를 따라 왼쪽 위로 올라간다.

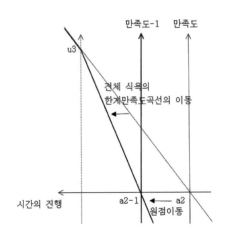

이 그래프는 음식을 먹은 직후에 원점이 된 a2에서 왼쪽으로 갈수록 시간이 진행하여 에너지가 소모되고, 전체 식욕의 한계만족도가

변화하는 모습을 나타낸다. 수술 전의 원점은 a2이다. a2까지 음식을 먹으면 식욕이 만족되고 이후 시간의 흐름에 따라 a2에서부터 수술 전의 전체 식욕의 한계만족도곡선(검은색 얇은 그래프)을 따라 만족도가 좌상향한다. 이에 반해 수술 후에는 원점이 a2-1로 이동하게 된다. 수술 후에는 a2-1까지 음식을 먹으면 식욕이 만족되어 음식먹기를 멈추고, 이후 시간의 흐름에 따라 a2-1에서부터 수술 후의 전체 식욕의 한계만족도곡선(검은색 굵은 그래프)을 따라 만족도가 좌상향하게 된다.

그런데, 수술 전에 a2지점까지 음식을 먹으면서 한 끼에 1,000kcal를 먹던 사람이 만약 6시간마다 식욕을 느끼고(한계만족도가 u3에 도달) 음식을 먹었다면, 수술 후에 a2-1지점까지 음식을 먹으면서 한 끼에 500kcal만 먹게 되면 3시간마다 식욕을 느끼게 된다(한계만족도가 u3에 도달).

"그러면 이 사람은 수술 후에 하루에 몇 끼를 먹어야 할까?"

아침에 3개, 저녁에 4개? 아니면 아침에 4개, 저녁에 3개?

옛날에 원숭이를 기르는 사람이 있었는데, 원숭이들에게 먹이를 나누어 주며 말하기를 "아침에 3개, 저녁에 4개를 주겠다."라고 하였다. 그러자 원숭이들이 모두 화를 냈다. 그래서 다시 말하기를 "그러면 아침에 4개, 저녁에 3개를 주겠다."라고 하였다. 그러자 원숭이들이 모두 기뻐하였다.[142]

먼저, 한 끼에 1,000kcal씩 하루에 3번을 먹던 사람이 수술 후에는 한 끼에 500kcal씩 6번을 먹으면 수술을 해 봐야 의미가 없다. 이렇게

---

142) 《장자(莊子)》, 〈제물론편(齊物論篇)〉 참고

먹으나 저렇게 먹으나 하루에 먹는 양은 3,000kcal이고, 섭취되는 에너지양이 동일하면 수술을 하나 수술을 하지 않으나 체중은 수술 전의 체중을 유지하게 된다. 그렇다고, 한 끼에 1,000kcal씩 하루에 3번을 먹던 사람이 수술 후에는 한 끼에 500kcal씩 하루에 3번을 먹게 되면 음식을 먹고 3시간이 지난 후부터 다음 음식을 먹을 때까지 3시간 동안 간절히 음식을 원하게 된다. 이 식욕을 어떻게 해야 하는가? 이 고통은 다시 살을 빼겠다는 '의지'로 참고 견디는 수밖에 없다. 이 식욕을 참으려면 매 끼니 마다 3시간은 망망대해의 구명정 위에 올라가 있는 신세가 된다. 맛있는 음식을 먹고 싶어도 먹지 못하고 참아야 하는 거다. 수술 전과 비교하여 수술 후의 삶의 만족도는 현격하게 떨어져 버린다.

우리는 2차 식욕 때문에 과식을 하게 되고, 과식을 해서 섭취한 잉여 에너지 때문에 살이 찌는 것인데, 2차 식욕은 배가 고프거나 배가 부르다는 것과 관계없는 식욕이다. 다이어트에서 포만감에 집착하는 이유는 '식욕은 하나'라는 고정 관념에 빠져 2차 식욕을 보지 못하고, 1차 식욕이 인간의 포만감과 관련된 전체 식욕과 같은 것이라고 오해하기 때문이다. 1차 식욕과 2차 식욕이 다르다는 것을 알게 되면 먹기 싫은 음식을 먹어서 배를 채우건, 위를 절제해서 배를 채우건, 아니면 공을 넣거나 밴드를 착용해서 배를 채우건 그렇게 배를 채워서 얻는 포만감이라는 것이 맛있는 음식을 먹을 때 얻게 되는 포만감과는 다른 것이라는 사실이 분명하게 보인다. a1지점과 a2지점은 명백히 다른 지점이다.

우리가 이제껏 1차 식욕과 전체 식욕을 구별하지 못했기 때문에 a1지점에서 느껴지는 포만감에 대해 아직 이름을 지어 주지 못했고, 이름이 없기 때문에 그 개념을 명확히 우리 머리로 이해하지 못했다. 하지만, 실제로 a1지점에서 느껴지는 포만감이 a2지점에서 느껴지는 포만감과 다르다는 것을 몸으로 느끼고 있다. 원푸드 다이어트를 할 때 바나나를 많이 먹어 더 이상 바나나는 먹을 수 없지만, 이 상태가 유쾌한 포만감이 아니라는 사실은 경험으로 알고 있다. 수술을 해서 음식을 먹는 '능력'을 줄일 수는 있지만, 맛있는 음식을 먹고 싶은 '식욕'을 줄이지는 못한다. 조금만 먹어도 포만감을 느끼게 하고 식사량을 줄일 수는 있지만, 간식을 먹고 싶은 식욕을 막을 방법이 없다. 간식을 먹고 싶은 식욕은 참는 수밖에 없다. 다시 '의지로 식욕을 억제하는 구조'로 돌아가야 하고, 끊임없이 식욕과 싸워야 한다. 이렇게 해서는 '유쾌한 다이어트'가 되지 못한다. 물론, 수술이라는 극단적인 고통을 경험하고 나면 그 충격으로 음식을 먹고 싶은 욕구가 일시적으로 사라질 수는 있을 것이고, 살이 빠질 수는 있을 거다. 하지만, 그것이 언제까지 계속된다는 보장이 없다. 다시 한번 말하지만, "우리의 의지는 식욕을 효과적으로 억제할 만큼 그렇게 강하지 않다." 인간의 의지에 기대어 살을 빼려는 다이어트 방법은 모두 구조적으로 불가능하다.

제5편

비만 구조에서 벗어남
- 사회화된 식습관에서 벗어난다 -

인간이 자유로워지려면, 다시 말해 병적 과소비로 산업을 추진시키는 악순환에서 빠져나오려면, 경제 체제의 근본적 변혁이 있어야 한다. 병든 인간을 제물로 하고서 그 건강을 부지하는 오늘날의 경제적 상황에 종지부를 찍어야 한다. 분별 있는 소비에 이르는 길은 오로지, 되도록 더 많은 사람들이 소비태도와 생활 스타일을 바꾸려고 뜻하는 데에 있을 뿐이다. 그리고 사람들이 그런 뜻을 품게 하려면, 그들에게 지금껏 습관화된 것보다 한층 더 매력적인 소비 유형을 제공해야만 한다. [143]

- 에리히 프롬, 《소유냐 존재냐》 -

---

143) 에리히 프롬, 《소유냐 존재냐》, 238~239쪽.

비만 구조는 우리가 과식하도록 만든다. 식품 생산자는 식품을 요리하면서 인공적인 미각 정보를 부여한다. 인공적인 미각 정보가 부여된 식품은 소비자에게 자연적인 음식보다 더 맛있게 느껴지고, 더 큰 즐거움을 준다. 이 즐거움이 소비자의 2차 식욕을 만들고, 2차 식욕이 과식 행동을 산출한다. 이 구조 속에서 소비자인 우리는 자연스럽게 과식 행동을 한다.

우리가 과식 행동을 하는 이유는 과식하는 것이 과식하지 않는 것보다 더 즐겁기 때문이다. 맛있는 식품을 먹으면 기분이 좋아진다. 쾌감을 느낀다. 그래서 과식한다. 이 구조를 바꾸어야 한다. 과식하지 않는 것이 과식하는 것보다 더 유쾌하게 느껴지도록 구조를 조정한다. 필요 이상으로 에너지를 섭취하면 기분이 좋아지는 게 아니라, 기분이 나빠지도록 만든다. 2차 식욕이 발생하고 작동하는 구조를 바꾼다. 그래야 비만 구조에서 벗어날 수 있다. 인간의 '의지' 같은 걸로는 안 된다. 왜냐하면 현재의 비만 구조는 안정적이기 때문이다. 비만 구조가 안정적이라는 것은 안정적인 비만 상태가 끌개(attractor)로 작동한다는 의미다. 안정성을 얻는 데 성공한 구조는 끌개가 되어 주위에 있는 것들을 끌어당긴다.[144] 마치 강 주변의 시냇물들이 강으로 흘러드는 것과 같다. 인위적인 노력으로 비만 상태에서 벗어나 날씬해지더라도 그 상태는 일시적이고 불안정한 상태다. 인위적인 노력이 중단되면 다시 안정적인 비만 상태로 돌아간다. 안정된 상태에서 벗어나려면 단순히 벗어나는 것만으로는 부족하다. 다른 안정된

---

144) 끌개의 의미에 대해서는 제임스 글리크, 《카오스》, 172~177쪽 참고.

상태로 가야 한다.

비만 구조 속에서 에너지 유출입은 안정 상태를 유지한다. 하지만, 자연적으로 안정적이지는 않다. 이걸 인식하는 것이 중요하다. 비만 구조는 자연적인 에너지 상태보다 더 높은 상태로 안정되어 있다. 자연적으로는 불안정한 상태다. 다만, 인공적인 조건에 의해 지지되고 있어 안정적이다. 인공적인 조건이 작동하는 동안만 안정된 상태를 유지하는 잠정적 안정 상태(준안정 상태)다. 인공적인 조건이 사라지면 함께 사라지는 일시적인 현상이다. 앞에서 보았던 스프링 달린 판 위의 공과 같다. 자연적인 상태에서 공은 지면 위에 있어야 한다. 지면보다 높은 곳에 있는 공은 불안정한 상태에 있다. 하지만 판 위의 공은 안정적이다. 스프링의 지지력이 떠받쳐주고 있기 때문에 안정 상태를 유지하고, 아래로 떨어지지 않는다. 스프링의 지지력이 사라지면 더 이상 유지될 수 없는 잠정적 안정 상태다.

비만 구조는 잠정적 안정 상태다. 안정적이지만, 그 구조가 유지되기 위해서는 이를 유지하는 인간의 행동이 필요하다. 그 행동이 바로 우리의 과식 행동이다. 비만 구조를 유지하는 조건은 우리의 행동이다. 비만 구조는 우리를 과식하게 만들고, 우리의 과식 행동은 비만 구조를 유지하는 동력을 제공한다. 꼬리를 물고 있는 뱀처럼 원을 이루며 순환하는 되먹임 구조다. 비만 구조 속에서 사회적으로 주어진 행동 방식은 과식이다. 그 행동 방식에 따른 과식 행동이 비만 구조를 유지한다. 비만 구조는 매일 이루어지는 우리의 과식 행동을 통해 유지된다. 자연스럽지만 인공적으로 유지되는 이 구조에서 벗어나기 위해, 과식 행동을 유발하는 구조의 작동을 멈추어야 한다.

"어떻게 과식을 유발하는 구조의 작동을 멈출 수 있을까?"

비만 구조 속에서 식품은 과식유발능력으로 2차 식욕을 만들고(①의 경로), 2차 식욕은 과식 행동을 산출한다(②의 경로). 이 두 경로 중 하나를 끊는다.

```
과식유발능력 ⇒ 2차 식욕 ⇒ 과식 행동(2차적 음식먹기)
         ①            ②
```

3가지 방법이 가능하다. (1) 먼저, 식품의 과식유발능력이 2차 식욕을 만들지 못하도록 과식유발능력의 실현 조건을 제거한다(①의 경로 끊기). 여기서 식품의 과식유발능력도 '능력'이라는 사실에 주목해야 한다. 그 능력은 잠재적인 상태로 있다. 아직 실현되지 않은 잠재적인 힘이라는 말이다. 잠재적인 상태로 있는 능력이 실현되려면 그 능력이 실현되는 데 적합한 조건을 만나야 한다. 예를 들어 나무의 씨앗은 나무로 자라날 능력이 있다. 하지만, 능력이 있다는 것만으로 그것이 나무로 자라날 것이라고 단정할 수 없다. 나무로 자라나기에 적합한 땅에 심어져야 하고, 적당한 햇빛과 수분이 주어져야 하고, 새나 짐승이 새싹을 먹지 않아야 하고, 태풍이 줄기를 꺾지 않아야 하고, 인간이 베어 버리지 않아야 하고… 등등 여러 가지 조건이 갖추어져야 큰 나무가 될 수 있다. 마찬가지로 과식유발능력도 능력이고, 식품 속에 잠재적인 상태로 머물러 있다. 과식유발능력이 실현되어 우리가 과식하기 위해서는 그 능력이 실현되기에 적합한 조건이 갖추어져야 한다.

비만 구조는 식품의 과식유발능력이 실현되어 작동하는 구조다. 식품의 과식유발능력은 잠재적인 상태로 있다. 폭발하지 않은 상태의 폭탄과 같다. 그 능력이 인간의 심리 체계 내로 들어와 실현 조건을 만나면 실현된다. 폭발하고, 즐거움을 주고, 인간으로 하여금 과식하게 만든다. 여기서 중요한 것은 '실현 조건을 만나면' 그렇다는 것이다. 비만 구조에서 벗어나기 위해 우리는 그 실현 조건을 제거할 거다. 식품 생산자는 현재 우리의 조건에 맞추어 식품을 생산한다. 그래서 식품은 우리 안에서 실현 조건을 만나고 실현된다. 현재의 조건이 바뀌면 과식유발능력은 실현 조건을 잃어버리고, 실현되지 못한다. 잠재적인 상태로 남게 된다. 비유하자면 폭탄을 불발탄으로 만드는 작업이다. 과식유발능력이 실현되지 못하고 잠재력의 상태로 남는다. 현실 세계에서 현실적으로 실현되지 못한다는 말이다. 우리의 과식 능력은 과식유발능력이 실현된 결과다. 과식유발능력이 실현되지 못하면 과식 능력이 사라지고, 우리는 과식하지 못한다. 생명 유지와 신체 활동에 필요한 에너지만 섭취하게 된다. 생명 유지와 신체 활동에 필요한 에너지는 생명 유지와 신체 활동을 위해 모두 사용된다. 과식이 없으면 잉여 에너지가 없다. 우리가 뚱뚱해지는 것은 남아도는 잉여 에너지를 축적한 결과다. 잉여 에너지가 없으면 뚱뚱해질 수 없다. 과식유발능력의 실현되지 못하면 과식도 없고, 비만도 없다.

과식유발능력의 실현 조건을 제거하는 방법은 다시 두 가지로 나눌 수 있다. (1-1) 첫 번째 방법은 잉여의 뇌용량을 소진한다. 우리의 뇌가 식품의 인공적인 맛의 즐거움을 느낄 수 없도록 미리 뇌용량을 다 채워 버린다. 뇌용량이 꽉 차면 식품의 맛을 느낄 여분의 뇌용량이 없다. 스팸메일로 가득 찬 메일서버처럼 뇌는 더 이상 정보를 받지 못한다. 맛이 주는 즐거움을 느낄 수 없다. 식품이 아무리 맛있어도 우리가 그 맛의 즐거움을 느낄 수 없으면 과식 행동이 유발되지 않는다. (1-2) 두 번째 방법은 잉여의 시간을 소진한다. 쉽게 말해 남아도는 여유 시간을 없애는 작업이다. 소일거리로 무료한 시간을 채운다. 식품의 맛을 즐길 시간이 사라진다. 식품의 맛을 즐길 수 없고, 과식 행동이 유발되지 않는다.

다음으로 발생한 2차 식욕이 과식 행동을 산출하지 못하도록 한다 (②의 경로 끊기). 여기에도 두 가지 방법이 있다. (2) 하나는 발생한 2차 식욕을 다른 행동으로 연결한다. 이때 2차 식욕이 '식욕'이 아니라는 사실을 인식하는 게 중요하다. 2차 식욕은 식욕으로 느껴진다. 하지만, 엄밀하게 말하면 식욕이 아니다. 식욕은 음식을 먹고 싶은 욕구다. 반면, 2차 식욕은 식품의 인공적인 맛을 즐기고 싶은 욕구다. 음식을 먹는다는 것과 음식을 즐긴다는 것은 다른 행동 방식이다. 에너지 생산력이 소비력에 미치지 못하는 사회에서는 이 두 가지 행동 방식을 구별할 필요가 없다. 우리의 조상들은 오랫동안 두 가지 행동 방식을 구별할 필요가 없는 사회에서 살았다. 그래서 '먹는다'는 하나의 행위 속에 항상 먹는 행동과 즐기는 행동이 함께 있었다. 하지만, 지금 우리는 다른 환경 속에 있다. 우리는 생산력이 소비력을 추월한 사회에서 살고 있다. 먹는 행동과 즐기는 행동을 구별하지 않는 행동 방식은 비만이라는 결과를 낳았고, 비만은 우리에게 고통을 준다. 이제 우리는 이 둘을 구별할 필요가 생겼다.

우리는 음식을 먹는 행동 방식과 별개로 식품의 맛을 즐기는 행동 방식을 만들고, 2차 식욕을 새로운 행동 방식에 연결시킬 거다. 2차 식욕에서 과식 행동으로 이어지는 심리 체계의 경로를 바꾼다. 다른 행동으로 연결한다. '매력적인 정보 - 초정상자극 - 과식 행동'으로 이어지는 심리 체계의 경로에서 벗어난다. 비유하자면 기차의 선로를 변경하는 것과 같다. 정해진 경로에서 탈주선을 만들고 탈주한다. 현재의 상태대로 가면 종착역은 정해져 있다. 비만이다. 그 종착역에 도착하기 전에 정해져 있는 경로에서 벗어난다. 하지만, 벗어난다는 것만으로는 충분하지 않다. 탈주(脫走)한다는 것은 탈선(脫線)시키는 것이 아니다. 기차를 전복시키겠다는 말이 아니다. 단순히 정해진 선(線)에서 벗어나는 것(脫)이 아니라, 벗어나서도(脫) 계속 달릴 수(走) 있어야 한다. 이를 위해서는 다른 선로가 있어야 한다. 식품이 만들어 내는 초정상자극에 대해 과식 행동으로 반응하지 않으려면 다르게 반응하는 행동 방식이 미리 만들어져 있어야 하고, 거기에 안착시킬 수 있어야 한다. 그 행동 방식은 이미 만들어져 있다. 비록 오랫동안 쓰지 않아 잠재적인 가능성들의 창고 속에 처박혀 있지만, 그걸 다시 찾아낸다. 찾아내서 활성화시킨다. 그래야 지금의 경로에서 벗어나서도 계속 달릴 수 있다. 무작정 탈선하는 것이 아니라, 다른 곳으로 가는 중요지점, 철로의 선로변경지점을 찾아내서 그곳에서 선로를 변경한다. 비만으로 가는 경로에서 벗어나 자연적인 몸매로 가는 흐름으로 들어간다. 1차 식욕, 에너지를 필요로 하는 식욕은 음식을 먹는 행동 방식으로 충족시킨다. 2차 식욕, 식품의 맛을 즐기려는 식욕은 맛을 즐기는 새로운 행동 방식으로 충족시킨다. 그 결과 2차 식욕이 1차 식욕을 넘어서 식품을 먹는 행동으로 연결되지 못한다. 1차 식욕에 따라서만 음식을 먹게 된다. 잉여 에너지가 없다. 잉여 에너지가 없으니 저장할 에너지도 없다. 저장해 둔 에너지도 다 써 버린다. 더 이상 뚱뚱한 몸매를 유지할 수 없게 된다.

(3) 마지막으로 식품이 주는 맛의 즐거움을 음식이 주는 에너지의

기쁨으로 대체한다. 식품이 주는 쾌감은 음식이 주는 자연적인 쾌감이 아니다. 인공적으로 생산된 즐거움이다. 이 즐거움이 우리를 과식하게 만든다. 우리는 이미 음식물이 주는 자연적인 쾌감, 음식을 먹는 '기쁨'을 잃어버렸다. 풍요로운 사회 속에 있기 때문이다. 우리는 에너지 잉여 속에 있다. 그것도 일상적인 에너지 잉여 속에 있다. 에너지가 부족하지 않다. 에너지 부족으로 인한 배고픔의 고통이 사라진다. 우리는 더 이상 배고픔의 고통을 겪지 않는다. 여기까지는 별 문제없는 것 같다. 그냥 배고픔이 사라진 것뿐이다. 배고픔은 고통스러운 것이니, 배고픔이 사라지는 것은 그저 좋기만 한 것 같다. 하지만, 그렇지 않다. 배고픔이 사라지면, 배고픔이 사라지는 기쁨도 사라진다. 배고픔이 없으면 배고픔이 사라지는 기쁨도 없다. 우리는 식품을 먹는 과정에서 기쁨을 느끼지 못하고, 오직 맛의 즐거움을 얻기 위해 식품을 먹는다. 그것도 자연적인 맛의 즐거움이 아니라, 인공적으로 배가된 즐거움이다.

이제 음식을 먹는 기쁨을 인공적으로 만들어 낼 거다. 음식을 먹는 기쁨이 식품의 맛에서 느끼는 즐거움보다 더 크게 만든다. 식품의 매력보다 더 큰 매력이 식품의 매력을 사라지게 한다. 우리는 식품 먹는 것을 좋아하지만 더 매력적인 음식에 정신이 팔려 과식하는 것을 그만두게 된다. 비유하자면 생선 요리를 좋아하는 사람이 생선 요리와 진귀한 요리 중 하나를 선택해서 먹어야 상황과 같다. 하나를 먹으면 다른 것은 먹을 수 없다. 그 사람은 생선 요리를 좋아한다. 그에게 생선 요리는 매력적이다. 하지만 생선 요리를 먹으면 진귀한 요리는 먹을 수 없다. 진귀한 요리는 더 매력적이다. 더 큰 매력이 작은 매력을 사라지게 한다. 그는 생선 요리를 좋아하지만 생선 요리를 먹지 않는 결과가 된다. 우리는 먹는 것을 좋아하지만 과식하지 않게 된다.

[과식유발 시스템의 작동을 멈추는 3가지 방법]
1. 과식유발능력이 2차 식욕을 유발하지 못하도록 만드는 방법
   (1-1) 과식유발능력의 실현 조건인 잉여의 뇌용량을 소진시키기
   (1-2) 과식유발능력의 실현 조건인 잉여의 시간을 소진시키기
2. 발생한 2차 식욕이 과식 행동을 산출하지 못하도록 만드는 방법
   (2) 발생한 2차 식욕의 진행경로 바꾸기
   (3) 에너지의 기쁨으로 맛의 즐거움을 대체하기

과식 행동을 유발하는 구조가 작동을 멈추면, 그와 동시에 우리가 과식하지 못하도록 만드는 구조가 작동한다. 과식을 유발하는 구조의 시스템이 꺼지고(비활성화), 과식을 억제하는 구조의 시스템이 켜진다(활성화). 생명 유지와 신체 활동에 필요한 에너지를 섭취하고 나면 더 먹는 것이 불쾌감으로 느껴진다. 불쾌하기 때문에 더 먹고 싶은 마음이 사라진다. 먹고 싶은 대로 먹어도 과식하지 않게 된다. 자연스럽지만 인공적으로 높게 유지되는 에너지 유출입 상태(준안정 상태)에서 벗어나 자연적인 에너지 유출입의 안정 상태로 옮겨 간다. 비만 구조에서 벗어난다.

식욕이 가진 두 개의 화살

사랑의 신인 큐피트(에로스)는 두 개의 화살을 가지고 있다. 하나는 사랑에 불을 지르는 황금화살이고, 다른 하나는 사랑을 내쫓는 납화살이다.[145] 큐피트의 화살처럼 우리의 1차 식욕(천상의 식욕)도 두 방향으로 작동한다. 하나는 식욕에 불을 지르고, 다른 하나는 식욕을 내쫓는다. 식욕에 불을 지르는 화살은 배고플 때 날아온다. 에너지가 부족하니 음식을 먹어서 에너지를 섭취하라고 의식에 알려 준다. '배고픔'이다. 이때 에너지를 제대로 섭취하지 않으면 고통을 준다. '배고픈 고통'이다. 식욕을 내쫓는 화살은 배부를 때 날아온다. 에너지가 보충되었으니 에너지를 그만 섭취하라고 의식에 알려 준다. '배부름'이다. 이때 에너지를 계속 섭취하면 역시 고통을 준다. '배부른 고통'이다.

다이어트를 할 때 살을 빼려는 우리의 의지는 식욕의 첫 번째 화살을 막을 수 없다. 마찬가지로, 과식을 유발하는 시스템이 작동을 멈추면 설령 과식하고 싶다 하더라도 과식하려는 그 의지는 식욕의 두 번째 화살을 막을 수 없다.

이제껏 우리는 식욕에 첫 번째 화살만 있는 줄 알았다. 세속의 큐피트가 쏜 화살도 천상의 큐피트가 쏜 첫 번째 화살이라고 착각했다. 그래서 다이어트라는 것은 언제나 첫 번째 화살을 어떻게 피할 것이냐 하는 문제였다. 하지만, 이제 화살을 바꾸고 두 번째 화살을 날릴 차례다. 큐피트의 화살이 그렇듯이 식욕의 화살도 목표를 놓치는 법이 없다. 필요한 에너지가 채워지면 식욕의 납화살이 어김없이 날아온다.

이제껏 우리는 식품에 부여된 미각 정보의 매력에 정신이 팔려 이 배부름의 신호를 무시할 수 있었다. 인공적인 미각 정보를 즐기려는 2차 식욕(세속적 식욕)이 갑옷이 되고, 방패가 되어 두 번째 화살을 막아 주었다. 배부른 고통을

---

145)　오비디우스, 《변신 이야기》, 50쪽 참고.

현실적으로 느낄 수 없었다. 하지만 이제 방패를 내려놓고, 갑옷을 벗을 거다. 비만 구조가 만들어 내는 갑옷과 방패가 사라져 버린다. 더 이상 두 번째 화살의 고통을 막아줄 엄폐물이 없다. 식욕의 위력이 그대로 드러난다. 피할 방법이 없다.

우리는 비행기를 타고 어려움 없이 하늘을 날 수 있다. 너무 익숙해서 그게 당연한 것처럼 느껴지지만 그렇지 않다. 우리는 자연적으로 하늘을 나는 능력이 없다. 번지점프를 해 보면 나는 능력이 없다는 사실을 몸으로 느끼게 된다. 마찬가지로 지금 우리는 어려움 없이 과식할 수 있다. 이것은 과식을 유발하는 비만 구조가 제대로 작동하기 때문이다. 원래 우리는 과식할 능력이 없다. 비만 구조가 작동을 멈추면 과식할 능력이 없다는 사실을 몸으로 느끼게 된다. 진화를 통해 부여받은 날씬한 몸매의 사슬에 묶여 점점 날씬한 몸매 쪽으로 끌려가게 되고, 배부른 고통 때문에 더 이상 날씬한 몸매에서 벗어나지 못하게 된다. 자연이 정해놓은 날씬한 몸매의 감옥에 갇혀 버린다.

1. 과식유발능력의 실현 조건을 제거한다

비어 있는 것만 채울 수 있다

2차 식욕은 식욕이 아니다. 물론 현실적으로 지금 우리에게 2차 식욕은 음식을 먹고 싶은 식욕으로 느껴진다. 하지만, 사실은 음식을 먹고 싶은 식욕이 아니다. 배고파서 음식을 먹으려는 욕구가 아니라는 말이다. 2차 식욕은 식품의 인공적인 맛을 즐기려는 욕구다. 우리가 2차 식욕을 식욕으로 느끼는 이유는 음식을 먹는 것과 음식의 맛을 즐기는 것을 구별하지 못한 결과다. 인간은 오랜 세월 동안 이 둘을 구별할 필요가 없는 환경에서 살아왔다. 그래서 구별하지 않고 같은 것으로 여겼다. 너무 오랫동안 같은 것으로 여기다 보니 이제 그것이 당연하고 자연스럽게 느껴진다. 굳이 구별해야 하는지 의문을 제기하지도 않는다. 음식을 먹는 행동과 음식의 맛을 즐기는 행동은 항상 하나의 행위로 이루어진다. 음식을 먹을 때 음식의 맛을 즐기고, 삼켜서 먹는다. 우리의 의식 속에서는 두 행동이 하나의 행위로 인식된다. 파블로프의 개가 음식물과 종소리를 구별하지 못하는 것처럼 우리는 음식을 먹는 행동과 음식의 맛을 즐기는 행동을 구별하지 못한다. 그 결과 음식의 맛을 즐기고 싶은 욕구를 느낄 때도 음식을 먹고 싶은 식욕을 느끼는 것으로 혼동한다.

2차 식욕은 배고픔을 면하려는 욕구가 아니다. 즐거움을 얻으려는 욕구다. 짜증나고 심리적인 스트레스를 받을 때 뭔가 즐거운 일로 기분 전환을 하고 싶다. 심심하고 무료(無聊)한 시간, 딱히 할 일 없이 비어 있는 시간, 남아도는 잉여의 시간을 뭔가 즐거운 일로 채우고 싶다. 그런데 맛있는 식품을 먹으면, 식품을 먹을 때 맛이 주는 즐거움이 생긴다. 그 즐거움이 불쾌한 감정을 사라지게 한다. 짜증나는 스트레스와 지루한 무료함은 불쾌하다. 그냥 있으면 기분 나쁘다. 이 불쾌함을 벗어나려는 욕구가 바로 2차 식욕의 본질이다. 2차 식욕이 불쾌감을 벗어나려는 욕구이기 때문에 2차 식욕이 발생하려면 (1) 불쾌감이 있어야 한다. (2) 식품의 맛이 우리에게 즐거움을 주는 능력(과식유발능력)이 있어야 한다. (3) 인간에게 그 즐거움을 느끼는 능력이 있어야 한다.

우리가 식품의 과식유발능력(2)을 없앨 수는 없다. 식품의 생산은 생산자의 몫이다. 소비자인 우리가 이래라 저래라 할 문제가 아니다. 우리에게 남는 것은 불쾌감(1)과 즐거움을 느끼는 능력(3)이다. 식품의 맛에서 즐거움을 느끼는 능력과 불쾌감이 생기는 조건을 제거한다. 과식유발능력은 실현 조건을 잃는다. 실현되지 못하고, 잠재적인 상태로 남게 된다. 우리는 과식 능력을 잃는다.

채움으로써 비운다

연못 속에 깨진 물독이 하나 있다. 독에서 물을 비우고 싶은데 그 독은 연못 속에 있어서 물이 차 있다. 독을 비우려면 독을 연못에서 꺼내어 마른 땅 위에 올려 두면 된다. 그런데 문제가 있다. 이 독은 연못에서 꺼낼 수 없다. 독이 연못 속에 있다는 구조는 바꿀 수 없다. 연못 속에 그대로 두어야 한다. 어떻게 하면 좋을까?

"어떻게 독을 연못 속에 두면서도 독을 비울 수 있을까?"

물을 퍼낼 수 있지만, 그건 어리석은 방법이다. 물을 퍼내면 물이 잠시 빌 수는 있지만, 헛수고다. 물 퍼내기를 그만두면 다시 차오른다. 다시 퍼내도 다시 차오르고, 또 다시 퍼내도 다시 차오른다. 물을 퍼내는 데 힘만 들고 물을 비울 수는 없다.

"어떻게 해야 할까?"

현재의 구조, 즉 연못의 물과 깨진 독과 물의 수위를 이용해야 한다. 이 구조를 받아들이면서도 미처 예상하지 못한 방법으로 여기서 벗어난다.

"어떻게?"

물은 독을 채우는 능력이 있다. 이것은 바꿀 수 없다. 하지만, 물은 빈 독을 채울 뿐 이미 차 있는 독을 더 채울 수는 없다. 물이 독을 채울 수 있는 능력은 독이 비어 있다는 조건이 갖추어지지 않으면, 실현되지 못한다. 독이 비어 있음은 물이 독을 채우는 능력이 실현되는 조건이다.[146] 이 조건이 갖추어지지 않으면 독을 채우는 물의 능력은 잠재적인 가능성으로만 남는다. 그러니 독이 비어 있다는 조건, 그 공백의 조건을 없애 버리면, 물은 더 이상 독을 채울 수 없다. 쉽게 말해 미리 독을 채워 두면 물을 채울 수 없다.

"독을 미리 물로 채워 두면 그것 역시 독에 물이 차 있는 것 아닐까?"

그렇다. 하지만 독을 미리 채울 때 물로 채워야 하는지, 다른 것으로 채워도 되는지는 정해져 있지 않다. 누구도 물로 채워야 한다고 정하지 않았다. 그저 침묵 속에서 우리 스스로 물로 채워야 한다고 믿어 버린 것뿐이다. 독을 반드시 물로 채워야 하는지, 다른 것으로 채워도 되는지는 이 문제가 가지고 있는 빈틈이다. 만약, 돌과 모래를 가져다가 독을 채워 두면 어떨까? 연못 속에 깨진 독이 있어도 그 독에는 돌과 모래가 가득 차 있다. 더 이상 물을 채울 수 없다. 누군가 물을 부어 억지로 더 채우려고 하더라도 그렇게 부은 물은 곧 빠져나가 버린다. 연못 속에 깨진 독이 있지만, 그 독에 물을 채울 수 없다. 돌과 모래는 차 있지만, 물은 비어 있다.

---

146) 우리가 단지를 채울 때 우리는 그릇의 담아 잡는 면을 알아차리게 된다. 단지의 바닥과 옆면은 분명히 담아 잡는 일을 떠맡는다. 바닥과 옆면은 분명 그릇에서 새지 않는 부분이다. 그렇지만 새지 않는 것이 곧 담아 잡는 것은 아니다. 우리가 단지에 가득하게 채워 부을 때, 이러한 부음이 빈 단지 안으로 흘러들면서 채워지는 것이다. 텅 빔이 그릇의 담아 잡는 힘이다. 텅 빔이, 즉 단지에서의 이러한 무(無)가 단지가 담아 잡는 그릇으로서 존재하고 있는 바로 그것이다(마르틴 하이데거, 《강연과 논문》, 216~217쪽 참고).

I.I. 즐거움을 느끼는 뇌용량을 미리 소진시킨다

망각, 머리를 비우는 시간

식품을 먹을 때 우리는 식품을 매체로 하는 정보의 흐름에 접속한다. 전달되는 정보에서 생성되는 메시지는 수신자의 상태에 따라 사람마다 다르다. 메시지는 고정된 실체로 전달되는 것이 아니라, 전달된 정보가 해석되면서 생성되는 방식으로 전달되기 때문이다. 정보가 전달될 때마다 수신자의 마음 상태가 바뀐다. 그래서 경험은 사람마다 다르고, 같은 사람이라도 순간순간 변한다. 사람들은 같은 사물이라도 다르게 경험한다. 한 사람에게는 이렇게 보이는 사물이 다른 사람에게는 저렇게 보일 수도 있다. 사물 그 자체는 하나의 실체로 거기에 존재한다. 하지만, 기억에 의해 한 사람이 하나의 사물을 볼 때 다른 사람은 다른 사물을 본다.[147]

메시지가 발신자의 의도대로 수신자에게 전달되기 위해 수신자는 발신자가 예상한 상태로 머물러 있어야 한다. 하지만 전달된 정보가 해석되면서 수신자의 머릿속에서 새롭게 의미를 생성하기 때문에, 정보를 수신할 때마다 수신자의 마음 상태가 변한다. 메시지 생성에 한 번 사용된 정보는 수신자의 관념 세계에서 이미 알고 있는 정보다. 동일한 정보를 다시 수신하더라도 이미 알고 있는 정보는 수신자에게 놀라움, 충격, 감동을 주지 못한다. 쾌감도 즐거움도 주지 못한다. 반복되는 정보는 가치 없는 정보, 중요하지 않은 정보, 무시해도 되는 정보다. 의식의 전경으로 나와 의미를 생산하지 못하고 의식의

---

147) 조지 허버트 미드, 《정신·자아·사회》, 106~107쪽 참고.

배경으로, 무관심의 영역으로 밀려들어 간다.

예를 들어 어떤 사람이 신문에서 중요한 사건에 대한 기사를 읽는다고 해 보자. 그 정보는 읽는 사람의 관념 세계에 영향을 주고 관념 세계를 바꾼다. 그 사람이 신문을 읽고 정보를 받아들이는 과정이 끝난다고 하더라도 그 정보는 더 이상 사라지지 않는다. 읽은 사람의 머릿속에 남는다. 수신자의 심리 상태를 이루고 있는 모자이크의 한 조각이 다른 조각으로 바뀐다. 우리가 보통 '기억한다'고 말하는 거다. 우리의 뇌는 정보를 받아들일 때마다 그 정보를 기억한다. 전체 기억에 비해서 변화량이 너무 작기 때문에 전체적으로 보면 별로 중요하지 않다. 전체적으로는 거의 변한 것이 없다. 하지만, 수신된 '그 정보에 대한 관계'에서만은 수신자의 관념 세계가 완전히 변해 버린다.[148] 정보는 그대로지만, 그 정보를 받아들이는 수신자가 완전히 다른 사람이 된다. 즐겁고 신나던 것들도 싫증나고 무덤덤하고 쓸모없는 것이 된다.[149] 익숙한 정보는 정보 가치가 없다. 아무리 중요한 정보라고 하더라도 이미 알고 있는 사람에게는 놀라움을 주지 못하고, 그 사람의 관념 세계를 다시 바꾸지 못한다.

흘러가 버린 시냇물이 다시 물레방아를 돌릴 수 없는 것처럼 소통 과정에 들어온 정보는 단 한 번만 우리를 놀라게 할 수 있다. 이미 체험된 정보는 반복해서 우리를 놀라게 할 수 없고, 기껏해야 예전의 놀라움을 상기시킬 수 있을 뿐이다.[150] 아무리 재미있게 본 영화라도 다음날 다시 보면 처음의 그 즐거움을 다시 느낄 수 없다. 우리가 영화

---

148) 앙리 베르그송, 《창조적 진화》, 32쪽 참고.

149) 윌리엄 제임스, 《심리학의 원리 1》, 423~427쪽, 《심리학의 원리 2》, 1256쪽 참고.

150) 니클라스 루만, 《사회의 사회 1》, 93~94쪽; 대니얼 카너먼, 《생각에 관한 생각》, 114~117쪽; 수전 손택, 《사진에 관하여》, 41~44쪽 참고.

를 본 다음날에도 영화 자체는 여전히 놀라움으로 인간에게 즐거움을 줄 능력이 있지만, 이미 영화를 본 사람에게는 그 능력이 실현될 조건이 갖추어지지 않는다. 물이 물독을 채우는 능력이 있더라도 이미 채워진 물독을 더 채울 수 없는 것처럼 영화가 우리에게 쾌감을 주는 능력 역시 우리가 이미 그 내용을 알고 있는 경우에는 실현되지 못한다. 쾌감을 주지 못한다. 마찬가지로 아무리 맛있는 음식이라도 두 번 연속으로 먹으면 처음 먹었을 때의 그 감동적인 맛을 느낄 수 없다. 다시는 처음의 감동을 느낄 수 없고 그 감동과 비슷한 것이라도 느끼고 싶다면 머릿속에 남아 있는 미각 이미지가 희미해지기를 기다려야 한다. 익숙해진 정보가 의미 있는 메시지를 생산하기 위해서는 망각의 시간이 필요하다.[151]

망각은 지겨웠던 노래를 다시 아름답게 만든다

중학교 때 누나가 가요 테이프를 하나 가져와 노래가 좋다면서 들어 보라고 했다. 별 생각 없이 들어 보았는데 노래가 좋았다. 좋아도 너무 좋아서 머릿속이 멍해지는 것 같았다. 수십 번, 수백 번을 반복해 들었다. 매일 그렇게 듣다가 열흘 정도 지났을까? 어느 날 문득 지겨워졌다. 아무 일도 없었는데 그냥 지겨워져 버렸다. 어제까지는 그렇게나 아름답던 멜로디가 단조롭고 지루하게 느껴졌다. 애절했던 노랫말이 그저 그런 사랑이야기처럼 들렸다. 다시는 듣고 싶지 않아졌고 다시 듣지 않았다. 진절머리 날 만큼 지겨워졌고 이제 다시는 처음의 그 느낌을 받을 수 없음을 알았다. 그렇게 많은 세월이 지나갔다. 10년이 지나고 20년이 지났다.

---

151) 움베르토 에코, 《열린 예술 작품》, 102~103쪽 참고.

어느 날 야근을 하고 밤늦게 집에 가기 위해 택시를 탔다. 피곤해서 뒷좌석에서 눈을 감고 있었는데, 라디오에서 익숙한 노래가 흘러나왔다.

"… 그렇게 보고 싶던 그 얼굴을 그저 스쳐 지나며…"

다시 머릿속이 멍해지는 것 같았다. 매일 이런저런 노래들을 들으며 그런 노래가 있었는지 생각해 보지 않았고, 마음 설레어하던 때가 있었다는 사실조차 까맣게 잊고 있었다. 라디오 소리에 이끌려 기억의 어두운 창고 저 밑으로 밀려가 있던 추억들이 의식의 전경으로 솟아올랐다. 마지막으로 들었던 그 시들시들한 모습이 아니라 처음 들을 때의 신선한 모습으로. 우리의 삶에는 기다림의 시간이 반드시 필요한 경우가 있다. 처음 들을 때의 그 짜릿한 감동을 다시 느끼고 싶다면 그 기억이 사라질 때까지 기다려야 한다. 계속 음악을 듣고 있어서는 처음의 그 느낌을 받을 수 없다. 아무리 원해도 찾을 수 없다. 이 세상 끝까지 가도 없다. 그러다 어느 날 차에서 흘러나오는 라디오 소리에서, 지나가는 사람이 흥얼거리는 소리에서 다시 살아난다. 흘러간 어느 해에 느낀 감각이 다시 살아나 당시의 그 음색 그대로 우리에게 들려온다. 소리 그 자체는 변함없지만 잠시 동안 작은 물감튜브에서 물감을 짜내듯이, 그 나날의 신비스런, 싱싱한, 잊어버린, 바로 그 음색을 뽑아낼 수 있다. 과거의 그 순간은, 그 옛 색채는 다시 나를 황홀하게 만든다.[152] 이렇게 망각이란 즐거움을 만드는 힘, 또는 그 힘이 실현되는 조건이다.[153] 아무리 아름다운 것도 익숙해지면 지겹다. 그 지겨운 것이 다시 아름다워지려면 망각의 시간이 필요하다. 망각의 힘이 작동해야 처음처럼 낯설어진다.

망각의 시간을 갖지 못하면 정보는 의미 있는 메시지를 생산하지

---

152) 마르셀 프루스트, 《잃어버린 시간을 찾아서 5》, 10~11쪽 참고하여 일부 수정.

153) 망각이 없다면, 어떠한 즐거움도 없다. 망각하지 못하는 사람은 소화 불량 환자와 비슷하다. 망각이란 하나의 힘이고, 건강한 즐거움을 위한 하나의 조건이다(프리드리히 니체, 《도덕의 계보》, 65~66쪽 참고).

못한다. 음식을 먹은 후 배가 다시 고파지려면 소화를 위한 시간이 필요하다. 다시 배고픔이 사라지는 기쁨을 느끼려면 뱃속을 비우는 시간이 필요하다는 말이다. 마찬가지로 식품의 매력적인 맛을 즐긴 후 다시 그 맛을 느끼기 위해서는 망각의 시간이 필요하다. 다시 낯선 즐거움을 느끼려면 머릿속을 비우는 시간이 필요하다. 망각이라는 것은 단순한 타성력이 아니다. 하나의 능동적이고 적극적인 능력이다. [154]

그런데… 지금 우리에게 중요한 건 이게 아니다. 우리에게는 그 반대의 능력, 즉 망각을 방해하고, 기억을 유지하는 능력을 만드는 것이 필요하다. 즐거운 기억이 잊히지 않도록 만들어 더 이상 즐거움을 느낄 수 없도록 만든다. 즐거움의 용량을 미리 채워 버린다. 우리의 뇌가 식품의 매력적인 맛을 잊어버릴 시간을 미처 갖기도 전에 계속 같은 맛을 공급하면 뇌가 그 맛에 싫증을 낸다. 아무리 아름다운 것도 싫증나면 더 이상 아름답지 않다. 더 이상 매력적이지 않고, 우리의 의식을 붙잡지 못한다. 주의력이 산만해지고, 그것을 잡고 있던 의식의 손아귀가 풀려 버린다. 매일 같은 노래를 듣는 것처럼, 매일 같은 음식을 먹는 것처럼 무덤덤해지고 지겨워진다. 식품의 과식유발능력이 작동하지 못한다. 이게 우리의 첫 번째 방법이다.

머리를 채움으로써 몸을 채우는 힘에서 해방된다

우리의 뇌가 미각 정보를 수용하면서 즐거움을 느끼는 용량은 무한하지 않다. 2차 식욕은 일정한 양이 충족되고 나면 같은 자극이 계

---

154) 프리드리히 니체, 《노력의 세보》 65쪽 참고.

속되더라도 즐거움이 더 늘지도 줄지도 않는다. 깨진 물독에서 물을 비우기 위해 미리 독을 채워 두는 것처럼, 뇌가 미각 정보를 수용하면서 즐거움을 느낄 수 있는 용량을 미리 채워 두면 식품의 과식유발능력이 작동하지 못하고 잠재적인 상태로 남게 된다. 식품의 과식유발 능력이 작동하지 못하면 우리의 과식 능력도 사라진다. 그 뒤에 들어오는 식품의 미각 정보는 즐거움을 주지 못한다. 스팸메일이 전자메일 서버의 수신 용량을 다 채워 버린 것과 같다. 식품에 부여된 예술적 미각 정보가 우리의 의식에 들어오지 못하니 기능하지 못한다. 식품의 매력에서 벗어난다. 인공적 미각 정보는 의식의 배경으로 밀려나고, 배경에 머물러 있던 다른 정보가 의식의 전경으로 나온다. 2차 식욕이 사라진다. 그런데 여기서 의문이 생긴다.

"뇌를 어떻게 채우는 걸까?"

뇌의 미각 정보 수용량이 제한되어 있다 하더라도 그 용량을 채우려면 미각 정보를 뇌에 보내야 한다. 뇌에 미각 정보를 보내는 것은 식품을 먹을 때 우리의 감각 기관이 식품의 미각 정보를 수용하여 그 정보를 뇌에 보내는 거다. 그러니 뇌에 미각 정보를 보내려면 결국 식품을 먹어야 한다. 뇌가 지겨워할 정도로 미각 정보를 많이 보내려면 그 만큼 식품을 많이 먹어야 한다. 결국 지겨울 정도로 식품을 많이 먹어야 한다는 말인데…

"그러면 더 뚱뚱해지는 것 아닐까?"

"그 식품에 포함된 에너지가 우리를 뚱뚱하게 만드는 것 아닐까?"

"에너지를 섭취하지 않고 미각 정보만 뇌로 보낼 수 있을까?"

식품의 미각 정보는 식품의 물질에 부여되어 있는 속성이어서 식품의 물질로부터 분리될 수 없다. 지금 우리는 식품을 먹으면서 동시에 그 식품의 미각 정보를 수용하기 때문에 지금처럼 식품을 섭취하면 미각 정보만 뇌로 보낼 수 있는 방법이 없다.

"어떻게 해야 할까?"

"미분하면 됩니다"

경제학에서 한계혁명이 한창 진행되고 있고, 아직 심리이론과 효용이론의 관계가 명확히 규정되기 전에 경제학자들은 경제학을 '즐거움과 괴로움의 미분학'이라고 정의했다.[155] "즐거움과 괴로움을 미분한다?" 재미있는 생각이다. 고등학교 때 나는 이런 말이 있는지도 몰랐지만, 수업시간에 비슷한 이야기를 했다가 선생님께 호되게 야단을 맞은 적이 있었다. 어느 날 사회 선생님이 주번을 불러 질문하셨다.

"총효용곡선에서 한계효용을 구하려면 어떻게 해야 하나?"

주번이 대답을 하지 못하자, "주번 옆에", "옆에 뒤에", "한 분단 건너 옆에." 지명받은 학생들이 계속 대답을 하지 못했고 이런 식으로 다음 학생에게 질문이 넘어갔다. 그날 하필 주번 옆에 뒤에 한 분단 건너 옆에 내가 앉아 있었다.

"미분하면 됩니다."

이렇게 대답하자 교실 안은 삽시간에 웃음바다가 돼 버렸다. 수학시간에나 나올 법한 미분 이야기를 사회시간에 하니 그게 재미있었던 거다. "적분은 안 하냐?", "리미트 델타엑스를 무한대로 보내야지." 여기저기서 장난 섞인 목소리가 터져 나왔고, 선생님은 내가 우스갯소리로 수업 분위기를 흐린다고 생각해서 화가 나셨다. 그래서 야단을 맞게 되었는데, 야단맞으면서도 억울한

---

155) 윌리엄 스탠리 제번스, 《정치경제학 이론》, 11쪽; 프랜시스 Y. 에지워스, 《수리정신학》, 10쪽 참고.

생각이 들었다. 이 문제의 답은 '총효용곡선의 접점의 기울기를 구한다'는 것이다. 그때 나는 답을 몰라서가 아니라 답이 마음에 들지 않았다. '총효용곡선의 접점의 기울기를 구한다'는 것이 말이야 그럴듯하지만 실제로 해 보면 영 이상하다. 플라스틱 자를 그래프에 대고 그래프를 따라 움직이면서 접점의 기울기가 변하는 것을 눈으로 살펴보는 것인데… "이게 얼마나 꼴사나운 짓인가?" 더군다나 그래프가 프린트될 때 옆으로 넓게 프린트되면 기울기가 낮아지고, 아래위로 길게 프린트되면 기울기가 높아진다. "같은 값이 프린트 상태에 따라 달라진다는 게… 이게 도대체 말이 돼?" 반면, "총계값을 미분하면 한계값이 나오는 거 아냐?" 그러니 "총효용곡선을 미분하면 한계효용값이 나오겠지."

이렇게 말하면 야단을 더 맞을 것 같아서 말은 못했지만, 마음속으로는 억울하다는 생각이 들었다. 이건 사회교과서를 쓴 사람이 제대로 설명하기 귀찮아서 대충 쓴 것일 거라고 생각했다. 그래서 한참동안 억울한 일이라고 생각했었다.

에너지를 섭취하지 않으면서도 미각 정보를 뇌로 보내는 방법을 고민하다가 그때 일이 생각났다. 우리가 에너지를 수용하는 방식과 미각 정보를 수용하는 방식에는 차이가 있다. 식품처럼 미각 정보가 부여된 물질이 덩어리로 되어 있는 경우에 우리가 인식할 수 있는 정보는 그 식품이 가진 정보의 일부분이다. 우리의 미각은 음식물을 삼켜서 먹어도 되는지 알기 위해 음식물의 미각 정보에서 일부분을 샘플로 채취해서 그것만 판단한다. 나머지 미각 정보들은 샘플과 같은 정보이기 때문에 그 정보는 이미 알고 있는 정보, 정보 가치가 없는 정보, 중립적인 정보가 되어 무관심의 대상이다. 더 이상 우리의 의식에 들어오지 못한다. 이런 음식맛보기에서 음식의 맛을 즐기는 행동이 생겨났다. 그래서 음식을 맛을 즐기는 것도 음식의 일부분만 샘플로 해서 그것만 인식한다.[156] 반면 우리의 몸은 식품에 포함된 에너지를 오랜 시간을 두고 천천히 모두 흡수한다.

그렇다면…

"덩어리로 뭉쳐져 있는 미각 정보를 미분하듯이 세밀하게 나누어 보면 어떨까?"

"하나씩 세분해서 한 줄로 늘어놓으면 어떨까?"

"무더기로 쌓여 있는 구슬을 하나씩 꺼내 실에 꿰듯이, 덩어리로 된 식품의 미각 정보를 작은 단위로 나누어서 시간의 축을 따라 일렬로 늘어놓으면 어떨까?"

우리의 의식은 시간을 따라 선형(線形) 구조로 진행된다. 그래서 정보는 시간 순서에 따라 배열되어야 지각가능하다. 우리가 인간의 언어를 알아들을 수 있는 이유도 인간의 언어가 시간을 따라 선형 구조로 진행되기 때문이다. 음성들이 차례차례 뇌로 들어오기 때문에 알아들을 수 있는 거다. 만약 수십 개의 음성들이 한꺼번에 들어오면 그게 무슨 의미인지 못 알아듣는다. 마찬가지로 음식물의 미각 정보도 음식물을 먹는 방식으로 한꺼번에 들어오면 그중 일부만을 인식하게 되고, 나머지는 인식되지 않은 채로 위장으로 가 버린다. 일단 위장으로 가면 그 음식이 맛이 있건 없건 그 맛을 뇌로 전달하지 못한

---

156) 겉에 설탕가루를 뿌려 놓은 도넛이나 겉에 굵은 소금을 뿌려 놓은 프리첼이 이 원리를 이용한 거다. 뇌는 식품의 일부분만 샘플로 채취하여 인식하기 때문에 겉에 강한 맛이 있으면 전체가 강한 맛이라고 예측하고 건더기가 있는 한 그 맛이 유지될 것이라 예측한다. 그 맛이 사라져도 건더기가 있으면 한동안 그 맛 성분도 계속 있는 것으로 착각한다. 뇌를 속이는 거다(최낙언, 《감각·착각·환각》, 57쪽; 《맛의 원리》, 197~199쪽 참고).

다. 위장에는 미각 세포가 없기 때문이다. 이런 식으로 음식물에 포함된 미각 정보 중 대부분의 정보는 뇌에 들어오지 않고, 뇌에 들어오지 않은 정보는 뇌에서 처리되지 않는다. 뇌의 정보처리용량을 채우지도 않는다. 그러니 만약 하나의 식품이 가진 미각 정보를 작은 단위로 나누어서 시간에 따라 늘어놓으면, 그것도 시간의 간격을 두고 떨어뜨려서 늘어놓으면 우리의 몸이 에너지를 흡수하는 것처럼 우리의 뇌가 모든 미각 정보 하나하나를 다 받아들여 의식에 전달하는 것이 가능해진다.[157] 식품이 가진 미각 정보를 지금처럼 샘플만 인식하는 것이 아니라, 세분된 각각의 정보를 모두 인식하게 되고, 그 인식값의 총합은 각각의 합계치가 된다. 예를 들어 과자 1개의 20분의 1 크기의 작은 조각이 과자 1개와 같은 미각 정보를 뇌로 전달한다. 그렇게 작은 조각 10개를 먹으면 몸은 과자 1/2개의 에너지를 흡수하지만, 뇌는 과자 10개의 미각 정보를 수용하게 되고, 10개의 과자를 먹은 것으로 인식한다.

이렇게 되면 현재 우리가 일상적으로 식품을 먹을 때와 비교해서 수십 배의 미각 정보를 뇌로 보내는 것이 가능하다. 뇌는 그 미각 정보에 점점 싫증을 내게 되고 그 정보는 점점 무가치한 정보가 된다. 결국 스팸메일로 꽉 차버린 메일함처럼 더 이상 음식물의 미각 정보를 수신하지 못한다. 수용 한계를 넘어버린 미각 정보는 의식의 전경으로 나오지 못하고 곧바로 의식의 배경, 무관심의 영역으로 들어간다.

---

157) 에지워스는 최대행복값을 '향유자의 수 × 향유의 지속 시간 × 향유의 정도'를 미분한 다음 이를 적분한 값($\iiint dpdndt$)의 최대치로 보았다. 여기서 dp는 겨우 인지할 수 있는 즐거움의 증가분, dn은 감수(感受)하는 개인, dt는 순간의 시간에 각각 해당한다(프랜시스 Y. 에지워스, 《수리정신학》, 122쪽 참고). 향유자의 수를 한 사람으로 하여 행복값($\iint dpdt$)을 최대화시키려면 인지 가능한 최소한의 즐거움(dp)이 각각 최대한의 시간 동안 지속($\int dt$)되어야 한다. 이를 위해서 즐거움(dp)의 단위를 인지 가능한 최소한의 값으로 만들어 시간의 간격을 두고 떨어뜨린다.

과식유발능력의 실현을 방해해서 그 능력을 잠재적인 상태로 묶어 두는 거다. 과식유발능력은 인간의 주의라는 실현 조건이 갖추어져야 작동하게 되고 현실적인 모습으로 드러나 인간에게 과식 능력을 부여한다. 과식유발능력이 잠재적인 상태로 남게 되면 식품은 우리에게 과식 행위를 유발시키지 못하고, 우리는 과식할 수 없다. 과식 능력이 사라진다. 식품의 미각 정보가 더 이상 쾌감을 생산하지 못하기 때문이다. 미각 정보에서 쾌감을 생산하지 못하면 과식에서 발생하는 불쾌감을 상쇄시킬 쾌감이 없다. 과식에서 발생하는 불쾌감을 상쇄시키지 못하면 불쾌감이 현실적으로 느껴지고, 그 불쾌감 때문에 과식할 수 없다. 아이러니하게도 우리의 뇌가 식품(의 미각 정보)을 과소비하면 우리 몸은 식품(의 물질)을 과소비하는 능력을 잃는다. 과식 능력이 사라지는 거다. 비만 능력의 요체는 과식 능력이다. 과식 능력이 사라지면, 비만 능력도 함께 사라진다. 비만 능력이 사라지고 비만의 사슬이 풀리면 기다렸다는 듯이 날씬한 몸매의 사슬이 작동한다. 자연은 자애롭지 않다. 자연의 힘은 그 작동을 방해하는 힘이 사라지면 무자비하게 작동한다. 우리는 원하건 원하지 않건 날씬한 몸매 쪽으로 끌려간다. 더 이상 비만 상태를 유지해 줄 방어 장치가 없기 때문이다.

설탕이 우리를 자유롭게 하리라!

다이어트를 하려면 먼저 간식을 줄여야 한다. 특히 당분 섭취를 대폭 줄여야 한다. 지금 우리는 당분을 너무 많이 섭취하고 있다. 쉽게 말해 설탕을 너무 많이 먹고 있다. 우리가 먹고 있는 간식의 대부분은 달콤하다. 음료수도 달콤하다. 이 달콤한 맛을 내기 위해 간식이나 음료수에 많은 양의 설탕이 들어간다. 설탕 섭취를 줄여야 한다.

"어떻게 설탕 섭취를 줄일 수 있을까?"

금욕주의 같은 걸로는 안 된다. 설탕은 우리에게 너무나도 매력적이다. 심지어 설탕을 먹어 본 적 없는 갓난아기도 설탕 맛을 좋아한다.[158] 우리가 아무리 설탕을 적게 먹겠다고 굳게 마음먹더라도 우리의 의지는 그 유혹을 뿌리칠 만큼 강하지 않다. 뿌리칠 수 없는 유혹에 대해 우리가 패배자라는 사실을 인정하는 것이 중요하다. 의지로 설탕의 유혹을 뿌리칠 수 있을 거라는 생각은 부질없는 생각이다. 설탕을 적게 먹기 위해서는 다이어트 보조 식품이 필요하다. 보조 식품 없이는 설탕 섭취를 줄이는 데 성공하기 어렵다. 보조 식품을 먹어서 설탕을 먹고 싶어 하는 욕구를 사라지게 만들어야 한다.

"그 다이어트 보조 식품이 무엇일까?"

"어떤 식품을 먹기에 설탕을 먹고 싶은 욕구가 사라질까?"

바로 '설탕'이다. 설탕을 먹어서 설탕 섭취를 줄인다.

"설탕을 섭취해서 설탕 섭취를 줄인다?"

"설탕을 먹어서 설탕을 적게 먹는다?"

얼핏 들으면 그 자체로 모순인 것 같다. 설탕을 먹으면 설탕 섭취가 늘어나야지 어떻게 줄어들 수 있다는 말인가? 맞다. 지금 우리가 설탕을 먹는 방식으로 먹으면 설탕 섭취가 늘어난다. 당연히 그런 식으로 설탕을 먹으면 안 된다.

---

158) 최낙언, 《맛의 원리》, 19~21쪽 참고.

모순관계와 공존불가능한 관계

1972년에 미국 연방통상위원회(FTC)는 슈거인포메이션(제당협회의 홍보 조직)의 광고를 중지시켰다. 소비자가 제품을 잘못 선택하게 할 가능성이 큰 불공정 광고라는 이유였다. 그 광고에는 '젊은 여성이 아이스크림을 먹고 있는 사진'과 함께 "당신이 적게 먹을 수 있도록 설탕이 의지력이 되어 줄 수 있습니다."라는 문구가 담겨 있다. 이 광고는 식사 전에 설탕을 섭취하면 식사에서 칼로리를 더 적게 섭취할 것이라고 암시하는데, 그 진실성이 검증되지 않은 데다 해를 끼칠 수 있다는 이유였다.[159] 이 광고와 광고에 대한 정지 명령은 설탕에 대하여 우리가 취해야 할 입장을 정확히 보여 준다. 얼핏 보면 FTC의 주장과 슈거인포메이션의 주장이 모순되는 것 같다. 하지만, 둘의 관계는 모순관계가 아니다. 공존불가능한 관계일 뿐이다. 이 광고에 대한 FTC의 정지 명령은 정당하다. 이 광고를 통한 슈거인포메이션의 주장 역시 정당하다. 서로 모순되지 않는다. 다만 FTC의 정지 명령은 현재의 식생활 습관이 유지된다는 것을 전제로 하여 정당하다. 현재의 현실 세계를 전제로 하고 있다. 반면, 슈거인포메이션의 주장은 현재의 식생활 습관이 바뀔 것을 전제로 하여서만 정당하다. 현재의 잠재 세계 중 하나가 미래의 현실 세계가 된다는 것을 전제로 하여 정당하다. 중요한 점은 슈거인포메이션의 주장을 현실화시키기 위해 우리가 어떻게 그 잠재 세계를 현실화시킬 것이냐이다.

"설탕물 한잔을 마시고 싶다면 설탕이 녹기까지 기다려야 한다."라는 말이 있다.[160] 그렇다. 설탕물을 마시려면 설탕이 녹기까지 기다려야 한다. 그런데, 그게 전부가 아니다. 설탕물을 마시려는 사람은 설탕물의 달콤한 맛을 느끼려고 한다. 달콤한 커피나 음료수를 마시

---

159) 로버트 러스티그, 《단맛의 저주》, 322쪽 참고.
160) 앙리 베르그송, 《창조적 진화》, 35쪽 참고.

는 이유도 마찬가지다. 그가 설탕의 달콤한 맛을 느끼려고 하는 이유
는 달콤함이 그에게 즐거움을 주기 때문이다. 그 즐거움을 느끼려는
거다. 하지만, 설탕물의 달콤한 맛이 그에게 즐거움을 주기 위해서는
설탕물이 준비되는 것과는 별개로 마시는 사람이 설탕물의 맛을 즐
겁게 느낄 수 있는 상태로 준비되어 있어야 한다. 이미 설탕물을 여
러 잔 마셔 설탕의 단맛에 싫증나 있다면 추가로 설탕물을 한잔 더 마
시더라도 즐거움을 주지 못한다. 그러니 더 이상 설탕물을 마시려고
하지 않는다.

"설탕물 한잔을 마시고 싶다면 설탕이 녹기까지 기다려야 한
다."

하지만, 설탕물을 마셔서 즐거움을 얻고 싶다면,

"단맛에 대한 기억이 사라질 때까지 기다려야 한다."

단맛으로 가득 차 있는 뇌를 비워 내는 시간이 필요하다. 우리는 이 빈
틈을 노린다. 우리의 뇌가 설탕의 단맛이 주는 즐거움을 느낄 수 없는 상
태를 유지한다. 늘 단맛에 대해서 싫증이 나 있는 상태를 유지한다. 설
탕을 지속적으로 먹어서 설탕의 단맛이 지겹게 느껴지도록 만든다.

"그런데, 설탕을 지속적으로 먹으면 설탕 섭취가 늘어나지 않
을까?"

"그래서 다이어트의 목적과는 반대로 도리어 살이 찌지 않을
까?"

그렇다. 지금 우리가 설탕을 섭취하는 방식대로 설탕을 섭취하면
당연히 설탕 섭취가 늘어난다. 하지만, 누구도 사이렌의 노래를 들을
때 몸을 묶어서는 안 된다고 말하지 않은 것처럼, 누구도 현재와 다른
새로운 방식으로 설탕을 섭취해서는 안 된다고 말하지 않았다. 그저

우리가 주어진 습관대로 섭취했을 뿐이다. 다이어트를 위해서는 현재의 방식이 아니라, 새로운 방식으로 설탕을 섭취해야 한다. 설탕을 섭취하여 설탕의 단맛을 계속 느끼면서도 설탕의 섭취량은 줄여야 한다. 그러기 위해서는,

"설탕의 맛(단맛)을 미분해야 한다."

덩어리진 설탕이 아니라 세분된 설탕을 섭취한다. 가루로 된 설탕을 미세한 양으로 나누어 시간의 간격을 두고 섭취한다.

다이어트 보조 식품으로 설탕이 가지는 장점

다이어트 보조 식품은 설탕이 많이 들어가 있는 달콤한 음식이 되어야 한다. 달콤하고 맛있는 음식이면 된다. 빵, 과자, 초콜릿 어느 것이라도 상관없다. 어느 것이라도 단 음식에는 설탕이 들어 있기 때문에 자기가 좋아하는 것으로 하면 된다. 충분히 달콤하기만 하다면 어느 것을 사용하더라도 같은 설탕이 반복된다. 배고픈 사람에게 빵이건, 과자건, 초콜릿이건 모든 음식이 에너지로 환원되는 것과 같다. 모든 달콤한 음식은 설탕으로 환원된다. 하지만, 나에게 가장 좋은 다이어트 보조 식품을 추천하라고 한다면 나는 '설탕'을 추천하겠다.

설탕은 여러 가지 면에서 다이어트 보조 식품으로 우수하다. (1) 첫째, 설탕은 순수하게 강렬한 단맛을 낸다. 빵, 과자, 초콜릿이 달콤한 이유는 그 안에 설탕이 들어 있기 때문이다. 설탕이 다른 성분과 합쳐진 거다. 그래서 달다. 반면 설탕은 순수하게 그 자체로 단맛을 낸다. 인공적으로 정제된 강렬한 단맛이다. 인간은 태어날 때부터 단맛을 좋아한다. 입에 설탕물 한 방울을 떨어뜨리면 갓 태어난 아기도 미소짓는다고 한다.[161] 그래서 우리 주위의 맛있는

---

161) 마이클 모스, 《배신의 식탁》, 210 211쪽, 319쪽 참고.

식품들이 설탕을 주요 재료로 하여 만들어져 있다. 뇌가 설탕의 맛에 익숙해지면 달콤한 모든 식품의 미각 정보는 설탕의 맛에 익숙해진 뇌에 감동을 주지 못한다. 이는 달콤한 아이스크림의 맛이 달콤한 과일의 맛을 사라지게 하는 것과 같다.[162] 달콤함이 더 이상 즐거움을 주는 능력을 실현시키지 못하고, 우리는 달콤한 식품을 과식할 수 있는 능력을 잃어버린다. (2) 둘째, 설탕은 그 맛을 세분하기 쉽다. 방법적으로는 이 점이 중요하다. 설탕은 미세한 분말로 되어 있고, 몇 알갱이만으로도 달콤한 맛을 느낄 수 있기 때문에 원하는 양을 편리하게 조절할 수 있다. 또한 낱개 포장된 설탕을 쉽게 구할 수 있어 보관하고 휴대하기도 간편하다. (3) 마지막으로, 설탕은 비교적 가격이 싸고, 우리 주위에서 구하기도 쉽다. 3g으로 종이 포장된 설탕은 200개에 2,000원 남짓한 가격으로 마트에서 살 수 있다. 1개에 10원 정도의 가격이다. 하루에 3g들이 설탕 1개 정도면 충분하다. 설탕으로 다이어트를 하는 데 드는 비용이 하루에 10원 정도가 된다. 경제적으로 부담 없는 가격이다. 그래서 나는 개인적으로 설탕이 가장 좋은 다이어트 보조 식품이라고 생각한다.

우리는 흔히 설탕이 건강에 나쁘다고 생각한다. 그래서 설탕을 먹으면 건강을 해치지 않을까 걱정한다. 하지만, 그렇지 않다. 설탕은 우리 건강에 나쁘지 않다. 우리 건강에 나쁜 것은 설탕을 먹는 것이 아니라 설탕을 너무 많이 먹는 거다.

설탕의 단맛(미각 정보)을 세분하여 계속 뇌에 공급하면 단맛을 느낄 수 있는 우리의 뇌용량이 가득 찬다. 메일폭탄으로 공격을 받은 컴퓨터 서버처럼 마비되어 더 이상 다른 단맛이 들어올 여유 공간이

---

162) 달콤한 과일을 먹다가 설탕이 많이 든 아이스크림을 먹은 후 다시 원래의 과일을 먹어 봐라. 과일은 처음 먹을 때도 나중에 먹을 때도 변함없이 달콤하다. 하지만, 중간에 아이스크림을 통해 강렬한 설탕의 단맛을 맛본 후 다시 과일을 먹어 보면 원래의 달콤함이 느껴지지 않는다. 과일의 달콤함이 매력을 잃어버린다.

없어진다. 즐거움을 주지 않는다. 앞에서 보았던 원푸드 다이어트와 같은 원리다. 바나나 다이어트, 두부 다이어트, 사과 다이어트처럼 설탕 다이어트를 하는 거다. 단맛이 지겨워진다. 단맛을 가진 식품을 먹으면 달다고는 느끼지만 매력적이지 않다. 그저 달다. 매력이 아니라 속성으로만 느껴진다. 이후로 모든 단 음식들이 지겨운 단맛의 반복이다. 초콜릿도 지겹고, 아이스크림도 지겹고, 카라멜마끼아또도 지겹다. 입에 대기가 싫다. 입에 대기도 싫은 식품을 굳이 먹어야 할 이유가 없다. 안 먹게 된다. 안 먹으니 그 식품에 들어 있는 에너지를 우리 몸이 흡수할 수 없다. 살을 찌울 수도 없고 이미 찐 살을 유지할 수도 없다. 그래서 살이 빠진다.

I.2. 무료함이 생기는 조건을 미리 소진시킨다

불급유과(不及猶過), 미치지 못함은 과도한 것과 같다

모든 동물은 정보유출입 체계를 가지고, 환경과 정보를 주고받는다. 인간도 일종의 동물이다. 인간도 환경과 정보를 주고받는다. 음식을 먹을 때 우리는 음식물의 에너지를 섭취하는 동시에 그 정보를 수용한다. 그런데 우리의 의식은 언제나 무언가에 대한 의식이다. 항상 어떤 대상을 잡고 있다. 아무것도 생각하지 않는 공백의 정신 상태가 되면 우리의 의식이 무언가를 잡아 쥔다. 그래서 우리의 의식은 언제나 무언가를 쥐고 있다. 이런 의식적인 활동이 제대로 진행되기 위해서는 외부로부터 정보가 들어와야 한다. 의미 있는 정보가 들어오지 않는 상태가 지속되면 불쾌하다. 심심하고, 따분하고, 재미없고, 지겹고, 지루하고, 무료하다. 즐거운 정보를 받아들여 여기서 벗어나고 싶다. 즐거움을 느끼고 싶은 욕구다. 이때 새로운 정보가 들어오면 쾌감이 생긴다. 무료함이 사라지는 쾌감이다. 그런데 그 쾌감은 끝없이 계속되지 않는다. 정보는 점점 익숙해진다. 익숙한 정보는 무의미한 정보가 되어 무시해 버린다. 더 이상 불쾌감도 쾌감도 주지 않는다. 그런데, 업무상의 일이나 공부를 하는 경우처럼 비슷한 정보가 계속 공급되고 그 정보를 처리해야 할 압박(stress)을 받게 되면 그 단조로움에 다시 불쾌감이 생기고, 점점 커져 고통이 된다. 이 고통에서 벗어나고 싶다. 불쾌감을 상쇄할 즐거움을 느끼고 싶은 욕구가 생긴다. 이렇게 정보는 부족해도, 비슷한 정보가 과도하게 반복되어도 불쾌감이 생긴다. 쾌감은 부족함이 사라지는 과정에서만 생긴다. 이는 에너지가 부족해도 배고픔의 불쾌감을 느끼고, 과다해도 배부름의 불쾌감을 느끼며, 오직 배고픈 불쾌감이 사라지는 과정에서만 쾌감을 느끼는 것과 같다.

[정보 처리의 쾌감과 불쾌감]

① 부족 ⇒ 불쾌감

② 충족 ⇒ 쾌감

③ 과다 ⇒ 불쾌감

2차 식욕은 엄밀한 의미의 식욕이 아니다. 음식의 맛을 즐기려는 욕구다. 음식의 맛을 즐길 때 느껴지는 즐거움(쾌감)으로 불쾌한 기분을 상쾌하게 기분 전환하고 싶은 욕구다. 정보가 충족될 때(②)는

기분이 좋고 문제가 없다. 반면, 정보가 부족할 때(①)와 정보가 과다할 때(③)는 불쾌감이 생긴다. 기분 나쁘다. 이 불쾌감을 해소하기 위해 식품을 먹는다. 식품을 먹는 동안 식품의 맛을 즐기고, 즐거움을 얻는다. 그 즐거움으로 부족한 정보와 과다한 정보의 불쾌감을 상쇄시킨다. 정보가 과다할 때(③)는 스트레스를 받는다. 짜증이 난다. 이 짜증나는 상황에서 벗어나고 싶다. 즐거움이 필요하다. 식품의 맛으로 즐거움을 얻으려는 식욕(2차 식욕)을 느낀다. 주로 달콤한 과자를 간식으로 먹으면서 스트레스를 해소한다. 앞에서 설탕을 보조 식품으로 사용하는 다이어트 방법이 정보가 과다할 때 생기는 스트레스를 해소하는 방법이다. 다음으로 정보가 부족할 때(①)는 무료한 불쾌감을 느낀다. 뭔가 기분 전환을 할 즐거운 소일거리가 필요하다. 식품의 맛으로 즐거움을 얻으려는 식욕(2차 식욕)을 느낀다. 이 불쾌감을 해소할 방법이 필요하다.

샤를보네증후군과 죄수의 시네마

시력을 잃은 사람 중에서 일부는 '샤를보네증후군'이라고 불리는 환각을 경험한다.[163] 무늬, 색깔, 손수건, 사람들 같은 환각을 보는 것이다. 시력을 잃어 외부에서 시각 정보가 들어오지 않는데도 시각 영역을 담당하는 뇌는 살아서 활동한다. 뇌의 정보처리 능력은 있는데, 그 능력을 쓸데가 없다. 잉여가 생긴다. 그 잉여 능력을 환각이 채운다. 시력이 정상적이라도 단조로운 시각 정보만을 받게 되면 비슷한 현상이 생긴다. 오랫동안 감옥에 갇혀 벽만 바라보는 죄수, 며칠 동안 잔잔한 바다를 응시하는 선원, 낙타를 타고 황량한 사막을 건너는 여행자, 눈과 얼음에 덮인 극지를 탐험하는 여행자들도 환각을 경

---

163) 샤를보네증후군에 대해서는 올리버 색스, 《환각》, 17~49쪽 참고.

험한다. 외부의 시각 정보가 들어오기는 하지만, 뇌의 정보처리 능력은 단조로운 시각 정보를 처리하고도 남는다. 단조롭고 변하지 않는 정보는 이미 알고 있는 정보, 무시해도 되는 정보, 무의미한 정보가 되어 의식의 배경으로 들어가 버린다. 뇌의 정보처리 능력을 채우지 않는다. 잉여의 정보처리 능력이 생긴다. 그 잉여 능력을 환각이 채운다. 이를 '죄수의 시네마'라고 한다.[164] 플라톤의 죄수들이 동굴 벽면에서 그림자 연극을 보는 것처럼, 오랫동안 갇혀 있는 죄수는 뇌가 벽에 환각의 영화를 만들어 보여 준다. 이렇게 환각을 만들어서라도 벗어나야 할 만큼 단조로운 정보는 불쾌감을 준다. 비어 있는 잉여의 뇌용량은 무엇이라도 즐거운 소일거리로 채워야 한다.

비어 있는 의식은 불쾌하다. 무엇으로든 채워야 한다. 그런데, 이 사실이 현대 사회에서 문제를 일으킨다. 우리의 몸과 마음은 유전적으로 자연환경 속에서 살아가는 데 적합하게 맞추어져 있다. 반면, 지금 우리는 인공환경 속에서 살고 있다. 인공환경은 자연환경보다 우리에게 더 쾌적하다. 그 자체로는 더 좋은 것이다. 하지만, 마냥 좋은 것만은 아니다. 식품 소비와 관련해서 문제가 생긴다. 인공환경은 식품의 과식유발능력이 실현되어 야식을 먹는 2차 식욕으로 작동하는 조건을 제공한다. 쉽게 말해 우리가 야식을 먹고 싶도록 만드는데, 야식으로 섭취한 잉여 에너지가 우리를 뚱뚱하게 만든다. 우리는 뚱뚱한 몸을 원하지 않는다. 뚱뚱하다는 사실 자체가 괴롭다. 결국 인공환경 자체는 쾌감을 주지만, 인공환경이 만들어 내는 결과는 큰 불쾌감을 준다. 여기서 벗어나야 한다.

인공환경은 3가지 면에서 식품의 과식유발능력이 야식을 먹는 2차

---

164) 죄수의 시네마에 대해서는 올리버 색스, 《환각》, 53~75쪽 참고.

식욕으로 작동하는 조건을 만든다. (1) 불의 열로 음식을 익혀 먹는다. 음식을 불에 익히면 음식이 연해진다. 불에 익힌 음식은 반쯤 소화된 음식과 같다. 불이 소화 노동을 대신해 준 거다. 인간은 나머지 소화만 하면 된다. 소화 노동이 줄어들 뿐만 아니라, 소화 시간도 줄어든다. 화식은 음식을 씹는 데 걸리는 시간을 단축시켜 줌으로써 시간 제약에서 벗어나게 해 준다.[165] 여유 시간이 생긴다.

(2) 불의 빛으로 어둠을 밝힌다. 빛으로 밝아진 밤은 연장된 낮과 같다. 사실은 밤이지만, 불을 밝혀 낮처럼 활동할 수 있게 만든다. 인간의 몸은 지구의 움직임이 만들어 내는 낮과 밤에 맞추어져 있다. 해가 뜨면 일어나고, 해가 지면 잠자는 것이 인간에게 적합한 자연적인 삶이다. 하지만, 현대인은 인간이 만든 인공적인 환경 속에서 살고 있다. 해가 졌다고 오후 7시에 잠자리에 드는 사람은 많지 않을 거다. 밝게 조명된 건물 안에 있으면 지금이 낮인지 밤인지 구별하기 어렵다. 자연적으로는 어두운 공간(밤의 공간) 속에 있지만, 인공적으로 밝은 공간 속에 있다. 마치 사막의 오아시스처럼 주위는 모두 암흑이지만, 조명이 밝혀진 건물 안은 대낮처럼 빛이 넘쳐 난다. 잉여의 낮 시간이 생긴다. 자연은 주지 않는 비어 있는 시간(밝은 공간), 깨어 활동할 수 있는 시간이다. 외부로 향한 의식의 문을 닫고 잠들어야 할 시간에 의식이 여전히 깨어 있다. 여유 시간이 생긴다.

(3) 자연 속에서 사는 인간은 맹수나 사고로부터 안전을 지키기 위해 한시라도 경계심을 늦출 수 없다. 집안에 있어도 경계심을 풀지

---

165) 대형 유인원이 하루 중 절반을 음식 씹는 데 소비하는 것과 달리, 성인인 인간이 음식을 씹는 시간은 활동시간의 5% 정도에 불과하다(리처드 랭엄, 《요리 본능》, 170쪽, 180~189쪽 참고).

않는다.[166] 사소한 위험의 가능성에도 민감하게 반응한다. 인공적이고 안전한 사회 속에서 살아가는 현대인의 눈에는 편집증으로 보일 정도로 안전에 집착한다.[167] 현대 사회는 기술의 발전으로 맹수의 공격을 받거나 사고를 당할 위험을 대폭 줄였다.[168] 집안에 있으면 맹수나 사고의 위험을 걱정하지 않는다. 안전한 집안에 있는 사람은 야생의 들판에 있는 사람처럼 두려움을 느끼지 않는다. 주의를 집중하여 경계를 할 필요가 없다. 편한 마음으로 쉴 수 있는 여유 시간이 생긴다.

여유 시간이 생긴다는 것은 정신을 집중해서 처리해야 할 일로부터 벗어난다는 것이다. 잉여의 정신 능력이 생긴다는 말이다. 다시 말해 집중해서 일을 처리할 정신 능력은 있지만, 그 정신 능력을 쓸데가 별로 없는 시간이 생긴다는 말이다. 마땅히 할 일이 없는 시간은 무료하다. 무료한 불쾌감이 생긴다. 이 불쾌감을 벗어나는 방법 중의 하나가 맛있는 음식을 먹는 것이다. 그래서 맛있는 음식을 먹는다. 이것이 바로 야식을 먹는 2차 식욕의 본질이다. 야식을 먹는 2차 식욕의 본질은 식욕이 아니다. 음식을 먹으려는 욕구가 아니다. 무료함에서 벗어나려는 욕구다. 비어 있는 의식을 즐거운 일로 채우려는 욕구다.

비어 있는 시간과 비어 있는 정신 능력은 식품의 과식유발능력이 야식을 먹는 2차 식욕으로 실현되는 조건이다. 식품의 과식유발능력은 이 기회를 놓치지 않는다. 식품의 인공적인 맛은 우리에게 즐거움

---

166) 재레드 다이아몬드, 《어제까지의 세계》, 421~422쪽 참고.
167) 재레드 다이아몬드, 《어제까지의 세계》, 360~408쪽 참고.
168) 재레드 다이아몬드, 《어제까지의 세계》, 412~421쪽 참고.

을 준다. 무료한 불쾌감을 피하기 위해 식품의 맛을 즐기고 싶은 욕구를 느낀다. 지금 우리는 식품의 맛을 즐기는 행동과 식품을 먹는 행동을 구별하지 않는다. 그래서 우리에게 식품의 맛을 즐기고 싶은 욕구는 맛있는 식품을 먹고 싶은 식욕(2차 식욕)으로 느껴진다. 식품의 과식유발능력이 실현되는 기회를 주지 말아야 한다.

"어떻게 해야 이 기회를 주지 않을 수 있을까?"

세상의 모든 일은 다 그에 맞는 때가 있다. 잠재적인 능력이 실현되기 위해서는 그에 맞는 때를 만나야 한다. 그 때를 놓치면 능력이 있더라도 실현되지 못한다. 능력이 실현되는 조건을 잃어버리기 때문이다. 이는 보일러가 추운 겨울에 따뜻함을 만들어 쾌감을 주는 능력이 있지만, 더운 여름에는 쾌감을 주지 못하는 것과 같고, 에어컨이 더운 여름에 시원함을 만들어 쾌감을 주는 능력이 있지만, 추운 겨울에는 쾌감을 주지 못하는 것과 같다.

식품의 과식유발능력도 잠재적인 능력이다. 실현되기 위해서는 실현되기에 적합한 때가 있다. 그때를 놓치면 능력이 있더라도 실현되지 못한다. 여기서 2차 식욕이 원래는 식욕이 아니라는 사실이 중요하다. 2차 식욕은 배고픔을 면하려는 욕구가 아니라, 즐거움을 얻으려는 욕구다. 낮에는 일상 업무가 주는 스트레스가 우리를 불쾌하게 한다. 여기서 벗어나기 위해 달콤한 간식을 먹는다. 저녁에 집에 들어오면 개인적인 공간에서 시간적인 여유를 가진다. 뭔가 즐거운 일을 할 수 있는 시간이다. 이때 즐거운 일이 없으면 그 심심하고 밋밋한 시간이 우리를 불쾌하게 만든다. 여기서 벗어나기 위해 맛있는 야식을 먹는다. 야식을 먹으려는 2차 식욕은 무료함을 면하려는 욕구다. 즐거운 활동을 통해 즐거움을 얻으려는 거다. 우리의 의식을 끌어당길 만큼 즐거운 일이라면 뭐든 상관없다. 그중 하나가 식품일 뿐이다. 그래서 야식을 먹을 때 식품의 과식유발능력이 실현되기 위해서는 먼저 무료함의 시간이 있어야 한다. 무료함이 없으면 과식도 없다. 정신없이 바쁜 상태, 즐거운 일에 몰입해 있는 상태에서는 과식하려는 식욕도 없다. 한가하고 무료한 시간이 식품에게 그 능력을 실현시키기에 적합한 때다. 이 기회를 놓치면 여름의 보일러나 겨울의 에어컨처럼, 식품도 기회를 잃고 실현되지 못한다.

위험한 나라에 들어가지 않고, 소란스러운 나라에 머무른다

비어 있는 의식을 즐거운 일로 채우고 싶은데, 식품을 먹는 일은 즐겁다. 그래서 야식을 먹는다. '야식을 먹는다'는 것은 단순히 밤에 음식을 먹는 게 아니라, 밤이지만 '깨어있는 시간에', '즐거움을 주는 맛있는 음식'을 먹는 것이다. 비어 있는 시간이 있어야 하고, 음식이 맛있어야 한다. 우리는 맛있는 음식이 풍부한 환경 속에 살고 있다. 맛있는 음식을 모두 없앨 수는 없다. 야식을 먹지 않는 습관을 만들려면 비어 있는 시간에 주목해야 한다. 밤에 깨어 있는 시간, 비어 있는 시간이 없으면 야식을 먹을 수 없다.

우리의 의식은 언제나 무언가에 대한 의식이다. 낮 시간에 집 밖에 있을 때는 이것저것 신경 쓸 일이 많다. 다른 사람들의 시선 속에 있다. 마음 편히 쉬는 상태가 아니다. 한가하지 않다. 머릿속이 뭔가 다른 일들로 채워져 있다. 그래서 간식을 먹고 싶은 생각이 잘 나지 않는다. 하지만 저녁에 집에 들어오면 신경 쓸 일이 사라진다. 일상의 업무에서 벗어난다. 낮 동안 뇌를 채우고 있던 이런 저런 정보들이 의식의 배경으로 밀려난다. 정보를 처리할 수 있는 뇌용량에 잉여가 생긴다. 잠들 때까지 여유 시간도 생긴다. 즐거움을 주는 활동을 할 수 있는 빈 시간이다. 집에 들어오면 거리의 소음과 다른 사람들의 시선으로부터 자유로워지고, 정신을 집중할 만한 것이 없다. 주변에 공백이 생긴다. 귀가 후 저녁 시간은 한가한 시간이다.

그런데 비어 있는 의식은 언제나 무언가로 채우려고 한다. 비어 있는 시간에 뭔가 즐거운 일을 찾는다. 멍하니 있으면 무료하다. 즐거움을 주는 무언가가 필요하다. 텔레비전을 본다.[169] 하지만, 늘 보는 텔레비전은 그다지 매력적이지 않다. 거기에 완전히 집중해서 다른 일이 생각나지 않게 할 만큼 재미있지 않다. 텔레비전을 보고 있어도 여전히 정신 능력에 여분이 있다. 이 여분을 채우는 데 식품을 먹는 게 적격이다. 그게 야식을 먹는 이유다. 식품이 제일 매력적인 것이 아닐 수도 있다. 하지만 현실적으로는 가장 선택될 가능성이 높다. 여행을 가거나, 여름 바다에서 수영하거나, 겨울 산에서 스키를 타는 것이 더 매력적일 수 있다. 하지만, 밤 10시에… 내일 출근해야 하는데… 갑자기 어떻게 여행을 가고, 어떻게 바다에 가고, 어떻게 스키를 타러 가는가? 그런 것은 현실적으로 불가능하다. 기껏해야 텔레비전을 보면서 프라이드치킨을 먹거나, 과자를 먹는다. 비어 있는 의식이 자연스럽게 식품으로 집중된다. 2차 식욕이 생겨난다. 이렇게

---

169) 우리의 뇌는 의식이 비어 있을 때 무언가로 채우려고 한다. 밤 시간에 잠든 의식은 꿈을 꾼다. 죄수의 시네마가 감옥의 벽면을 스크린으로 하는 환각의 영화를 보여 주는 것처럼, 꿈의 시네마는 눈꺼풀 안쪽 면을 스크린으로 하는 꿈의 영화를 보여 준다. 꿈의 시네마가 비어 있는 뇌공간을 채운다. 하지만, 꿈은 잠든 자만의 특권이다. 밤 시간이라도 깨어있는 의식은 꿈으로 채울 수 없다. 다른 무언가로 채워야 한다. 그래서 텔레비전을 본다. 텔레비전의 드라마나 영화, 컴퓨터 게임의 영상은 현실 세계에 존재하지 않는 가상세계를 보여 준다. 그 영상이 비어 있는 의식을 채운다. 죄수의 시네마건, 꿈의 시네마건, 텔레비전 시네마건 기능은 같다. 딱히 할 일 없이 비어 있는 의식을 채우는 거다.

비어 있는 의식이 식품으로 집중되면서 2차 식욕을 유발하지 않도록 막아야 한다. 그래서 뇌용량의 잉여분을 식품이 아닌 다른 것으로 채운다. 비어 있는 의식, 비어 있는 시간, 비어 있는 주위의 공백을 채운다. 과식유발능력이 실현되는 조건을 제거한다. 과식유발능력이 실현되지 못하고, 2차 식욕이 생겨나지 않는다.

이를 위해 제일 좋은 방법은 일찍 자고 일찍 일어나는 방법이다. 식품을 먹기 위해서는 깨어 있어야 한다. 자 버리면 2차 식욕이 발생할 환경이 갖추어지지 않는다. 일찍 잘 수 없다면 조용한 혼자만의 공간을 떠나 소란스러운 공간으로 간다. '타인은 지옥'이라는 말이 있다. 우리는 늘 타인의 시선을 의식하고 있다. 비록 의식적으로 느끼지 못한다고 하더라도 우리는 타인의 시선에 무의식적으로 반응한다. 그래서 다른 사람과 함께 있을 때는 집에 혼자 있을 때처럼 편안하지 않다. 다른 사람의 시선을 의식할 수밖에 없는 공간에 자기 자신을 둔다. 그래서 의식의 공백이 생기는 시간을 소진한다. 소란스러운 공간으로 가라고 해서 뭐 특별한 것을 하는 것이 아니다. 그냥 집 밖으로 나가면 된다. 거기서 자신이 좋아하는 활동을 한다. 산책을 하거나, 운동을 하거나, 카페에서 차를 마시거나, 도서관에 가서 책을 읽는다. 뭐를 해도 상관없다. 당신이 하고 싶은 활동을 하면 된다. 운동을 하더라도 에너지 소비를 하기 위해 운동하는 게 아니다. 시간을 소진하기 위해 운동한다. 어디에 있더라도 거실 소파에 누워 텔레비전을 보는 것처럼 편안하지 않다. 무의식적으로 다른 사람의 시선을 신경 쓰게 된다. 식품이 의식의 배경으로 밀려가고, 전경을 다른 일이 채운다. 그 활동이 지속되는 동안 식품이 의식의 전경으로 나오지 못한다. 집 밖에 있는 것도 어렵다면 집 안에서 소란스러운 상태를 만든다. 일찍 잠을 잘 수 없으니 일찍 잠을 자는 척한다. 눈을 감고 이어폰으로 좋아하는 음악을 듣거나 인터넷 강의를 듣는다. 음악이나 강의가 비어 있는 의식을 채워 식품으로 집중되는 것을 막는다.

일찍 자고 일찍 일어나기, 산책하기, 운동하기, 카페에서 차 마시기, 도서관에서 책 읽기, 눈 감고 음악듣기… 이런 일들은 하나씩 따로 보면 서로 관계없는 일로 보인다. 얼핏 보면 다이어트와는 아무 관계없는 일처럼 보인다. 하지만, 2차 식욕의 본질이 식욕이 아니라는 사실을 깨달으면 이 모든 것이 2차 식욕을 사라지게 하는 작업이라는 사실이 보인다. 다이어트는 에너지를 소진시키는 것이 아니라, 한가하고 무료한 시간을 소진시킨다. 그래서 즐거움을 필요로 하는 마음을 사라지게 한다. 여기서 중요한 점은 과식유발능력의 실현 조건인 비어 있는 시간, 비어 있는 환경을 만들지 않는 것이다. 비어 있는 환경에 다른 것을 채우는 방법으로 비어 있는 시간을 채운다. 비어 있는 시간을 소진하고, 과식유발능력의 실현 조건을 소진한다.

2. 심리 체계의 진행경로를 바꾼다

"과식하라! 과식하라!" "안 하는 편을 택하겠습니다"

앞에서는 2차 식욕이 발생하기 전에 그 발생의 조건을 소진시키는 방법을 보았다. 이제 2차 식욕이 발생했을 때 발생된 2차 식욕을 다른 행동 방식으로 연결시켜 해소하는 방법에 대해 볼 차례다.

'음식을 먹는 행동'이라고 말하면 그것이 마치 하나의 행동인 것처럼 느껴지지만, 사실은 여러 개의 부분 행동들이 모여서 만들어진다. 음식먹기뿐만 아니라 걷기, 자전거 타기, 자동차 운전, 글쓰기, 악기 연주, 노래하기 등등 우리 일상생활의 많은 행동들이 그렇다. 음식을 먹을 때는 음식의 에너지를 수용하는 동시에 정보를 수용한다. 그래서 음식을 먹는 행동은 행동을 시작하고, 미각 정보를 수용하고, 에너지를 수용하는 3가지 단계로 나눌 수 있고, 각각의 경우에 다른 경로의 진행이 가능하다. (1) 먹는 행동을 시작하는 단계에서는 음식을 입에 넣어 먹는 경우와 입에 넣지 않고 먹지 않는 경우로 나누어진다. (2) 음식을 입에 넣어 정보를 수용하는 단계에서는 음식의 미각 정보를 통해 에너지원으로 적합한지 여부를 결정하는 경우(음식맛보기)와 미각 정보의 맛을 즐기는 경우(음식즐기기)로 나누어진다. (3) 정보 수용이 끝난 후 에너지를 수용하는 단계에서는 음식물을 삼켜서 먹는 경우와 삼키지 않고 뱉는 경우로 나누어진다.

[음식을 먹는 행동의 3가지 단계]

1. 먹는 행동을 시작하는 단계

   1-1. 음식을 입에 넣는 경우

   1-2. 음식을 입에 넣지 않는 경우

2. 미각 정보를 수용하는 단계

   2-1. 음식맛보기를 하는 경우

   2-2. 음식즐기기를 하는 경우

3. 에너지를 수용하는 단계

   3-1. 삼켜서 먹는 경우

   3-2. 삼키지 않고 뱉는 경우

동물의 행동 방식은 자연적으로 고정되어 있다. 동물은 미각 정보를 수용하는 단계에서 음식맛보기(2-1)를 한다. 동물에게는 음식즐기기(2-2)의 행동 방식이 없다. 에너지를 수용하는 단계에서는 음식맛보기의 결과 그 음식물이 에너지원으로 적합한 경우에는 삼켜서 먹고(3-1), 부적합한 경우에는 삼키지 않고 뱉는다(3-2). 인간도 원래는 여러 동물들 중 하나에 불과했다. 자연이 정해 준 행동 방식에 따라 살 수밖에 없는 나약한 존재였다. 하지만, 꼬마 원시인 보보가 불장난을 하다가 모든 것을 바꿔 버렸다. 화식의 결과 인간은 뇌가 커졌고, 잉여의 사고 능력으로 잡생각을 하면서 기술을 발전시킨다. 기술은 행동 방식의 잉여 공간을 만들어 낸다. 행동 방식을 단단히 죄고 있던 바이스(죔쇠)가 느슨해진다. 행동 방식을 선택할 자유가 생기고, 점점 그 폭이 늘어난다. 요리 기술이 발전하면서 인간에게 음식즐기기(2-2)의 행동 방식이 생겨난다. 동물은 음식맛보기만 가능하지만, 인간은 음식맛보기와 음식즐기기가 모두 가능하다. 그래서 미각 정보 수용과 에너지 수용의 조합이 복잡해진다.

[동물이 음식을 먹는 행동 방식]
음식맛보기 + 음식삼키기
음식맛보기 + 음식뱉기

[인간이 음식을 먹는 행동 방식]
음식맛보기 + 음식삼키기

음식맛보기 + 음식뱉기

음식즐기기 + 음식삼키기

음식즐기기 + 음식뱉기

다른 한편 기술의 발전으로 농경과 정주 생활을 하게 되면서 모여 살게 된다. 모여 살게 되면서 문화라는 것이 생겨난다. 인간 사회가 인간의 행동 방식을 조정한다. 기술의 발전으로 늘어난 행동 방식의 공간이 좁아진다. 바이스(죔쇠)가 다시 그 폭을 줄여간다. 먹는 행동도 마찬가지다. 먹을 수 있는 음식과 먹을 수 없는 음식, 요리하는 방식, 먹는 방식, 식탁에서 행동하는 방식, 식기류를 사용하는 방식도 사회적으로 정해져 있다. 정해진 방식을 따르지 않는 행동은 위험하거나 무례한 행동이 된다. 예를 들어 식사 중에 식기로 이를 쑤시거나, 손가락으로 코를 후비거나, 식탁보에 코를 풀거나, 코를 푼 손으로 함께 먹는 음식을 만지거나, 식탁 위에 침을 뱉거나, 입안에서 씹던 음식을 뱉어 내거나, 입에 넣었던 숟가락으로 함께 먹는 음식을 퍼먹는 등의 행동을 하면 안 된다.[170] 식탁에서는 적절하게 행동하는 방식의 모델이 있고, 그 모델을 수용해서 따라야 한다. 이를 따르는 행동은 세련되고, 문명화된 행동으로, 따르지 않는 행동은 수치스럽고 불쾌한 행동으로 여겨진다. 이 불쾌감이 특정한 모델에 따라 행동하도록 만든다.[171] 역사적으로는 영주인 귀족들이 궁정인인 귀족들로 옮겨 가면서 식사 중의 행동 방식이 엄격히 규제된다. 행동 방식의 가능 공간이 점점 좁아진다. 그 과정에서 입에 있는 음식물을 내뱉는 행동은 무례한 행동이 된다. 이전에는 식탁에서 허용되던 행동이었지만, 더 이상 궁정의 식탁에서는 하면 안 되는 행동이 되었다. 지금 우리에게도 그렇다. 입에서 씹던 음식물을 내뱉는 행동은 무례하고 불쾌한 행동으로 여겨진다. 사회적으로 금기시되어 사라진다.

---

170) 노르베르트 엘리아스, 《문명화과정 I》, 221~251쪽 참고.
171) 노르베르트 엘리아스, 《문명화과정 I》, 242쪽 참고.

[사회적으로 고정된 음식을 먹는 행동 방식]

음식맛보기 + 음식삼키기 ⇒ 에너지원으로 적합한 경우의 행동 방식

음식맛보기 + 음식뱉기 ⇒ 에너지원으로 부적합한 경우의 행동 방식

음식즐기기 + 음식삼키기 ⇒ 문명화되고 세련된 행동 방식

음식즐기기 + 음식뱉기 ⇒ 무례하고 불쾌한 행동 방식

그런데, 음식을 먹는 행동 방식과 관련해서는 입의 역할에 주목할 필요가 있다. 입은 우리 몸이 외부 환경과 연결되는 문이다. 우리는 입으로 음식을 먹는데, 음식을 먹을 때 두 가지 흐름에 접속한다. 에너지의 흐름과 정보의 흐름이다. 두 가지 흐름에 접속하고, 그 접속하는 행동의 방식은 고정되어 있다.

'달면 삼키고 쓰면 뱉는다(甘呑苦吐)'는 말이 있다. 이 말을 풀이해 보면 입에 넣은 음식이 음식맛보기를 통해 '에너지원으로 적합하다고 판단되면 삼키고, 부적합하다고 판단되면 뱉는다'는 말이다. 하지만, 이건 옛날 말이다. 지금 우리는 음식맛보기를 거의 하지 않는다. 현대의 요리 기술은 우리의 음식맛보기 능력을 넘어서 있다. 인공의 감미료, 착색료, 착향료 등으로 우리의 맛보는 능력을 충분히 속일 수 있다. 인공적인 기술은 오렌지 즙이 한 방울도 들어 있지 않은 오렌지 주스를 만들어 낸다. 식품을 먹을 때 그것이 안전한지 위험한지, 먹어서 몸에 필요한 것인지 불필요한 것인지도 우리의 감각으로 구별하기 어렵다. 안전성은 식품의 유통과정에서 미리 걸러지고 안전한 식품이라고 인정받은 식품만 사 먹는다. 에너지원으로 사용하기에 부적합한 것은 입에 넣지 않는다. '미각 정보를 수용하는 단계'(2단계)에서 이루어지는 음식맛보기(2-1)의 역할을 '먹는 행동을 시작하

는 단계'(1단계)에서 결정하는 방식이다. 입에 넣은 음식을 뱉을 필요도 없어지고, 뱉는 행동도 사라진다. 미각 정보를 수용하는 단계에서는 음식즐기기(2-2)만 남는다. 물론 지금도 명백히 부적합한 음식은 뱉는다. 상한 음식, 너무 뜨거운 음식, 동물 뼈, 과일 씨, 불순물 등은 뱉는다. 하지만, 이렇게 뱉는 것은 예외적인 경우에만 허용된다. 일단 입에 넣은 음식은 예외적인 경우를 제외하고는 삼켜서 먹는다. 식품에 대한 우리의 행동 방식은 '음식을 입에 넣어 맛을 즐기고 삼켜서 먹는다'는 하나의 행동 방식으로 고정되고, 이 방식에 따른 음식먹기가 습관이 된다.

[현대인의 음식을 먹는 행동 방식]

음식맛보기 + 음식삼키기 ➡ 에너지원으로 적합한 경우의 행동 방식

음식맛보기 + 음식뱉기 ➡ 에너지원으로 부적합한 경우의 행동 방식

음식즐기기 + 음식삼키기 ⇒ 문명화되고 세련된 행동 방식

음식즐기기 + 음식뱉기 ➡ 무례하고 불쾌한 행동 방식

고정되어 습관이 된 행동 방식은 그 행동을 하는데 필요한 주의력을 감소시킨다. 그래서 우리에게 편하다.[172] 음식을 먹는 행동도 여러 개의 행동이 순서에 따라 진행되어 하나의 먹는 행동을 만들어 내기 때문에 원래는 각각의 부분 행동을 할 것인지 여부를 판단하고, 어떻게 할 것인지에 대해 주의를 기울여야 한다. 하지만 하나의 방식으로 고정되어 습관화되면 앞의 행동이 뒤의 행동을 불러내어 자동적으로

---

172)　습관화된 행동 방식이 진행되는 심리과정에 대해서는 윌리엄 제임스, 《심리학의 원리 1》, 203~211쪽 참고.

진행된다. 우리는 개개의 부분적인 행동에 주의를 기울일 필요가 없다. 음식을 입에 넣을 것인지 넣지 않을 것인지만 결정하면 된다. 나머지는 습관화된 행동 방식에 따라 삼킬 때까지 무의식적으로 진행한다. 내가 하는 행동이지만, 내가 주의를 기울이지는 않는다. 의식적으로 주의를 기울이지 않아도 자연스럽게 진행된다.[173] 그게 우리에게 익숙하고 편하다.

만약 걸음을 걸을 때마다 그 부분 행동을 어떻게 할지 신경 써야 한다면 대단히 불편할 거다. 익숙한 걸음걸이의 방식에서 벗어나 새로운 방식으로 걷는다는 것도 불편할 거다. 먹는 것도 마찬가지다. 익숙한 방식이 편하다. 익숙한 방식에서 벗어나는 것은 불편하다. 하지만, 그 익숙하고 편한 행동 방식의 결과가 우리에게 비만이라는 고통을 준다. 그래서 지금 우리는 익숙하고 편한 방식을 계속 유지할 것인지 고민해야 한다.

"음식즐기기와 음식삼키기는 반드시 함께 이루어져야 할까?"

음식맛보기는 '음식삼키기', '음식뱉기'와 모두 연결된다. 반면 음식즐기기는 '음식삼키기'와 연결되는 조합이 고정되어 있다. 음식즐기기와 '음식뱉기'가 연결되는 행동 방식은 없다. 적어도 음식즐기기가 음식맛보기를 대체해 버린 현재의 행동 방식은 그렇다. 여기서 '음식즐기기'와 '음식뱉기'를 연결하는 새로운 행동 방식의 조합이 가능할지 검토해 봐야 한다.

---

173) 고정되어 습관이 된 행동을 할 때 우리는 우리 몸을 자동 기계처럼 사용한다. 마치 불이나 기계를 사용하는 것과 같다. 우리는 불이나 기계를 켜고 문제가 생기지 않도록 관리할 뿐 그 작동 자체에는 관여하지 않는다. 습관이 된 행동을 할 때도 그 행동을 시작할 것인지 여부만 결정한다. 일단 시작되고 나면 관리해야 할 다른 사정이 생기기 전에는 미리 주어진 방식대로 행동이 무의식석으로 신행된나.

음식맛보기 + 음식삼키기 = 감탄(甘吞, 적합하면 삼킨다)의 행동 방식

음식맛보기 + 음식뱉기 = 고토(苦吐, 부적합하면 뱉는다)의 행동 방식

음식즐기기 + 음식삼키기 = 현재의 음식먹기 행동 방식

음식즐기기 + 음식뱉기 = 새로운 음식즐기기 행동 방식

피임(避妊)행위와 피비(避肥)행위

식욕과 성욕은 인간의 기본적인 욕구로, 식욕을 충족시키는 먹는 행위와 성욕을 충족시키는 성행위는 여러 가지 면에서 유사한 구조를 가진다.[174] 인간은 자신의 생명과 신체를 유지하기 위해서 음식을 먹는다(생존). 그리고 자신의 유전자를 복제하여 자신과 닮은 자손을 얻기 위해서 성행위를 한다(번식). 음식먹기가 '현재의 나'를 유지하는 행동이라면, 성행위는 '미래의 또 다른 나'를 만들어 내는 행동이다.

이렇게 성행위가 자손을 얻으려는 행동이기 때문에 성행위의 자연적인 목적은 현재의 나와 유전자를 공유하는 자식을 출산하는 데 있다. 출산을 하려면 임신을 해야 하고, 임신을 하려면 수정을 해야 하고, 수정을 하려면 수정될 수 있도록 남자의 정자가 여자의 자궁 내로 들어가야 한다. 일단 남자의 정자가 여자의 자궁 내로 들어가면 그 이후에 수정되고, 임신되고, 출산되는 과정은 인공적인 행위가 더 개

---

174) 남자는 모태(母胎)에 씨를 뿌리고 떠나간다. 그 다음에 다른 원동력이 일을 맡아서 공들여 태아를 키운다. 얼마나 절묘한 일인가! 또한 목으로 음식을 삼키면 다음에는 다른 원동력이 일을 맡아서 지각과 운동을 만들어 내고 생명력과 힘, 그 밖의 것으로 바꾸어 놓는다. 얼마나 기묘한 일인가! 이 힘을 주시하라. 육안으로 볼 수 없더라도 명석하게 인식하라(마르쿠스 아우렐리우스, 《명상록》, 124쪽 참고).

입되지 않더라도 자연적으로 이루어지는 반면, 정자가 자궁내로 들어가는 단계에서는 인간이 의식적인 행동이 필요하고, 그 행동이 바로 성행위다.

그러니 생식 과정의 단계로 말하자면 성행위는 남자의 정자를 여자의 자궁 내로 들여보내는 행위라고 할 수 있다. 생식 과정에서 성행위의 목적은 임신과 출산에 있지만, 현재 인간들은 임신과 출산을 위해서만 성행위를 하는 것이 아니다. 뇌용량의 잉여가 생긴 인간은 즐거움을 인공적으로 생산하는 활동을 한다. 임신이나 출산이라는 목적과 관계없이 성행위에서 생기는 감각적인 즐거움을 얻기 위해서도 성행위를 한다. 그래서 인간의 성행위는 임신과 출산이라는 목적 여부에 따라 1차적 성행위와 2차적 성행위로 나누어 볼 수 있다. 마찬가지로 임신과 출산을 목적으로 성행위를 하려는 욕구를 1차 성욕, 임신과 출산의 목적 없이 성행위를 하고 싶은 욕구를 2차 성욕이라고 부를 수 있다.

1차 성욕은 자기의 유전자를 가진 자손을 낳으려는 욕구이기 때문에 자식을 출산해야 성욕이 충족된다. 출산, 임신, 수정을 위하여 남자의 정자를 여자의 자궁 안으로 들여보내는 것이 1차적 성행위의 목적이다. 이 목적만 충족되면 1차 성욕은 충족되고, 이 목적이 충족되지 않으면 성행위를 하더라도 1차 성욕은 충족되지 않는다. 반면 2차 성욕은 자손을 낳으려는 목적이 없다. 단지 성행위시 느껴지는 감각적인 즐거움을 얻으려는 것이다. 2차 성욕은 감각적인 즐거움을 얻기만 하면 수정이나 임신이 되지 않더라도 충족되고, 수정, 임신이 되더라도 감각적인 즐거움을 얻을 수 없다면 충족되지 않는다.

예를 들어 불임부부가 인공 수정을 하는 경우에 주사 바늘을 통하여 수정란을 여자의 자궁 안으로 넣어 착상시키면 임신과 출산이 가능해져 1차 성욕은 충족된다. 하지만 이는 성행위의 감각적인 즐거움과는 무관하기 때문에 2차 성욕은 충족되지 않는다. 반대로 피임 기구를 사용하여 성행위를 하는 경우 수정이 될 수 없기 때문에 1차 성욕은 충족되지 않지만, 성행위를 하는 동안 감각적인 즐거움을 얻게 되기 때문에 2차 성욕은 충족된다.

그런데, 성욕이 1차 성욕과 2차 성욕으로 나누어질 수 있다는 사실을 인식하지 못하고, 1차적 성행위와 2차적 성행위를 기술적으로 분리할 수 없었던 시대에는 '성행위는 하나의 행위'로만 인식되었다(성행위-임신이 하나로 연결되는 행동 방식). 성행위가 하나의 행위라고 인식되다 보니 인간이 선택할 수 있는 것은 성행위를 하거나, 성행위를 하지 않는 것, 이 두 가지 방법밖에 없다.[175] 만약 성행위를 하면 1차적 성행위와 2차적 성행위를 한꺼번에 모두 하는 것이고, 성행위를 하지 않으면 1차적 성행위와 2차적 성행위를 모두 하지 않는 것이다. 이때 성행위라는 것은 항상 1차적 성행위와 2차적 성행위를 동시에 하는 것이다. 성행위를 하면 성행위 과정에서 즐거움을 얻을 뿐만 아니라 그 결과로 임신이 예상되는 행위였다. 성행위를 하면서 성행위의 즐거움만 얻고 임신이라는 결과를 회피할 방법이 없었다. 이렇게 임신이라는 결과를 인공적으로 통제할 수 없는 반면 임신과 그에 따른 출산은 사회적으로 많은 문제를 발생시켰기 때문에 과거의 사

---

175) 이는 사이렌이 노래하는 바다를 지나가야 하는 선원들의 입장과 같다. 노래듣기와 죽음이 하나로 연결되어(노래듣기-죽음이 하나의 단위로 연결되는 행동 방식), 선원들이 선택할 수 있는 것은 노래를 듣거나, 듣지 않는 것밖에 없다. 노래를 들으면 즐거움을 느끼지만 동시에 죽는다. 노래를 듣지 않으면 죽음을 피할 수 있지만, 즐거움도 없다. 노래를 듣는 즐거움만 느끼고 죽음이라는 결과를 회피할 방법이 없었다. 오랜 세월 동안 선원들은 이 두 가지 행동 방식에 매여 있었다. 하지만 오딧세우스는 그 사이의 빈틈을 찾아 노래듣기와 죽음을 분리시키는 새로운 길을 연다.

회들은 2차적 성행위 자체를 금지하는 방법으로 이 문제에 대처했다. 임신이나 출산과 관계없는 성행위, 부부가 아닌 남녀사이의 성행위, 단순히 성행위 자체의 즐거움을 얻으려는 성행위를 금지했다. 그런 행위에 '간음', 그런 욕구에 '정욕'이라는 이름을 붙여 죄악시하고 비도덕적인 것이라고 비난했다. 이렇게 해서 만들어진 욕구와 현실사이의 간격은 인간의 '의지'를 통해 메울 수밖에 없었다. 임신이나 출산과 관계없는 2차적 성행위는 인간의 의지로 '참고 하지 말아야 할 행동'으로 남게 되었다. 이를 어기는 사람은 비난의 대상이 되었다.

하지만 점점 많은 사람들이 이런 상태에 만족할 수 없었고, 성행위의 감각적인 즐거움은 얻으면서도, 그 결과인 임신은 회피할 수 있는 방법을 원하게 되었다. 2차 성욕은 만족시키면서도 임신 가능성은 배제할 필요가 생기고, 이 필요가 피임 기구에 대한 기술적 발전과 결합한 결과 새로운 행동 방식이 만들어진다. 성행위의 즐거움은 가지되 '임신을 피한다'는 의미의 '피임 행위'라는 새로운 행동 방식(성행위-피임이 연결되는 행동 방식)이다. '성욕-성행위-임신'으로 진행되는 성행위의 경로에서 벗어나, '성욕-성행위-피임'이라는 새로운 경로로 들어선다.

이제 음식을 먹는 행위의 문제로 돌아가 보자.

성행위가 자손을 얻으려는 행동이라면 음식먹기는 생명과 신체를 물질적으로 유지하려는 행동이다. 그렇기 때문에 음식먹기의 자연적인 목적은 나의 생명과 신체의 건강을 유지하는 데 있다. 생명과 신체의 건강을 유지하기 위해서는 생명 유지와 신체 활동에 필요한 영양분(에너지)을 신체에 공급해야 하고, 필요한 영양분을 신체에 공급하기 위해서는 위장에서 음식물을 소화하는 과정을 통해 음식물에 들어 있는 영양분을 신체로 흡수해야 한다. 위장에서 음식물을 소화하려면 신체 외부에서 음식물을 위장 안으로 넣어 주어야 한다. 일단 음식물이 위(胃) 안으로 들어가면 그 이후에 위장에서 소화되고, 소화 과정에서 음식물에 포함된 영양분이 우리의 몸으로 흡수되어 신체의 각 부분에 배분된다. 이 과정은 인간의 행위가 개입되지 않더라도 자연적으로 이루어진다. 반면, 음식물이 위(胃) 안으로 들어가는 단계에서는 인간의 의식적인 행동이 필요한데, 그 행동이 바로 음식먹기다. 말하자면 음식먹기는 영양분을 포함하는 음식물을 위(胃) 안으로 들어보내는 행위라고 할 수 있다. 그런데 원래 음식먹기의 목적은 영양분 섭취에 있지만, 현재 인간들은 영양분 섭취를 위해서만 음식을 먹는 것이 아니다. 영양분 섭취를 위해서 1차적 음식먹기도 하지만, 영양분 섭취와 관계없이 2차적 음식먹기도 한다.

1차 식욕은 나의 신체를 물질적으로 유지하려는 욕구이기 때문에 생명 유지와 신체 활동을 위해 필요한 영양분이 섭취되어야 충족된다. 영양분 섭취를 위하여 음식물을 위장 안으로 들여보내는 것이 1차적 음식먹기의 목적이다. 이 목적만 충족되면 1차 식욕은 충족되고, 이 목적이 충족되지 않으면 음식을 먹더라도 1차 식욕은 충족되지 않는다. 반면 2차 식욕은 신체를 물질적으로 유지하거나 영양분을 섭취하려는 목적이 없다. 단지 음식을 먹을 때 느껴지는 감각적인 즐거움을 느끼려는 것이다. 2차 식욕은 감각적인 즐거움을 얻기만 하면 영양분을 섭취하지 않더라도 충족되고, 영양분을 섭취하더라도 감각적인 즐거움을 얻을 수 없다면 충족되지 않는다.

예를 들어 달콤하고 영양분이 많은 꿀을 캡슐에 넣어 삼키게 되면 캡슐이 위에 들어가 녹으면서 꿀이 흘러나와 우리 몸은 꿀의 영양분을 흡수하게 된다. 1차 식욕은 충족된다. 배고픔의 고통이 사라진다. 하지만, 음식의 맛을 느끼는 감각적인 즐거움과는 무관하기 때문에 2차 식욕은 충족되지 않는다. 반대로 커피 맛을 감별하는 커퍼(Cupper)들이 커피 맛을 감별한 후 뱉어 버리는 것처럼 음식을 먹지 않더라도 음식의 맛을 충분히 느낄 수만 있다면 2차 식욕은 충족된다. 하지만 영양분을 신체에 공급할 수 없기 때문에 1차 식욕은 충족되지 않는다. 배고픔이 사라지지 않는다.

그런데 지금까지 우리는 음식먹기가 1차적 음식먹기와 2차적 음식먹기로 나누어질 수 있다는 사실을 인식하지 못하였다. '음식먹기라는 하나의 행동 방식'이 있을 뿐이라고 생각했다(먹는 행위-에너지 공급이 하나로 연결되는 행동 방식). 음식먹기가 하나밖에 없기 때문에 우리가 선택할 수 있는 것은 음식을 먹거나, 음식을 먹지 않는 것뿐이다. 음식을 먹으면 1차적 음식먹기와 2차적 음식먹기를 한꺼번에 하는 것이고, 음식을 먹지 않으면 한꺼번에 하지 않는 것이다. 음식을 먹으면 음식을 먹는 즐거움을 얻을 뿐만 아니라 언제나 영양분이 신체에 공급된다. 여분의 에너지가 몸에 축적되어 비만해진다. 음식먹기를 하면서 음식을 먹는 즐거움만 얻고 에너지 공급과 비만이라는 결과를 회피할 방법이 없었다. 이렇게 비만이라는 결과를 인위적으로 통제할 수 있는 행동 방식을 아직 가지지 못한 상태에서 점차로 비만이 사회적 문제를 일으킨다. 그러자 현대 사회는 과거의 사회들이 2차적 성행위 문제에 대처하던 방식과 같은 방식으로 대처한다. 임신을 목적으로 하지 않는 성행위를 모두 금지하는 것처럼 에너지 섭취를 목적으로 하지 않는 음식먹기를 모두 금기시한다. 이 방법은 오로지 '인간의 의지'에 의존한다. 뚱뚱한 사람들은 간음한 남녀가 비난받는 것처럼 사회적 금기에 따르지 않는 사람, 의지가 약하거나 식탐이 강한 사람으로 도덕적 비난을 받게 되었다.

지금 우리는 이런 상태에 만족할 수 없다. 음식을 먹는 감각적인 즐거움은 얻으면서도, 그 결과인 비만은 회피할 수 있는 방법을 원한다. 2차 식욕만 선별적으로 만족시키고, 비만 가능성은 배제할 필요가 있다. 이를 위해 새로운 행동 방식을 만들어야 한다. 음식을 먹는 즐거움은 가지되 '비만을 피하는' 새로운 행동 방식이다(먹는 행위-에너지 차단이 연결되는 행동 방식). '식욕-음식먹기-비만'으로 진행되는 행위의 경로에서 벗어나, '식욕-음식즐기기-날씬함'이라는 새로운 경로로 들어선다.

필수품에 속하는 것은 필수품에게로, 기호품에 속하는 것은 기호품에게로

지금 우리는 음식맛보기가 제 기능을 하지 못하는 시대를 살고 있다. 식품이 너무 맛있어졌다. 음식맛보기로 맛있고 맛없고를 따지기 어렵다. 맛없는 식품은 식품 시장에서 도태되어 사라진다. 식품 시장에 나와 있는 식품들은 다 맛있다. 굳이 구별을 하자면 '더 맛있는' 식품과 '덜 맛있는' 식품이 있을 뿐이다. 인간의 요리 기술은 자연적인 감각을 통한 판단을 무력하게 만들 만큼 충분히 효율적이다. 우리는 초정상자극으로 작동하는 식품에 대하여 무력하다.

흔히 식품은 필수품이라고 한다. 식품은 상품인 '음식물'이다. 음식물은 분명히 필수품이 맞다. 음식물은 먹지 않으면 죽는다. 식품도 음식물이니, 식품도 필수품일 것 같다. 그런데, 과연 그럴까? 당신이 거실 소파에 누워 초코바를 먹고 있을 때 그것이 과연 필수품일까?

식품은 한편으로는 음식물이다. 하지만, 다른 한편으로는 상품이다. 상품은 시장에서 팔려야 한다. 팔리기 위해 식품 생산자는 식품을 맛있게 만든다. 식품은 맛있게 '요리된' 음식물이다. 맛을 통해 인공적으로 즐거움을 주는 음식물이다. 즐거움을 주는 것이라면 기호품이 아닐까?

이곳을 거쳐 가려거든 모든 물질을 버려라!

문은 내부 세계와 외부 세계를 연결하는 공간이다. 내부 세계는 문을 통해 외부 세계의 물질과 정보를 받아들이고, 문을 통해 외부 세계로 물질과 정보를 내보낸다. 문은 열려 있거나 닫혀 있다. 열린 문은 물질과 정보 모두를 받아들인다. 닫힌 문은 물질과 정보 모두를 거부한다. 선택적으로 어느 하나만 받아들이거나 거부할 수 없다. 물질과 정보의 흐름에 접속할 때 열린 문은 양자 모두를 수용하는 기계로 작동하고, 닫힌 문은 양자 모두를 거부하는 기계로 작동한다.

하지만, 물질과 정보 중 하나만을 선택적으로 수용할 필요가 있다. 그 필요가 유리라는 새로운 소재와 만나면서 유리문이 생긴다. 유리로 만든 문은 나무나 쇠로 만든 문과 다르다. 유리문 역시 열려 있거나 닫혀 있다. 열린 유리문은 물질과 정보 모두를 받아들인다. 나무나 쇠로 된 문과 다를 바 없다. 반면 닫힌 유리문은 물질을 거부하지만 시각 정보를 받아들인다. 유리문이 닫혀 있어도 유리를 통해 바깥 풍경을 볼 수 있다. 먼지, 낙엽, 해충 같은 물질은 닫힌 문에 막혀 배제되지만, 문밖의 풍경은 문이 닫혀 있어도 유리를 통과해서 들어온다. 이 부분이 쇠문과 유리문의 차이다. 물질과 정보의 흐름에 접속할 때 닫힌 유리문은 물질을 거부하는 기계인 동시에 시각 정보를 수용하는 기계로 작동한다. 물질을 배제하면서도 정보를 수용하는 새로운 필요를 충족시키기 위해서는 그에 맞게 작동하는 새로운 기계, 그 새로운 기계를 작동하게 만드는 새로운 작동 방식이 필요하다.

식품 그 자체는 필수품도 기호품도 아니다. 식품이 사용되는 상황과 조건에 따라 다르다. 당신이 등산을 갔다가 조난당해 먹는 초코바는 필수품이다. 하지만, 당신이 소파에 누워 텔레비전을 보면서 초코바를 먹고 있다면, 그 초코바는 당신의 생명 유지나 신체 활동에 필요한 에너지 섭취와 별 관계없다. 기호품이다. 기호품은 그 기능에 따라 그에 맞는 소비 방식이 있다. 하지만 지금 우리는 습관적으로 식품을 음식물의 소비 방식으로 소비한다. 필수품의 소비 방식으로 소비하는 것이다.

새로운 행동 방식은 식품을 음식먹기의 흐름에서 빼내어 기호품 소비의 흐름에 연결시킨다. 기호품은 상품에 따라 소비 방식이 다양하다. 여러 가지 소비 방식 중에서 우리의 목적에 적합한 기호품 소비 방식을 찾아야 한다. 내가 보기에는 여러 기호품의 소비 방식 중에 '씹는 담배'의 소비 방식이 적합한 것 같다. 식품의 소비를 씹는 담배의 소비 방식에 연결시킨다.[176] 새로운 소비 방식에서 과자 같은 식품은 기호품이다. 즐거움을 주는 도구일 뿐 에너지를 공급하지 않는다. 음악을 듣거나 영화를 본다고 해서 살이 찌지 않는 것과 마찬가지로 기호품인 식품을 소비한다고 해서 살이 찔 이유가 없다. 살이

---

176) 다만, 씹는 담배의 소비 방식은 다른 사람에게 큰 불쾌감을 준다는 단점이 있다. 그래서 이 방법은 공개된 장소에서 사용하기에는 부적절하다. 이점을 주의해야 한다. 주로 담뱃대로 담배를 피웠던 19세기의 유럽인들이 씹는 담배를 즐겨 이용하는 미국인들에 대해 느꼈던 불쾌감에 대해서는 에릭 번스, 《신들의 연기, 담배》, 230~236쪽 참고.

찌는 이유는 기호품인 식품을 소비하면서도 필수품인 음식물을 소비하는 방식에 연결했기 때문이다. 그 연결이 우리에게 오래되었고, 자연스럽게 느껴져 자연적인 방식 같지만, 음식물을 소비하는 자연적인 방식은 '감탄고토(甘呑苦吐)'다. 몸에 필요한 것만 받아들이고, 필요 없는 것은 내뱉는 방식이다. 현재의 식품 소비 방식은 음식즐기기가 음식맛보기를 대체한 결과다. 새로운 식품 소비 방식에서 기호품으로 소비되는 과자는 '씹는 담배'처럼 '씹는 과자'가 된다.

비만 구조 속에서 우리는 식품 생산자가 만든 대본(시나리오)에 따라 배치되어 있다. 식품 생산자가 쓴 대본에 따라 소비자의 역할을 연기한다. 이 대본에는 "식품의 미각 정보에 따라 큰 즐거움을 느껴라."라고 쓰여 있다. 이 대본 내용이 '음식먹기 행동 방식'과 연결되면 '과식하라'는 명령과 같은 뜻이 된다.[177] 그에 따라 우리는 과식하라는 의미로 받아들이고, 과식 행동을 한다. 하지만, 이건 우리가 기존의 습관대로 대본을 해석한 결과다. 이 대본을 다시 잘 살펴보면 "식품의 미각 정보에 따라 큰 즐거움을 느껴라."라고 쓰여 있을 뿐이다. '과식하라'는 말은 없다. 식품에서 즐거움을 얻은 후 남은 음식물을 뱉어도 되는지 안 되는지는 정해져 있지 않다. 다만 우리가 삼켜야만 하는 것으로 받아들인 것뿐이다. 여기가 이 대본의 빈틈이다.

이 빈틈을 열고 새로운 행동 방식을 채택한다. 함수나 기계처럼 주

---

177) 식품 생산자는 더 많은 수익을 얻기 원할 뿐, 우리(소비자)가 과식하는 것을 원하지 않는다. 그들은 우리가 과식을 하는지, 하지 않는지에 대해 관심이 없다. 다만, 더 많은 수익을 얻기 위해서는 소비자가 식품을 더 많이 구매해야 한다. 식품을 더 많이 구매하기 위해서는 소비자가 식품에서 더 큰 즐거움(쾌감, 효용)을 얻어야 한다. 식품 생산자가 원하는 것은 우리가 과식하는 것이 아니라, 우리가 식품에서 더 큰 즐거움을 얻는 것이다. 그래서 식품을 더 많이 사는 것이다. 그런데, 식품 생산자도, 소비자인 우리도 식품에서 즐거움을 얻는 것이 식품을 먹는 것과 같은 것이라고 오해했다. 그 결과 우리는 "식품에서 더 많은 즐거움을 얻어라."라는 대본을 "식품을 과식하라."라고 받아들인다.

어진 정보에 대해 고정된 방식으로 반응하지 않는다. 스스로 자연적인 진리인 척하며 주어진 행동 방식에 우리를 묶어 두려는 고정 관념에 복종하기를 거부한다. 과식하지 않는 행동 방식을 택한다.[178] 미각 정보가 더 이상 과식 행동으로 이어지지 못한다. 끊겨 버린 철로 위에 멈춰 선 기차, 도화선이 끊겨 불발이 된 폭탄, 수신인을 잃어버려 도착할 수 없는 편지처럼 식품의 과식유발능력은 잠재적인 능력으로 남는다.

3. 맛의 즐거움을 에너지의 기쁨으로 대체한다

유혹에 빠지지 않도록 깨어 있어라!

이제 마지막으로 식품이 주는 맛의 즐거움을 음식이 주는 에너지의 기쁨으로 대체하는 방법에 관해서 볼 차례다. 이 방법은 식사를 하는 과정에서 발생하는 2차 식욕을 사라지게 한다. 뱃속의 상태에 대해 집중하는 방법으로 1차 식욕이 만족되는 지점을 알아차리는 단계와 2차 식욕을 1차 식욕으로 대체하여 2차 식욕이 사라지게 만드는 두 단계로 나누어 진행한다.

---

178)　내가 그에게 서류를 들이밀었다. 그러자 그가 말했다. "안 하는 편을 택하겠습니다." 나는 그를 뚫어지게 쳐다보았다. 그의 얼굴은 아무 생각 없는 듯 태연했고, 회색 눈은 흐릿하게 가라앉아 있었다. 동요해서 생긴 주름살 한 줄도 보이지 않았다. 나는 잠시 그를 응시하며 서 있었다. 그는 쓰던 것을 계속 써 나갔다. 나는 곧 내 책상으로 돌아가 앉았다. 정말 이상한 일이야. 나는 생각했다 (허먼 멜빌, 《필경사 바틀비》, 30쪽 참고).

별이 빛나는 낮(Starry, starry Day)

"Starry, starry night. Paint your palette blue and gray⋯."

오래된 팝송 중에 〈빈센트(Vincent)〉라는 노래가 있다. 빈센트 반 고흐의 '별이 빛나는 밤'(La Nuit Étoilée)이라는 그림을 주제로 한 노래다. 이 그림에서처럼 밤하늘에는 많은 별이 떠 있고, 맑은 날이라면 그 별을 볼 수 있다. 반면 낮에는 별을 볼 수 없다.

"낮에는 왜 별을 볼 수 없을까?"

"낮에는 별이 없을까?"

낮에도 별이 있다. 하지만, 볼 수 없다. 우리는 보통 낮과 밤을 시간의 관념으로만 생각하지만, 공간의 관념으로 생각해 보면 밤은 지구라는 물체가 만들어 내는 거대한 그림자 속에 내가 들어가는 거다. 낮은 내가 태양을 직접 바라볼 수 있는 공간 속에 있는 것이라면 밤은 나와 태양 사이에 지구라는 거대한 물체가 끼어드는 것이고, 지구가 만들어 내는 그 짙은 그늘 속에 내가 갇히는 거다. 그리고 지구라는 거대한 장애물 때문에 밤의 그늘 속에서는 태양을 바라볼 수 없다. 태양은 여전히 빛나고 있지만, 적어도 나에게는 그 태양의 빛이 모두 차단되어 버린다. 그래서 어둠 속에 갇힌다.

그런데 이 어둠은 별이 빛날 수 있는 조건이 된다. 더 정확하게는 우리가 빛나는 별을 볼 수 있는 조건이 된다. 우리가 밝은 대낮의 공간에 있든, 칠흑 같은 밤의 공간에 있든 별 그 자체는 빛나고 있다. 하지만 별의 그 빛남은 어둠이라는 조건을 만나야만 우리에게 실현된다. 우리는 밤이라는 그늘 속에 갇히게 되고, 태양의 빛이 모두 차단되어야 비로소 빛나는 별을 볼 수 있다. 하늘에 찬란한 태양이 빛나고 있는 동안은 태양의 빛이 다른 모든 별의 빛을 사라지게 한다. 별을 사라지게 하는 게 아니다. 별은 여전히 거기에 있다. 하지만 별의 빛은 사라지고 우리는 별을 볼 수 없다. 마치 소음 속에 묻혀 있는 종소리처럼, 존재하지만 잠재적으로만 존재한다. 마찬가지로 별처럼 빛나는 우리의 감각들도 태양처럼 강렬한 다른 감각이 존재하는 동안에는 느껴지지 않는다. 없는 게 아니라 느껴지지 않는다.

화창하게 맑은 날 하늘을 한번 올려다보라. 당신이 느끼지 못할 뿐이지, 그 푸른 하늘에도 무수히 많은 별들이 빛나고 있다. 하지만 그 별들은 우리에게 보이지 않는다. 별이 없어서도 아니고, 별을 보려는 우리의 의지가 부족해서도 아니다. 그 이유는 태양이 빛나고 있기 때문이다. 그런데 요즘에는 밤에도 별을 보기가 쉽지 않다. 현대의 도시는 말 그대로 불야성(不夜城)이다. 밤이 없는 도시다. 밤에도 환한 조명등이 비추고 있다. 그 불빛에 가려 깜빡이는 별빛이 보이지 않는다. 인공적인 태양들의 빛 속에서 별빛이 사라진다.

마찬가지로 식품을 먹을 때 인공적인 즐거움이 더 크게 작용하는 동안 우리는 배부른 불쾌감을 느끼지 못한다. '배가 부르다'고도 느끼지 못한다. 현대인에게 '배가 부르다'는 것은 '위장에 음식이 가득 찼다'는 의미가 아니다. '음식의 맛을 즐기는 즐거움과 음식을 먹는 고통이 서로 균형을 이룬다'는 것이다. 1차 식욕이 만족되는 시점은 도시의 밤하늘에 떠 있는 별들처럼 느껴지지 않는다. 느껴지지는 않지만 이때에도 위장에서는 배부르니 그만 먹으라는 신호를 보낸다. 이 신호를 알아차려야 한다. 별을 보기 위해서는 우리의 주위가 어두워져야 하고, 종탑의 종소리를 듣기 위해서는 우리의 주위가 고요해져야 하는 것처럼 이 신호를 알아차리기 위해서는 우리의 마음속이 조용해져야 한다.

음식의 맛에 집중되어 있는 의식을 떼어내 뱃속의 상태에 집중한다. 음식을 먹으면서도 집중하다 보면 배고픔이 점점 사라지고, 1차 식욕이 만족되는 지점에 다가간다는 것이 느껴진다. 의식적으로 귀 기울이면 소란한 가운데서도 희미한 종소리를 들을 수 있고, 의식적으로 찾아보면 도시의 밤하늘에서도 희미한 별빛을 볼 수 있는 것처럼…

마음은 간절하나 몸이 말을 듣지 않는구나!

뱃속의 상태에 의식을 집중하면 1차 식욕이 만족되는 시점을 찾을 수 있다. 더 이상 배가 고프지 않은 시점이다. 하지만, 이건 배가 부르다는 느낌과는 다르다. 배가 부르다고 느껴지지는 않는다. '그만 먹고 싶다'는 생각이 들지 않는다. 그저 배고프지 않을 뿐이다. 배고픈 고통이 느껴지지 않으니 음식을 더 먹어도 기쁨은 생기지 않는다. 하지만, 우리에게 감각적으로 느껴지는 것은 전체 식욕이고, 전체 식욕이 만족되지 않았으니 여전히 배부르지 않다고 느껴진다. 그래서 음식을 더 먹는 것이 즐겁고, 여전히 더 먹고 싶다. 이때 음식의 맛이 주는 즐거움을 어떻게 해야 할까? 음식을 먹는 것이 여전히 즐겁고, 맛있는 음식이 여전히 매력적인데… 음식을 더 먹고 싶은데… 이걸 멈추게 할 힘이 없다. 그래서 1차 식욕이 만족되었다는 것을 아는 것만으로는 부족하다.

다이어트를 결심할 때 우리는 맛있는 음식을 먹는 즐거움(쾌감)과 날씬한 몸매가 되는 유쾌함(쾌감)을 비교한다. 다이어트를 하면 먹는 즐거움이 사라지고, 먹고 싶은 것을 먹지 못하는 불쾌감이 생긴다. 이 불쾌감을 날씬한 몸매가 되었을 때 느낄 수 있는 쾌감과 비교하며 참는 것이다. 그렇게 단순 비교하면 다이어트는 할 만한 것 같다. 날씬한 몸매가 될 수 있다면 지금 먹고 싶은 음식을 먹지 못하는 정도의 불쾌감은 그다지 크지 않기 때문이다. 맞다. 분명히 날씬한 몸매의 쾌감이 음식을 먹지 못하는 불쾌감보다 훨씬 크다. 그러니 다이어트는 성공할 것 같다. 설령 불쾌감이 생기더라도 그 정도는 '의지'로 충분히 극복할 수 있을 것 같다. 그런데 막상 해 보면 안 된다. 늘 실패한다.

"왜 그럴까?"

여기서 우리가 놓친 부분이 있다. 먹고 싶은 음식을 먹지 못하는 불쾌감은 현재의 불쾌감이고, 날씬한 몸매가 주는 쾌감은 먼 미래의 쾌감이다. 다이어트를 하면 먹고 싶은 음식을 먹지 못하는 불쾌감은 점점 늘어난다. 기하급수적으로 증가한다. 반면 날씬한 몸매의 쾌감은 고정되어 있다. 의지를 가지고 다이어트를 한번 해 봐라. 하루만 지나면 내일의 나는 벌써 오늘의 나와 달라져 있다. 지금은 한 끼 굶는 거나 한 가지 음식만 먹는 것이 대수롭지 않게 느껴지지만 하루만 지나면 불쾌감으로 다가온다. 이틀, 사흘이 지나면 큰 고통이 되고, 몸은 점점 에너지와 맛의 즐거움을 갈망한다. 사흘 후의 나는 사흘 전의 나와 완전히 다른 사람이 되어 있다. 머릿속에서 온통 먹는 것만 떠오른다. 먹는 것이 의식의 전경을 차지하고 다른 것에 자리를 내어 주지 않는다. 사흘 후의 나에게 가장 필요한 것은 식품이다. 식품의 매력이 우리의 의식을 잡아 쥐고 놓아주지 않는다. 우리의 뇌가 그렇게 작동하도록 되어 있다. 그래야만 자연 세계에서 살아남을 수 있기 때문이다. 우리는 유전적으로 이렇게 작동하는 뇌를 물려받았다. 과연 이런 상태로 얼마나 견딜 수 있을까? 이런 상태로 살이 빠질 때까지 6개월이나 1년을 견딜 수 있을까? 구명정을 타거나 감옥에 갇히지 않고는 불가능하다. 설령 살이 빠졌다고 해 보자. 그 다음은 어떻게 할 건가? 평생 먹고 싶은 것을 먹지 않고 살 자신 있는가? 이런 방식으로는 안 된다. 지금처럼 다이어트를 하면 시간이 지날수록 점점 고통스러워지고 지속하기 어려워진다. 반면, 1년 뒤에 날씬한 몸매가 되었을 때 느낄 쾌감은 지금이나, 6개월 뒤나, 1년 뒤나 똑같다. 1년 뒤의 날씬해진 모습을 상상하면서 오늘은 참을 수 있다. 하지만 내일은 어렵다. 모레는 더 어렵다. 다이어트는 의지로 해결할 문제가 아니다. 다이어트는 매일매일 이루어지는 행동의 방식, 습관을 바꾸는 거다. 매일매일 불쾌감에 직면하게 된다. 다이어트에 성공하려면 불쾌감을 해소해 줄 새로운 쾌감이 매일매일 필요하다. 비만 구조가 작동하는 방식과 같다. 다만 그 방향이 반대다. 비만 구조 속에서 인간의 과식 행동을 유발하기 위해 식품이 매번 쾌감(즐거움)을 준다. 이 쾌감이 매번 발생하는 소화 노동의 불쾌감을 가려 과식 행동을 매번 가능하게 한다. 반대로 이미 안정 상태에 들어간 과식 능력의 작동을 멈추려면 매번 발생하는 불쾌감을 가려 줄 쾌감이 매번 필요하다. 다이어트 행동이 매번 쾌감을 주어야 한다.

매번 쾌감이 주어지면 비교 대상이 바뀐다. 현재의 불쾌감과 가까운 미래의 쾌감을 비교한다. 1년 뒤가 아니라 몇 분 뒤, 몇 시간 뒤의 쾌감과 비교한다. 이렇게 하면 뭘 구체적으로 비교하고 말고 할 것도 없다. 우리 마음이 안다. 새로운 쾌감을 맛보려는 기대에 저절로 식욕이 사라진다. 식욕이 사라지면 배부른 불쾌감이 의식의 전경으로 나온다. 현실적으로 '배부르다', '그만 먹고 싶다'는 생각이 든다. 저절로 과식 행동을 멈추게 된다. 우리가 할 일은 의지를 가지고 참는 게 아니라, 이런 조건을 만드는 것이다.

현명하여라, 아리아드네여! 너는 나의 미궁이로다

예전에 카라바조(Caravaggio)가 그린 '병든 바쿠스(Bacchino malato)'라는 그림을 본 적이 있었다. 충격적이었다. 바쿠스는 디오니소스의 로마식 이름이다. '병든 바쿠스'는 '병든 디오니소스'다. 디오니소스는 포도주의 신이고, 즐거움의 신이다. 진탕 먹고 마시고 노는 명랑한 신이다. 심지어는 토실토실하게 살찐 아기 디오니소스가 포도주를 병째 들고 마시는 그림도 있다.[179] 그게 어울린다. 아기 때부터 포도주에 거나하게 취해 즐거운 신, 그게 디오니소스다.

"그런데… 카라바조는 이 명랑한 신을 왜 저런 식으로 그렸을까?"

"왜 저렇게 병들고 슬픈 모습으로 그렸을까?"

이런저런 잡생각을 하다가 잊어버렸다.

영화 〈인셉션〉에 보면 아리아드네라는 여학생이 나온다. 그녀는 코브에게 꿈을 설계해준다. 미궁을 만드는 자다. 그리스 신화에도 같은 이름의 공주가 나온다. 아리아드네 공주는 테세우스에게 실타래를 주어 테세우스가 미궁에서 벗어날 수 있도록 돕는다. 영화 속의 아리아드네는 미궁을 만드는 반면 신화

카라바조의 '병든 바쿠스'

속의 아리아드네는 미궁에서 벗어나게 한다. 미궁은 인간이 만든 구조물이다. 미궁에 갇힌 인간은 거기서 벗어나지 못한다. 벗어나려면 이카로스처럼 자연을 거슬러 하늘을 날아야 하고, 죽음을 각오해야 한다. 하지만 아리아드네는 다르다. 그녀는 실타래라는 도구를 가지고 미궁을 만든 사람이 미처 생각하지

---

179) 귀도 레니(Guido Reni)의 '술 마시는 바쿠스(Bacco che beve)' 참고.

못한 빈틈을 만든다. 미궁의 구조를 받아들이면서도 그 구조에서 벗어난다. 그런데 아리아드네의 도움으로 미궁에서 벗어난 테세우스는 낙소스 섬에 아리아드네를 버리고 혼자 아테네로 돌아간다. 테세우스에게서 버려진 아리아드네는 그곳에서 디오니소스를 만나게 된다.

미노타우로스의 미궁, 이카로스의 죽음, 아리아드네의 실타래, 테세우스의 배신, 디오니소스와의 만남, 주신축제에 상연되는 비극, 마이나데스(mainades)의 광기와 공포, 아리아드네의 미궁… 이런저런 잡생각들을 하다가 이런 생각이 들었다.

"테세우스는 왜 아리아드네를 배신해야만 했을까?"

"아리아드네는 왜 배신당하는 고통을 겪어야만 했을까?"[180]

"버림받은 아리아드네가 만난 상대가 왜 하필 디오니소스였을까?"

"디오니소스는 왜 아리아드네가 필요했을까?"

"즐거운 신을 기리는 축제에서 왜 슬픈 비극이 상연되었을까?"

"세멜레는 왜 불타 죽고, 디오니소스는 왜 찢겨 죽어야 했을까?"

"카라바조는 왜 병든 디오니소스를 그렸을까?"

디오니소스는 포도주의 신이다. 즐겁고 명랑한 신이다. 하지만, 즐거움이나 명랑함은 혼자서 무한정 지속될 수 없다. 그게 즐거움의 비밀이다. 그래서 디오니소스는 고독하다. 충만한 빛이 된 자는 어둠이 되기를 갈망한다. 어둠이 되어 다시 빛을 갈망하기를 갈망한다.[181] 분명 디오니소스는 긍정의 신이다.

---

180)   아리아드네는 테세우스로부터 버림을 받아야만 했다. 왜냐하면 영웅이 아리아드네를 버렸을 때, 오직 이때만이 아리아드네는 꿈속에서 초영웅이 자신에게로 가까이 접근해 옴을 보게 된다는 것, 바로 이것이 영혼의 비밀이기 때문이다(질 들뢰즈, 《들뢰즈가 만든 철학사》, 252쪽).

181)   나는 빛이다. 아, 내가 밤이라면 좋으련만, 그러나 나는 빛으로 둘러싸여 있으니 이것이 나의 고독이다! 아! 내가 어둠이요, 밤이라면! 얼마나 나는 빛의 가슴에 안겨 젖을 빨고 싶었던가! 어두운 모든 것에 수많은 태양은 빛으로 말을 걸지만, 나에게는 그들이 침묵한다(프리드리히 니체, 《이 사람을 보라》, 278~279쪽 참고).

하지만 긍정 그 자체가 긍정되기 위해서는 제2의 긍정을 만들어 줄 그 무언가가 필요하다.[182] 다른 한편 디오니소스는 부활의 신이다. 살아 있는 존재는 부활할 수 없다. 부활을 위해서는 먼저 죽어야 한다. 누군가 디오니소스를 죽여 줘야 한다. 디오니소스를 잉태한 세멜레를 타죽게 만드는 제우스가 있어야 한다. 디오니소스를 찢어 죽이는 티탄이 필요하다.[183] 죽지 않는 신에게 부존재와 죽음의 진리를 알려 주는 스승 실레노스[184]가 필요하다. 병에서 회복하는 기쁨을 느끼고 싶으면 먼저 병이 들어야 한다. 건강한 사람은 병에서 회복되는 기쁨을 느낄 수 없다. 디오니소스가 그 기쁨을 맛보고 싶으면 먼저 '병든 디오니소스'가 되어야 한다. 이것은 신이라도 바꿀 수 없는 조건이다.

제우스, 티탄, 실레노스, 질병 같은 조건의 등가물이 아리아드네. 삶에 대한 충만한 긍정인 디오니소스는 아리아드네라는 조건 없이 더 이상 삶에 대한 긍정을 만들어 내지 못한다. 이미 물이 가득찬 물독과 같다. '중이 제 머리 못 깎는다'는 말처럼 누군가 가득 찬 물독을 비워 줘야 한다. 디오니소스는 존재의 긍정인 반면 아리아드네는 부정이다. 버림받은 상처로 부정이 되었다. 디오니소스의 순수 긍정은 아리아드네의 부정을 만남으로써 배가하는 긍정으로 돌아온다.

그리스 비극은 디오니소스 축제에서 시작되었다고 한다. 즐겁고 명랑하기만 한 신이 계속 명랑하기 위해서는 슬픔이 필요하다. 슬픔이 즐거운 신에게 잃어버린 쾌감(기쁨)을 주기 때문이다. 디오니소스에게 버림받은 아리아드네가 필요한 이유이고, 비극이 필요한 이유다. 여기서 '미궁을 벗어나게 하는 아리아드네'는 '미궁을 만드는 아리아드네'가 된다.

---

182) 질 들뢰즈, 《들뢰즈가 만든 철학사》, 253~254쪽 참고.

183) 프리드리히 니체, 《권력에의 의지》, 599쪽; 하인리히 롬바흐, 《아폴론적 세계와 헤르메스적 세계》, 92~93쪽 참고.

184) 실레노스의 전설에 대해서는 프리드리히 니체, 《비극의 탄생》, 31~32쪽 참고.

괴테는 어디선가 이런 말을 했다고 한다.[185]

"화창한 날이 계속되는 것만큼 견디기 어려운 것은 없다"

화창한 날은 좋은 것이다. 하지만 아무리 화창한 날도 그런 날이 계속되면 더 이상 좋지 않다. 기쁘지도 않고, 즐겁지도 않다. 그저 무료하다. 지루한 장마 끝에 화창하게 갠 아침의 충만한 기쁨을 느끼고 싶다. 하지만 화창한 날이 계속되는 동안에는 아무리 느끼고 싶어도 느낄 수 없다. 그 기쁨을 느끼기 위해서는 먼저 흐리고 비오는 날이 필요하다.[186] 인간이 만든 즐거움은 성가신 괴로움을 대가로 치르지 않고도 얻을 수 있지만 자연의 선물인 기쁨은 그렇지 않다. 괴로움이 사라져 버린 오늘날의 생활 조건은 자연이 마련해 놓은 인생살이의 굴곡을 인위적으로 평평한 평지로 바꾸고 있다. 거대한 물마루와 물고랑을 거의 형태 없는 파동으로, 빛과 그림자를 단조로운 회색으로 만들고 있다. 그렇게 평평해진 삶은 지루하다.[187] 사는 게 싫증난다.

우리가 쾌감을 느낄 수 있는 능력치에는 기쁨의 자리와 즐거움의 자리가 있다. 기쁨은 고통의 사라짐이어서 기쁨의 자리는 동시에 고통의 자리이기도 하다. 이제껏 우리는 인공적인 기술을 통해 배고픔, 추위와 같은 고통을 사라지게 하였다. 그러는 사이에 기쁨의 자리도 함께 메워 버렸다. 삶에서 고통이 점점 사라진다. 기쁨도 함께 사라진다. 기쁨이 사라지자 즐거움의 자리를 채우면서 쾌감을 얻는다. 즐

---

185) 지그문트 프로이트, 《문명 속의 불만》, 257쪽 참고.

186) 밤에 자는데 누군가가 깨우면 정말 짜증난다. 짜증은 불쾌한 감정이다. 누구나 깨지 않고 그냥 자고 싶다. 하지만 깨어야만 할 때가 있다. 훈련소에서 한밤중에 불침번을 설 때, 아기가 한밤중에 칭얼거려 분유를 줘야할 때 괴롭지만 깨어나야 한다. 그런데 불침번을 마치고 다시 침상에 누웠을 때, 아기가 잠들고 나도 누웠을 때 잠에 빠져드는 느낌은 달콤하다. 그 달콤함은 계속 잠자고 있는 사람은 느낄 수 없는 달콤함이다. 그 쾌감을 느끼고 싶다면 괴로워도 깨어나야 한다.

187) 콘라트 로렌츠, 《현대 문명이 범한 여덟 가지 죄악》, 54쪽 참고.

거움의 자리도 가득 찬다. 그리고 즐거움의 자리를 점점 늘려 가는 방식으로 살아가는 데 필요한 쾌감을 얻는다. 즐거움의 자리가 늘어나면 그 늘어난 공간만큼 전체 쾌감이 커질 것 같지만, 그렇지 않다. 기쁨이건 즐거움이건 쾌감은 채워지지 않은 공간, 비어 있는 공간이 채워지는 과정에서 발생한다. 이미 채워져 있는 상태에서는 발생하지 않는다. 이미 채워진 쾌감은 기껏해야 불쾌감을 주지 않는 정도에 불과하다. 이제 기쁨도, 즐거움도 느낄 수 없는, 화창하지만 단조로운 삶이 남는다. 괴롭지는 않지만, 그렇다고 기쁘지도 즐겁지도 않은, 무료한 시간 말이다. 즐거움을 얻을 수 없다면, 다시 기쁨을 얻어야 한다. 하지만, 기쁨의 자리는 이미 채워져 있다. 비어 있는 공간이 없다. 기쁨을 얻으려면 이미 채워져 있는 자리를 다시 채워야 한다.

나를 죽이지 못하는 고통은 다시 나를 기쁘게 한다

영화나 연극에는 희극도 있고, 비극도 있다. 희극을 보면 즐겁다. 그래서 희극을 본다. 반면 비극을 보면 슬프다. 무서운 영화를 보면 무섭다. 슬프거나 무서운 감정은 불쾌한 감정이다. 누구나 불쾌한 감정을 피하고 싶다. 그런데 우리는 비극도 보고 무서운 영화도 본다.

"불쾌감을 주는 비극이나 무서운 영화를 왜 볼까?"

카타르시스를 주기 때문이다.

"카타르시스가 뭐지?"

카타르시스는 '감정의 정화' 또는 '감정의 배설'이다. 감정을 씻어 내고 비워 내는 것이다. 그런데 좀 이상하다. 불쾌감을 주는 것을 왜 감정의 정화나 배설이라고 할까?

"무슨 감정을 씻어 내고, 무슨 감정을 비워 낸다는 말인가?"

"비극을 본다고 어떻게 감정을 씻어 내고 비워낼 수 있는가?"

"감정을 씻어 내고 비워 내는 것이 어떻게 쾌감을 주는가?"

카타르시스가 작동하는 메커니즘은 아직 정확히 밝혀져 있지 않다.[188] 여러 가지 주장이 있지만, 모두 그다지 명쾌하지 않다. 다만, 한 가지 분명한 것이 있다. 비극이 우리에게 슬픔을 주고, 슬픔은 불쾌하다는 사실이다. 불쾌감은 쾌감의 반대감정이다. 불쾌감이 있다는 것은 쾌감이 줄든다는 것이고, 그 줄어든 만큼 채워야 할 쾌감의 빈 공간이 생긴다. 가득 찬 물독에서 물을 비워 내는 것처럼 기쁨으로 가득 찬 우리의 마음에서 기쁨을 비워 낸다. 우리의 마음을 비어 있는 상태, 다시 기쁨을 더 채울 수 있는 상태로 돌려놓는다.

물이 가득 찬 물독에는 물을 더 채울 수 없다. 물을 더 채우려면 물을 비워 내야 한다. 마찬가지로 기쁨이 가득 차 버린 뇌는 더 이상 기쁨을 느낄 수 없다. 그런데도 기쁨을 더 느끼고 싶다면 먼저 기쁨이 들어올 수 있는 여분의 자리를 마련해 주어야 한다. 그러려면 기쁨을 비워 내야 한다. 기쁨은 결핍에서 오는 불쾌감과 고통이 사라지는 감정이다. 불쾌감과 고통이 없으면 기쁨도 없다.[189]

기쁨을 더 느끼기 위해 불쾌감을 인공적으로 만들어 낸다. 예를 들어 추운 겨울날 따뜻한 이불 안에 있으면 따뜻하다. 따뜻하니 춥다는 불쾌감은 없다. 하지만 기쁨도 없다. 기쁨은 추웠다가 따뜻해질 때 생기는 것이지, 따뜻한 상태가 계속되면 더 이상 기쁨이 생기지 않는다. 그냥 따뜻한 것, 불쾌감이 없는 상태다. 그것은 기쁨의 쾌감이 아니다. 중요하지 않은 것, 무료하고 따분한 것, 무관심한 것이다. 그래서 일부러 불쾌감을 만들어 낸다. 발을 이불 밖으로 내민다. 발이 차가워지고 불쾌감이 생긴다. 이때 발을 다시 이불 안으로 넣으면

---

188) 아리스토텔레스, 《시학》, 339쪽 주석④; 권혁성, 〈아리스토텔레스와 비극의 카타르시스 – 주도적 해석들의 재검토를 통한 새로운 해석의 시도 -〉, 서양고전학연구 53권, 한국서양고전학회, 2014. 3., 122~123쪽 참고.

189) 콜린 캠벨, 《낭만주의 요괴와 근대 소비주의 정신》, 127~128쪽 참고.

차가워진 발이 따뜻해지면서 쾌감이 생긴다.[190] 인공적으로 기쁨을 생산하기 위해 가득 찬 만족 상태를 비워 내는 것이다. 예술적 아름다움은 보통 인공적으로 만든 즐거움이지만, 카타르시스는 인공적으로 만든 기쁨이다.[191] 고대 그리스인들은 즐거움을 인공적으로 생산하는 희극과 함께 기쁨을 인공적으로 생산하는 비극의 메커니즘을 알고 있었고, 카타르시스라는 이름으로 그 메커니즘을 분명히 파악하고 있었다. 위장을 가득 채운 음식물이 소화 불량을 일으키는 것처럼, 뇌를 가득 채운 정보도 소화 불량을 일으킨다. 고대의 의사들이 가득 찬 위장을 비워 내듯이(카타르시스) 고대의 비극 작가들은 가득 찬 뇌를 비워 냈다(카타르시스). 새로운 기쁨의 공간이 생겼고, 그 공간을 채우면서 새로운 쾌감이 생겼다. 멈추어 버린 정보의 흐름이 다시 진행되고, 그 기쁨의 힘으로 그리스 특유의 명랑성을 유지할 수 있었다.

빛을 갈망하려면 먼저 어둠이 되어야 한다는 것.

채우기 위해서는 먼저 비워야 한다는 것.

기쁨을 위해서는 먼저 슬픔이 필요하다는 것. 이것이 즐거운 신 디오니소스에게 아리아드네가 필요한 이유이고, 비극이 필요한 이유이다. 어느 사이엔가 잊혀진 고대의 지혜다.

비유하자면 식품 생산자는 현대의 희극 작가라 할 수 있다. 그들은 인공적인 미각 정보를 이용하여 즐거움을 생산한다. 그 즐거움이 우

---

190) 지그문트 프로이트, 《문명 속의 불만》, 257쪽, 271~272쪽 참고.
191) 비극은 이런 구조로 이루어진다. 우리는 영화를 보는 동안 감정이입되어 극중의 인물과 우리 자신을 동일시한다. 극중 인물이 겪는 슬픔과 두려움을 공유하고 불쾌감이 생기지만, 그 불쾌감은 우리의 삶에 있는 것이 아니라 영화 스크린 안에 있다. 영화를 보는 동안에는 슬픔과 두려움을 느끼지만 영화가 끝났을 때 깨닫게 된다. "슬프고 무서운 일이 실제로는 나에게 일어나지 않았어.", "저건 그저 지어낸 이야기일 뿐이야." 안도하는 기쁨이 생긴다. 이 기쁨이 카타르시스다. 무서운 악몽을 꾸고 깨어난 후 사실 그것이 꿈이었음에 안도하는 기쁨과 같다. 그러니 실제적인 고통이나 위험이 존재할 경우에는 카타르시스가 생기지 않는다.

리를 과식하게 만들고, 뚱뚱하게 만든다. 우리는 이 상태를 벗어나야 한다. 미각의 쾌감(즐거움)에 빠져 있는 의식을 다른 쾌감(기쁨)으로 옮겨야 한다. 그래서 새로운 쾌감(기쁨)이 필요하다. 인공적으로 쾌감(기쁨)을 생산해 내야 한다. 다이어트하는 사람은 현대의 비극 작가가 된다. 주어진 희극 대본을 버리고 비극 대본을 쓴다. 새로운 대본에 따라 행동한다. 불쾌감을 만들고, 카타르시스를 일으킨다. 불쾌감이 사라지는 과정에서 쾌감(기쁨)이 생겨나고, 그 기쁨이 자연스럽게 과식 행동을 멈추게 한다.

배고픔이 사라지는 기쁨은 방울져 떨어지는 꿀보다 더 달콤하다

우리말에 '밥맛이 꿀맛이다'라는 말이 있다. 밥이 아주 맛있을 때 쓰는 표현이다. 그리고, 언제부터인지 '밥맛이다'라는 말도 쓰는데, '밥맛이다'는 '매력적이지 않다'는 의미로 쓰인다. "그건 밥맛이야"라고 말하는 것은 그것이 매력적이지 않고, 끌리지 않는다는 의미다. 이상한 표현이라는 생각이 들면서도 한편으로는 또 이해가 된다. 밥을 먹을 때 요리된 반찬이 맛있는 것이지, 밥 그 자체는 별 맛이 없다. 반찬 없이 맨밥만 먹는다면 그다지 매력적이지 않다. 그래서 '밥맛이다'라는 말이 생긴 거다.

그런데, 바른 다이어트로 과식을 하지 않게 되면 '밥맛'이던 밥맛이 '꿀맛'이 된다. 이제껏 내게 너무나 '익숙했던' 밥맛이 어느 순간 나에게 '낯설어진다.' "왜 그럴까?" 나는 매일 밥을 먹고 있지만, 어제 먹은 밥이나, 오늘 먹는 밥이나 그 맛이 똑같다. 밥맛은 내게 익숙하고, 나는 밥맛을 잘 알고 있다. 이미 나에게 익숙한 밥맛은 나의 의식을 자극할 만큼 새롭지 않다. 그래서 나는 매일 밥을 먹으면서 밥을 인식하기는 하지만, 밥맛을 느끼지는 못한다. 매일 밥을 먹으면서 밥맛에 대한 정보도 받아들이고 있지만, 그 밥맛은 의식의 전경으로 들어오지 못하고 배경에서 서성이다 사라져 버린다. "예술은 돌을 돌답게 만들어 준다."라는 말이 있다. 사물을 내가 알고 있는 대로가 아니라 느껴지는 그대로 느끼게 해 주는 거다.[192] 이 표현에 빗대어 말하자면, 과식하지 않는 습관은 "밥을 밥답게 만들어 준다."

배부른 사람에게는 밥맛이 밥맛이지만, 배고픈 사람에게는 밥맛이 꿀맛이다. 배부른 사람은 이미 필요한 에너지를 섭취한 사람이다. 배고픔이 없다. 배고픔이 없으니 에너지를 섭취하더라도 배고픔이 사라지는 기쁨도 없다. 에너지를 섭취하는 것은 음식을 먹는 것인데, 음식을 먹는 것은 노동이니 그 노동에서 불쾌감만 생길 뿐이다. 그에게는 맨밥이 매력적일 수가 없다. 그야말로 "밥맛이다." 하지만 배고픈 사람은 다르다. 배고픈 사람은 필요한 에너지가 부족한 사람이다. 배고픈 고통을 느끼고, 음식을 먹을 때 배고픔이 사라지는 기쁨을 느낀다. 배고픔이 강렬할수록 기쁨도 강렬하다. 그래서 아주 배고픈 사람은 반찬 없이 맨밥만 먹으면서도 배부른 사람이 맛있는 요리를 먹을 때 느끼는 즐거움보다 더 강렬한 쾌감을 느낀다. 이 쾌감은 세상의 어떤 요리도 줄 수 없다. 오로지 배고픔만이 줄 수 있는 쾌감이다. 인공적 기술로는 만들 수 없는 자연의 선물이다.

---

192) 빅톨 쉬클로프스키, 《러시아 형식주의 문학이론》 중 '기술로서의 예술', 34쪽.

요리사는 만들 수 없는 세상에서 가장 아름다운 맛[193]

　옛날 어느 왕이 요리사를 불러 자신이 50년 전에 먹었던 산딸기 오믈렛 요리를 만들어 달라고 말했다. 그 왕은 50년 전에 전쟁에서 패해 도망치게 되었다. 숲속에서 길을 잃었고, 배고픔과 피로에 지쳐 헤매다가 어느 오두막집을 발견했다. 그 집 노파가 산딸기 오믈렛을 만들어 주었는데, 그걸 한입 먹자 기적처럼 힘이 되살아나고, 희망이 샘솟는 것 같았다. 그 산딸기 오믈렛 맛을 잊을 수 없으니 그걸 만들어 달라는 것이었다.

　궁정요리사가 대답했다. "저는 이 세상의 모든 향료와 조미료, 요리 방법을 알고 있습니다. 하지만, 그 오믈렛은 만들 수 없습니다. 저는 당시의 맛을 내는 그 재료를 마련할 수 없기 때문입니다. 전쟁의 위험, 쫓기는 자의 주의력, 부엌의 따뜻한 온기, 뛰어나오면서 반겨 주는 온정, 어찌 될지도 모르는 현재의 시간과 어두운 미래, 이 모든 분위기는 제가 도저히 마련할 수 없습니다."

　우리는 현재 일상적으로 과식을 하고 있기 때문에 식사 시간이 되어도 배가 고프지 않은 상태에서 다시 음식을 먹는다. 그래서 음식을 먹는 것이 그다지 기쁘지 않다. 먹은 음식이 다 소화되지 않고 아직 여분의 에너지가 있으니 배고픔이 느껴지지 않는다. 반면, 과식을 하지 않게 되면 우리 몸이 신체적으로 필요한 만큼만 에너지를 섭취하게 된다. 식사를 한 후에 다음 식사 때까지 섭취한 에너지가 다 소진되고, 에너지가 소진됨에 따라 몸에서는 계속 에너지를 섭취하라는 신호를 보낸다. 그 정도가 며칠 굶은 사람처럼 그렇게 강하지 않고, 우리의 의식이 일상생활의 다른 일들에 신경 쓰고 있기 때문에 현실적으로 심한 고통으로 느끼지는 못한다. 가벼운 시장기 정도로만

---

193)　발터 벤야민, 《발터 벤야민의 문예이론》 중 '산딸기 오믈레트', 24~25쪽 참고.

느껴진다. 하지만 이미 우리 몸은 배고픈 상태에 들어와 있다. 그런 상태에서 밥을 먹으면 맨밥에 나물 반찬 하나만 있어도 밥이 맛있다. 말 그대로 "시장이 최고의 반찬이다." 배고픔이 사라지는 기쁨의 맛을 알게 되면 당신은 선택의 기로에 서게 된다. 식사를 하면서 과식을 할 것인지, 아니면 1차 식욕이 충족되는 지점에서 식사를 멈출 것인지 선택해야 한다. 지금처럼 일상적으로 과식을 하더라도 식품을 먹는 것은 즐겁다. 먹는 그 순간에 당장은 즐겁다. 하지만 다음 식사 때도 배고픔이 생기지 않는다. 잉여 에너지가 뱃속에 있는 동안에는 배고픔이 들어올 공간이 없다. 배고픔이 없으니, 배고픔이 사라지는 기쁨도 없다. 반면, 과식을 하지 않고 배고픔이 사라질 때 음식먹기를 멈추면 현재는 불쾌하다. 계속 더 먹고 싶은 미련이 남는다. 하지만 다음 식사 때까지 잉여 에너지가 사라진다. 잉여 에너지가 없다. 뱃속이 빈다. 그 빈 공간에 배고픔이 자리를 잡는다. 에너지가 사라지면 배고픔이 어김없이 찾아온다. 이때 밥을 먹으면 배고픔이 사라지면서 기쁨의 쾌감이 생긴다. 배고픔은 기쁨을 주는 마법의 약이다. 잉여 에너지로 둘러싸인 세상에서는 찾을 수 없는 쾌감을 준다. 이 마법의 약이 몸속에 들어 있는 한 어떤 음식도 진수성찬으로 보인다. 꿀맛같이 달콤한 밥맛을 느껴 보고 싶다면 뱃속이 빌 때까지 기다려야 한다.

"당신은 어느 쪽으로 선택하게 될까?"

마음이 내키는 대로 선택한다. 마음이 더 가는 쪽으로 선택한다. 달리 말해 더 큰 쾌감을 주는 쪽으로 선택한다. 이 선택의 조건에서 뱃속의 상태에 집중하는 행동이 마법처럼 그 힘을 발휘한다. 그 자체로는 실현되지 못하는 능력이 실현 조건을 만나 실현된다. 과식 행동을 멈추는 힘으로 작동한다. 바르게 먹는 습관이 비로소 지속 가능한 제자리를 얻게 된다. 뱃속에서 보내는 정보에 집중하면 에너지가 충족될 때 배고픔이 사라졌음을 알게 된다. 배고픔이 사라진 후 먹는 식품의 맛은 그다지 맛있지 않다. 그저 그렇다. 시들시들한 매력이다. 당신 스스로도 그걸 느낄 거다. 다만 먹지 않는 것에 비해서는 먹는 것이 더 즐겁다. 그래서 계속 먹는다. 원래의 자리를 벗어난다. 일상적으로 과식하는 사람은 이 과식 행동을 멈추게 할 힘이 없다. 멈추게 할 힘이 없으니 소화 노동이 주는 불쾌감이 멈추게 할 때까지 멈추지 않는다. 지금 우리는 일상적으로 과식하고 있다. 필요한 에너지를 다 섭취하고도 배부르다고 느끼지 못하고, 배부르다고 느끼더라도 멈추지 못한다. 흔히 '밥배 따로 있고, 과자배 따로 있다'는 말을 한다. 이런 말을 하는 사람은 자신이 필요한 에너지를 섭취하고도 과식을 하고 있다는 사실을 알고 있다. 그런데도 멈출 수 없다는 사실도 알고 있다.

뱃속에 집중하는 의식적인 행동이 간식을 먹지 않는 조건과 만나게 되면, 과식 행동을 멈추게 하는 힘으로 작동한다. 지금 더 먹으면서 즐거움을 느끼고 싶다. 동시에 과식을 하지 않고 다음 식사 때 배고픔이 사라지는 기쁨도 느끼고 싶다. 둘 다 가질 수는 없다. 하나를 선택해야 한다. 케이크를 먹으면서 동시에 가질 수 없는 것처럼, 배고픔이란 마법의 양념도 없으면서 동시에 있을 수는 없기 때문이다. 그런데 지금 느끼는 맛의 쾌감(즐거움)은 현재의 식사 과정에서 이미 알고 있는 맛이다. 그다지 매력적이지 않다. 반면 배고픔이 사라지는 기쁨은 매번 새롭게 생겨난다. 그래서 배고픔이 사라지는 기쁨이 더 크다, 그 쾌감의 기대가 과식 행동을 멈추게 만든다. 비유하자면, 근사한 뷔페식당에서 저녁 식사를 할 약속이 있는 사람이 그날 점심 식사에 배부르게 먹지 않는 것과 같다. 점심 식사를 할 때 당장은 더 먹는 것이 즐거움을 준다. 하지만, 뭔가 손해 보는 느낌이다. 지금 더 먹으면 저녁 때 맛있는 요리를 더 먹을 수 없다. 나중을 위해 뱃속에 빈 공간을 마련해 두어야 할 것 같은 느낌이 든다. 바로 이 느낌, 이 기분이 배고픔을 면하는 정도에서 식사를 멈추게 만든다. 이건 의지로 참는 게 아니다. 지금 먹는 것도 쾌감을 주지만, 그것보다는 나중에 더 큰 쾌감을 얻기 위해 '기꺼이' 그만 먹는 것이다. 지금 먹지 못하는 불쾌감은 기회비용 같은 거다. 이 비용을 치르는 것은 불쾌하지만, 이 비용을 치르지 않으면 더 큰 쾌감을 얻을 수 없다. 그래서 '기꺼이' 치르는 비용이다. 비극 영화를 보면서 큰 감동을 얻고 싶다면 먼저 큰 슬픔을 겪어야만 한다. 비극 영화가 주는 감동은 슬픔의 불쾌감이 사라지는 기쁨의 쾌감이기 때문이다. 즐거움은 불쾌감 없이도 만들 수 있지만, 기쁨은 그렇지 않다. 불쾌감이 없으면 카타르시스도 없고, 기쁨도 없다. 카타르시스를 얻기 위해 기꺼이 비극 영화를 보듯이 배고픔이 사라지는 기쁨을 얻기 위해 기꺼이 맛의 즐거움에 탐닉하는 과식을 포기한다.

제6편

다이어트 방법

심장 이식부터 베토벤 사중주에 이르기까지 이 세상의 사물들은 현실로 드러나기 전에 창작자의 마음속에 있었다는 것을 기억하십시오. 21세기에게 아무것도 바라지 마십시오. 오히려 21세기는 여러분에게 모든 것을 바라고 기다립니다. 그것은 이미 공장에서 제작되어 여러분에게 오는 세기가 아니라, 여러분이 우리의 모습과 유사하게 만들도록 준비해야 하는 세기입니다.[194]

    - 가브리엘 가르시아 마르케스,《나는 여기에 연설하러 오지 않았다》-

---

194)   가브리엘 가르시아 마르케스,《나는 여기에 연설하러 오지 않았다》, 133쪽.

식욕만족 다이어트 준비 단계

1. 다이어트의 기본 계획을 만든다

다이어트 목표점 설정

식욕만족 다이어트를 본격적으로 시작하기 전에 먼저 구체적인 목표를 정해야 한다. 물론 식욕만족 다이어트도 다이어트이기 때문에 최종적인 목표는 살이 빠져 '날씬한' 몸매가 되는 거다. 그런데 이 '날씬하다'는 말이 애매하다. 다이어트는 구체적인 행동이 되어야 하는데, '날씬하게 될 때까지'라는 말은 구체적인 행동의 목표점으로 잡기에는 너무 불분명하다. 그래서 단계별로 명확하고 구체적인 목표점을 정할 필요가 있다.

식욕만족 다이어트는 1단계와 2단계로 나누어 진행한다. 1단계의 목표점은 BMI지수 25다. BMI지수 25는 과체중과 비만의 경계지점이다. BMI지수가 25 미만이면 과체중, 25 이상이면 비만이다.[195] 식욕만족 다이어트 1단계로 BMI지수를 25까지 낮춘다. BMI지수가 25가 될 때까지 식욕만족 다이어트 1단계를 한다. 다음으로 식욕만족 다이어트 2단계의 목표점은 BMI지수 23이다. BMI지수 23은 정상과 과체중의 경계지점이다. BMI지수가 23 미만이면 정상, 23 이상 25 미만이

---

195) BMI지수(체질량 지수)는 체중(kg)을 키(m)의 제곱값으로 나눈 값이다. 즉, BMI지수 = 체중(kg)/키(m)²이다. 예를 들어 몸무게 90kg인 사람이 키가 172cm이면 BMI지수는 30.42로 비만이다(90/1.72² = 30.42).

면 과체중이다. 식욕만족 다이어트 2단계로 BMI지수를 23까지 낮춘다. BMI지수가 23 이하가 되면 다이어트를 종료한다.

정리하면 다이어트 1단계의 목표는 비만인 체중을 과체중 상태로 가져가는 것이고, 다이어트 2단계의 목표는 과체중인 체중을 정상 체중으로 가져가는 것이다. 정상 체중(BMI지수 23)에 도달하면 다이어트를 끝마친다. 이것이 식욕만족 다이어트의 목표점이다.

다이어트를 실행하는 3가지 경우

식욕만족 다이어트의 구체적인 방법은 3가지로 나누어서 한다. (1) 간식먹지 않기, (2) 야식먹지 않기, (3) 과식하지 않기다. 우리가 음식을 먹는 것은 식사와 간식으로 나눌 수 있다. 넓은 의미로 간식은 식사 이외의 모든 음식 섭취를 말한다. 야식도 간식이다. 하지만 야식은 일반적인 간식과는 성격이 다르고, 다이어트 방식도 달라야 한다. 그래서 여기서 간식은 야식을 제외한 (좁은 의미의) 간식을 말한다. 주로 낮에 집 밖에서 달콤한 과자나 음료수를 먹는 것이다. 그리고, 우리가 음식을 먹는 것은 생명 유지와 신체 활동을 위한 에너지 섭취(1차적 음식먹기)와 음식의 맛을 즐기기 위한 음식먹기(2차적 음식먹기)로도 나눌 수 있다. 넓은 의미에서 과식은 생명 유지와 신체 활동에 필요한 이상으로 음식을 먹는 것, 즉 2차적 음식먹기 전체를 의미한다. 간식이나 야식도 모두 포함한다. 하지만, 식사 중의 과식은 간식이나 야식과 성격이 다르고 다이어트 방법도 달라야 한다. 그래서 간식이나 야식과 구별하기 위해 여기서는 식사과정에서 과식하는 부분만을 (좁은 의미의) 과식이라 부르겠다. 요컨대, (1) 간식먹지 않기는 야식을 제외한 간식, 즉 낮에 식사 외의 식품을 먹지 않는 것을, (2) 야식먹지 않기는 밤에 식사 외의 식품을 먹지 않는 것을, (3) 과식하지 않기는 식사 중에 필요 이상으로 과식하지 않는 것을 의미한다.

이 중에서 (1)과 (2)는 1단계에, (3)은 2단계에서 주로 한다.

[식욕만족 다이어트의 3가지 방법]

(1) 간식먹지 않기

(2) 야식먹지 않기

(3) 과식하지 않기

여기서 설명하는 방법은 나의 생활 환경과 생활 습관을 기준으로 만든 방법이다. 나는 당신이 아니고, 나의 환경이나 습관은 당신의 것과 다르다. 이 방법들이 당신에게는 맞지 않을 수 있다. 이런 방법도 가능하니 참고하라는 의미이지, 반드시 이 방법에 따라야 한다는 의미가 아니다. 사람마다 환경이 다르고, 습관이 다르다. 다른 방법을 만드는 것도 얼마든지 가능하다. 중요한 것은 (1) 다이어트 과정이 유쾌하고, (2) 다이어트 결과 건강해지며, (3) 다이어트 과정과 결과가 지속 가능한 방법이어야 한다는 점이다. 이 3가지 조건만 갖추어진다면 그 방법은 바른 다이어트 방법이다. 그러니 필요하면 여기에 나오는 내용을 참고하여 당신 자신의 생활 환경에 맞추어 조정하기 바란다.

2. 건강하게 식사한다

제때 식사를 한다

다이어트에 성공하기 위해 제일 먼저 해야 할 일은 건강하게 식사하는 거다. 건강한 식사가 되어야 다른 것이 가능해진다. 건강한 식사야말로 바른 다이어트라는 건물을 지을 수 있는 튼튼한 토대다. 구체적인 다이어트 방법이야 어떻게든 만들 수 있겠지만, 그것이 건강한 식사라는 기본 원칙에서 벗어나 있다면 그 방법은 바른 방법이 아니다. 건강하게 식사하기 위해서는 '제때에 제대로 식사'해야 한다. 제때에 식사하려면 때를 거르지 않아야 한다. 아침 때 아침 식사를 하고, 점심 때 점심 식사를 하고, 저녁 때 저녁 식사를 한다. 제대로 식사하기 위해서는 충분하고 균형 잡힌 식사를 해야 한다.

충분한 식사를 한다

'충분한 식사'란 우리의 생명 유지와 신체 활동에 필요한 에너지를 공급하는 데 부족하지 않을 정도로 충분한 식사를 의미한다. 몸에 에너지가 부족해지면 배가 고프기 때문에 그걸 쉽게 알 수 있다. 배고플 때 배부르게 먹으면 그것이 충분한 식사다. '음식을 충분히 먹으면 살이 더 찌는 것은 아닐까?'라는 의문을 가질 수 있지만, 그렇지 않다. 바른 다이어트를 하면 식사량이 1차적 음식먹기로 제한된다. 1차적 음식먹기로 섭취한 에너지는 생명 유지와 신체 활동을 위한 에너지로 모두 소비된다. 남는 에너지가 없다. 남는 에너지가 없으면 살을 찌우고 싶어도 살을 찌울 수 없다. 1차적 음식먹기 때문에 살이 찌지 않을까 걱정하는 것은 한 달에 100만 원을 버는 사람이 한 달에 100만 원을 생활비로 쓰면서 '혹시 현금 잔고가 늘어나 있지 않을까?' 하고 바라는 것과 같다. 이런 일은 일어나지 않는다.

다이어트를 하는 사람 중에는 식사를 하지 않는 방법으로 살을 빼려는 사람이 있는데, 이는 어리석은 생각이다. 그렇게 살을 빼는 것은 고통스럽고, 건강을 해치며, 체중 감량에 성공하더라도 감량된 체중을 유지할 수 없다. 주로 문제되는 것은 '아침 식사'다. 보통 직장인들은 점심 식사와 저녁 식사를 사 먹는 경우가 많기 때문에 충분한 식사를 하는 데 어려움이 없다. 그렇지만 아침에는 출근준비를 하느라 시간에 쫓기는 경우가 많고, 일상적으로 과식을 하는 현대인들은 아침에 입맛도 별로 없다. 그래서 아침을 거르는 사람이 많다. 여기에 더해서 '다이어트는 무조건 적게 먹는 것'이라고 오해해서 아침 식사를 의도적으로 거르는 사람들도 있다. 하지만, 이것은 잘못된 방법이다. 우리의 1차 식욕은 우리 몸이 필요로 하는 열량을 섭취하라고 요구하는 것이기 때문에 아침 식사를 거르게 되면 그 부분을 다른 데서 보충할 수밖에 없다. 많은 열량을 한꺼번에 섭취하면서 과식할 기회만 늘어날 뿐이다.

아침 식사를 반드시 하도록 노력한다. 되도록이면 제대로 된 아침 식사를 하는 편이 좋다. 도저히 아침 식사를 챙겨 먹을 시간이 나지 않는다면 최소한 밥 한 그릇이나 토스트 한 조각이라도 반드시 먹도록 하자. 전기밥솥에 쌀과 물을 넣고 시작 버튼만 누르면 알아서 밥이 된다. 냉장고에서 밑반찬만 꺼내 놓으면 된다. 토스트기에 식빵을 넣고 시작 버튼만 누르면 알아서 토스트가 된다. 냉장고에서 버터나 잼을 꺼내 바르기만 하면 된다. 그것으로 식사 준비가 끝난다. 아무리 바빠도 그것조차 바빠서 못한다는 것은 거짓말이다. 살 빼겠다고 '살 빼는 약'을 꼬박꼬박 챙겨 먹는 사람도 있다. 아침밥을 '살 빼는 약'이라고 생각하면 아침 식사를 챙겨 먹는 게 그다지 어렵지 않을 거다.

균형 잡힌 식사를 한다

다음으로 '균형 잡힌 식사'를 해야 한다. '균형 잡힌 식사'란 음식을 골고루 먹어서 우리 몸에 필수적으로 요구되는 영양소가 결핍되지 않도록 식사하는 거다. 그냥 삼시 세끼를 제대로 챙겨 먹으면 균형 잡힌 식사가 된다. 다른 노력을 더할 필요가 없다. 필수 영양소가 부족해지면 우리 몸이 알려 준다. 부족한 영양소가 많이 있는 음식에 '입맛이 당긴다'. 뇌는 예전에 먹었던 음식들 중에서 부족한 영양소가 많이 들어 있는 음식들을 찾아내 그 음식을 먹고 싶게 만든다. 그래서 무의식적으로 그 음식이 먹고 싶어진다. 평소에 잘 안 먹던 음식이 갑자기 먹고 싶어지면 그 음식을 사 먹으면 된다.

다이어트를 하는 사람 중에는 특정한 음식이나, 특정한 영양소만을 먹는 방법으로 살을 빼려고 하는 사람이 있는데, 그런 방법으로는 살이 빠지지 않는다. 그것은 '식욕은 하나다'라는 고정 관념에 빠져 전체 식욕을 1차 식욕과 같은 것으로 오해한 결과다. 전체 식욕이 만족되는 지점과 1차 식욕이 만족되는 지점이 같은 지점이라고 오해하고, 전체 식욕이 만족될 때 느껴지는 포만감과 1차 식욕이 만족될 때 느껴지는 포만감도 같은 포만감이라고 오해한다. 그러다 보니 '포만감' 자체에 집착하여 어떻게든 포만감만 얻게 되면 더 이상 음식을 먹을 수 없을 것이라는 엉뚱한 결론을 내려 버린 거다. 이미 앞에서 본 것처럼 1차 식욕이 만족되는 지점과 전체 식욕이 만족되는 지점은 다르다. 1차 식욕이 만족되는 포만감과 전체 식욕이 만족되는 포만감도 다르다. 한 가지 음식이나 영양소만 섭취하여 1차 식욕을 만족시키면 그 음식이나 그 영양소를 포함하는 음식은 더 먹을 수 없다. 하지만, 다른 음식, 다른 영양소를 포함한 음식은 더 먹고 싶어진다. 더욱 강렬한 식욕을 느낀다. 이런 방법은 고통스럽고, 건강을 해치게 되고, 체중이 감량되더라도 그 감량된 체중을 유지할 수 없다. 그냥 어리석은 짓이고, 잘못된 방법이다. 그러니, 바르게 다이어트 하려고 하면 '편식하지 말고', '균형 잡힌 식사'를 해야 한다.

3. 자신의 느낌을 경험해본다

과식한 다음날 아침에 깼을 때 입맛을 느껴 본다

살다 보면 밤늦게까지 과식하는 날이 생긴다. 회식을 하거나, 친구들을 만나 술을 마시거나, 야식을 먹거나 여하튼 많이 먹고 자는 날이 있다. 그 다음날 아침에 잠이 깼을 때, 바로 일어나지 말고 눈을 감은 채 누워 입맛을 느껴 본다. 입맛이 텁텁하고 쓰다. 매운 음식을 먹었을 때처럼 약간 화끈거리는 느낌도 든다. 이 느낌을 잡아야 한다. 정확히 감을 잡고 마음속으로 그 느낌을 말로 표현해 본다.

"음… 입맛이 쓰다."

몸에 에너지가 충분하여 더 이상 먹고 싶지 않을 때 배가 부른 것처럼, 뇌가 미각 정보로 가득 차 더 이상 미각 정보를 느끼고 싶지 않을 때 입맛이 쓰다. '음식의 맛이 쓰다'고 말하는 것처럼 '입맛이 쓰다'고 말한다. 하지만, 정확히 말해 음식의 맛이 쓴 것과는 다른 느낌이다. 혀의 미각 신경이 피로해지는 느낌이다. 야근을 하거나 밤늦게까지 텔레비전을 보면 눈이 뻑뻑하고 불편한 느낌이 든다. 잠을 설치고 충분히 잠을 자지 못해도 다음날 아침에 눈이 뻑뻑하다. 그런 느낌과 비슷하다. 눈이 뻑뻑한 것처럼 혀가 뻑뻑하다. 약간 얼얼한 느낌이고 침을 삼켜도 물처럼 미끈하지 않고 침도 뻑뻑하다. 이것은 우리 뇌가 우리에게 보내는 신호다. 몸의 소리다. 미각 정보로 뇌가 가득 차 있다는 의미, 더 이상 미각 정보를 공급받기에 부적합한 상태에 있다는 의미다. "더 이상 음식을 먹지 말라"라는 말이다. 몸에 에너지가 충분할 때 위장은 포만감을 준다. 뇌에 미각 정보가 충분할 때 혀는 텁텁하고 쓴 입맛을 준다.

이 느낌을 잘 기억해 두어야 한다. 지금 우리가 피곤한 느낌이나 졸린 느낌을 알고 있는 것처럼, '피곤하다'거나 '졸리다'는 말을 들을 때 그 이미지를 떠올릴 수 있는 것처럼, 이 입맛을 기억하고 이 입맛에 익숙해져야 한다. 이 느낌을 정확히 기억하고, 이런 느낌을 받을 때 알아차리고, '입맛이 쓰다'고 떠올릴 수 있도록 한다.

음식의 맛을 실제로 어떻게 느끼는지 살펴본다

(1) 먼저, 식욕이 어떻게 충족되는지 확인한다. 달콤한 크림 케이크를 한 조각 준비한다. 케이크는 달콤한 음식이다. 당신에게도 달콤하

게 느껴질 것 같다. 그런데 정말 그럴까? 일단 판단을 중지한다. 미리 달콤하다는 선입견을 가지지 말고, 그냥 느껴지는 대로 느껴 봐라. 케이크를 한 숟가락 떠서 손바닥 위에 얹어 놓는다. 손으로 케이크를 뭉개면서 주물러 본다. 생각만 하지 말고 직접 한 번 해 봐라. 반드시 해 봐라. 실제로 경험하고 그 경험을 기억하는 것이 중요하다.

그렇게 하면서 눈을 감고 느껴 봐라. 스스로에게 물어 봐라.

"무슨 맛이 느껴지는가?"

"달콤함이 느껴지는가?"

"식품을 먹는 즐거움이 느껴지는가?"

아무 맛도 안 느껴진다. 손바닥에 케이크가 범벅이 되도록 주물러도 손바닥에 느껴지는 촉감이 있을 뿐 아무 맛도 느끼지 못한다. 손바닥에는 미각 세포도 후각 세포도 없기 때문이다. 맛은 혀가 느낀다. 미각 세포가 혀에 있기 때문이다. 향은 코가 느낀다. 후각 세포가 코에 있기 때문이다. 맛과 향, 그리고 입안에서 음식이 부서지면서 느껴지는 촉감이 음식의 맛을 즐기는 중요한 느낌들이다. 맛과 향을 느끼지 못하고, 혀와 이로 음식의 식감을 느끼지 못하면 음식의 맛을 즐길 수 없다. 손바닥이 맛을 느끼지 못하는 것처럼 우리의 위장도 맛을 느끼지 못한다. 위장에는 미각 세포도 후각 세포도 없다. 위장에서 느껴지는 촉각은 손바닥에서 느껴지는 촉각과 마찬가지로 음식의 맛을 즐기는 것과 무관하다. 위장은 음식물의 에너지를 흡수하는 기관이지 음식의 맛을 느끼는 기관이 아니다. 케이크 범벅이 된 손바닥에서 음식의 맛을 느낄 수 없는 것처럼 케이크 범벅이 된 위장에서도 음식의 맛을 느낄 수 없다. 일단 위장에 도달하고 나면 그 음식물은 당신에게 아무런 즐거움을 주지 못한다. 달콤한 케이크를 손바닥 위에 올려놓고 문질러 보면서 음식물을 먹는다는 것과 음식의 맛을 즐긴다는 것을 분명히 구별해야 한다. 우리가 음식물을 삼켜서 즐거움을 얻으려고 한다면 그것은 손바닥으로 케이크를 문지르면서 달콤한 맛을 느끼려고 하는 것처럼 어리석은 행동이다.

(2) 이제 우리가 음식을 먹을 때 실제로 어떻게 음식의 맛을 느끼는지 느껴 본다. 남은 케이크를 한 숟가락 떠서 입에 넣어 먹는다. 평소에 케이크를 먹는 것보다 속도를 늦춘다. 입에 넣고 천천히 먹으면서 의식적으로 맛을 느껴 본다. 달콤함이 느껴진다. 천천히 케이크를 씹는다. 보통 케이크를 씹어 삼키는 속도에 비해 2배 정도 늦은 속도로 천천히 케이크를 씹어 본다. 그리고 케이크의 맛에 집중한다. 기계적으로 씹는 것이 아니라 케이크의 맛을 느끼고 즐기면서 천천히 씹는다. 충분히 씹어서 케이크가 죽처럼 될 때까지 씹는다. 케이크의 달콤한 맛이 점점 사라진다. 케이크를 충분히 씹어 죽처럼 되어도 삼키지 말고 입안에 머금고 있으면서 느껴 본다. 그러면 입안에 남아 있는 케이크에서 거의 맛을 느낄 수 없다는 사실을 알게 된다. 마치 손바닥 위에 놓인 케이크처럼 혓바닥 위에서도 아무 맛이 나지 않는다. 입안에 남아 있는 케이크가 더 이상 즐거움을 주지 않는다. 죽처럼 된 케이크가 즐거움을 주는 능력을 잃어버린 것처럼 느껴진다. 원래부터 달콤하지 않은 흰죽을 입에 머금고 있는 느낌이다.

이제 천천히 삼켜서 목구멍으로 죽이 된 케이크가 넘어가면서 느껴지는 맛을 느껴 본다. 우리의 혀가 식도 안쪽까지 연결되어 있어 케이크를 삼키는 순간에도 케이크의 달콤한 맛이 느껴진다. 맛이 주는 즐거움을 느낄 수 있다. 사라졌던 달콤함이 다시 생겨나는 것 같다. 조금 전까지 입속에 머금고 있을 때는 분명 달콤하지 않았는데,

다시 달콤하게 된 것 같다. 하지만, 케이크의 달콤함이 어디론가 사라질 수도 없고, 사라졌던 달콤함이 어디선가 다시 생겨날 수도 없다. 죽이 된 케이크는 입안에 있을 때나 목구멍을 지날 때나 같다. 다만, 입안에 있을 때 혀의 미각 세포는 이미 그 맛에 대해 익숙해져 더 이상 중요한 정보로 처리되지 않는다. 반면, 식도 안쪽에 있는 혀의 미각 세포는 새로운 정보로 처리하기 때문에 달콤함이 느껴진다. 죽 상태가 된 케이크의 성질은 같지만, 익숙함에 따라 수용되는 정보의 의미가 달라진다.

음식물을 삼키고 난 뒤에 어떤 느낌인지 느껴 본다. 입에 남아 있던 음식물을 모두 삼키더라도 침 속에는 여전히 달콤한 맛이나 향이 남아 있고, 그 맛과 향이 느껴진다. 침을 삼켜 보면 역시 혀뿌리를 지나면서 그 달콤한 맛이 느껴진다. 맛을 즐기는 것은 여기까지다. 뱃속에서 맛이 느껴지는가? 의식을 집중해서 느끼려고 해도 뱃속에서는 맛이 느껴지지 않는다. 물을 한 모금 마셔서 입안에 남은 맛과 향을 씻어 내면 더 정확히 알 수 있다. 배에서는 맛의 즐거움이 나오지 않는다. 케이크 한 조각을 다 먹을 때까지 이 과정을 반복한다.

보통 우리는 음식을 빠르게 먹는다. 그리고 실제로 음식을 먹을 때는 그 맛이 언제 어떻게 느껴지는지에 대해서 의식하지 않고 먹는다. 그래서 이렇게 천천히 먹으면서 음식의 맛을 의식적으로 느껴 볼 필요가 있다. 이렇게 천천히 음식을 먹어 보면 음식의 맛을 즐기는 것과 음식을 먹는 것은 완전히 다른 행동이라는 사실이 느껴진다. 여기까지가 준비 단계다. 준비 단계가 모두 끝났으면, 이제 식욕만족 다이어트를 본격적으로 시작한다.

식욕만족 다이어트 1단계

1. 간식먹지 않는 습관 만들기(설탕 다이어트)

　나는 아침 9시부터 저녁 6시까지 회사에서 근무한다. 회사에 출근하면 업무가 바쁘고, 신경 쓸 일이 많아 간식을 먹고 싶은 경우가 많지 않다. 그래서 간식을 잘 먹지 않는다. 간식을 먹지 않는 습관 만들기는 낮에 집 밖에 있을 때 식사 외의 식품을 먹지 않는 거다. 별로 어렵지 않다. 주의력이 분산되어 식품에 주의력이 집중되지 않기 때문이다. 집 밖에 나와 있다는 조건과 업무에 신경을 쓰는 상태가 주의력을 분산시킨다. 다만, 한가한 시간에 직장 동료가 과자 같은 간식을 가져와서 먹으라고 권하는 경우가 있다. 또 업무 시간이나 식사 후에 커피를 마실 때 달콤한 커피를 마시는 경우가 자주 있다. 업무에 바쁠 때는 식욕이 없었는데, 과자나 달콤한 커피를 보면 어느새 식욕이 생긴다. 간식을 먹게 된다. 이런 경우 달콤한 간식을 먹지 않는 습관을 만든다.

설탕으로 달콤한 간식을 먹지 않는 습관 만들기

　달콤한 간식을 먹지 않는 습관을 만든다. 설탕을 준비한다. 마트에 가면 분말로 된 설탕을 3g단위로 종이 포장하여 파는 막대설탕이 있는데, 그게 사용하기에 편리하다. 3g단위로 포장된 막대설탕을 구입한다. 하루에 3g들이 막대설탕 1개를 사용한다. 하루에 1개면 충분하니 최대한으로 계산해도 하루에 설탕 3g을 섭취한다. 탄수화물 1g의 열량은 대략 4kcal 정도이니, 3g들이 막대설탕 1개의 열량은 대략 12kcal정도이다(3g×4=12kcal). 물 1잔과 작은 집게 1개를 준비한다. 이걸로 준비는 끝났다.

(1) 물을 한 모금 마신다. 물로 입안을 씻어 내 설탕의 단맛을 잘 느낄 수 있도록 준비한다. 물 대신에 녹차나 아메리카노처럼 달지 않은 음료수를 사용해도 된다. 물이나 음료수를 준비하기 불편한 상황이라면 생략해도 된다.

(2) 밀봉된 막대설탕의 종이 포장지의 한쪽 끝을 찢어서 연다.

(3) 한 손으로 막대설탕을 잡고 다른 쪽 손바닥 위에 대략 0.1g 정도(3g들이 설탕의 1/30 정도)를 붓는다. 정확히 0.1g이 되어야 하는 것이 아니라, 대략 그 정도의 양이면 충분하다. 단맛을 느낄 수 있는 정도면 된다.

(4) 손바닥 위에 있는 설탕을 입에 넣고 녹이면서 설탕을 맛본다.

(5) 종이 포장지의 열린 부분을 접은 후 작은 집게로 집어 보관한다.

막대설탕을 가지고 다니면서 생각날 때마다 이런 방식으로 먹는다. 여기서 중요한 것은 먹는 것이 아니라, 맛보는 것이고, 그 맛을 즐기는 것이다. 천천히 녹여서 맛을 즐기고, 삼켜 먹는다. 입술에 립스틱을 바르거나 피부에 연고를 바르듯이 혀에 골고루 설탕을 바른다는 느낌으로 녹여 먹는다. 설탕을 입에 넣어 혀 위에 얹어 놓고 녹이면 설탕이 녹아 침과 섞이게 되는데, 침에 녹은 설탕의 단맛을 혀로 느낄 수 있도록 한다. 잊지 마라. 우리의 목표는 뇌에 미각 정보를 최대한으로 보내 뇌가 미각 정보에 둔감해지도록 만드는 것이다. 설탕을 먹어서 에너지를 얻으려는 것이 아니다. 설탕을 삼켜서 먹는 것은 설탕(맛)을 맛보고, 즐긴 다음 입안에 남아 있는 설탕(물질)을 처리하는 과정일 뿐이다. 미식가들이 음식의 맛을 감상하거나 소믈리에가 와인 맛을 감상하는 것처럼 설탕의 맛을 맛보고 즐긴다.

그런데 이 과정을 며칠 하다 보면 점점 우리 혀가 설탕의 맛을 거부한다는 느낌이 든다. 입맛을 다셔 보면 입맛이 쓰다. 과식하고 잔 다음날 일어났을 때 혀의 느낌과 비슷한 느낌이 난다. 다른 점은 과식을 하고 잔 다음날 아침에는 에너지를 가진 모든 음식들이 지겨워지는 반면, 설탕 다이어트를 할 때는 단맛이 지겨워진다. 다른 음식들은 여전히 맛있다. 하지만 설탕이 들어간 음식들은 점점 싫어진다. 설탕 원푸드 다이어트를 하는 거다. 뇌가 설탕 맛에 싫증을 낸다. 단음식은 설탕이 들어가 있어서 달다. 일단 설탕 맛에 싫증이 나면 달콤한 음식 모두가 싫증이 난다. 먹고 싶지 않다. 먹고 싶지 않으니 먹지 않게 된다. 그런데, 낮에 먹는 간식의 대부분은 달다. 결과적으로 간식을 먹는 행동을 하지 않게 된다.

여기서 주의해라. 먹고 싶은 간식을 먹지 않고 참는 게 아니다. 다이어트를 하는 중에도 간식을 먹을 기회가 생긴다. 그때 "설탕 다이어트를 하니 달콤한 음식은 먹지 말고 참아야지."라고 생각하고 참으라는 이야기가 아니다. 먹고 싶으면 먹고, 먹고 싶지 않으면 먹지 않으면 된다. 그런데, 이렇게 설탕 다이어트를 하다 보면 점점 간식을 적게 먹게 된다. 자신의 의지와 관계없이 그렇게 된다. 그리고, 어느 날 달콤한 간식거리를 보았을 때 식욕이 생기지 않는다고 느낀다. '맛있겠다'는 생각이 아니라, '입맛이 쓰다'는 생각이 먼저 든다. 입맛을 다서 보게 되고, 불쾌하다고 느낀다. 뇌가 단맛에 이미 싫증이 났기 때문이다. 그래서 점점 간식을 먹지 않는 행동 방식이 습관이 된다. 이렇게 간식을 먹지 않는 습관이 생기는데, 그 습관에 따라 행동하다 보면 점점 체중이 줄어든다. 결과적으로 다이어트가 된다.

달콤한 음료수를 마시지 않는 습관 만들기

나는 커피를 자주 마신다. 업무 중에도 커피를 마시고, 점심 식사 후에도 커피숍에 가서 커피를 마신다. 커피를 마실 때 아메리카노처럼 달지 않은 커피를 마시는 습관을 만든다. 달콤한 커피 역시 달콤한 간식이다. 액체 형태로 되어 있다는 점만 과자와 다를 뿐이다. 아메리카노를 마시는 습관을 만든다는 것은 결국 액체 형태로 된 간식을 먹지 않는 습관을 만든다는 의미다. 커피숍에 가 보면 다양한 커피가 있는데, 크게 두 가지로 나눌 수 있다. 달콤한 커피와 달콤하지 않은 커피. 예전에 나는 주로 카라멜마끼아또를 마셨는데, 이건 달콤한 커피다. 요즘은 주로 아메리카노를 마시는데, 이건 달지 않은 커피다. 평소 달콤한 커피를 마시는 사람이 아메리카노를 마시면 맛있다는 느낌이 들지 않는다. 쓴맛이 느껴지고 맛있다기 보다는 오히려 불쾌하다. 이 입맛을 바꾼다. 일단 커피숍에서 아메리카노를 주문한다. 반드시 아메리카노일 필요는 없고, 녹차, 캐모마일, 페퍼민트… 등 달지 않고 우유나 크림 등이 들어가지 않은 차라면 어떤 차도 상관없다. 커피숍 매장에는 보통 3g 또는 5g으로 포장된 설탕이 준비되어 있다. 그 설탕 1봉지도 가져온다. 이걸로 준비는 끝났다.

　(1) 밀봉된 막대설탕의 종이 포장지의 한쪽 끝을 찢어서 연다.

(2) 아메리카노를 한 모금 마신다. 맛이 쓰다.

(3) 한 손으로 설탕봉지를 잡고 다른 쪽 손바닥 위에 0.1g 정도를 붓는다.

(4) 손바닥 위에 있는 설탕을 입에 넣고, 설탕을 녹여 먹는다. 쓴 약을 먹고 난 후에 사탕을 먹는 것처럼 쓴 음료수를 마신 후에 설탕을 먹는다. 달다. 아메리카노의 고소한 향은 아직 남아 있는데 맛은 달다. 설탕의 단맛이 아메리카노의 쓴맛을 덮어 버리면 아메리카노의 고소한 향이 고소하게 느껴진다. 쓴맛 때문에 느끼지 못했던 향이 느껴진다. 그런데 달콤한 커피를 마시거나 아메리카노에 설탕을 넣어 마실 때와는 다른 맛이다. 다른 조합의 맛이다. 아메리카노에 설탕을 넣어 달콤한 아메리카노를 마시면 단맛이 의식의 전경에 나온다. 고소한 향은 배경에 머무른다. 느끼기 어렵다. 반면 쓴 아메리카노를 마시고 그 쓴맛만 사라지게 할 정도로 소량의 설탕을 먹으면 의식의 전경에 아메리카노의 고소한 향이 여전히 남는다. 점점 아메리카노의 고소한 향이 느껴진다.

(5) 이 과정을 반복한다. 여기서도 설탕 다이어트의 효과가 나타난다. 점점 뇌가 설탕 맛에 싫증을 낸다. 입맛에서 쓴맛이 느껴진다. 커피의 쓴맛이 아니라, 설탕이 만드는 '쓴 입맛'이다. 입맛이 쓰다.

이런 과정을 몇 번 거치다 보면 어느 날 커피숍 주문대 앞에서 낯선 자신을 발견한다. 자신이 자신에게 낯선 방식으로 느껴지고, 낯선 방식으로 행동한다. 카라멜마끼아또의 달콤함보다 아메리카노의 쌉싸름한 고소함에 더 끌린다. 자신도 모르게 입맛을 다셔 보게 되고, 단

음료수는 싫다는 감정이 든다. 입맛이 쓰다. 다이어트를 하려고 해서 그런 게 아니라, 저절로 마음이 그리로 간다. 이 느낌이 분명하게 느껴지면 마시고 싶은 음료수를 부담 없이 마셔도 된다. 달콤한 음료수를 마시고 싶은 생각이 점점 사라지고, 마시지 않게 된다.

근무 시간에 커피를 마시거나 식사 후에 커피숍에 갔을 때 달콤한 커피보다 달지 않은 커피 향이 더 매력적으로 느껴진다. 어느 날 편의점 냉장고 앞에서 음료수를 고를 때 단맛의 음료수가 입맛에 거슬리게 느껴지는 순간이 온다. 생수나 녹차에 더 입맛이 당긴다. 자기도 모르는 사이에 그렇게 바뀌어 있다. 감정이라는 게 원래 그렇다. 내가 느끼고 싶다고 느끼는 게 아니라, 마음속 어디선가 느닷없이 나타난다. 내가 원한다고 오는 게 아니다. 나는 그것이 나타났을 때 느낄 수 있을 뿐이다. 내 마음속 어딘가에서 '뭔가가 바뀌었구나' 하고 알 수 있을 뿐이다. 이제 더 입맛이 당기는 것, 더 마시고 싶다고 느껴지는 것을 마시면 된다. 마시기 싫은 것을 억지로 마실 이유는 없다.

한 번에 먹는 설탕의 양도 점점 줄어든다. 점점 줄어들어 나중에는 설탕 3~5알갱이 정도, 정말 혀끝에서 단맛이 느껴질 듯 말 듯한 정도까지 줄어들고, 결국에는 그마저도 지겹다. 반면 이미 아메리카노의 쌉싸름하고 고소한 향은 충분히 즐길 수 있게 되었다. 아메리카노를 주문해서 아메리카노만 마시게 된다.

과자를 먹는 것도 부담스럽게 느껴진다. 달콤한 과자를 보면 머리로는 예전에 먹었던 기억이 남아 있어 먹고 싶다는 생각이 들지만, 입맛을 다셔 보면 입맛이 쓰다. 막상 먹어 보면 예전같이 매력적인 맛이 느껴지지 않는다. 이미 달콤한 맛에 뇌가 익숙해져 있기 때문이다. 달콤하다는 것은 알겠지만, 매력적으로 느껴지지 않는다. 분명히 매력적인 음식이지만, 나에게는 매력적이지 않다. 이제 설탕 다이어트를 계속 할 필요가 없다. 설탕 다이어트를 하지 않아도 더 이상 달콤한 간식을 먹지 않는다. 습관이 바뀌었기 때문이다.

그러다가 어느 날 달콤한 간식을 먹고 싶을 때가 있다. 먹고 싶으면 먹으면 된다. 간식을 먹더라도 예전과는 다르다. 다이어트를 하기 전에 누구나 이런 경험이 한 번쯤 있을 거다. 과자 봉지를 뜯으면서 '5개만 먹어야지'라고 생각하고 뜯었는데, 계획과는 달리 다 먹어 버린다. 일단 봉지를 뜯고 나면 그 많은 과자들을 언제 다 먹었는지 빈 봉지만 달랑 남아 있다. 그런 모습이 바뀐다. 과자를 먹고 싶어서 봉지를 뜯었는데 정말 5개만 먹고 그만두는 자신을 발견하게 된다. 작은 변화인 것 같지만, 이 작은 변화가 중요하다. 멈추게 하는 원리가 작동하는 것이고, 멈추게 하는 원리가 작동하면 멈추어야 할 곳에 멈추게 된다.

고통은 고통을 몰아낼 수 없다. 오직 즐거움만이 그것을 할 수 있다

"설탕 다이어트를 할 때 설탕은 언제 먹는 것일까?"

그건 우리가 언제 간식을 먹느냐고 묻는 것과 비슷하다. 따로 정해진 것이 없다. 우리는 스트레스를 받을 때 즐거운 행동을 하면서 스트레스를 해소한다. 영화를 보기도 하고, 음악을 듣기도 하고, 친구들과 잡담을 하기도 하고, 담배를 피기도 하고, 술을 마시기도 한다. 음식을 좋아하는 사람이라면 간식을 먹으면서 스트레스를 해소한다.

우리의 삶은 스트레스의 연속이다. 그래서 많은 사람들이 늘 간식을 먹는다. 맛있는 음식의 맛을 즐기며 스트레스를 해소하는 거다. 간식먹기가 즐거운 행동, 스트레스를 푸는 행동의 한 방식이다. 마치 담배를 피는 사람이 짜증날 때 담배 한 대 피면서 그 짜증을 해소하는 것처럼 간식을 즐기는 사람은 간식을 먹으면서 그 짜증을 해소한다. 여기서 간식을 먹는다는 것이 스트레스를 해소하고 정신적 건강을 유지하는 행동이라는 사실이 중요하다. 우리는 스트레스라는 정신적 고통을 간식먹기라는 행동에서 발생하는 즐거움을 통해 해소하고 있다. 간식먹기의 즐거움을 대체할 수 있는 것은 오로지 다른 즐거움을 주는 행동이어야만 한다. 설탕의 강렬한 단맛이 그 즐거움을 준다. 설탕 다이어트는 무료하거나 짜증날 때 한다.

여기서 중요한 것은 다이어트가 하기 싫어도 살을 빼기 위해 억지로 해야 하는 것이 아니라, 그 과정이 즐겁기 때문에 하는 행동이라는 사실이다. 이 새로운 즐거움(단맛즐기기)으로 기존의 즐거움(간식먹기)을 대체한다. 식욕만족 다이어트를 하는 것은 즐거운 기분이 필요할 때 하는 것이고, 스트레스를 받을 때 하는 것이고, 짜증날 때 하는 거다. 담배를 피는 사람들은 사무실에서 짜증나는 일이 있으면 사무실 밖으로 나가 담배를 피면서 기분 전환을 하고 다시 사무실로 돌아와 업무를 계속한다. 식욕만족 다이어트는 이렇게 기분 전환하는 방법으로 하는 거다. 그러니 당신도 짜증날 때 사무실 밖으로 잠시 나가 설탕을 입안에 조금 넣어 보면 그 단맛 때문에 기분이 한결 상쾌해진다는 것을 느낄 거다. 그렇게 기분 전환을 한다.

2. 야식먹지 않는 습관 만들기

2.1. 시간을 낭비하는 다이어트

간식을 먹지 않는 습관이 생겼으면 이제 야식을 먹지 않는 습관을 만든다. 한가한 저녁 시간에 발생하는 무료함이 야식을 먹는 행동으로 이어지는 것을 막는 방법은 2가지다. 하나는 2차 식욕이 발생하는 조건을 소진시켜 2차 식욕이 발생하지 않도록 만드는 방법이고, 다른 하나는 발생한 2차 식욕을 음식먹기가 아닌 다른 행동 방식으로 연결하는 방법이다. 어떤 방법을 써야 하는지는 정해져 있지 않다. 자기에게 맞는 방법을 사용하면 된다. 반드시 한 가지 방법만을 지켜야 할 이유도 없다. 오늘은 이 방법으로 하고, 내일은 저 방법으로 하는 식으로 여러 방법을 번갈아 써도 되고, 하루에 여러 방법을 병행해도 된다.

일찍 자고 일찍 일어나기

저녁을 먹은 후 잠잘 때까지 시간 간격이 큰 경우에는 야식을 먹고 싶은 식욕이 생긴다. 이때 야식을 먹지 않는 가장 좋은 방법은 일찍 자는 거다. 일찍 자고 일찍 일어나면 야식을 먹을 일이 없다. 귀가한 후 잠잘 때까지의 시간을 줄인다. 저녁 식사를 집 밖에서 하고 늦게 귀가하는 생활 방식을 가진 사람에게는 이 방법이 효과적이다. 늦은 시간에 집에 들어가고, 집에 들어가면 바로 잔다. 한가하고 무료한 시간이 없기 때문에 2차 식욕이 생기지 않는다. 2차 식욕이 생기지 않기 때문에 2차 식욕을 충족시키기 위해 야식을 먹는 일도 없다.

그런데 늦게 귀가하는 사람 중에는 늦은 시간까지 텔레비전을 보다가 자는 사람이 있다. 늦은 밤에 귀가하면 피곤하다. 하지만 동시에 낮 동안 쌓인 스트레스를 풀어 줄 즐거움이 필요하다. 그래서 귀가하면 밤늦게까지 텔레비전을 보다가 잔다. 텔레비전을 보면서 한가한 시간이 생기고, 야식을 먹고 싶은 2차 식욕이 생긴다. 이런 경우에는 귀가할 때 의식적으로 자신의 몸과 마음의 상태에 대하여 생각한다. '피곤하다'는 생각이 든다. '일찍 자야겠다'는 생각을 한다. 귀가하면 씻고 바로 잔다. 텔레비전을 켜지 않는다. 밤늦게 텔레비전을 멍하니 보고 있는 시간을 만들지 않는다. 바로 잠이 오지 않으면 잠자리에 누워 눈을 감고 음악을 듣는다. 듣다가 잠이 오면 잔다. 깨어 있는 시간이 생기지 않도록 하는 게 중요하다. 일찍 자면 일찍 일어나게 된다. 텔레비전을 꼭 봐야겠다면 차라리 아침 일찍 일어나서 본다. 늦은 밤과는 달리 아침 식사 전에는 간식을 먹고 싶은 식욕이 생기지 않는다. 그래서 간식을 먹지 않는다.

산책하기, 운동하기, 취미 활동하기

일찍 귀가해서 집에서 저녁 식사를 하는 생활 방식을 가진 사람은 저녁 식사 후 바로 자기 어렵다. 저녁 식사 후에도 자기에는 너무 이른 시간이기 때문이다. 저녁 식사 후 잠들기 전까지 여유 시간이 많이 있다. 그 사이에 야식을 먹고 싶은 식욕이 생긴다. 이런 경우에는 저녁 식사 후 집을 나선다. 산책을 하거나, 운동을 하거나, 커피숍에서 친구와 차를 마시거나, 도서관에서 책을 읽는 등 자신이 좋아하는 취미 활동을 한다. 운동을 하더라도 에너지를 소진하여 살을 빼려는 게 아니다. 여유 시간을 소진시켜 2차 식욕이 생기지 않도록 하는 거다. 여유 시간을 뭔가 다른 활동으로 채우는 거다.

저녁 식사 후 잠들기 전까지 자신이 어떤 행동을 하고, 어떻게 시간을 보내는지 한번 살펴봐라. 저녁 시간에 몇 시간이나 텔레비전을 보고 있는지 생각해 봐라. 그 시간 동안 집 밖에 머물면서 다른 활동을 한다. 집 밖에 있으면 집 안에 있는 것처럼 편안하지 않다. 무의식적으로 다른 사람의 시선에 신경으로 쓰게 되고 그만큼 잉여의 뇌용량이 사라진다. 식품이 눈앞에 있는 경우 외에는 2차 식욕이 잘 생기지 않는다. 집에 귀가한 후에는 텔레비전을 보지 않고 일찍 잔다.

눈감고 음악듣기

비어 있는 저녁 시간을 소진시키기 위해 반드시 집 밖으로 나가야 하는 것은 아니다. 집 안에 있어도 머릿속이 비어 있는 시간을 만들지 않으면 된다. 의식을 집중할 수 있는 정보를 뇌에 공급하여 비어 있는 의식이 식품으로 연결되지 않도록 한다. 집안일을 하거나, 운동을 하거나, 책을 읽거나 의식이 집중될 수 있는 일이라면 뭐든지 상관 없다. 딱히 할 일이 없다면, 잠자리에 누워 눈을 감고 휴대폰으로 좋아하는 음악을 듣는다. 자신의 일에 필요한 강의를 들어도 상관없다. 눈을 뜨고 텔레비전을 보고 있는 것과 달리 눈을 감고 음악을 듣거나 강의를 듣고 있으면 거기에 집중된다.

여기서도 시간을 소진시키는 작업임을 잊으면 안 된다. 목표는 비어 있는 시간을 소진시키는 거다. 음악을 듣고 강의를 듣는 것은 비어 있는 잉여의 정신 능력을 채우기 위함이다.

사이렌의 바다를 벗어날 때까지

"저녁의 한가한 시간을 소진시키는 다이어트를 언제 해야 할까?"

식욕은 긴장감과 비슷하게 느껴진다. 마음을 편안히 하고 잘 느껴 보면 아직 식욕이 강하지는 않지만 곧 음식을 먹고 싶은 시간이 오겠구나 하는 생각이 든다. 아직 사이렌의 노랫소리가 들려오지는 않지만 저 멀리 사이렌의 바다가 있다는 것을 알고 있는 그런 긴장감이다. 그 노랫소리가 들려오기 전에, 혹은 들려오더라도 아직 완전히 빠지기 전에 분위기를 바꾼다. 야식을 먹을 시간이 슬슬 다가오면 나도 같이 슬슬 다이어트를 시작한다. 음악듣기를 하기로 생각했다면 편안히 누워서 눈을 감는다. 스마트폰으로 음악을 듣는다. 사이렌의 노랫소리를 물리치는 오르페우스의 음악처럼 다른 정보가 머릿속을 채우고 식욕이 들어올 자리를 만들어 주지 않는다.[196] 그렇게 하다가 잠이 오면 잔다. 야식을 하지 않으려면 일찍 자는 게 좋다. 하지만 일찍 잘 수 없는 경우라면 일단 누워서 눈을 감고 마음을 편안히 하고 그 소리에 집중한다.

"언제까지 이러고 있어야 할까?"

"사이렌의 바다를 지나갈 때까지." 사이렌의 바다가 항로의 한 부분인 것처럼 야식을 먹고 싶은 식욕이 생기는 시간도 깨어 있는 저녁 시간 중 한 부분이다. 사이렌의 바다에서 멀어지면 사이렌의 노랫소리가 사라진다. 식욕도 그 시간대를 지나가면 사라진다. 식욕이 사라지면 일어난다. 먹고 싶었던 식품은 여전히 눈앞에 있다. 하지만, 신기하게도 '내가 저걸 왜 먹고 싶어했지?'라는 생각이 든다. 그 식품은 이미 매력적이지 않다. 농부가 파종하는 데도 때가 있고, 학생이 공부하는 데도 때가 있는 것처럼, 식품이 우리를 유혹하는 데도 때가 있다. 식품도 오로지 그 시간대에만 매력적이다. 그 때를 놓치면 식욕을 유발하는 시도가 실패한다.

---

196) 사이렌들은 영웅들에게도 백합같이 부드러운 목소리를 사정없이 날려 보냈다. 바로 그때

2.2. 야식 다이어트

다음으로 이미 생겨난 식욕이 과식 행동으로 연결되는 경로를 바꾸는 방법이다. 과식유발능력의 실현 조건을 소진시키는 방법이 자신에게 적합하지 않은 사람도 있고, 적합하더라도 때에 따라 실패하는 경우도 있다. 2차 식욕이 생겨난다. 이런 경우에는 생겨 버린 식욕을 다른 행동 방식으로 연결한다. 밤늦게까지 깨어 있으면 야식을 먹고 싶은 식욕이 생긴다. 늦은 밤에 야식으로 먹고 싶은 음식은 달콤한 음식이 아니라 고소하고, 짜고, 기름진 음식이다. 뇌가 달콤한 맛에 익숙해져 있다고 하더라도 야식에는 별 도움이 되지 않는다. 그리고 야식으로 먹고 싶은 음식은 그날그날 다르다. 그날 먹고 싶은 그 식품의 맛에 대해 익숙해져야 해결된다. 그래서 야식 다이어트를 한다. 야식으로 먹고 싶은 식품을 준비한다. 식품은 어떤 종류라도 상관없다. 달콤한 식품일 필요도 없다. 빵, 과자, 땅콩, 치킨, 피자 등등 어떤 식품이든 야식으로 먹고 싶은 그 식품을 준비한다. 물 1잔과 뱉는 컵도 준비한다. 뱉는 컵은 일회용 컵이라도 무방하다. 이걸로 준비는 끝났다.

(1) 물을 한 모금 마신다. 물로 입안을 씻어 내 식품의 맛을 잘 느낄 수 있도록 준비한다. 물을 준비하기 불편한 상황이라면 생략해도 된다.

(2) 식품을 입에 넣고 씹으면서 맛을 즐긴다. 맛을 즐기는 방법

오르페우스가 손으로 재빨리 수금의 빠른 선율을 울려 퍼지게 했다. 그러자 일대 혼란이 일어나며 동시에 모든 영웅들의 귀는 수금 소리로 윙윙거렸다. 오르페우스의 수금 소리가 사이렌의 노랫소리를 무찌른 것이다. 사이렌의 노랫소리도 점점 희미해졌다(아폴로니오스 로디오스, 《아르고호의 모험》, 280~281쪽 참고).

은 식품을 먹을 때 맛을 즐기는 방법과 같다.

(3) 식품이 부서지면서 침과 섞여 반액체 상태의 죽처럼 되는 데 이를 삼키지 말고 입안에 모았다가 적당한 양이 되면 컵에 뱉는다.

(4) 입안의 식품을 뱉고 난 후에도 입안의 침에는 식품이 녹아서 맛이 남아 있다. 침을 삼킨다. 침이 식도로 넘어갈 때 느껴지는 식품의 맛을 즐긴다.

(5) 식품의 맛이 즐거움을 주지 않을 때까지 이 과정을 반복한다. 텔레비전을 보거나 음악을 듣거나 다른 일을 하면서 해도 무방하다.

야식의 매력적인 맛은 즐기면서도 야식을 먹는 행동으로 끌려가지는 않는다. 식품의 미각 정보에 점점 익숙해지고, 그 미각 정보가 즐거움을 주지 못한다. 늦은 밤의 피곤한 시간에 굳이 음식을 먹는 노동을 하는 이유는 즐거움을 주기 때문이다. 그 즐거움이 소화하는 노동의 불쾌감보다 크기 때문이다. 즐거움이 사라지면 더 이상 먹고 싶지 않다. 굳이 먹고 싶지 않으니, 먹지 않는다. 결과적으로 야식을 하지 않게 된다. 그 식품 속의 에너지를 섭취할 수 없다. 나를 뚱뚱한 상태로 유지되기 위해 필요한 에너지를 공급해 줄 수 없다. 내 몸은 뚱뚱한 체중을 유지할 조건을 잃어버린다. 지지력을 잃어버린 공이 땅으로 떨어지는 것처럼 나의 체중도 떨어진다.

'씹고 뱉기 다이어트'의 위험성

다이어트 방법 중에는 속칭 '씹고 뱉기 다이어트'라는 방법이 있다. 음식을 씹어 맛을 본 다음 뱉는 방법으로 다이어트를 하는 것이다. 이 방법은 겉으로 보기에는 새로운 행동 방식(피비행동)을 채택하는 다이어트와 비슷한 것처럼 보인다. 하지만, 그 행동을 만드는 메커니즘이 전혀 다르다. 바른 다이어트는 '자연적인 하나의 식욕'이라는 고정 관념에서 벗어나 있다. 다이어트 결과, 더욱 건강해진다. 생명의 방향으로 나아가는 것이고, 죽음으로부터 멀어지는 것이다. 식품의 맛을 '즐기는 행동'으로 식품의 맛을 즐기는 '과식 행동'을 대체한다. 여기서는 에너지 부족이 문제되지 않는다. 반면 '씹고 뱉기 다이어트'는 식품의 맛을 즐기는 '즐거움'으로 배고픔의 '고통'을 상쇄한다. '씹고 뱉기 다이어트'를 하는 사람은 '자연적인 하나의 식욕'이라는 고정 관념에 갇혀 있기 때문이다. '천천히 굶어 죽어 가는 과정'을 다이어트라고 오해하고 있다. 다이어트는 당연히 고통스러운 과정이고, 그나마 음식을 먹는 즐거움으로 그 고통을 상쇄한다고 생각한다. 이렇게 식욕의 구조를 알지 못하고 '씹고 뱉기 다이어트'를 하는 것은 대단히 위험하다. 단순히 건강을 해치는 정도가 아니라 목숨을 담보로 하는 위험한 짓이다. 이런 식으로 다이어트를 하는 사람은 1차 식욕과 2차 식욕을 구분하지 못하기 때문에, 그에게 존재하는 식욕의 만족도곡선은 전체 식욕의 만족도곡선 하나밖에 없다. 여기서 벗어날 수 없다. 이 만족도곡선 위에 머무를 수밖에 없다. 그런데 살을 빼려고 하니 그가 선택할 수 있는 방법은 만족도곡선 위에서 왼쪽 아래로 가는 것뿐이다. 음식 섭취를 줄이지만, 거기서는 반드시 고통이 생겨난다. 고통을 당연한 것으로 받아들인다. 대신, 음식의 맛을 즐기는 즐거움으로 그 고통을 상쇄한다. 이렇게 되면 2차적 음식먹기를 줄이게 되지만, 그에 그치지 않고 자신도 모르는 사이에 1차적 음식먹기도 줄이게 된다. 1차 식욕은 우리의 건강을 지켜주는 최후의 보루다. 만약 1차 식욕과의 싸움에서 승리하게 되면 돌이킬 수 없는 정도로 건강을 해치게 된다. 그리고도 더 나아가면 결국 남는 것은

'죽음'이다. 굶어 죽는 거다.

　기존의 다이어트 방법들은 굶어 죽는 과정을 '천천히 비효율적으로' 진행한다. 이런 식으로 다이어트를 해도 죽지 않는 이유는 그 과정이 천천히 진행되고, 비효율적이기 때문이다. 다이어트를 하려는 의지는 1차 식욕을 극복하지 못한다. 그런데도 의지로 1차 식욕을 줄이도록 설계되어 있어 구조적으로 실패하도록 되어 있다. 실패하고 나면 "너의 의지가 부족했다."라고 비난한다. '의지부족'이라는 방패막이가 있어 실패하더라도 구조상의 문제점이 드러나지 않는다. 이렇게 '죽음을 향해가는 느린 행진'은 실패한다. 그리고 반드시 실패해야 한다. 만약 이 과정을 빠르게 효과적으로 진행해서 그 종착점에 도달하면 구조상의 문제점이 드러나기 때문이다. 다이어트하는 사람이 죽는다. 비유적인 표현이 아니라, 진짜로 죽는다. 인간뿐 아니라 모든 동물은 먹어야 산다. 1차 식욕은 인간이 먹는 것을 게을리 하지 못하도록 유전적으로 부여받은 경고기능이다. 그런데, 1차 식욕이 충족되지 않는 고통을 2차 식욕을 충족시키는 즐거움으로 상쇄시켜 버리면 결국 남는 것은 '죽음'뿐이다. 비유하자면 이 방법은 독약에 설탕을 타서 달콤하게 만드는 독약과 같다. 달콤해도 독약은 독약이다. 괴롭지 않아도 죽음으로 가는 과정은 죽음으로 가는 과정이다.

　'이렇게 음식물이 넘쳐나는 세상에서 설마 굶어 죽는 사람이 있을까?' 하고 생각할 수 있지만, 실제로 거식증에 걸려 굶어 죽는 사람들이 있다. 음식의 맛을 즐기는 방법으로 다이어트를 하면 2차 식욕의 존재를 알건 알지 못하건 효과적으로 음식의 섭취를 줄일 수는 있다. 하지만, 그 방법이 1차 식욕을 효과적으로 '억제'하는 방법이 되어서는 절대 안 된다. 이렇게 자신의 생명을 담보로 무모한 짓을 하면 안 된다. 우리가 더욱 건강해지기 위해서 다이어트를 한다는 사실을 절대로 잊어서는 안 된다.

식욕만족 다이어트 2단계

다이어트 정체기가 온다

식욕만족 다이어트를 하다 보면 간식과 야식을 먹지 않더라도 체질량지수(BMI지수)가 25 정도까지 감량되면 정체기가 온다. 살이 찌지도 않지만, 더 이상 살이 빠지지도 않는다.

"왜 그럴까?"

이유는 간단하다. 이유는 지금 그 상태에서 에너지의 유입과 유출이 안정된 상태에 들어갔기 때문이다. 그런데, 체질량지수(BMI지수)가 25 정도면 조각상처럼 날씬한 몸매가 아니다.[197] 그리고 이 정도면 정상 체중이 아니라 과체중 또는 초기 비만 상태다. 한마디로 뚱뚱하다고 말하기도 어렵지만, 그렇다고 완전히 날씬하지도 않다.

"식욕만족 다이어트를 하면 조각상처럼 날씬한 몸매가 된다고 했는데 왜 이렇게 어중간한 상태에서 에너지의 유출입이 안정된 상태를 이루게 되는 것일까?"

그 이유도 간단하다. 우리가 먹고 있는 식사 중에 2차적 음식먹기가 포함되어 있기 때문이다. 현재 우리는 요리되지 않은 음식을 거의 먹지 않는다. 간식으로 먹는 음식들은 물론이고, 식사 때도 언제나 요리된 음식을 먹는다. 그 음식들 역시 요리되는 과정에서 인공적

---

197) 산드로 보티첼리(Sandro Botticelli)의 대표작인 '비너스의 탄생'이라는 그림에 나오는 비너스의 BMI지수를 계산해 보면 대략 BMI지수가 25 정도로 추정된다고 한다. 충분히 날씬하고 충분히 아름다운 몸매지만, 모델 같은 몸매는 아니다. 모델 같은 몸매가 되려면 아직 더 감량해야 한다(아힘 페터스,《다이어트의 배신》, 18쪽 참고).

인 미각 정보가 부여된다. 우리의 2차 식욕을 자극하여 필요 이상으로 음식을 과식하도록 만든다. 이렇게 과식하여 필요 이상으로 섭취한 에너지가 높은 체중을 유지해 준다. 자연 상태의 인간에게 적합한 몸매보다 더 높은 체중에서 에너지 유출입이 균형을 이루게 되고, 높은 체중의 안정된 상태가 된다. 우리는 그 정도의 차이가 있을 뿐이지 식사만으로도 일상적으로 과식을 한다. 건강을 위해 다이어트를 하는 경우라면 이 정도로 충분하다. 이 상태를 그대로 유지하는 것만으로도 건강에는 문제가 없다. 과체중인 사람이 마른 사람에 비해 오히려 더 건강하다고 한다.[198] 이를 '비만의 역설'이라고 한다.

나 역시 개인적으로 이 정도의 몸매를 유지하는 것이 가장 건강하고, 가장 이상적이라고 생각한다. 조각상 같은 몸매는 자연 상태의 인간이 천적을 만나 도망치고, 달아나는 먹잇감을 쫓아가 잡기 위한 몸매다. 환경에 적응하여 살아남기 위한 몸매이지, 가장 건강한 몸매는 아니다. 우리 인간들은 이미 지구상 최강자가 되었기 때문에 천적으로부터 도망칠 일이 없다. 먹을 것을 길러서 먹기 때문에 먹잇감을 쫓아가 잡을 일도 없다. 우리는 이미 자연 상태의 몸매에서 벗어나도 생존하는 데 지장이 없다. 자연 상태의 몸매에서 벗어나 더 건강한 몸매를 가지고 살아도 된다. 여기에 더해 조상들이 오랜 세월 동안 요리 기술을 발전시킨 덕분에 자연 상태의 인간에게 주어진 몸매를 벗어나는 데 성공했고, 별다른 노력 없이도 유전적으로 부여받은 자

---

198) 체중 관련 위험도를 측정하기 위해 의학계에서는 오랫동안 BMI 사망률 곡선을 주요 지표로 받아들였는데, 여기서 최적의 지표는 BMI지수 25이다. 25 이하로 체중이 감소하거나 25 이상으로 체중이 증가하면 기대 수명을 단축하는 요인이 된다고 한다. 특히 25 이하로 체중이 감소하는 경우가 25 이상으로 체중이 증가하는 경우에 비해 더 급격하게 사망률이 증가한다(아힘 페터스, 《다이어트의 배신》, 187~188쪽 참고).

연 상태의 몸매보다 더 건강하게 살 수 있는 몸매를 가질 수 있다. 그러니, 건강하게 살아야겠다고 생각하는 사람은 이쯤에서 다이어트를 그만두면 된다. 이미 체중이 안정된 상태로 들어왔기 때문에 다시 이전의 뚱뚱한 몸매로 돌아가지 않는다. 혹시 지속적으로 과식을 할 기회가 생겨 살이 찌게 되더라도 그때 다시 다이어트를 시작하면 된다.

하지만, 여기에 만족하지 못하는 사람들이 있다. 많은 사람들이 건강보다는 외모를 위해 다이어트를 한다. '다른 사람들이 보기에' 멋있게 보이는 몸매, 아름답게 보이는 몸매를 가지고 싶어 한다. 다이어트에서는 나의 몸매가 '나에게' 어떻게 보이느냐도 중요하지만, 나의 몸매가 '다른 사람들의 눈에' 어떻게 보이느냐도 중요하다. 다른 사람들의 기준으로 볼 때, 다시 말해 우리가 속한 사회의 기준에서 볼 때 가장 멋있고, 가장 아름답게 보이는 몸매를 가지고 싶어 하는 것이다.

음… 여신님들도 다이어트를 좀 하셔야겠네

루벤스(Peter Paul Rubens)가 그린 '삼미신(三美神)'이라는 그림이 있다. 이름 그대로 세 명의 아름다운 여신을 나체로 그린 그림이다. 아마 루벤스는 자신이 생각하는 가장 이상적인 아름다움을 여신의 모습으로 그렸을 것이다. 그런 몸매가 가장 아름다운 몸매라고 생각하고 그린 거다.

루벤스가 가진 아름다움에 대한 생각은 자신이 만들어 낸 것이 아니라 그 사회가 공통적으로 가지고 있는 아름다움에 대한 생각을 반영하고 있다. 그 시대의 사람들은 그런 몸매를 가장 아름답다고 생각했다. 사람들이 그렇게 생각하니, 화가도 그런 몸매를 아름다운 여신의 모습이라고 그린다. 하지만 내가 이

루벤스의 '삼미신'

> 그림을 처음 보았을 때 드는 생각은 좀 달랐다. 아름답다기 보다 좀 뚱뚱하다는 느낌이었다.
>
> "여신님들이 너무 많이 드셨군…."
>
> "다이어트를 좀 하셔야겠는데…."

매력적인 몸매에 대한 기준은 사회마다 다르다. 아름다운 여신들을 보고 아름답지 않다고 느끼는 내 생각도 오롯이 내가 만들어 낸 것이 아니다. 우리 사회가 가지고 있는 기준에 영향을 받은 것이다. 만약 우리가 더 건강한 몸매를 선호하는 사회에 살고 있다면 식욕만족 다이어트 1단계로 충분하다. 더 이상의 다이어트는 불필요하다. 하지만, 지금 우리 사회에서 다이어트를 하는 사람들은 이 정도로는 만족하지 못할 수 있다. 현재의 우리 사회가 매력적이라고 생각하는 이상적인 몸매는 가장 건강한 몸매 보다는 자연 상태의 인간에게 적합한 몸매에 더 가깝기 때문이다. 우리는 어릴 때부터 이 모델을 받아들여 그것이 아름다운 몸매라고 생각한다. 남자라면 자신의 배에 뚜렷한 복근이 있기를 바라고, 여자라면 자신의 몸매가 모델처럼 마른 에스라인이 되기를 바란다. 그것이 가장 건강한 상태여서가 아니라, 가장 멋있고 가장 아름다운 상태라고 생각하기 때문에 그런 몸매가 되기를 원하는 거다. 그 생각이 맞는지 틀렸는지 단정할 수 없다. 그건 각자가 알아서 선택할 문제다. 다만, 그렇게 되려면 자연 상태에 적합한 몸매가 되어야 하고, 체질량지수(BMI지수)가 더 내려가야 한다. 23까지 내려가야 한다.

"거울에 비친 내 몸에서 쇄골을 보는 것만으로는 만족할 수 없다."

"무슨 수를 써서라도 내 배에서 복근을 봐야겠다."

이렇게 생각하는 사람이라면 어쩔 수 없다. 이 정체기를 벗어나서 다시 추가적으로 체중 감량을 해야 한다. 그러기 위해서는 식사 중에 포함된 2차적 음식먹기를 줄여야 한다.

식사 = 1차적 음식먹기 + 2차적 음식먹기

간식 = 2차적 음식먹기

야식 = 2차적 음식먹기

음식의 섭취 = 식사 + 간식 + 야식

   = (1차적 음식먹기 + 2차적 음식먹기) + 2차적 음식먹기 + 2차적 음식먹기

다이어트 1단계(간식하지 않기) = (1차적 음식먹기 + 2차적 음식먹기) + 2차~~적 음식먹거~~ + 2차적 음식먹기

다이어트 1단계(야식하지 않기) = (1차적 음식먹기 + 2차적 음식먹기) + 2차~~적 음식먹거~~ + ~~2차적 음식먹거~~

다이어트 2단계(과식하지 않기) = (1차적 음식먹기 + ~~2차적 음식먹거~~ + 2차~~적 음식먹거~~ + ~~2차적 음식먹거~~

과식하지 않는 습관 만들기

식욕만족 다이어트 2단계는 식사를 할 때 과식을 하지 않는 거다. 식사를 하기 전에 자신에게 물어보고, 스스로 대답한다. 물론 마음속으로 물어보고, 마음속으로 대답하는 것이다. 기독교 신자들이 식사 전에 마음속으로 기도하는 것처럼 그렇게 자신에게 물어보고 자신에게 대답한다.

"주인공, 깨어 있니?"

"응."

"주인공, 속지마라!"

"응."

"주인공, 느낌에 집중해!"

"응."

(1) 먼저, 식사를 하면서 뱃속의 상태에 의식을 집중한다. 의식을 집중하면서 식사하면 어느 정도 식사를 한 후 배고픔이 사라지는 때를 알게 된다. 식사를 할 때 점점 허기가 사라지고 배고픔이 사라진다. 1차 식욕이 채워진 때를 안다. 배가 부른 것도 안다. 식사 중에 그 느낌을 분명히 느낀다. 뱃속의 상태에 계속 집중하면서 먹고 있으면 더 이상 배고프지 않다는 느낌, 배가 충분히 찼다는 느낌, 이 정도면 내 몸에 필요한 에너지를 충분히 섭취했다는 느낌을 받는다. (2) 이렇게 에너지가 충분히 보충되었다는 느낌을 받으면 다음으로 식사의 맛이 주는 즐거움에 집중한다. 지금 먹고 있는 음식이 어떤 맛인지, 어떤 즐거움을 주는지에 의식을 집중한다. 식사를 하는 동안 먹고 있는 음식의 미각 정보가 계속 익숙해지기 때문에 맛이 주는 즐거움도 점점 약해진다. 이렇게 뱃속의 느낌과 음식의 맛에 집중하다 보면 배고픔은 사라지고, 식사의 맛도 무덤덤해져 그다지 맛있지 않다는 것을 느낀다. 그 순간을 잡아낼 수 있다. 물론, 이때도 먹는 것이 먹지 않는 것보다 더 쾌감을 준다. 여전히 식품은 맛있게 느껴진다. 먹는 게 여전히 즐겁다. 그래서 습관적으로 계속 먹게 된다. (3) 이때 집중의 대상을 옮겨 식사 후 맛볼 디저트의 맛을 생각한다. 지금 먹고 있는 식사의 맛과 식사 후 맛볼 디저트의 맛이 비교된다. 지금 먹고 있

는 식사의 맛은 먹지 않는 것과 비교하면 더 큰 즐거움을 주지만, 디저트의 맛과 비교하면 더 작은 즐거움을 준다. 얼른 식사하기를 마치고, 디저트를 즐길 마음이 생긴다. 그래서 식사를 멈추게 된다. 살을 빼고 싶어서 의지로 먹고 싶은 마음을 참는 것이 아니라, 저절로 멈추게 된다. 더 맛있는 식품을 먹고 싶은 욕망이 식품을 먹는 행동을 멈추게 한다. (4) 식사가 끝난 직후에 디저트의 맛을 즐긴다. 점심 식사의 경우에는 식사 후에 커피를 마시면서 설탕의 맛을 디저트로 즐긴다. 저녁 식사도 집 밖에서 다른 사람들과 함께 식사하는 경우라면 같은 방법으로 한다. 반면 저녁 식사를 집에서 먹고 혼자 있는 공간에서 디저트를 즐기는 경우라면 야식 다이어트를 할 때와 같은 방식으로 진행한다. 식사의 미각이미지가 점점 사라진다. 30분 정도 지나면 1차 식욕이 만족될 때 생기는 포만감이 현실적으로 느껴진다. 배불러서 더 먹고 싶지 않다. 포만감을 가려줄 인공적인 맛의 미각이미지가 사라져 버렸기 때문이다.

그런데 이런 과정이 며칠 진행되면 '이상한 일'이 일어난다. 이렇게 섭취한 에너지는 생명 유지와 신체 활동에 다 소비된다. 생명 유지와 신체 활동에 필요한 에너지만 섭취하기 때문에 다음 식사 때가 되기 전에 다 써 버린다. 배고픈 상태에서 식사를 하게 된다. 배고플 때 음식을 먹어 보면 '이상하게' 맛있다. 식품의 인공적인 맛이 맛있는 것이 아니라, 음식 그 자체가 맛있다. 모든 음식이 다 맛있다. 배고픔이라는 마법의 약이 뱃속에 있으면 에너지를 가진 모든 음식은 진수성찬이 된다. 밥맛이 꿀맛이 된다. 그 맛이 지금 우리에게는 낯설다. 새파란 화면의 컴퓨터처럼 쌀밥과 나물 반찬이 낯설어진다. 어느 날 당신 자신도 놀라는 날이 올 것이다. "쌀밥과 나물 반찬이 원래 이렇게 맛있는 것이었나?"[199] 여기에는 인공적인 맛이 필요 없다. 배고픔이 사라지는 기쁨은 배부를 때 먹는 식사의 즐거움과는 비교되지 않는 쾌감이다. 한번 그 맛을 본 사람은 인간이 만든 인공적인 맛의 매력이 모두 시들시들해진다. 그 맛을 계속 느끼고 싶다. 그런데… 문제가 있다. 이 맛은 배부른 사람은 느낄 수 없는 맛이다. 배고픔이 사라지는 기쁨은 배부른 사람, 이미 배고픔이 사라진 사람은 느낄 수 없다. 그것이 배고픔이 사라지는 기쁨의 비밀이다.

지금 식사를 하고 있고, 에너지는 충분히 보충되었다. 하지만, 먹는 것은 여전히 즐겁다. 쾌감을 준다. 여기서 먹는 것을 멈추는 것은 불쾌하다. 하지만 지금 멈추면 다음 식사는 아무리 초라하더라도 성찬이 된다. 배고픔의 성찬이다. 반면 지금 더 먹으면 다음 식사에서 배고픈 성찬은 사라진다. 뱃속이 비어 있는 사람만 그 성찬을 누릴 수 있다. 성찬의 기쁨은 오직 그들의 것이다. 다음 식사에서 기쁨을 느끼고 싶은 마음이 이번 식사에서 과식하는 행동을 멈추게 한다. 더 큰 쾌감(기쁨)을 누리고 싶은 욕망이 시들시들해져 버린 식품의 과식을 멈추게 한다.

---

199) 우리에게 버릇 들게 된 것들, 예사로 보아 넘기는 사실들도 조르바 앞에서는 무서운 수수께끼로 떠오른다. 그는 남자나, 꽃 핀 나무, 냉수 한 컵을 보고도 똑같이 놀라며 자신에게 묻는다. 조르바는 모든 사물을 매일 처음 보는 듯이 대하는 것이다. 전날 우리 둘은 오두막 앞에 앉아 있었다. 포도주 한 잔이 돌았을 때 그가 놀란 듯이 나를 돌아다보았다. "두목, 이 빨간 물이 대체 뭐요?" 나는 대답하지 않았다. 나는 조르바의 말을 들으면서, 세상이 다시 태초의 신선한 활기를 되찾고 있는 기분이었다. 지겨운 일상사가 우리가 하느님의 손길을 떠나던 최초의 모습을 되찾는 것이었다. 물, 여자, 별, 빵이 신비스러운 원시의 모습으로 되돌아가고 태초의 회오리바람이 다시 한번 대지를 휘젓는 것이었다(니코스 카잔차키스, 《그리스인 조르바》, 88~90쪽 참고).

다이어트 끝마치기

　나는 어릴 때부터 뚱뚱했기 때문에, 평생 내 배에서 복근이라는 것을 볼 날이 없을 줄 알았다. 다른 사람들은 배에 복근이 있지만, 나는 가질 수 없을 줄 알았다. 사실 생각해 보면 나도 복근이 있을 거다. 팔에 이두박근이 있는 것처럼 배에 복근이 있다. 다만 배에 지방층이 두껍게 쌓여 있어 보이지 않을 뿐이다. 그 두꺼운 지방층이 사라지는 날은 없을 줄 알았다. 배에 복근이 있어도 평생 그걸 볼 수 없을 줄 알았다. 정말 100년을 기다려도 그런 날은 없을 줄 알았다.

　그러다가 변화가 시작된다. 어느 날 아침에 샤워를 한 후 거울에 비친 몸을 보았을 때 평소에 보지 못했던 쇄골이 보인다. 다시 얼마 뒤 갈비뼈가 보인다. 걸어 다닐 때 배의 느낌이 평소와 다르다. 힘주어 배를 집어넣을 때처럼 팽팽하게 당겨지는 느낌이 든다. '뱃살이 빠지고 있구나' 하는 느낌을 감각적으로 느낄 수 있다. 그리고 결국은 배에서 복근이 보이기 시작한다. 몸에서 군살을 찾아보기 어렵다. 체중을 재어 보고 BMI지수를 계산해 보면 BMI지수가 대략 23 아래로 내려가 있다. 자연 상태의 인간에게 적합한 몸매에 도달한 거다. 아무리 기다려도 오지 않을 것 같던 날은 그렇게 찾아온다.

　다이어트는 이것으로 끝이다. 이제 그만해도 된다. 마음에 따라 원하는 대로 행동해도 원래 인간에게 부여된 날씬한 몸매에서 더 이상 벗어나지 않는다. 따로 다이어트를 하지 않더라도 더 이상 예전의 몸매로 돌아가지 않는다. 이미 날씬한 체중에서 안정된 상태로 들어와 버렸기 때문에 음식을 먹는 것에 특별히 신경 쓰지 않더라도 더 이상 예전처럼 뚱뚱해지지 않는다. 살이 찔 정도로 과식을 하면 부담스럽게 느껴진다. 음식을 먹는 입맛이나 습관도 날씬한 체중에 맞추어져 있고, 그 체중이 안정된 상태에 들어가 있어 다시 뚱뚱해지려면 특별한 노력을 해야 한다. 마른 사람이 살을 찌우기 위해 억지로 음식을 먹으면서 노력하는 것처럼 억지로 음식을 먹어야 한다. 하지만, 우리는 억지로 살을 찌우고 싶은 마음이 없다. 그런 노력을 하지 않는다. 그러니 다시 살이 찌지 않는다.

먹고 싶은 만큼 마음껏 먹었다고 생각했는데 다음날 체중을 재어 보면 체중이 올라가지 않는다. 처음에는 신기하게 느껴진다. 며칠 과식해서 체중이 올라갔는데 며칠 지나면 다시 체중이 내려가 버린다. 점점 체중에 대해 자신감이 생긴다. 이제 체중이 몇 kg이 되는지, BMI 지수가 얼마나 되는지 하는 것들이 별로 중요하지 않게 느껴진다. 날씬한 몸매에서 벗어날 일도 없고, 벗어나더라도 필요하면 다시 조절할 수 있기 때문에 걱정되지 않는다. 그러니 음식을 먹을 때 칼로리가 얼마나 되는지, 과식하는 것은 아닌지 고민할 일도 없다. 그냥 원하는 음식을 원하는 만큼 먹는다. '배가 불러서 더 이상 못 먹겠다', '여기서 더 먹으면 즐겁기 보다는 불쾌해지겠다'라고 느끼게 될때 음식먹기를 그만두게 된다. 다이어트로 음식이 주는 기쁨을 느끼게 되면 맨밥에 나물 반찬만 있어도 맛있다. 음식이 주는 진정한 쾌감이 그 담백함에 있음을 알게 된다. 밥과 나물 반찬의 맛이 달고 짜고 기름진 음식에 비해 더 맛있다고 느껴지는 사람에게는 뷔페식당의 갖가지 요리도, 대형 마트나 백화점 음식코너에 줄지어 쌓여 있는 식품들도 그저 뜬 구름같이 느껴진다. 이렇게 스스로 담백함에 만족하는 사람을 과식하게 만들 방법이 없다. 음식에 끌려가지 않는다.

음식을 먹고 싶으면 먹고, 먹기 싫으면 먹지 않는다. 음식을 먹다가도 더 먹고 싶으면 더 먹고, 그만 먹고 싶으면 그만 먹는다. 필요한 양을 먹고 나면 음식에 대해 필요 이상으로 감정도 욕구도 일어나지 않는다.

발에 족쇄가 채워져 벗어날 수 없다. 하지만 허물이 없다

화식을 하면서 인간은 처음으로 날씬한 몸매의 사슬에서 벗어났다. 하지만, 진화의 압력이 인간에게 다시 날씬한 몸매의 족쇄를 채워 버린다. 그 후 인간은 끊임없는 노력으로 자연의 힘을 정복했고, 날씬한 몸매의 사슬에서 다시 벗어났다. 처음에는 소수의 사람들만 뚱뚱해질 특권을 가졌지만, 현대 사회는 많은 사람들이 날씬한 몸매에서 해방될 수 있게 해 주었다. 그런데 이제 다이어트로 다시 발에 족쇄가 채워진다. 자기 손으로 자기 발에 족쇄를 채운 것과 다름없다. 인류가 오랜 세월 동안 개발해 낸 요리 기술과 그 기술을 이용한 인공적인 맛이라는 정신적 노력의 성과물, 그 결과 얻어 낸 날씬한 몸매로부터의 해방 상태를 스스로 내팽개쳐 버렸다. 그리고는 날씬한 몸매의 사슬에 스스로 구속되는 자발적인 노예가 된다. 노예에게는 선택권이 없다. 선택권이 없으니, 없는 선택권을 빼앗아 갈 방법도 없다.

우리가 다시 그 사슬을 끊지 않는 한, 뚱뚱해지고 싶어도 뚱뚱해질 수가 없다. 뚱뚱해지려고 하면 과식을 해야 하는데 과식 능력이 실현되는 조건이 사라져 버린 상태에서 과식을 하면 매여 있는 사슬이 우리를 고통스럽게 한다. '의지'는 지속적인 식욕을 참을 수 없는 것처럼, 지속적인 배부름의 고통도 참지 못한다. 자발적으로 노예가 된 사람은 날씬한 몸매에서 벗어나지 못한다. 날씬한 몸매에서 벗어나지 못하니 평생 날씬한 몸매로 살아야 한다. 하지만, 이렇게 스스로 날씬한 몸매를 선택한 사람은 날씬한 몸매로 사는 것에 만족감을 느낀다. 그 상태에 만족하니 그 상태에서 벗어나 뚱뚱해지려고 시도하지 않는다. 벗어나려고 시도하지 않으니 벗어나지 못하는 상태가 유지되더라도 문제가 없다. 설령 그것이 노예 상태라 하더라도, 자유를 제한하는 족쇄가 채워져 있어도 거기서 벗어나고 싶은 마음이 없으면 고통으로 느껴지지 않는다. 오히려 그 족쇄가 안전띠처럼 느껴지고, 거기에 묶여 있는 것이 자유라고 느껴진다. 가 본 적 없는 세상은 이렇게 간다. 가볍게 가는 길, 오직 가볍게만 갈 수 있는 길이다.[200] 다이어트는 이렇게 한다. 위태로운 상태로 이를 악물고 버티는 게 아니라 안정된 상태에서 편안하게 머무르는 것이다.

---

200) 하인리히 롬바흐, 《아폴론적 세계와 헤르메스적 세계》, 227쪽, 236쪽 참고.

제7편

끝마치는 이야기
- 백 년의 비만시대가 끝난다 -

미처 아우렐리아노가 마지막 줄을 다 읽어 내기도 전에, 그는 자기가 결코 이 방을 빠져나갈 수 없다는 사실을 알게 되었으니, 그것은 이 거울의 도시, 아니 신기루의 도시가, 바람에 날려 없어질 터이며, 아우렐리아노 부엔디아가 이 원고를 해독하게 되는 순간부터 마콘도는 인간의 기억에서 영원히 사라질 것이며, 여기에 적힌 글들은 영원히 어느 때에도 다시 되풀이될 수 없을 것이니 그것은 백 년 동안의 고독에 시달린 종족은 이 세상에서 다시 태어날 수 없다고 적혀 있었기 때문이다. [201]

- 가브리엘 가르시아 마르케스, 《백 년 동안의 고독》 -

---

201) 가브리엘 가르시아 마르케스, 《백 년 동안의 고독》, 456 457쪽.

수용, 거부, 벗어남, 세 가지 세계 중 당신은 지금 어디에 있는가?

사회가 인간들의 이름을 지어 주니, 사회가 부르는 것이 곧 그의 이름이 되었더라

'새처럼 자유롭다'는 말이 있지만, 실상을 알고 보면 새들과 자연 속의 모든 생물들은 생존의 필연성이라는 사슬에 매여 있다. 그것은 먹이 사슬이고, 생존의 조건을 만드는 사슬이고, 자연이 부여한 사슬이다. 그래서 자연 속의 동물들은 주어진 환경 속에서 이리저리 움직이며 그것을 자유라고 느끼겠지만, 그 환경을 벗어날 수는 없다. 동굴 속에 갇힌 수인들처럼 사슬에 매여 있고, 우물 속의 개구리처럼 삶의 영역에 갇혀 그곳을 벗어나지 못한다. 강이나 바다나 산이나 숲은 보이지 않는 거대한 감옥이고, 보이지 않는 벽으로 그 속에서 살아가는 모든 동식물의 자리를 정해 주고 있다.[202] 이런 자연의 법칙은 동물의 자리를 정해줄 뿐 아니라 행동 방식도 규정한다. 자연에 존재하는 동물들은 자연적으로 부여받은 행동 방식을 벗어나서 행동할 수 없다. "송충이는 솔잎을 먹어야지 갈잎을 먹으면 죽는다." 송충이는 장소적으로 소나무에 매여 있을 뿐 아니라, 먹는 행동의 방식도 자연이 부여해 준 방법에 매여 있다.

인간도 원래는 하나의 동물에 불과했다. 그들도 자연이라는 감옥에 갇혀서 자연이 정해 준 행동 방식에 따라 살 수밖에 없는 나약한

---

202) 미하일 일리인, 《인간의 역사》, 303~310쪽 참고.

존재였다.[203] 하지만, 꼬마 원시인 보보가 불장난을 하다가 모든 것을 바꾸어 버렸다. 화식의 결과 인간은 뇌가 커졌고, 동굴 밖으로 나온 수인(囚人)처럼 이제껏 환경이 보여 주는 세상 이외의 다른 세상을 보기 시작한다. 현실 세계에 없는 세계를 본다. 머릿속의 세계가 인간을 점점 인간다운 인간으로 만들어 낸다. 커진 뇌에서 만들어진 관념에 따라 사고하고 행동하기 시작하면서 인간은 자연의 법칙에 순순히 따르는 것을 거부한다. 자연의 사슬을 끊어 버리고, 자연이라는 이름의 감옥에서 탈출한다. 아무도 탈옥에 성공한 적 없는 감옥에서 유일하게 탈출하여 자유로운 존재가 된다. 비유하자면 좁은 골목길을 가다가 골목길이 끝나고 넓은 대로로 나서는 것과 같다. 인간은 동물에게 주어진 좁은 길에서 탈주한다. 자연적으로 주어진 행동 방식에서 벗어나 다른 행동 방식으로 연결되고, 그 길을 간다. 자연의 필연성에 매여 있는 동물 중의 하나가 아니라 이를 뛰어넘어 다른 동물들과는 본질적으로 다른, 자유로운 인간이 된다. 스스로 사고하는 능력을 이용하여 문명을 발전시키고, 자연을 지배하는 신과 같은 존재가 되어 간다.

옛날이야기에서 신선들이 학을 타고 하늘을 날아다니듯이 비행기를 타고 하늘을 날아다니고, 축지법을 쓰듯이 자동차를 타고 하루에 천리 길을 가고, 텔레비전으로 천리안이 되어 천리 밖에서 일어나는 일들을 생생히 보고, 휴대 전화로 천리통이 되어 천리 밖에 있는 사람과 수시로 대화한다. 식품 같은 기본적 재화에 대한 걱정에서 벗어난다. 인간은 사고하는 능력으로 자연의 사슬을 끊어 버리고, 자유로워졌다. 가능한 행동 공간은 점점 넓어지고, 더 이상 자연의 장벽이 인

---

203) 미하일 일리인, 《인간의 역사》, 303쪽 참고.

간을 좁은 행동 공간 속에 가두지 못한다. 그 자유에 만족하며 살았다. 처음에는 너무 넓어 끝이 없을 것 같았다. 점점 더 넓어지고 인간에게 더 많은 자유를 줄 것만 같았다.

하지만, 넓은 행동 방식의 자유가 다시 줄어든다. 자연의 감옥이 있던 자리에 인간의 감옥이 생겨난다. 가능한 행동 방식의 영역은 사회적으로, 문화적으로 고정되어 다시 좁은 골목길이 된다. 그 정도는 사회마다 다르지만, 어느 사회든 그 사회에 속한 사람들의 행동 방식을 조정하고, 존재 방식을 규정하는 규칙들, 모델들을 가지고 있다. 이 규칙들은 사회 속의 인간들이 다른 인간들이나 사물들과 만나고 관계하는 결합 방식을 규정한다. 그 모델이 인간의 행동 방식을 조정한다. 설계도, 배치도, 순서도, 도표, 약도, 대본, 악보, 함수, 법전, 훈령, 지침, 매뉴얼 같은 것이다.

어떤 사회가 행동 방식의 모델을 가지고 구성원 개개인의 행동 방식을 조정한다는 것 자체는 나쁜 것이 아니다. 사회가 존속하기 위해서는 구성원의 행동 조정이 필요하다. 문제는 현대 사회가 인간의 행동 방식을 조정하는 결과가 비만 구조로 작동한다는 점이고, 동시에 현대 사회는 마른 몸매를 선호한다는 점이다. 현대 사회는 구성원들을 뚱뚱하게 만드는 방식으로 작동하는데, 구성원 개개인은 자신이 뚱뚱한 몸매로 살아가는 것을 싫어한다. 이 부조화가 문제다. 현대인들은 현대 사회 속에서 점점 뚱뚱해지는데, 뚱뚱해진다는 사실 자체가 불쾌하고 고통스럽다. 우리는 비만 구조로 작동하는 결합 방식을 채택한 사회 속에 들어와 있고, 그 대본에서 정해진 대로 연기하는 배우, 작업 공정에 맞추어 작동하는 기계처럼 행동한다. 여기서 우리는 자신의 식욕에 따라 식품을 자유롭게 선택하고, 식품은 식욕을 만족시키는 방식으로 기능하지만, 식욕 자체는 식품에 내장된 프로그램의 기능 속에서 기능한다. 우리가 자유롭게 식품을 선택하는 것 같다. 식품은 식욕의 대상인 단순한 사물로 보인다. 하지만 그 선택은 식품에 미리 예정된 실현 방식에 제한되어 있고, 우리의 자유는 하나의 프로그래밍된 자유로 남는다.[204]

여기서 식품은 소비자에게 즐거움을 주는 프로그램(과식유발능력)을 가진 매체다. 식품을 먹을 때 식품의 프로그램이 작동한 결과 우리는 즐거움을 얻고 과식한다. 하지만 이 배후에는 또 다른 프로그램이 숨어 있다. 식품을 프로그래밍하는 식품 산업의 프로그램, 식품 산업을 프로그래밍하는 현대 시장의 프로그램, 현대 시장을 프로그래밍하는 사회경제적 장치의 프로그램 등이 그것이다.[205] 비만 구조는 잉여 에너지가 발생하는 사회경제적 여건 아래에서, 생산된 잉여 에너지를 소진시키기 위해 소비자가 과식하도록 행동 방식을 조정해 낸 결과다. 현대 식품 시장은 미각 디자인을 통해 예술적인 미각 정보를 부여한 음식물을 상품으로 유통시킨다. 그 상품이 우리가 매일 먹고 있는 식품이다. 식품은 과식을 유발하고, 우리는 과식하게 된다. 이렇게 현대 사회 안에서 우리의 행동 방식은 기계처럼 하나로 고정되어 있다. 식품의 형태로 주어진 자극에 한 가지 방식으로 반응하도록 배치되어 있고, 정보의 흐름에 접속하는 방식이 고정되어 있다.

---

204) 빌렘 플루서, 《사진의 철학을 위하여》, 42쪽 참고.
205) 빌렘 플루서, 《사진의 철학을 위하여》, 34쪽 참고.

소비자와 인간의 행방불명… 당신의 이름은?

애니메이션 〈센과 치히로의 행방불명〉에서 치히로와 치히로의 부모는 인간들이다. 그들의 자리는 인간 세계에 있다. 길을 잃고 우연히 신들의 세계로 들어가는데, 거기에서 치히로의 부모는 마법이 걸린 음식을 먹고 돼지로 변한다.[206] 자기 원래의 모습을 잃어버리고, 이름도 잃어버린다. 원래 자신들이 속한 세계로 이어주는 끈을 놓아 버린 것이다. 반면 치히로는 하쿠의 도움으로 자신의 이름을 기억한다.

신들의 세계에서 목욕탕을 운영하는 유바바(湯婆婆)는 치히로를 인부로 고용하는데, 그때 치히로(千尋)의 이름 중에서 히로(尋)를 지워 버린다. 치히로(千尋)에서 히로(尋)가 지워지고 남는 것은 센(千)이다. 센을 우리말로 옮기면 숫자 천(1,000)이다. 훈련소의 훈련병(1,000번 올빼미)이나 교도소의 수감인(수감번호 1,000번)처럼 그저 숫자 1,000으로 불리는 존재가 된다. 이것은 관점의 전환이다. 치히로에서 유바바로 관점이 옮겨 간다.[207] 부모가 누구

---

206) 치히로의 부모가 신들의 세계에서 마법 걸린 음식을 먹고 돼지로 변하는 모습은 오딧세우스의 동료들이 키르케의 궁전에서 마법 걸린 음식을 먹고 돼지로 변하는 모습을 연상시킨다(호메로스, 《오뒷세이아》, 247쪽 참고). 그리고 이 모습은 현대인의 모습도 연상시킨다. 현대인은 시장에서 마법 걸린 음식을 먹고 점점 돼지로 변해가고 있다. 원래 자기의 모습을 잃어버렸고, 자신과 원래 자신이 속한 세계를 이어 주는 끈도 놓아 버렸다.

207) 천길 낭떠러지를 한자로 표현하면 천심절벽(千尋絶壁)이다. 이때 천길(千尋)의 의미는 재어 보면 정확히 1,000길이라는 의미가 아니다. '아득해서 잴 수 없다'는 의미다. '열 길 물 속은 알아도, 한 길 사람 속은 모른다.'라는 말이 있다. 인간이 물질세계에서 나타나는 현실태는 육체이고, 그 육체는 한길이다. 하지만, 그 한 길 속에 담겨져 있는 잠재적 가능성, 그 가능성을 실현시키는 정신세계는 계량할 수 없다. 어떤 조건을 만나고, 어떤 흐름에 연결되느냐에 따라 그때그때 다른 모습이 풀려나올 수 있는 아득한 정신세계를 가지고 있다. 그래서 천길에 해당한다. 치히로(千尋)라는 이름이 바로 그 천길(千尋)을 의미한다. 치히로라는 이름에서 히로(尋)와 합쳐진 치(千)라는 글자의 의미는 '아득해서 잴 수 없음'이다. 하지만, 유바바는 이 잴 수 없는 의미의 다양체에서 잔여분을 잘라냄으로써 그 실체를 센(千)이라는 잴 수 있는 숫자 천(1,000)과 연결시킨다. 센(1,000)이 된 치히로는 계량가능하고, 대체 가능한 일꾼들 중의 하나가 된다. 치히로에서 센으로 이름의 전환은 관점의 전환을 나타낸다. 치히로라는 개인의 관점에서 치히로라는 일꾼을 바라보는 고용주의 관점(유바바의 관점)으로의 전환이다. 원래의 모습을 잃어버리고, 돌아갈 길도 잃어버린 센은 고용주의

인지, 친구들이 누구인지, 무슨 관심을 가지고 있는지… 등등 치히로의 관점에서는 중요한 정보들이 유바바의 관점에서는 무의미하다. 모두 사라진다. 심지어 치히로가 자기 이야기를 하려 하자 유바바는 마법으로 입에 지퍼를 달아 말을 하지 못하게 막아 버린다. 센이라고 불리는 치히로는 센(1,000번 일꾼)이라는 유바바의 관점을 받아들이고, 한명의 일꾼이 되어 살아간다. 고유한 특성을 가진 개인이 아니라, 일꾼에게 요구되는 속성을 가진, 대체 가능한 한 명의 일꾼이다. 치히로는 주어진 상황에 대해 인간이 가지는 조건 내에서 다양한 방식으로 행동할 수 있다. 하지만, 센은 한 명의 일꾼으로서 일꾼에게 요구되는 행동 방식으로 행동한다. 목욕탕 종업원에게 주어진 대본에 따라 종업원의 역할을 연기하는 배우가 되는 것이다. 그녀에게서 다른 방식으로 행동할 가능성은 사라지고, 기계처럼 하나의 행동 방식만이 남게 된다.

네 몸을 네 이웃과 같이 사랑하라!

생산력이 소비력을 추월해 버린 현대 사회는 인간들을 적극적인 소비자로 재조직해야만 생산자가 생존할 수 있고, 시장시스템이 유지될 수 있는 구조가 되었다. 이 환경에서 살아남으려는 식품 생산자들은 더 매력적인 식품을 통해 인간들이 식품을 과소비하도록 행동 방식을 프로그래밍한다. 요리된 식품들이 너무 맛있어졌다. 인간이 만든 요리 기술은 자연 세계에 존재하는 어떤 음식물보다 더 맛있는 요리를 만들어 낸다. 기막히게 맛있는 음식들이 거부할 수 없는 매력으로 우리를 유혹한다. 날카로운 사자의 이빨도, 빠른 표범의 발도, 하늘을 나는 독수리의 날개도 인간이 만든 총, 자동차, 비행기 앞에

관점을 받아들여 그 관점에서 자신을 바라보고, 대체 가능한 한 명의 일꾼이 된다.

무력한 것처럼, 우리를 날씬하게 유지하는 자연적 심리 체계는 인공적인 미각 정보의 매력 앞에서 무력하다.

자연 세계에서 현대 사회로 들어온 인간들은 시장에서 마법이 걸린 음식을 사 먹고, 점점 뚱뚱해지고 있다. 원래의 모습을 잃어버리고, 돌아갈 길도 잃어버린 우리는 식품 생산자의 관점을 받아들여 그 관점에서 자신을 바라보고, 대체 가능한 한 명의 식품 소비자가 된다. 19세기 공장에서 일어났던 행동 조정의 과정이 20세기에는 그 모습을 바꾸어 시장에서 반복된다. 식품 생산자의 관점에서 중요한 것은 소비자의 삶, 건강, 행복 같은 것이 아니다. 중요한 것은 식품을 소비할 수 있는 능력이다. 현대의 매트릭스는 인간의 몸이 필요하지만 영화 속의 매트릭스처럼 인간의 생체 에너지가 필요한 것이 아니다. 생산된 잉여 에너지를 소비해 주는 기계가 필요하다. 에너지의 흐름에 접속하여 에너지를 소비할 수 있는 인간의 몸이 필요하다. 거기에 맞추어 인간의 몸은 배치되고, 그 흐름에 맞는 매듭에 연결된다. 컨베이어 벨트에 연결된 기계처럼 에너지의 흐름, 정보의 흐름에 연결되어 작동한다. 그 연결 속에서 인간의 심리 체계는 과소비를 위해 조정되고, 그 결과 식품을 과소비하는 행동을 반복한다.

이 매듭을 끊어야 한다. 원래 우리가 속한 세계로 이어 주는 끈을 찾아내 새롭게 매듭을 이어가야 한다. 비만 구조에서 벗어난다는 것, 바르게 다이어트 한다는 것은 비만의 결과를 산출하는 현재의 배치에서 벗어나 새로운 배치를 만들고, 새로운 의미를 생산하고, 새로운 정보의 흐름에 접속하는 것이다. 사회적으로 주어진 대본을 버리고, 당신 자신을 위한 새로운 대본을 쓰는 거다. 여기서 치히로가 신들의 세계 속에 살면서도 인간 세계의 이름을 기억한다는 사실이 중요하다. 이름은 자신이 속한 원래 세계의 흔적이다. 이름을 기억하는 센은 완전한 센(千)이 되지 않고 잔여분이 지워진 채 치히로로 남는다. 연필로 쓴 글자를 지우개로 지워도 그 흔적이 남는 것처럼 흔적이 남아 있는 치히로(千), 히로가 빗금 처진 치히로(千 壽)다. 잔여분을 지웠지만 자세히 보면 흔적을 볼 수 있고, 더듬어 찾아갈 수 있다.

"이름 붙일 수 있는 이름이 언제나 바른 이름은 아니다(名可名 非常名)."

지금 당신에게 붙여져 있는 1,000번째 소비자라는 이름도 원래 당신의 이름은 아니다. 현대 시장이라는 매트릭스 속에서 당신은 식품 소비자라는 이름을 부여받았다. 잉여 에너지가 흘러가는 컨베이어 벨트의 흐름에 배치되어, 식품을 과소비하는 기계로서 작동하고 있다. 기분 나쁘겠지만 어쩔 수 없다. 그게 현실이다. 못 믿겠다면 당신 배를 만져 봐라. 당신이 잉여 에너지를 과소비하지 않았다면 출렁이는 뱃살은 어디에서 왔겠는가.

이제 관점을 다시 바꾸어야 한다. 그들의 관점에서 당신의 관점으로 바꾸어야 한다. 그래야 원래 당신이 속한 세계가 보인다. 현실 세계는 유일한 세계도 자연적인 세계도 아니다. 주어진 삶의 방식에서 자유로워지기 위해서는, 당신의 대본을 쓰기 위해서는, 원래의 모습으로 다시 돌아가기 위해서는 이 사실을 잊지 말아야 한다. 비만 구조로 작동하는 현실 세계는 자연스럽지만 자연적이지 않다. 지금 우리의 행동 방식도 당연해 보이지만 당연하지 않다.

"길로 삼을 수 있는 길이 언제나 길은 아니다(道可道非常道)."

이제껏 길로 삼아 왔던 길이 절벽을 향해 가고 있다면, 그건 더 이상 길이 아니다. 그 길에서 벗어나야 한다. 그래야 살 수 있다. 죽음과 파국으로 가는 길은 길이 아니다. 이제껏 길이라 믿어 왔던 공간에서 벗어나는 것, 이제껏 길이 아니라고 믿어 왔던 황야로 나아가는 것, 그것이야 말로 진정한 길이 된다.

이제 누군가 다른 사람이 써준 대본을 버리고, 새로운 대본을 써야 한다. 우리가 원하는 결과를 산출하는 방식으로 인간, 식품, 먹는 행동을 배치하는 새로운 대본이다. 이를 위해서는 관점을 전환시킬 필요가 있다. 다른 사람이 나를 보는 관점에서 내가 보는 나의 관점으로 전환한다. 1,000번째 소비자, 언제든지 대체 가능한 기계의 소모품으로 나를 바라보도록 시선을 고정하고 있는 사슬을 풀어야 한다.

극례복기(克禮復己), 주어진 삶의 방식을 극복하고 자기를 회복한다

이제 우리는 벽 앞에 서 있다. 주어진 행동 방식을 무작정 수용할 수 없는 상태까지 와 버렸다. 그래서 다이어트라는 것을 한다. 그 다이어트라는 것의 실상을 보면 먹고 싶은 것을 억지로 참고 먹지 않는다. 운동을 하기 싫어도 억지로 운동을 한다. 생명과 건강을 유지하기 위하여 자연적으로 부여되어 있는 경고 시스템을 무시하고 무작정 에너지를 적게 섭취하고 많이 소비하는 데에만 몰두한다. 자신도 알지 못하는 사이에 죽음을 향해 날아가는 이카로스 같은 존재가 되어 버린다. 이렇게 자연의 질서에 어긋나는 개체를 자연은 가만 놔두지 않는다. 고통을 준다. 그래도 계속하면 건강을 해친다. 그래도 계속하면 죽어 버린다. 태양을 향해 날아가면서 뜨거움을 견디는 자신이 대단한 일을 하고 있다고 착각해서는 안 된다. 자연의 질서를 무작정 거부하는 행동은 어리석은 행동일 뿐이다.

주어진 행동 방식을 수용하는 것, 거부하는 것. 어느 쪽을 선택해도 고통스럽다. 하지만, 우리에게 주어진 관념이 보여 주는 방식은 이것뿐이다. 수용하거나 거부하거나 우리가 선택할 수 있는 것은 이 둘뿐이다.

"어떻게 해야 할까?"

천으로 만들어진 세계의 장벽

나는 2000년에 이탈리아에 배낭여행을 갔었다. 로마의 유명한 '나보나 광장'에서 남쪽으로 조금 가면 '꽃의 광장'이 있다. 그곳에는 수도사 복장을 하고 한권의 책을 들고 있는 사람의 동상이 있다. 경쾌한 광장의 분위기에 어울리지 않게 엄숙한 분위기의 동상이다. 그 동상을 처음 보았을 때 '저 사람이 누굴까?'하는 의문이 생겼다. 그는 브루노(Giordano Bruno)다. 400년 전 그곳에서 브루노는 화형당했고, 그의 죽음은 근대과학의 첫 세기를 여는 상징적인 사건이 된다.[208]

지구는 우주의 중심이 아니다. 우주는 지구를 중심으로 움직이지 않는다. 지구는 태양 주위에 있는 하나의 행성에 불과하고, 끝없이 펼쳐진 우주에는 지구와 비슷한 별들이 무수히 많이 있다. 이 사실은 현대인들에게 상식에 속한다. 하지만, 16세기에는 그렇지 않았다. 지구가 무수한 별들 중의 하나에 불과하다고 주장하는 것은 죽음을 각오해야 하는 일이었다.[209]

브루노는 어느 날 꿈을 꾸었다. 꿈속에서 그는 별들이 붙어 있는 천구 안에 있었다. 천구는 중세인들이 생각한 세계의 경계다. 유일한 세계이고, 넘어설

---

208) 알프레드 노스 화이트헤드, 《과학과 현대》, 447쪽 참고.
209) 클로드 알레그르, 《신의 존재와 과학의 도전》, 60~62쪽 참고.

수 없는 장벽이다. 중세인들의 세계는 거기서 끝난다. 누구도 천구의 경계를 벗어나 밖으로 나갈 수 없다. 꿈속에서 브루노는 하늘과 땅이 만나는 세계의 끝을 향해 다가갔다. 두려웠지만 세계의 끝이라는 것을 직접 바라보고, 손으로 만져 본다. 그리고 그것이 천으로 된 장막이라는 사실을 알게 된다. 그 밖으로 몸을 내밀어 바깥에 있는 세계를 바라본다. 그 밖에서 무수한 태양들과 무수한 지구들을 보게 된다.[210)]

당시 브루노는 아직 자신의 생각을 입증할 수 없었고, 다른 사람을 설득할 수도 없었다. 하지만, 그 자신은 중세의 세계관, 중세의 고정 관념에서 벗어난다. 브루노는 다수가 공유하는 생각과 다른 생각을 한다는 이유로 비참한 최후를 맞지만, 다행히 지금 우리는 그런 시대에 살고 있지 않다. 우리는 우리가 반드시 다른 사람들과 같은 생각을 가지고, 같은 행동 방식으로 행동해야 한다고 생각하지 않는다.

---

210) 이 이야기는 〈코스모스(Cosmos: A Spacetime Odyssey)〉라는 다큐멘터리 제1화에 나오는 내용을 참고하였다. 이 그림은 어느 무명의 작가가 브루노의 꿈을 모티브로 하여 그린 목판화다.

각각의 시대는 심성적으로 자기 시대의 우주를 만든다.[211] 우리가 살고 있는 현대도 그렇다. 우리가 그 속에 살고 있기 때문에 인식하지는 못하지만, 우리는 스스로 우리 시대의 천구를 만들고 그 안에 갇혀 있다. 우리에게 익숙한 삶의 방식들, 그리고 그 삶의 방식을 규정하는 것들이 있다. 우리 사회가 가진 정치 체계, 경제 체계, 지식 체계, 종교 체계, 문화 체계 등은 우리가 태어나기 전부터 있었고, 의식, 전통, 관습, 실천이라는 이름으로 생활 방식의 틀을 규정하고 있다. 오랫동안 존속하면서 점차 우리의 의식에 물들어 가기 때문에 그것이 원래는 인간에 의해 만들어졌다는 사실이 믿기지 않는다.[212] 우리가 원하건 원하지 않건, 의식하건 의식하지 못하건 그 틀은 태어나면서부터 죽는 순간까지 우리에게 매여 있는 사슬처럼 우리의 행동 방식을 규정하고, 우리는 거기에서 벗어나지 못한다.[213] 너무 익숙해져 그것이 우리에게 자연적이고 당연한 것으로 느껴지지만, 그런 것들도 그 계보를 따져 가다 보면 어떤 시대의 역사적 환경에 적응하기 위해 인간이 만들어 낸 것이고, 그 환경이 아직 근본적으로 변하지 않아 현재 상태를 유지하고 있다는 사실을 알게 된다.

나를 찾기 위해 현재의 나로부터 벗어나야 한다. 이미 나의 생각이 되어 버렸지만, 그래서 원래부터 나의 생각인 것처럼 느껴지지만… 잘 따져 보면 누군가가 내 안에 심어 놓은 생각의 씨앗이 자라서 나를 지배하고 있다. 그걸 찾아 뽑아 내는 것은 쉽지 않다. 완전히 이해되어 기생충처럼 머릿속 어딘가에 들러붙어 있는 관념 말이다. 이 관

---

211)   뤼시앵 페브르, 《16세기의 무신앙 문제》, 19쪽 참고.

212)   프리드리히 니체, 《아침놀》, 21쪽, 24~27쪽 참고.

213)   뤼시앵 페브르, 《16세기의 무신앙 문제》, 34쪽 참고.

념은 우리에게 현실 세계를 보여 준다. 그것이 유일한 실재 세계라고 느끼는 것이 우리의 감각과 상식에 자연스럽다. 이 현실이 우리를 답답하고 고통스럽게 만들지만, 벗어날 길이 없다. 자연적으로, 당연히, 원래부터 그런 것으로 보이기 때문이다. 그게 이때까지 우리가 가진 정신세계였다. 여기서 벗어나기 위해 우리는 우리의 정신세계로 들어가 거기에 작은 생각을 하나 심었다.

"자연스러운 것이 자연적인 것은 아니다."

우리가 사는 세상은 현실 세계다. 현실 세계만이 유일한 실재 세계인 것처럼 느껴진다. 그렇다. 그게 자연스럽다. 도저히 의심스럽지 않다. 지구가 평평한 것처럼, 움직이지 않는 지구 위로 매일 태양이 떠오르는 것처럼 너무 자연스럽게 느껴진다. 하지만, 의심하라! 정말 그것이 유일한 세계라고 자신할 수 있는가?

"현실 세계만이 유일한 실재 세계가 아닐 수도 있다."

"현재의 식욕도, 현재의 체중도 유일한 모습이 아닐 수 있다."

이 생각이 당신의 머릿속에 심겨졌는가? 이 간단한 생각이 당신의 머릿속에 자리 잡아 더 이상 사라지지 않는다면, 그것으로 당신의 삶을 바꿀 준비는 끝났다. 지금 당장은 아니라도 언젠가는 그 생각이 싹을 틔우고, 자라나 무성하게 되고, 당신의 정신세계를 지배하고 있는 고정 관념을 밀어낼 거다. 의식의 흐름이 바뀌고, 행동이 바뀌고, 결국 당신의 삶이 바뀌게 된다.

문이 한 번 닫히고, 문이 한 번 열리니 이것이 변하는 것이다

몇 년 전에 회사 후배가 〈지금, 만나러 갑니다〉라는 일본 영화를 추천해 주어서 재미있게 본 적이 있었다. 주인공 '미오'는 교통사고로 의식을 잃는다. 의식을 잃은 상태에서 꿈인지 환상인지 모를 미래의 삶을 본다. 어쩌면 실현될 수도 있고, 어쩌면 영원히 잠재적으로만 남게 될 수도 있는 삶의 모습 중 하나를 보는 거다. 거기에서 미오는 헤어진 남자친구 타쿠미와 결혼하고, 아들 유우지를 낳는다. 하지만 스물여덟 살의 젊은 나이에 죽는다. 깨어났을 때 그녀는 선택의 순간에 직면한다. 현재의 삶의 방식 그대로 살면 그것은 한순간의 꿈이고 환상에 불과하다. 영원히 현실이 되지 않는다. 미오는 젊은 나이에 죽지 않고 오랫동안 살 수 있을지 모른다. 타쿠미와는 다시 만나지 않게 되고, 유우지라는 아이는 아예 존재하지 않는다. 반면 삶의 방식을 바꾸면 사랑하는 타쿠미와 결혼하고, 유우지의 엄마가 된다. 하지만, 자신은 젊은 나이로 죽어야 한다.

어느 쪽이 더 좋다고 단정할 수 없다. 그것은 선택의 문제다. 미오는 자신의 예정된 죽음을 알면서도 잠재적으로만 존재하는 남편, 아직 존재하지 않는 아이를 만나겠다는 선택을 한다. 자신의 죽음을 각오하고 그들을 현실화시키겠다는 선택을 하는 거다. 그 선택이 열려 있는 문을 닫고, 닫힌 문을 연다. 행동 방식을 바꾸고, 삶의 방식을 바꾼다. 그녀를 아직 잠재적으로만 존재하는 세계, 어쩌면 영원히 현실화되지 못하고 가능성으로만 남았어야 할 세계로 데려간다. 끝내 만나지 못했을 그들을 만나러 간다.

현대의 식품 시장에서 식품 생산자들은 상품 공급자이고, 우리는 상품 소비자다. 생산력이 소비력을 초과한 사회에서 식품 생산자들은 생산된 식품을 어떻게든 팔아야 한다. 소비자가 그것을 필요로 하는지, 필요로 하지 않는지는 중요하지 않다. 필요하지 않다면 필요하게 만들어서라도 팔아야 한다. 생산된 식품을 팔지 못하면 그들의 세계가 비참해진다. 이 비참한 상황을 피하기 위해 발버둥을 치다가 자신도 모르는 사이에 고정 관념의 벽을 가로질러 버렸다. 거기서 현대 시장을 발견했다. 생산자들이 소비자들에게 소비를 강요하지는 않지만, 소비자들이 과소비할 수밖에 없도록 만드는 방법을 개발해 낸다. 그에 따라 우리는 점점 뚱뚱해지고 있다. 우리는 뚱뚱한 게 너무 괴롭다. 이 구조에서 벗어나고 싶다. 그런데 그게 말처럼 쉽지 않다. 소비자가 식품을 과소비하게 만드는 메커니즘은 그 모습을 그대로 드러내지 않는다. 메커니즘이 알려진 마술은 더 이상 마술로서 작동하지 못한다. 마술로 작동하기 위해서는 그 대본이 해독되지 않은 채로 남아 있어야 한다. 대본이 해독되는 순간 마술의 세계는 사라진다.[214] 비만 구조는 현대의 신화를 통해 자연적인 욕구라는 모습으로 나타난다. 인간의 욕망은 '원래부터', '자연적으로' 무한한 것처럼 느껴진다. 여기서 벗어나려면 현재의 고정 관념을 유지하는 관념 구조에서 벗어나야 한다. 이미 갖추어진 지식 체계와 맞부딪쳐야 한다. 병사들이 지키는 요새를 몸으로 부딪치는 무모한 시도를 해야 한다.[215] 요새의 장벽에 부딪칠 각오를 해야 한다.

그들은 견고하게 지키고 있는 요새에 접근하는 사람들에게 말할 것이다. "만지려 하지 말라(Noli tangere)." 하지만, 우리는 더 나아가

---

214) 증상이 성립되기 위해서는 그 의미가 의식되지 않아야 한다. 의식적 과정에서 증상이 형성되는 것은 아니다. 무의식적 과정이 의식적으로 되면 증상은 그 즉시 소멸되어 버린다. 증상은 증상의 의미를 아는 순간에 소멸한다(지그문트 프로이트, 《정신분석 입문》, 400~403쪽 참고).

215) 존 메이너드 케인즈, 《고용, 이자 및 화폐의 일반이론》, 438쪽 참고.

야 한다. 우리가 승리에 대해서 확신하고 있기 때문이 아니며, 우리의 무기에 대해 자신이 있기 때문도 아니다. 단지 현재로서는 여기에 본질적인 것이 존재하는 것으로 보이기 때문이다. 바로 비만에 관한 사유, 에너지 잉여와 경제적 동력에 관한 사유를 자연스럽지만 인위적인 예속으로부터 해방시키는 것이다.[216]

육탄으로 장벽을 뚫는다는 것은 불가능하다. 하지만 부딪쳐야 한다. 거기에 벽이 있다는 것을 알고 있지만 그래도 부딪친다. 100번을 실패했다면 다시 일어나 101번째 시도를 한다. 상황은 절망적이다. 알고 있다. 하지만 포기할 수 없다. 왜냐하면 거기에 우리 삶이 달려 있기 때문이다. 부질없는 시도지만 물러설 수 없다. 무수히 부딪치고 현실의 벽을 느끼고, 다시 일어나 또 부딪친다. 그러다 보면 어느 날 이상한 일이 일어난다. 문득 다른 느낌이 온 몸으로 전해진다. 벽이 흔들리고 시원한 바람이 느껴진다. 분명 뚫려서는 안 되는 벽이지만, 구조를 만든 사람도, 지키고 있는 사람도 미처 알지 못한 빈 공간이 거기에 있다.

우리는 다시 벽 앞에 서 있다. 우리 앞에는 두 개의 길이 있다. 주어진 세계를 수용하거나, 아니면 거부하는 것. 다른 길은 없다. 우리 앞의 벽은 두 개의 길 중 하나를 선택하라고 강요한다. 이제껏 우리는 다이어트라는 것이 기껏해야 거부하는 길을 선택하는 정도라고 생각했다. 하지만, 지금 우리가 바라는 것은 벽이 보여 주는 세계가 아니다. 지금 우리는 그 너머의 세계를 꿈꾼다. 그것은 벽 너머에 있고, 우리는 그것을 알아차리지 못할 가능성이 많다.[217] 그러면 누군가 자신

---

216) 미셸 푸코, 《지식의 고고학》, 279쪽 참고하여 일부 수정함.

216) 미셸 푸코, 《지식의 고고학》, 279쪽 참고하여 일부 수정함.
217) 마르셀 프루스트, 《잃어버린 시간을 찾아서 11》, 289쪽 참고.

의 목소리를 알아봐 줄 사람을 기다리며 사물 속에 갇혀 있는 정령들처럼 그 세계는 끝내 발견되지 않은 채로 남게 될 거다. 그리고 우리는 무언가를 잃어버린 사람처럼 벽 앞에서 서성이게 될 것이다. 지금껏 우리는 잠깐 열린 문을 통해 그 너머를 보았다. 이제 어떻게 할 것인가? 가던 길을 계속 갈 것인가? 아니면 닫힌 문을 열고 벽 너머로 갈 것인가?

벽 너머로 가는 길… 그런 건 없다. 벽 너머로 가려면 벽을 가로질러야 한다. 누구도 가 본 적 없는 곳, 누구도 발을 디딘 적이 없는 곳으로 가고 싶다면 온몸으로 벽에 부딪칠 각오를 해야 한다. 벽에 부딪치는 것은 두렵지만, 벽으로 보이는 것이 실체가 아니라 고정 관념이 만들어 낸 허상에 불과하다는 믿음을 가지고 과감히 벽을 가로질러 가는 용기가 필요하다. 어느 시인의 말처럼 이전의 나도 벽 속에는 벽만 있는 줄 알았다. 하지만 문 없는 벽은 없다. 용기를 가지고 벽에 부딪치면 모든 벽은 문이 된다.[218] 벽을 향해 발을 내딛는 순간 우리의 행동 방식을 규정하는 구조가 바뀌고, 새로운 길이 열리고, 그 길이 우리를 어디론가 데려간다. 익숙한 현재의 세계를 떠나 아직 알지 못하는 새로운 세계로 가게 되고, 그것이 우리의 삶을 바꾸어 놓는다.

이제 선택을 해야 한다. 영화 〈인셉션〉에서 사이토가 코브에게 묻는다.

"믿고 한번 뛰어 볼래? 아니면 후회(regret)하면서 죽을 날만
기다리며 혼자 늙어 갈래?"

이제 나도 사이토처럼 당신에게 물어보고 싶다.

"어떻게 할래? 믿고 한번 뛰어 볼래? 아니면 계속 여기에 남아

---

218) 정호승, 《내 인생에 용기가 되어준 한마디》, 24~25쪽 참고.

있을래?"

영화를 보는 동안 가끔 아름다운 샹송이 들렸다.

"Non rien de rien. Non je ne regrette rien…"

'나는 아무것도 후회하지 않는다'는 에디트 피아프의 노랫소리가 들려오고 있다면 '이제 깨어나야 할 때'라는 의미다. 이제 우리도 깨어나야 할 때다. 정신세계의 여행을 마치고 현실 세계로 돌아가야 한다. 선택은 당신의 몫이다. 어떤 선택을 하건 그것이 후회하지 않는 선택이 되기 바란다.

그루터기를 지키고 앉아 오지 않는 토끼를 기다리는 것은 아닐까?

이 책의 첫머리에서 말한 것처럼 나는 의사도 아니고, 다이어트 전문가도 아니다. 식욕만족 다이어트로 체중 감량에 성공했지만, 이것이 바른 결론에 도달한 것인지, 아니면 우연한 결과인지 지금의 나로서는 알 수 없다. 식욕만족 다이어트라는 것이 현실적으로 실현될 수 있는 것인지, 아니면 그냥 머릿속에서나 가능한 것인지 정확히 모른다. 증명된 이론이 아니라, 그저 '사변적인 발상'이고, '잡생각을 기록한 것'에 불과하다. 이 책은 문외한이 쓴 수필 같은 글이다. 그래프도 그리고 주석도 달고 뭔가 그럴듯해 보이지만, 사실은 머릿속에 떠오르는 잡생각을 옮겨 놓은 거다. 그래서 이 책을 쓰고도 책을 출판해야 할지 고민했다. 브루노처럼 화형당하는 일이야 없겠지만, 제대로 정리되지 않은 발상을 공개한다는 것은 역시 부끄러운 일이다.

하지만 생각해 보면 내가 예전에 그랬던 것처럼, 지금도 세상 어딘가에는 비만으로 고통받는 사람들이 있을 것이다. 다이어트를 하면서 보이지 않는 벽을 느끼고, 그 벽을 뚫기 위해 두드리고, 부딪치고, 실패하고, 좌절하는 사람들이 있을 것이다. 실패했지만 그래도 다시 시도하고, 참을성 있게 노력을 멈추지 않는 사람들이 있을 것이다. 방황하지만, 그러면서도 끊임없이 노력한다면 누구라도 스스로를 구원할 수 있다. 어딘가에 있을 이름 모를 그들을 응원한다. 좋은 책은 그 책이 없었다면 자기 자신 속에서 찾아내지 못했을 것을 찾아낼 수 있도록 만드는 일종의 광학 기계 같은 것이라고 한다. 시력이 약한 사람이라면 안경이 필요하고, 안경은 이 안경이든 저 안경이든 자신에게 잘 보이는 것으로 보면 된다.[219] 이 책이 비만이라는 문제를 새로운 관점에서 보게 하는 하나의 안경이 되었으면 한다. 새로운 관점이 필요한 사람들에게 조금이라도 도움이 되었으면 하는 바람으로 책을 출판하게 되었다.

100년 정도 지나면 비만의 문제는 어떤 방식으로든 해결될 거다. 하지만, 100년 뒤의 이야기는 지금을 살아가는 우리의 삶과는 무관하다. 우주 어딘가에 존재하지만 우리가 알지 못하는 어느 행성의 이야기처럼 먼 나라 이야기다. 먼 훗날 비만에 대한 모든 의문들이 다 풀리고, 비만의 문제가 다 해결되고 난 뒤에 "비만의 실체는 이런 것이었어."라고 사람들이 알게 된다 한들… 그게 우리에게 무슨 의미가 있는가? 지금 우리가 원하는 것은 그런 게 아니다. 지금 당장 '우리가 어떻게 해야 할지' 아는 것이고, 새로운 시도를 할 수 있도록 새로운 길을 개척하는 거다. 우리의 인생에서 황혼이 오기 전에, 너무 늙어버려 무언가를 덧칠해도 다시는 인생의 젊음을 되찾을 수 없게 되기 전에, 그 전에 무엇을 해야 할지 알아야 한다.

만약, 식욕만족 다이어트라는 것이 다른 사람들에게도 효과적으로 작동한다면 이는 많은 사람들에게 '유쾌한 결과'가 될 것이다. 그렇다면 더 바랄 것이 없다. 다만, 그렇다 하더라도 이 책에는 당혹스러운 부분들이 많다. 우리의 감각으로 느껴지는 현상과 다른 주장을 하고, 별다른 근거 없이 증명되지 않은 주장을 전개하고, 주장과 주장들이 매끄럽게 연결되지 못해 혼란스럽다. 원전과는 동떨어진 맥락에서 텍스트를 인용하고, 논지에서 벗어난 일화들을 산만하게 나열하고,

---

219) 마르셀 프루스트, 《잃어버린 시간을 찾아서 11》, 311쪽 참고.

정교하지 못한 방법으로 거칠게 기존 이론을 비판한다. 나도 알고 있다. 하지만 그것이 내 능력의 한계라는 것을 너그럽게 이해해 주기 바란다. 나는 무언가를 처음 시작하는 사람은 '정교한 것', '세련된 것'을 가질 자격이 없다고 생각한다. 처음부터 정교하고 세련된 것을 만들려고 한다면 그것은 과욕이다. 만약 그 방향이 맞다면 처음의 시작은 거칠고 조잡하지만 시작한다는 것으로 만족해야 하지 않을까? 정교하고 세련된 것은 이후 누군가의 몫이 될 것이다.

그런데, 만약, 식욕만족 다이어트가 우연히 나에게만 효과가 나타나고, 다른 사람들에게는 효과가 없는 방법이라면… 개인적으로는 민망한 결과가 되겠지만, 이 또한 우리 모두에게 '유쾌한 발상'이 될 수 있지 않을까? 합리적인 근거를 가진 비판을 언제든지 환영한다. 잘못된 방법이라면 이를 비판하는 과정에서 더 좋은 결과가 나올 수 있을 것이다. 많은 경우에 발전은 바른 시도보다 잘못된 시도를 반성하고 수정하는 과정에서 이루어지는 것이니, 당장은 아니라도 결과적으로 인류 전체에게 부담이 되고 있는 비만문제를 해결하는 데 조금이나마 도움이 될 수 있다면 그것으로 나는 충분히 만족한다.

21세기의 흑사병, 영원히 역사 속으로 사라지기를…

1347년, 흑해 연안의 카파(Caffa)라는 도시를 킵차크 한국의 몽골군이 포위 공격하고 있었다. 몽골군은 카파를 쉽게 함락시키지 못했고, 오히려 몽골군 진영 내에 역병이 돌아 많은 병사들이 죽어 나갔다. 그러자 몽골군들은 투석기를 이용해서 죽은 병사들의 시체를 카파성 안으로 던져 넣었다. 당시 공격을 하던 몽골군도, 성안에 있는 시민들도 이것이 어떤 결과를 가져올지 몰랐다. 결국 몽골군은 카파를 함락시키지 못하고 돌아갔고, 카파에 있던 이탈리아 상인들은 배를 타고 흑해와 지중해를 거쳐 제노바로 돌아갔다. 그들과 그들이 가져온 물건들은 다시 알프스를 넘어 유럽의 각지로 퍼져 나갔다. 그때부터 이탈리아를 비롯하여 전 유럽에서 사람들이 무더기로 죽어 나간다. 유럽에서 흑사병이 발병한 것이다. 이후 수백 년 동안 유럽은 흑사병의 두려움에 시달려야 했다.

대규모 역병이 발생했지만, 사람들은 쥐가 흑사병을 옮긴다는 사실을 알지 못했다. 당시에는 흑사병이 특정한 장소에서 나온 '독기'에 의해 발생하여 사람들을 통해 전파된다고 믿었다. 왜 발병하는지 그 원인을 알지 못하니 제대로 된 대책도 있을 수 없었다. 말도 안 되는 엉뚱한 이론들만 넘쳐 났다. 쥐를 잡는 고양이를 오히려 죽여 버리고, 병에 걸린 사람을 집 안에 가두어 죽도록 방치했다. 나쁜 공기를 피하기 위해 허브 향을 맡고, 거리에 불을 질러 유독성 기체로 의심되는 물질을 날려 버리는 등 하나같이 쓸데없는 것뿐이었다.[220]

---

220) 그레고리 클라크, 《맬서스, 산업 혁명 그리고 이해할 수 없는 신세계》, 165~166쪽; 키스 토

현재 비만은 '21세기의 흑사병'으로 불리고 있다. 전 세계적으로 10억 명이 넘는 사람들이 과체중과 비만 상태이고, 수억 명이 당뇨병, 고혈압 같은 질환을 앓고 있다. 비만 인구의 증가 추세는 진정될 기미도 보이지 않는다. 의학 기술의 계속적인 발전에도 불구하고 비만으로 인하여 미래 세대는 지금보다 평균 수명이 더 짧아질 것이라는 예측도 나오고 있다. 비만과 비만으로 인한 질병이 점점 세계적인 재앙이 되어 가고 있다.

더욱 안타까운 점은 비만이라는 것이 잘 사는 나라의 잘 사는 사람들만의 이야기가 아니라는 사실이다. 점점 잘 사는 나라의 가난한 사람들과 가난한 나라의 사람들이 비만해지고 있다.[221] 비만은 부자들의 문제가 아니라 오히려 가난한 사람들의 문제가 되었다. 근대 이전에 뚱뚱한 몸매가 부의 상징이었던 것과 반대로 지금은 뚱뚱한 몸매가 가난함의 상징으로 여겨진다. 사회적 편견과 차별의 대상이 되고 있다. 아동 비만과 당뇨병 발병률도 높아지고 있다. 반세기 전만 해도 당뇨병을 앓는 사람들의 대부분은 중년 이후의 성인들이었다. 하지만, 현재는 아동들이 당뇨병에 걸리는 경우가 점점 많아지고 있다. 특히, 어릴 때부터 비만한 아이들은 나이가 들어 갈수록 성인병에 걸릴 위험이 더 증가한다.[222]

예전에는 한국이 비만에서 비교적 안전한 나라라고 생각되었지만, 지금은 한국도 예외가 아니다. 한국인의 주요 사망 원인에 암, 뇌혈

마스, 《종교와 마술, 그리고 마술의 쇠퇴 1》, 38~39쪽, 41~42쪽 참고.

221) 재레드 다이아몬드, 《어제까지의 세계》, 601~607쪽 참고.

222) 현재의 소아 비만이 2050년경에 미국인들의 평균 수명을 2년에서 5년쯤 단축시킬 것으로 추정되는데, 이것은 암으로 인한 수명 단축을 모두 합친 것과 맞먹는 수준이라고 한다(배리 팝킨, 《세계는 뚱뚱하다》, 172쪽 참고).

관 질환, 심혈관 질환, 당뇨병 등이 있는데, 이런 질병들은 비만과 직접적으로 관련된다. 이러한 질병을 예방하기 위해서는 과도한 체중을 줄여야 한다. 어떤 사람이 이런 병에 걸리면 환자 자신은 물론이고, 그 가족들까지도 삶의 질이 급격히 떨어진다. 국가적으로도 비만으로 인한 비용 지출이 어마어마하다. 현재도 많은 국가들이 국가 재정의 상당 부분을 의료비로 지출하고 있고, 비만과 관련된 질병에 들어가는 비용이 점점 그 비중을 높여 가고 있다. 비만의 위협은 점점 커지고, 현실화되어 가고 있다. 지금 바꾸지 않으면 우리의 후손들도 우리와 마찬가지로 계속 고통 받게 될 것이다.

이제 어떻게든 바꾸어야 한다. 쥐고 있던 것을 놓아 버리는 용기를 가지고, 가본 적 없는 길을 개척하는 시도를 해야 한다. 설령 그 끝이 절벽이라 할지라도 그것을 직접 바라보려는 노력을 멈추지 말아야 한다. 그런데, 지난 100년 정도의 기간 동안 다양한 지식 분야들이 급격하게 성장하면서 우리는 하나의 딜레마에 빠지게 되었다. 한 개인이 자신이 아는 분야 이상의 지식에 정통하는 것은 거의 불가능한 일이 되어 버렸고, 아무도 자기가 잘 아는 좁은 영역에서 벗어나려 하지 않는다. 하지만 우리의 삶이라는 것은 여러 지식 영역들에 걸쳐 있고, 중요한 삶의 문제는 한 개인이 잘 아는 영역의 범위를 벗어난다. 이 딜레마에서 벗어나는 유일한 길은 누군가 과감하게 오류를 범할 위험을 감수하는 것뿐이다.[223] 전통적인 관념이 그 길을 막고 있다면 그 벽에 부딪칠 각오를 해야 한다. 상식과 권위에 도전하는 시도는 "초이상주의라든가, 어린애 같은 방식이라든가, 돈키호테 같다든가,

---

223) 에르빈 슈뢰딩거, 《생명이란 무엇인가》, 15~16쪽 참고.

풋내나고 미숙하다."라는 비난을 받을 수 있다.[224]

하지만, 무지는 흔히 지식보다 사람을 대담하게 만든다고 한다.[225] 무지하기에 고정 관념이 없다. 기본 지식도 없이 어린애 같은 소리를 하면서도 유치한 줄 모른다. 느끼는 것과 할 수 있는 것 사이에 버티고 있는 보이지 않는 철벽, 전문가들이 만들어 놓은 관념의 장벽을 쾅쾅 치고, 부딪히고, 파내고, 줄로 간다. 그래서 벽을 뚫고 길 하나를 내려고 끈질기게 시도한다.[226] 그런 엉뚱한 시도들이 모이고 모여 결국에는 고통과 죽음을 향해 가는 큰 흐름을 기쁨과 생명의 방향으로 바꿀 수 있으리라 믿는다. 우리를 가두어 두고 있는 장벽에 균열이 생기고, 틈이 만들어지고, 그 사이로 시원한 바람이 불어올 날이 마침내 올 것이다.

그래서, 먼 훗날…

누군가가 우리 시대를 되돌아보게 되었을 때, '비만'이라는 것이 역사 속에 잠시 존재했다가 영원히 사라져 버린 현상으로 기억되기 바란다. 중세시대에 그렇게도 지독하게 인류를 괴롭혔던 흑사병이 지금 우리에게는 아무런 걱정거리가 되지 않는 것처럼. (끝)

---

224) 구본우, 《칼 폴라니, 반경제의 경제학》, 233쪽 참고.

225) 찰스 다윈, 《인간의 유래 1》, 41쪽.

226) 이 부분은 고흐의 1888년 9월 8일 편지 중에 나오는 내용을 참고하여 일부 수정하였다(앙토냉 아르토, 《나는 고흐의 자연을 다시 본다》, 59쪽; 질 들뢰즈 · 펠릭스 과타리, 《안티 오이디푸스》, 241~242쪽 참고).

참고문헌

가브리엘 가르시아 마르케스 지음, 송병선 옮김,《나는 여기에 연설하러 오지
　　　않았다》, 민음사, 2016.
가브리엘 가르시아 마르케스 지음, 안정효 옮김,《백 년 동안의 고독》, 문학사
　　　상사, 2003.
고든 차일드 지음, 김성태 · 이경미 옮김,《신석기혁명과 도시혁명》, 주류성출
　　　판사, 2013.
구본우 지음,《칼 폴라니, 반경제의 경제학》, 비르투, 2012.
그레고리 클라크 지음, 이은주 옮김,《맬서스, 산업 혁명 그리고 이해할 수 없
　　　는 신세계》, 한스미디어, 2009.
노르베르트 엘리아스 지음, 박미애 옮김,《문명화과정 I》, 도서출판 한길사,
　　　2011.
니코 틴버겐 지음, 박시룡 옮김,《동물의 사회 행동》, 전파과학사, 2016.
니코스 카잔차키스 지음, 이윤기 옮김,《그리스인 조르바》, 도서출판 열린책
　　　들, 2000.
니클라스 루만 지음, 장춘익 옮김,《사회의 사회 1》, 새물결 출판사, 2014.
닐 칼슨 지음, 김현택 · 조선영 · 박순권 옮김,《생리심리학의 기초》, 시그마프
　　　레스, 2003.
대니얼 리버먼 지음, 김명주 옮김,《우리 몸 연대기》, 웅진지식하우스, 2018.
대니얼 카너먼 지음, 이창신 옮김,《생각에 관한 생각》, 김영사, 2018.
데이비드 봄 지음, 이정민 옮김,《전체와 접힌 질서》, 도서출판 마루벌, 2010.
데이비드 G. 마이어스 지음, 민윤기 · 전우영 · 권선중 옮김,《마이어스의 심리
　　　학 탐구》, 시그마프레스, 2012.

데즈먼드 모리스 지음, 과학세대 옮김, 《맨워칭》, 도서출판 까치, 1996.

디어드리 배릿 지음, 김한영 옮김, 《인간은 왜 위험한 자극에 끌리는가》, 이순, 2011.

디어드리 배릿 지음, 《웨이스트랜드》(Deirdre Barrett, Waistland - The (R) Evolutionary Science behind Our Weight and Fitness Crisis, W · W · Norton & Company), 2007.

레이 테너힐 지음, 손경희 옮김, 《음식의 역사》, 우물이 있는 집, 2006.

로버트 러스티그 지음, 이지연 옮김, 《단맛의 저주》, 한국경제신문 한경BP, 2014.

루이 알뛰세르 지음, 김동수 옮김, 《아미엥에서의 주장》, 솔출판사, 1996.

뤼시앵 페브르 지음, 김응종 옮김, 《16세기의 무신앙 문제》, 지만지, 2008.

리처드 도킨스 지음, 이용철 옮김, 《눈먼 시계공》, 사이언스북스, 2004.

리처드 랭엄 지음, 조현욱 옮김, 《요리본능》, 사이언스북스, 2011.

리처드 바크 지음, 이덕희 옮김, 《갈매기의 꿈》, 문예출판사, 1994.

마르셀 모스 지음, 이상률 옮김, 《증여론》, 도서출판 한길사, 2013.

마르셀 프루스트 지음, 김창석 옮김, 《잃어버린 시간을 찾아서》 1, 5, 6, 11, 국일출판사, 1998.

마르쿠스 아우렐리우스 · 세네카 지음, 황문수 · 최현 옮김, 《명상록》, 《행복론》, 범우사, 1988.

마르틴 하이데거 지음, 이기상 · 신상희 · 박찬국 옮김, 《강연과 논문》, (주)이학사, 2008.

마이클 가자니가 지음, 박인균 옮김, 《왜 인간인가?》, 추수밭, 2010.

마이클 모스 지음, 최가영 옮김, 《배신의 식탁》, 명진출판, 2013.

마이클 L. 파워 · 제이 슐킨 지음, 김성훈 옮김, 《비만의 진화》, 컬처룩, 2014.

모리스 고들리에 지음, 오창현 옮김, 《증여의 수수께끼》, 문학동네, 2011.

문갑순 지음, 《사피엔스의 식탁》, 북이십일 21세기북스, 2018.

미셸 푸코 지음, 문경자 · 신은영 옮김, 《성의 역사 제2권》, 나남출판, 1990.

미셸 푸코 지음, 이정우 옮김, 《지식의 고고학》, 민음사, 1992.

미하일 일리인 지음, 조풍연 옮김, 《인간의 역사》, 을유문화사, 1992.

박덕은 지음, 《내 몸에 꼭 맞는 다이어트 제1권 - 비만 원인》, 서영출판사, 2013.

발터 벤야민 지음, 반성완 옮김, 《발터 벤야민의 문예이론》, 민음사, 1999.

배리 팝킨 지음, 신현승 옮김, 《세계는 뚱뚱하다》, 시공사, 2009.

베르너 하이젠베르크 지음, 유영미 옮김, 《부분과 전체》, 서커스출판상회, 2016.

브라이언 마수미 지음, 조성훈 옮김, 《가상계》, 도서출판 갈무리, 2011.

빅톨 쉬클로프스키 외 지음, 《러시아 형식주의 문학이론》, 청하, 1986.

빌렘 플루서 지음, 김성재 옮김, 《코무니콜로기》, 커뮤니케이션북스, 2001.

빌렘 플루서 지음, 김성재 옮김, 《피상성 예찬》, 커뮤니케이션북스, 2006.

빌렘 플루서 지음, 김현진 옮김, 《그림의 혁명》, 커뮤니케이션북스, 2004.

빌렘 플루서 지음, 윤종석 옮김, 《사진의 철학을 위하여》, 커뮤니케이션북스, 2012.

사사키 겡이치 지음, 민주식 옮김, 《미학사전》, 동문선, 2002.

세르주 라투슈 지음, 정기헌 옮김, 《낭비 사회를 넘어서》, 민음사, 2014.

수전 블랙모어 지음, 김명남 옮김, 《밈》, 바다출판사, 2010.

수전 손택 지음, 이재원 옮김, 《사진에 관하여》, 도서출판 이후, 2005.

스티븐 나흐마노비치 지음, 이상원 옮김, 《놀이, 마르지 않는 창조의 샘》, 에코의서재, 2008.

스티븐 제이 굴드 지음, 홍욱희 옮김, 《다윈 이후》, 사이언스북스, 2009.

아폴로니오스 로디오스 지음, 김원익 옮김, 《아르고호의 모험》, 바다출판사, 2005.

아힘 페터스 지음, 이덕임 옮김, 《다이어트의 배신》, 에코리브리, 2013.

안소니 기든스 지음, 윤병철·박병래 옮김, 《사회이론의 주요 쟁점》, 문예출판사, 1991.

안소니 기든스 지음, 황명주·정희태·권진현 옮김, 《사회구성론》, 간디서원, 2006.

알프레드 노스 화이트헤드 지음, 김준섭 옮김, 《과학과 현대》, 휘문출판사, 1983.

앙드레 지드 지음, 김화영 옮김, 《지상의 양식》, 민음사, 2008.

앙리 르페브르 지음, 양영란 옮김, 《공간의 생산》, 에코리브르, 2011.

앙리 베르그송 지음, 서정철 옮김, 《창조적 진화》, 을유문화사, 1992.

앙토냉 아르토, 조동신 옮김, 《나는 고흐의 자연을 다시 본다》, 숲, 2003.

애덤 스미스 지음, 유인호 옮김, 《국부론》, 동서문화사, 2009.

앨프레드 마셜 지음, 백영현 옮김, 《경제학 원리 1》, 도서출판 한길사, 2010.

어니스트 헤밍웨이 지음, 정영목 옮김, 《킬리만자로의 눈》, 문학동네, 2012.

에르빈 슈뢰딩거 지음, 전대호 옮김, 《생명이란 무엇인가》, 《정신과 물질》, 궁리출판, 2011.

에리히 프롬 지음, 고영복 옮김, 《악에 대하여》, 《인생과 사랑》, 《희망의 혁명》, 《불복종과 자유》, 동서문화사, 2020.

에리히 프롬 지음, 차경아 옮김, 《소유냐 존재냐》, 도서출판 까치, 1996.

에릭 번스 지음, 박중서 옮김, 《신들의 연기, 담배》, 책세상, 2015.

오비디우스 지음, 천병희 옮김, 《변신 이야기》(개정판), 도서출판 숲, 2017.

올리버 색스 지음, 김한영 옮김, 《환각》, 알마 출판사, 2013.

움베르토 에코 지음, 조형준 옮김, 《열린 예술 작품》, 새물결 출판사, 2006.

윌리엄 번스타인 지음, 김현구 옮김, 《부의 탄생》, 시아출판사, 2005.

윌리엄 스탠리 제번스 지음, 김진방 옮김, 《정치경제학 이론》, 나남, 2011.

윌리엄 제임스 지음, 정양은 옮김, 《심리학의 원리》 1, 2, 3, 아카넷, 2005.

유리 로트만 지음, 유재천 옮김, 《예술 텍스트의 구조》, 고려원, 1991.

이사야 벌린 지음, 박동천 옮김, 《자유론》, 아카넷, 2006.

이중표, 《니까야로 읽는 금강경》, 민족사, 2016.

자크 데리다 지음, 데릭 애트리지 엮음, 정승훈·진주영 옮김, 《문학의 행위》,

문학과지성사, 2013.

자크 라캉 지음, 맹정현·이수련 옮김, 《자크 라캉 세미나》 11권, 새물결 출판
    사, 2008.

잠바티스타 비코 지음, 조한욱 옮김, 《새로운 학문》, 아카넷, 2019.

장 보드리야르 지음, 배영달 옮김, 《사물의 체계》, 백의, 2000.

장 보드리야르 지음, 《치명적 전략》(Jean Baudrillard, Fatal Strategies,
    Semiotext(e)), 2007.

장 보드리야르 지음, 이상률 옮김, 《소비의 사회》, 문예출판사, 1992.

장 폴 사르트르 지음, 정소성 옮김, 《존재와 무》, 동서문화사, 2014.

장용학 지음, 《원형의 전설》, 《비인탄생》, 《요한시집》, 학원출판공사, 1994.

장현갑 지음, 《생물 심리학》, 민음사, 1995.

쟝 보드리야르 지음, 이규현 옮김, 《기호의 정치경제학 비판》, 문학과 지성사,
    1992.

재레드 다이아몬드 지음, 강주헌 옮김, 《문명의 붕괴》, 김영사, 2005.

재레드 다이아몬드 지음, 강주헌 옮김, 《어제까지의 세계》, 김영사, 2013.

정호승 지음, 《내 인생에 용기가 되어준 한마디》, 도서출판 비채, 2013.

제레미 벤담 지음, 이성근 옮김, 《도덕 및 입법의 제원리 서설》, 휘문출판사,
    1983.

제임스 글리크 지음, 박배식·성하운 옮김, 《카오스》, 누림book, 2006.

제임스 R. 베니거 지음, 윤원화 옮김, 《컨트롤 레벌루션》, 현실문화연구,
    2009.

조르주 바타이유 지음, 조한경 옮김, 《저주의 몫》, 문학동네, 2000.

조지 C. 윌리엄스 지음, 전중환 옮김, 《적응과 자연 선택》, 나남, 2013.

조지 허버트 미드 지음, 나은영 옮김, 《정신·자아·사회》, 한길사, 2011.

조지프 슘페터 지음, 김균·성낙선·이상호·정중호·신상훈 옮김, 《경제분석
    의 역사 3》, 한길사, 2013.

조지프 슘페터 지음, 박영호 옮김, 《경제발전의 이론》, 지식을만드는지식,

2011.

조지프 캠벨 지음, 홍윤희 옮김, 《신화의 이미지》, 살림, 2006.

존 그리피스 페들리 지음, 조은정 옮김, 《그리스 미술》, 도서출판 예경, 2004.

존 메이나드 케인스 지음, 정명진 옮김, 《설득의 경제학》, 2009.

존 메이너드 케인즈 지음, 조순 옮김, 《고용, 이자 및 화폐의 일반이론》, 비봉 출판사, 2012.

존 무어 지음, 전성수 옮김, 《지식탐구를 위한 과학 1》, 나남, 2015.

존 스타인벡 지음, 최달식 옮김, 《분노의 포도 1》, 계몽사, 1995.

존 케네스 갤브레이스 지음, 노택선 옮김, 《풍요한 사회》, 한국경제신문, 2006.

줄리아나 콘포르토 지음, 《죠르다노 브루노의 미래과학과 새로운 인간의 탄생》(Giuliana Conforto, La Futura Scienza di Giordano Bruno e La Nascita dell'uomo nuovo, Macro Edizioni), 2001.

지그문트 프로이트 지음, 김석희 옮김, 《문명 속의 불만》, 열린책들, 1997.

지그문트 프로이트 지음, 이규환 옮김, 《정신분석 입문》, 육문사, 2012.

질 들뢰즈 지음, 김상환 옮김, 《차이와 반복》, 민음사, 2014.

질 들뢰즈 지음, 박정태 옮김, 《들뢰즈가 만든 철학사》, 이학사, 2015.

질 들뢰즈 지음, 이찬웅 옮김, 《주름》, 문학과지성사, 2004.

질 들뢰즈, 펠릭스 과타리 지음, 김재인 옮김, 《안티 오이디푸스》, 민음사, 2014.

질베르 시몽동 지음, 김재희 옮김, 《기술적 대상들의 존재양식에 대하여》, 그 린비출판사, 2017.

찰스 다윈 지음, 김관선 옮김, 《인간의 유래 1》, 한길사, 2009.

찰스 라이트 밀즈 지음, 강희경·이해찬 옮김, 《사회학적 상상력》, 기린원, 1988.

찰스 램 지음, 김기철 옮김, 《엘리아 수필집》, 도서출판 아이필드, 2003.

찰스 하워드 힌턴 지음, 이한음 옮김, 《평면세계》, 바다출판사, 2010. 12.

최낙언, 《감각·착각·환각》, 예문당, 2014.

최낙언 지음, 《맛의 원리》, 예문당, 2018.

카를 마르크스 지음, 강신준 옮김, 《자본 I-1》, 도서출판 길, 2012.

카를 마르크스 지음, 강신준 옮김, 《자본 I-2》, 도서출판 길, 2014.

칼 맑스 지음, 김호균 옮김, 《정치경제학 비판 요강 I》, 도서출판 그린비, 2007.

칼 맑스 지음, 김호균 옮김, 《정치경제학 비판 요강 II》, 도서출판 그린비, 2007.

콘라트 로렌츠 지음, 양승태 옮김, 《현대 문명이 범한 여덟 가지 죄악》, 이화여자대학교출판부, 2002.

콜린 캠벨 지음, 박형신·정헌주 옮김, 《낭만주의 윤리와 근대 소비주의 정신》, 나남, 2010.

크세노폰 지음, 최혁순 옮김, 《소크라테스의 회상》, 종합출판 범우, 2017.

클로드 알레그르 지음, 송대영 옮김, 《신의 존재와 과학의 도전》, 동문선, 2007.

키스 토마스 지음, 이종흡 옮김, 《종교와 마술, 그리고 마술의 쇠퇴》 1, 3, 나남, 2014.

테오도르 아도르노·막스 호르크하이머 지음, 김유동 옮김, 《계몽의 변증법》, 문학과 지성사, 2013.

토마스 S. 쿤 지음, 김명자 옮김, 《과학 혁명의 구조》, 주식회사 두산, 1999.

파트리크 쥐스킨트 지음, 강명순 옮김, 《향수》, 도서출판 열린책들, 1998.

프란츠 카프카 지음, 곽복록 옮김, 《변신》, 신원문화사, 1993.

프란츠 카프카 지음, 이주동 옮김, 《광대야, 왜 오늘도 밥을 굶느냐?》, 1992.

프랜시스 Y. 에지워스 지음, 김진방 옮김, 《수리정신학》, 한국문화사, 2014.

프리드리히 니체 지음, 강수남 옮김, 《권력에의 의지》, 청하, 1988.

프리드리히 니체 지음, 곽복록 옮김, 《비극의 탄생》, 《즐거운 지식》, 동서문화사, 2013.

프리드리히 니체 지음, 김미기 옮김, 《인간적인 너무나 인간적인 I - 니체전집 7》, 책세상, 2001.

프리드리히 니체 지음, 김태현 옮김, 《도덕의 계보》, 《이 사람을 보라》, 청하출판사, 2011.

프리드리히 니체 지음, 박찬국 옮김, 《아침놀》, 책세상, 2004.

플라톤 지음, 박종현 옮김, 《플라톤의 국가(정체)》, 서광사, 2005.

플라톤 지음, 박희영 옮김, 《향연》, (주)문학과지성사, 2008.

플라톤 지음, 전헌상 옮김, 《파이돈》, 이제이북스, 2013.

플라톤 지음, 천병희 옮김, 《고르기아스》, 《프로타고라스》, 도서출판 숲, 2014.

하인리히 롬바흐 지음, 전동진 옮김, 《살아 있는 구조》, 서광사, 2004.

하인리히 롬바흐 지음, 전동진 옮김, 《아폴론적 세계와 헤르메스적 세계》, 도서출판 서광사, 2009.

한나 아렌트 지음, 이진우, 태정호 옮김, 《인간의 조건》, 한길사, 1997.

허먼 멜빌 지음, 공진호 옮김, 《필경사 바틀비》, 문학동네, 2011.

헤르만 헤세 지음, 황승환 옮김, 《클링조어의 마지막 여름》, 민음사, 2009.

호르헤 루이스 보르헤스 지음, 황병하 옮김, 《픽션들》, 민음사, 1994.

호메로스 지음, 천병희 옮김, 《오뒷세이아》, 도서출판 숲, 2006.

호세 오르테가 이 가세트 지음, 심일섭 옮김, 《대중의 반란》, 근역서재, 1979.